Tour de Franc

JOURS DE FÊTE

Auteurs
Françoise & Serge Laget

Direction artistique
et conception graphique
Philippe Cazaban

Recherche iconographique
Françoise & Serge Laget,
Gilles Montgermont

Lecture - correction
Marie-Luce Némo
Edith Cottrell
Mathieu Auverdin
Alexandra Abbache

Secrétaire de rédaction
Mathilde Heuveline

Fabrication
CPE Conseil

Cet essai est dédié à tous les champions, amis, dirigeants, artistes, photographes, iconographes, ou collectionneurs qui nous ont aidés d'une manière ou d'une autre.
Sans eux point de Jours de fête.
Sans ordre préférentiel, nous prions donc : Jean-Marie Leblanc, Jean Bobet, Jean-Claude Killy, Xavier Louy, Jean-François Naquet-Radiguet, Jean-Pierre Desclozeaux, Victor Cosson, André Darrigade, Jean Dongues, Pic, Joseph Foret, Thierry Dengerma, la famille Petit-Breton, Jean Traclet, Elie Wermelinger, Jean Dubout, Madame et Monsieur Jacques Goddet, Jacques Augendre, Jacques Marchand, Roger Blachon, Guy Dedieu, Francis Lafargue, Valentin Huot, Mireille et Roger Blachon, Manuelle et Robert Déro, Pellos et ses filles, Jean-Michel Linfort, Claudy Lévitan, Pierre Verdier, Louis Nucéra, Patrice Brunet, Claude Louis, Didier Levieil, Pascal Perreve, Edouard Fachleitner, Jean-Pierre Micaud, Michel Girard, Jean-François Pescheux, Claude Sudres, Fabrice Balédent, Cédric Marsault, Serge Rebondy, Claude Reynaud, Gérard Salmon, Ivan Bonduelle, Jean-Marie Merle, Pascal Sergent, Jackie Dessoris, Jean Grémont, Louis Buisson, les frères Deligault, Jacques Dupont, Jérémy Roy, Philippe Bordas, Serge Sury, les familles Fayolle et Banino, Jacques Petitjean, Jean-Paul Rey, Robert Gibanel, André Le Dissez, Michel Van Aerde,Jean Donnart, Lily Bergaud, Serge Hervouin, Claude Maignan, François Lemarchand, Louis Nicollin, Hervé Caillaud, Jean-Pierre Licois, Régis Clère, André Zimmermann, le Fonds Eyssalet, Denis Estève, la Collection de l'Art Brut à Lausanne, les familles Christophe, Pépin, Muller, Liebeaux, Dewaele, et Plunckett.
...de croire à notre plus sincère gratitude.

Et puis Mathilde est revenue. Merveilleuse Mathilde toujours souriante et disponible...
Elle ira loin, avec ou sans vélo, cette Mathilde là.

Couverture. AFP

Pages de garde.
Le Tour de France par Albert Dubout. 1950
Collection Laget-DR

JOURS DE FÊTE

Françoise & Serge LAGET
Philippe CAZABAN, Gilles MONTGERMONT

Préface
Jean-Marie LEBLANC

ÉDITIONS CHRONIQUE

1932 - **Le Tour, bonheur de la France profonde. Dessin de Joe Hamman.** Collection Laget-DR

FAIRE BATTRE VOS CŒURS

INTRODUCTION

Au départ nous étions cinq amis. Nous le sommes restés, et nous avons même reçu le précieux renfort d'un irremplaçable sixième. La magie du Tour. Un photographe adepte des salles des ventes, un écrivain collectionneur ou l'inverse, un entremetteur au temps libre, un metteur en scène en manque de scènes, et une mélomane à pédales... Souvent nous nous réunissions dans un bistrot proche de la salle des ventes de Drouot, pour batailler l'histoire à mains nues. Les mots se cognaient et les bras s'agitaient mais l'amour du Tour prenait toujours le dessus. D'un côté les « Poulidoristes » de l'autre « les Anquetillistes ». Vous l'avez compris, l'histoire qui nous intéressait, c'était celle du Tour de France.

Nous avons un jour réalisé que le 100e Tour de France était imminent. L'idée est venue, comme un contre-la-montre, autour d'un gigot de sept heures : « Et si nous faisions un livre de cette histoire ? ». Des livres, il y en a eu beaucoup sur le sujet, même de très beaux. Mais jamais aussi beau que celui que nous avions dans nos têtes, celui que vous tenez aujourd'hui dans vos mains.

Aucune recette ne se fait sans passion. Les ingrédients sont là, sous nos yeux, merveilleux, abondants, plus frais qu'une cerise cueillie sur la branche. Les victoires d'Anquetil , le génie d'un Desgrange, la vision d'un Goddet, la roublardise d'un Garin , le feu d'un Antonin Magne, le charme d'un Koblet, le faste d'un Coppi, la symphonie d'un Merckx... Ils sont si nombreux. Ah, quel bonheur pour un chef de posséder un tel garde-manger !

Comment faire lever cette croustade littéraire ? Un seul mot d'ordre : Faire battre vos cœurs.

En cuisine nous avons sélectionné les meilleurs produits, nous sommes allés visiter chaque éleveur de souvenirs pour nous assurer qu'ils avaient été conservés dans la plus noble tradition du Tour. Une fricassée d'histoires insolites, un soufflé d'images qui ne tombe pas, des cols battus en neige, un aller/retour de Ventoux, un mi-cuit de Tourmalet, un ballotin de puy de Dôme, un Armstrong en papillote, un émincé de Pantani, un fumet de passion... Sur le menu, c'est la grande histoire d'abord, et des petites histoires selon arrivage, mais vous pouvez picorer dans n'importe quel ordre. Passez de l'étincelante mise en bouche du chef Jean-Marie Leblanc à l'écureuil sauce grand veneur de Naquet et Desclozeaux. Fermez les yeux, les surprises dilateront vos papilles, car notre brigade n'a fait qu'ordonner ses ingrédients en prenant soin de conserver toute leur saveur. Vos pupilles seront aussi comblées, car sur les 1000 images qui décorent tables et murs, beaucoup sont inédites.

Un peu comme les Beatles ont jadis rencontré Brian Epstein, leur producteur fétiche à leurs débuts, nous avons eu la chance de croiser notre 6e homme au resto « du cœur ». Un éditeur capable d'accepter nos approximations les plus vagues (et volontaires...) sur le projet. Nous lui avons parlé de quelques cols, de la beauté du paysage et d'ouvriers talentueux, rien de plus. Il a dit oui, il a eu raison. À cela s'ajoute que nous sommes fiers d'avoir produit le premier livre au monde sans aucune réunion (uniquement au bistrot), sans aucun reporting, tout au feeling, le Tour de main ne s'apprend pas, c'est inné. « Ce livre sera prêt quand il sera prêt » fut notre seule devise. Ce 6e homme, nous le remercions infiniment car nous ne possédions que l'arrière cuisine et quelques ingrédients, il nous a offert la salle comme récompense.

Sortez vos plus beaux habits, ajustez votre serviette, annulez vos rendez-vous, faîtes qu'on ne vous dérange sous aucun prétexte et venez déguster avec lenteur la merveilleuse histoire de la France du Tour enchantée.

Philippe, Jean-Christophe, Françoise & Serge, Vincent et Gilles

PRÉFACE

Au pupitre, c'est un convaincant chef d'orchestre.
Getty Images/AFP

Jean-Marie Leblanc,
ancien coureur du Tour en 1968 et 70, puis journaliste à « La Voix du Nord » et à « L'Equipe », devient le patron du Tour en 1989. Il le restera jusqu'en 2006, avant de passer le relais à Christian Prudhomme.

Il se veut un coureur « moyen », un patron « moyen » mais il est trop modeste. C'est peut-être le patron idéal. En tout cas, celui qui sauvera « La Grande Boucle » en 1998.

Vous tenez entre les mains la réalisation d'une équipe, ce qu'il n'est pas toujours courant d'annoncer tout de go. Mais la présence, sur la couverture de ce livre, des noms de ses quatre contributeurs veut bien dire qu'il s'agit d'une production collective à laquelle chacun, dans un domaine, a apporté sa part.

Qu'on me permette déjà d'en mettre en exergue l'originalité ciselée de la mise en page, due à Philippe Cazaban. Et tout autant la richesse phénoménale (je ne suis pas un habitué des superlatifs, mais là...) de l'iconographie, pour laquelle Gilles Montgermont est allé « fouiner » tous azimuts pour nourrir encore un peu plus les collections d'images que possédait Serge Laget.

Serge Laget, nous y arrivons. Car, tout comme les quatre mousquetaires tenaient en d'Artagnan leur leader naturel et charismatique, leur inspirateur, leur âme en quelque sorte, notre quatuor d'auteurs – dans lequel Françoise Laget a mis beaucoup de rigueur, de méthode féminine, j'y reviendrai – a été animé par Serge Laget, à qui la perspective du 100e Tour de France apportait sur un plateau le Graal auquel il aspirait, tellement désireux de parachever par un dernier (?) opus sa longue et inlassable quête de la connaissance du Tour de France, dans laquelle il rejoint les Pierre Chany, Jacques Augendre, Jean-Paul Ollivier, Jean-Paul Brouchon, qui ont poursuivi le même but. C'est à ceux-là que les générations futures devront leur initiation au Tour, qu'elles pourront puiser leurs indispensables références et amorcer, on l'espère, l'amour qu'il continue de susciter, la preuve.

Serge Laget est un opiniâtre. Révélé au public du cyclisme il y a une bonne vingtaine d'années avec un premier petit livre (déjà) joliment illustré, La Saga du Tour de France, qui faisait un pertinent tour de la question, historique surtout, il n'a cessé depuis de militer affectueusement pour la « Grande Boucle ». Nous nous sommes un peu connus à cette époque, en 1988, quelque temps contemporains à *L'Équipe* où lui venait d'arriver en provenance du musée du Sport et moi me préparant à en partir pour la direction du Tour de France. Mais nous allions immanquablement nous retrouver, au fur et à mesure de ses travaux de journaliste-écrivain-historien-collectionneur du sport en général, du cyclisme en particulier et du Tour de France par-dessus tout. Il me souvient que pour le centenaire de l'épreuve, en 2003, nous eûmes beaucoup de plaisir à écrire (avec l'ami Denis Descamps) une petite saynète théâtrale sur la genèse du Tour, mettant en scène Henri Desgrange et Géo Lefèvre lors d'un déjeuner fondateur resté célèbre à la brasserie Le Madrid à Paris.

Donc, Serge Laget connaît le Tour. Aime le Tour. Ou plutôt idolâtre le Tour. Il en connaît tous les recoins, au propre comme au figuré : les hauts lieux, les exploits, les champions – et peut-être encore mieux « les obscurs, les sans-grade » –, les contours historiques, les imbrications sociales. Avec Serge Laget, que je coudoie régulièrement aujourd'hui à l'Amicale du cyclisme que j'ai l'avantage de présider et dont il est un rouage essentiel, nous échangeons régulièrement nos informations, nos expériences et nos convictions – sportives et autres – et je retiens de ces riches conversations qu'il glisse volontiers sur les faiblesses et les défauts des hommes, pour n'en retenir surtout que les qualités et les bonnes actions.

Et si cette disposition du cœur et de l'esprit était la bonne définition de l'humanisme ?

Ces 380 pages grand format que vous tenez en main avec plus de 1 000 illustrations, pour beaucoup inédites, résument la passion authentique des auteurs pour le Tour de France. Jours de fête, en est le titre, populaire et emballant. Un peu réducteur cependant par rapport au véritable trésor qu'il dissimule. Son contenu nous ramène à l'enfance lorsque, les jours de mauvais temps nous empêchant de jouer dehors, nous nous plongions avec ravissement et curiosité dans les armoires et les coffres du grenier de nos grands-parents. Farfouiller, dénicher, découvrir…voilà ce que Serge Laget a fait pour nous, tout au long des 98 éditions du Tour qui nous rapprochent de son rendez-vous historique de 2013. Et il nous livre en huit parties un résumé sportif de la compétition, mais aussi et surtout un florilège d'anecdotes, de portraits, de révélations, de coups de cœur, collectés avec une rigueur toute historique mais qui n'exclut pas cette curiosité candide et pleine de fraîcheur qui caractérise la démarche de notre bonhomme. La petite histoire, oui, dès lors qu'elle est authentique et vérifiée, souci premier d'un chroniqueur, à rebours de ce que l'on a parfois trop lu et trop entendu à propos du Tour, lorsque la légende, qui enjolive les faits, les colporte en supplantant la véracité.

Ces textes adventices, ces images, ces dessins sont une mine de trouvailles qui donnent à Jours de fête une connotation bien plus large que ce que la convivialité du titre suggère. Nous sommes ici dans le domaine de la quasi-exhaustivité : que trouver, que dire demain, de plus et de mieux ?

Cette recherche de l'exactitude, Serge Laget l'a menée au travers de sa propre culture, de sa propre documentation, de son réseau d'amis, de collectionneurs et de contacts. Je l'imagine très bien chercher réponse à des questions comme celles-ci :

- Est-il vrai que la vie et la carrière de Fausto Coppi ont donné lieu, bien des années après, à la création d'un opéra par des auteurs néerlandais ?

- Comment se fait-il qu'en 1977, classé 5e de la demi-étape du matin aux Champs-Élysées, le Belge Joseph Bruyère ne figure pas au classement général final ?

- De quel champion parlait-on dans les années 1960 lorsque, dans les critériums, le speaker Mario Cotti annonçait « l'or du Rhin » (rubrique des sobriquets célèbres) ?

C'est ici qu'il faut souligner le concours, discret mais efficace, apporté à Serge Laget par son épouse Françoise : le choix d'un titre, d'un angle d'attaque, une correction… « On frotte nos idées », dit-il de celle qui, ancienne journaliste à Point de vue et férue d'opéra, s'est ralliée à l'entreprise titanesque de son mari : tout rechercher et tout dire sur le Tour de France.

Ce livre n'est donc pas le résultat d'un travail ordinaire, d'un simple ouvrage, activité considérée le plus souvent comme résultant d'une nécessité. Il y a ici quelque chose qui s'apparente à une mission et, n'ayons pas peur des mots, nous sommes en présence d'une œuvre, qui est souvent le fruit de longs soins, qui exige des mois, voire des années de réflexion. « Une œuvre demande l'amour, la méditation, l'obéissance à une belle pensée », écrivait Paul Valéry.

Tout est dit. Nous y sommes. Vous pouvez tourner les pages en vous disant, comme moi, que le Tour a bien de la chance…

Jean-Marie Leblanc

Ancien directeur du Tour de France

SOMMAIRE

Années 2000 – **La course reste une fête, pour les petits et les grands.** ASO

TOUR DE FRANCE,

Chanson inédite
de *Charles Trenet* (1913-2001)

♦

Les voyant partir de Bretagne
Subito presto,
Cent vingt champions triés sur le vélo
Courant à travers la campagne
Courant après la gloire
J'ai l'impression bizarre
Qu'ils vont faire le tour de mon répertoire
De la mer aux Pyrénées
De mes Vertes Années
Pour enfin voir Paris
Et ses taxis
Bref, comme disait mon distingué
Confrère Maurice Chevalier
Ce Tour à ma façon
C'est ma route et mes chansons
Partout où passe le Tour de France
C'est la fête, c'est dimanche
C'est dimanche de la France
On distribue des chapeaux en papier,
Des mirlitons, des savonnettes
On voit passer Georges Briquet ;
On voit même des coureurs à bicyclette.
Maman, v'là le maillot jaune canari
V'là Coppi,
Bartali et Geminiani ;
Et puis voilà, ils sont passés,
Y'en a jusqu'à l'année prochaine
Il reste des prospectus froissés
Sur la route comme une traîne
Sur la route des Tours passés.

♦

Juillet 1952.

1902 – **Affiche La Française. Le Tour ?**
Un génial faisceau de courses classiques.
Collection Laget

LE TOUR SORT DE TABLE

Comme toutes les grandes aventures humaines, le Tour de France est parti de rien, d'un déjeuner, d'une nécessité, d'une étincelle. Ils étaient trois, et ils avaient une foi à soulever des montagnes. C'était ceux de *L'Auto-Vélo*. Ils s'appelaient Henri Desgrange, Victor Goddet et Géo Lefèvre. Leur journal était jaune comme le soleil, comme un fruit mûr. Leur adversaire était seul, il s'appelait Pierre Giffard, son journal *Le Vélo* était vert ; vert comme un bourgeon. Son mérite avait été d'impulser. La friction entre ces hommes de passion, entre ces bâtisseurs, n'aurait pas été possible sans l'affaire Dreyfus qui avait partagé la France en deux. L'étincelle surgirait donc de là, mais le Tour plongeait ses racines dans les années 1830, quand des compagnons du devoir faisaient déjà leur tour de France sur des draisiennes taillées par leurs soins. Puis les vélocipèdes à pédales avaient pris la suite, et en 1891 on avait été de Paris à Brest et retour en bicyclette ; enfin en 1895, un garçon joliment nommé Joyeux... Le temps des « imbéciles à roulettes » était passé, celui des « géants de la route » allait surgir...

ON N'ARRÊTE PAS LA MARCHE DU PROGRÈS

« Et si nous faisions le tour de France ? » Dans le brouhaha des conversations et du bruit des verres et fourchettes de la grande salle de la brasserie du Madrid, archibondée à l'heure du déjeuner, cette phrase, prononcée par un jeune homme à lunettes et nœud papillon, a pourtant fait surgir une lueur dans l'œil noir de son vis-à-vis. La nappe en papier de leur table est soudain victime d'un tremblement de terre : assiettes, verres et couverts se retrouvent propulsés dans un coin, et le jeune homme, comme inspiré, se lève et, tout en dessinant sommairement une carte de France sur la table, lance, joignant le geste à la voix : « Il n'y aurait qu'à relier nos grandes classiques entre elles ... » D'abord un peu gêné, son interlocuteur est comme fasciné par ce crayon gras qui vole de Paris à Lyon, de Lyon à Marseille, de Paris à Nantes, de Nantes à Bordeaux et de Bordeaux à Toulouse. La touche finale relie Marseille à Toulouse : « Celle-là n'existe pas encore, patron, nous l'inventerons. Après tout, ça ne ferait que six étapes, rien de pire qu'une sorte de Six Jours de la route, non ? » Le barbu qui lui fait face est sous l'effet du choc. Pourquoi n'y a-t-il pas pensé ? Bien sûr, c'est bien ça qu'il faut coller dans les dents de ce Giffard de malheur ! Dans la salle, personne ne s'est aperçu de rien ; il faut dire qu'en ce samedi 20 décembre, les conversations roulent davantage sur Noël et le froid, et les cadeaux, et le programme du Théâtre des Variétés voisin, et les dernières personnalités coulées dans la cire qui vont entrer au musée Grévin mitoyen, et les histoires de curés et de francs-maçons, que sur la bicyclette.

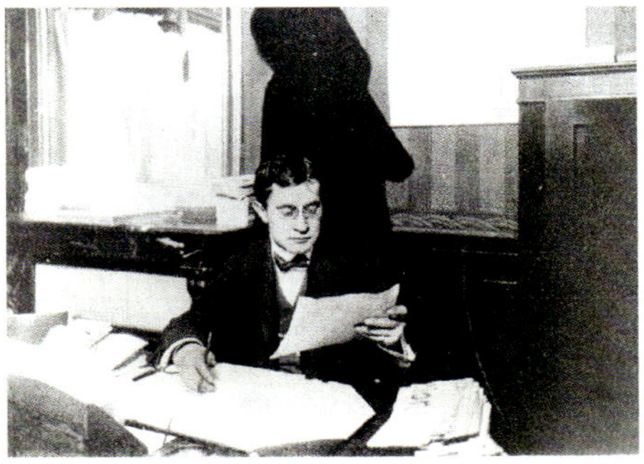

1902 – **La triplette magique du Faubourg : Henri Desgrange, le bâtisseur ; son associé Victor Goddet, le trésorier ; Géo Lefèvre, l'architecte.**
Collection Laget

D'ailleurs, il fait un temps à ne pas mettre un pédaleur sur les pavés. Quand le garçon qui s'occupe de la table 9 rend chapeau et manteau, casquette et manteau aux deux habitués, il est soudain angoissé et bafouille son habituel « Bon après-midi, M. Desgrange, bon courage M. Lefèvre », avant de voir si le crayon gras n'a pas souillé la table. C'est que c'est celle dont se servait jadis le poète Charles Baudelaire, célébrité familière des lieux. Si son patron y découvre une nouvelle trace, gare au pétard. Sur le boulevard, les deux clients ajustent leur manteau avant de s'engouffrer à gauche dans la rue du Faubourg-Montmartre. Pensif, le plus âgé mâchouille son cure-dents, le second regarde de jeunes secrétaires se précipitant au Bouillon Chartier pour picorer chaud. L'odeur de l'encre griserait le faubourg si un fiacre et une automobile ne se disputaient le passage avec véhémence. Fouet et crottin grinçant ici, fumée bruyante et grognard là. Coude-à-coude insensé. « On n'arrête pas la marche du progrès », songe Desgrange en entrant sous le porche du 10. Les idées se bousculent. Comment avait-il pu croire au seul avenir des courses sur vélodrome ? Certes, c'est un spectacle, mais l'aventure a toujours été ailleurs, au large, sur la route. Sur ces routes que taillait jadis l'empereur Napoléon Ier, son idole, son maître. Et alors quelques vers de Victor Hugo jaillissent inévitablement

La draisienne actionnée à la force des pieds par le père Galloux a précédé le vélocipède.
Collection Laget

1869 – **On apprend à pédaler au manège, ou bien encore plus vite avec un professeur.**
Collection Laget

dans sa mémoire lorsqu'il enjambe les rails servant à acheminer les grosses bobines de papier pour l'imprimerie maison. Vous l'aviez compris, nous sommes au 10, rue du Faubourg-Montmartre, au siège d'un nouveau journal, *L'Auto-Vélo*, un quotidien de sport comme le rappellent sur les murs les joyeuses affiches de Georges Paulme. D'ailleurs, quelques *sportsmen*, leurs vélos posés contre les vitrines, sortent de la boutique de vente au numéro. Ce sont des mordus, ils dévorent les titres du *Jaune*, le journal de Desgrange est jaune : pour bien se démarquer du *Vert*, *Le Vélo* de Pierre Giffard, l'adversaire, le concurrent, et même l'ennemi.

Depuis son bureau, dans la courbe du U de cette cour en fer à cheval, d'où il a une vue sur tous les autres bureaux vitrés, et bien entendu sur les entrées, Victor Goddet, l'associé de Desgrange et son ministre des finances, est soudain intrigué par l'allure joyeuse de ses deux amis. Que se passe-t-il ? Desgrange ne boit que de l'eau, et encore pas pendant les repas, quant à Géo Lefèvre, il ne va pas au-delà d'un verre de bon rouge. Il serait bien malheureux, Victor, s'il devait les quitter ! Pourtant, les affaires sont tellement incertaines qu'il y a songé plus d'une fois, pas plus tard qu'il y a dix minutes en finissant le pot-au-feu brûlant qu'on lui a livré de chez Chartier. Avec son pied bot, il répugne même à traverser la rue, et se souvient de l'émouvante visite de la chambre de Lautréamont, le poète, auteur des *Chants de Maldoror*. C'était quand ils s'étaient installés ici-même avec Desgrange, en 1900. En allant déjeuner chez Chartier, ils avaient découvert en rentrant à gauche, que le grand poète s'était éteint là en 1870. Et voyant entrer ses deux amis, allez donc savoir pourquoi, il songe à l'une des phrases du poète maudit, celle de « la rencontre fortuite sur une table de dissection d'une machine à coudre et d'un parapluie ». De Desgrange et Lefèvre, qui est donc la machine à coudre, qui pourrait bien être le parapluie ? Les deux ont une plume piquante, mais celle de l'inventeur du record de l'heure est plus acérée que celle du malicieux ancien demi d'ouverture de Chartres. C'est d'ailleurs cette causticité qui a séduit les commanditaires.

La volée d'escalier a déjà avalé les deux gaillards, et Victor songe alors à tout le chemin parcouru depuis qu'ils sont ensemble. Car il est inquiet, Victor. La situation du canard n'est toujours pas reluisante, malgré les claques infligées au concurrent. Lui avoir soufflé en 1901 l'organisation de Paris-Brest-Paris, la course décennale qu'il avait initiée en 1891, l'a certes touché, mais moins que l'organisation en 1902 d'un Bordeaux-Paris bis, plus rapide et mieux couvert que celui du *Vert*. Une leçon pour Giffard sur son propre terrain. Ils auraient mené deux manches à zéro s'ils n'étaient pas en train de perdre au tribunal le procès sur le titre que leur a intenté le vieux roublard : *L'Auto-Vélo* une démarque, un plagiat du *Vélo* !!! Allons donc ! Et ils vont devoir se transformer en *L'Auto*. Une amputation douloureuse, symbolique, synonyme dans leur match d'un 2-1, qui n'ajoute pas un lecteur aux 30 000 ou 40 000 qu'ils se disputent férocement pour vivoter sur le phénomène sportif balbutiant. Ça marche bien quand il y a une grande course cycliste de ville à ville comme Paris-Roubaix, ou une grosse réunion sur le vélodrome du Parc des Princes que Desgrange et Goddet ont créé en 1897, mais après ? Après, les ventes chutent de nouveau, et là, la situation est tellement aiguë que toute la rédaction est mobilisée pour trouver l'idée du siècle, celle qui déboucherait sur une sorte de grand feuilleton comparable à celui des tournois de lutte, avec moins de « chiqué » et plus d'aventure.

Comme d'habitude, Desgrange est passé déposer chapeau et manteau dans son bureau Empire, effleurant du regard ses chromos d'Austerlitz, Wagram et Arcole. De quoi le faire s'envoler jusque chez Victor, où Géo est déjà là. « Le petit a eu une idée », assène-t-il, « faire un Tour de France cycliste par étapes. Tu te rends compte ? Je ne suis pas convaincu, mais qu'en penses-tu ? » Victor se lève, va vers le coffre, l'ouvre : il est misérablement vide. La réponse fuse : « A-t-on le choix ? » Commence alors la plus extraordinaire et la plus informelle réunion de travail entre ces trois amis dévorés par la passion d'un sport naissant et à inventer.

1868 – **Les cyclistines disputent leurs premières courses à Bordeaux. Plus qu'une fronde, c'est une révolution.** Collection Laget

Les paramètres : les églises sont pleines et les stades inexistants ou vides, ils ont un revolver sur la tempe. Giffard va avoir 50 ans et sa formule « Plus qu'un sport, la vélocipédie est un bienfait social » doit se transformer en « La vélocipédie est autant un sport qu'un bienfait social ». Par ailleurs, les automobiles sont encore rares, alors qu'un million de cyclistes s'acquittent de l'impôt sur la bicyclette. Les idées volent, s'enrichissent, se neutralisent et entre « impossible », « peut-être », « souvenez-vous que… », c'est toute l'histoire de ce qui n'était pas encore le sport qui envahit la pièce. Desgrange n'a que 37 ans, mais tout en passant sa licence de droit, tout en s'entraînant dans Bordeaux-Paris, tout en se coltinant aux meilleurs pistards dont Zimmermann, tout en écrivant son traité d'entraînement *La Tête et les jambes*, il a découvert dans les livres de son ami Baudry de Saunier qu'en 1830, un compagnon charron du tour de France, un certain Louis Gillet, a bouclé son périple sur une machine en bois taillée de ses mains. On appelait ça une draisienne ou vélocipède, ça pesait une trentaine de kilos, il y avait deux roues reliées par une poutre sur laquelle on s'asseyait pour propulser l'engin en donnant des coups de pied au sol, comme les patineurs. Une sorte de gouvernail permettait de diriger cette machine créée dans les années 1817 par un ingénieux baron sylviculteur badois, un certain Drais de Sauerbronn. Au jardin du Luxembourg en 1818, une démonstration a tourné court. Cette machine

LA RENCONTRE D'UNE MACHINE À COUDRE ET D'UN PARAPLUIE

1875 – **Le grand bi est plus pratique pour la réclame que pour la course.** Collection Laget

Mai 1868, Saint-Cloud – **Les premières courses de vélocipèdes sont un spectacle très couru.** Collection Laget

1873

1901 – **Seulement 52 heures suffisent à Maurice Garin pour couvrir les 1 158 km du Paris-Brest et retour. Ce n'est plus une course mais « un vol ».**

Le Journal illustré

LA GRANDE COURSE VÉLOCIPÉDIQUE DU PETIT JOURNAL — PARIS-BREST ET RETOUR

1891 – **Les participants du premier Paris-Brest s'élancent en peloton.** Collection Laget

1891 – **L'Anglais Mills, avec brassard, et pas encore dossard, avait tiré le premier en montrant au printemps que rallier Bordeaux à Paris était possible.** Collection Laget

qu'utilisera aussi pour un tour de France Cavaillé-Coll, le grand facteur d'orgues, ne deviendra vraiment pratique que dans les années 1860, quand les Michaux père et fils lui grefferont des pédales sur la roue avant. « Avec ce vélocipède volant, le père Clément, notre futur commanditaire, alors compagnon du devoir, fera même son tour de France dans les années 1870 », se souvient Victor Goddet. « Des tours de France en solitaire à un moment où le temps ne comptait pas », nuance Lefèvre, qui sait que la révolution a surgi en 1869, quand une vraie course de vélocipèdes avait été organisée entre Paris et Rouen par Richard Lesclide et Aimé Olivier, l'un pour mieux vendre son journal, *Le Vélocipède illustré*, l'autre pour promouvoir ses machines. « Ce jour-là, le vélocipède piloté par l'Anglais James Moore avait été plus vite qu'un cheval », ajoute Géo, qui bien que né en 1877, a été nourri au lait de cette première épopée.

Ensuite, il faudra oublier le périlleux grand bi et attendre la bicyclette des années 1885-88, avec ses deux roues égales (celle de derrière étant motrice) et aussi son pédalier, sa légèreté. Le cap décisif sera sa fabrication en série, et le pneumatique inventé par Dunlop. Ce sera la course Bordeaux-Paris au printemps 1891, et à l'automne Paris-Brest-Paris. Initiées par deux journaux, *Le Véloce-Sport* et *Le Petit Journal*, et par deux immenses pionniers, Maurice Martin et Pierre Giffard. Ces deux compétitions seront décisives car elles auront un rayonnement invraisemblable, et en prime « provoqueront ma vocation », ajoute alors Desgrange. Michelin imposait son pneumatique démontable, et l'on se rendait compte que le vélo pouvait procurer une liberté inconnue, l'aventure, ouvrir de nouveaux horizons. Cheval du pauvre, moins contraignante que le chemin de fer, la bicyclette éclipsait l'aviron, tout en s'intégrant, avec la gymnastique et le tir, à la « révolution du muscle français ». Révolution essentielle pour une reconquête de l'Alsace-Lorraine, perdue après la défaite de 1870 face à l'Allemagne. L'animosité franco-allemande déboucherait d'ailleurs sur l'affaire Dreyfus, qui verrait en 1894 cet officier juif français injustement condamné pour espionnage en faveur de l'ennemi. On sait qu'il sera expédié à l'île du Diable, que la France sera partagée en deux. « Il est innocent, non il est coupable », lance tristement Victor. Au premier rang des défenseurs de Dreyfus figurerait Pierre Giffard, humaniste de gauche, vulgarisateur des techniques nouvelles et promoteur du *Vélo*, le premier quotidien sportif français né en décembre 1892 dans la foulée de Paris-Brest. Pendant ce temps-là, Charles

1895 – **Rival de Terront, le Breton Corre couvre un premier vrai tour de France (5 012 km) contre la montre en solitaire avec une machine dont le poids est de huit kilos et demi.** Collection Laget

1895 – **Théophile Joyeux, autre champion provincial de Castillonnès, aligne 5 500 km en 19 jours.** Collection Laget

1891 – **Dans le Paris-Brest, comme dans quasiment toutes les courses avant le Tour, les champions bénéficient d'écurie d'entraîneurs.
Le Bordelais Jiel-Laval, 2e à 8 heures, pose devant ses équipiers qui s'étaient relayés.**

Terront, le vainqueur, entre seul dans la postérité.
Collection Laget

Terront couvrait les 1 160 km séparant Paris et Berlin en moins de 72 heures, Desgrange arpentait les pistes, établissait le record de l'heure, se forgeait un palmarès et une carte de visite dans ce nouveau monde, qu'il analysait aussi au fil d'articles pleins de punch, d'esprit et de perspicacité. Cette France coupée en deux, deux coureurs la réconcilient en 1895, l'espace d'une aventure sensationnelle : un tour de France en solitaire en configuration course. Le premier s'appelle Théophile Joyeux et est aussi coiffeur à Castillonnès, le second, Jean Corre, est un champion breton, « un grimpeur » nuançait Desgrange, « un de ceux dont l'aisance s'accroît au fil des kilomètres ». En un mois, un peu moins, un peu plus, malgré la pluie, le vent et des routes improbables, les deux explorateurs, sur des bicyclettes en aluminium censées peser autour de 10 kg, couvrent allègrement les quelque 5 000 km de leur périple hexagonal. Des Michel Strogoff à pédales, dont les exploits parviennent peut-être aux oreilles de Dreyfus, mais captivent assurément autant Clemenceau que Zola, jusqu'à les faire jouer aux coureurs lors de leurs propres sorties. Ce sont d'ailleurs eux qui déclencheront le processus de révision de l'affaire Dreyfus. On se souvient du « J'accuse » de Zola à la une de *L'Aurore*, qui débouchera sur la grâce présidentielle en 1899. Dans les colonnes vertes de son *Vélo*, Giffard mène le même combat pour la justice au grand dam de ses annonceurs et soutiens financiers, les industriels de l'automobile ou du cycle qu'étaient les De Dion-Bouton, Chasseloup-Laubat ou Michelin, qui eux étaient anti dreyfusards. Non content de ne pas respecter leurs injonctions de neutralité, Giffard les accable volontiers au fil des rebondissements saumâtres de l'affaire, jusqu'à les indisposer et leur faire retirer leurs capitaux pour créer eux-mêmes un nouveau titre plus favorable à qui donner leurs réclames : ce sera *L'Auto-Vélo*, le 16 octobre 1900.

LE JOURNAL SERA DE COULEUR JAUNE

Il sera de couleur jaune, et les manettes en seront tenues par Henri Desgrange et Victor Goddet. « Un tandem constitué d'un ancien champion devenu un journaliste ambitieux et d'un gestionnaire pointilleux », cite en se marrant Desgrange, ajoutant « bientôt renforcé par plusieurs jeunes dissidents de la rédaction de Giffard, dont le prometteur Géo Lefèvre… ». Le duel France-Allemagne a donc débouché sur l'affaire Dreyfus, qui a provoqué l'émergence de *L'Auto-Vélo* et inévitablement la guéguerre avec *Le Vélo* depuis deux ans, et donc cette réunion de crise autour de l'idée de Géo et cetteproposition d'un tour de France. Viable ou pas ? Faisable ou pas ? Les machines étant maintenant à peu près au point (15 kg contre 30 au début), les coureurs des Six Jours ont prouvé qu'en 144 heures, on peut aligner plus de 3 000 km. Quant aux courses sur route Paris-Brest, Bordeaux-Paris, Lyon-Paris, Paris-Nantes, Toulouse-Bordeaux, Paris-Royan, Paris-Bruxelles et Paris-Saint Malo, elles ont suscité un tel engouement de la part des villes et des spectateurs que le pari n'est plus vraiment insensé. Songez que Garin, vainqueur du second Paris-Brest en 1901, a mis 20 heures de moins que Terront : 52 heures contre 72. Certes, il faudra trouver assez de coureurs et les lancer dans l'inconnu, « mais *Le Matin* l'a bien fait en 1899 en organisant un premier Tour de France automobile, avec des engins pour le moins aléatoires, non ? », assène Géo Lefèvre, convaincant. Victor opine du chef en regardant Desgrange, qui conclut : « Ce sera le Tour de France cycliste. » Le 17 janvier 1903, à la une de *L'Auto* , est ainsi annoncée une mystérieuse « course hors du commun »…

1893 – **Si Desgrange a pu mener à bien la création du Tour de France, et prendre l'avantage sur Giffard, c'est parce qu'il avait d'abord été un champion.
Le moustachu à la chimère d'argent a été sprinter, recordman de l'heure sans entraîneur.**
Collection Laget

1889-1891 – **Les années charnières, celles où la bicyclette, avec ses deux roues égales, va déborder le grand bi. Avec leurs nouvelles petites machines légères passant partout, vite et bien, les seconds couteaux battent les rois du grand bi. Drapeau et listes des engagés à la main, le starter fait l'appel. Cernés par une belle foule, les concurrents, très jeunes ou chevronnés, majoritairement en shorts longs et casquettes, sont encore plein d'illusions. En première ligne, un coureur de grand bi ne s'est pas encore hissé sur sa machine. Derrière, huit grand bicyclistes piaffent d'impatience…** Collection Laget

1903-1918

LES TEMPS HÉROÏQUES

GEORGES ABRAN, LE STARTER, EST LE SYMBOLE DES PREMIERS PAS DU TOUR. C'EST LUI QUI LIBÈRE AU RÉVEIL MATIN LES 60 « INCONSCIENTS ET RUDES SEMEURS D'ÉNERGIE » SÉDUITS PAR LA FOLLE IDÉE DE GÉO LEFÈVRE. C'EST LUI QUI S'ÉCLIPSE EN 1918, APRÈS AVOIR DONNÉ SES LETTRES DE NOBLESSE ET DE BONNE HUMEUR AU PLUS GRAND FEUILLETON DU XXE SIÈCLE. GARIN LE LANCE, STEINÈS LE SAUVE AVEC LA MONTAGNE. D'UN TOUR D'AUVERGNE DE 2 400 KM, ON PASSE À UN VRAI TOUR DE FRANCE DE 5 500KM. LES PREMIERS HÉROS SURGISSENT, ILS SERONT EXEMPLAIRES DANS LES TRANCHÉES. À L'IMPOSSIBLE, ILS SONT TENUS.

1 juillet 1903, 15 h 18 – **Comme il y a des travaux sur la route, le grand départ sera donné 300 mètres après le contrôle départ. Henri Steinès et Georges Abran accompagnent les 60 partants. Des ouvriers du chantier de la nouvelle ligne Paris-Corbeil au-delà de Villeneuve-Saint-Georges assistent donc aux premiers tours de roues de l'épopée. Qui aurait pu penser que ces aventuriers avec protège-nuque et jambières, tout droit sortis de la cour des Miracles, boucleraient un Tour de France en 19 jours ?** Collection Laget

UN PÈRE NOËL NOMMÉ GARIN

1903

1er : Maurice Garin

Cycles La Française

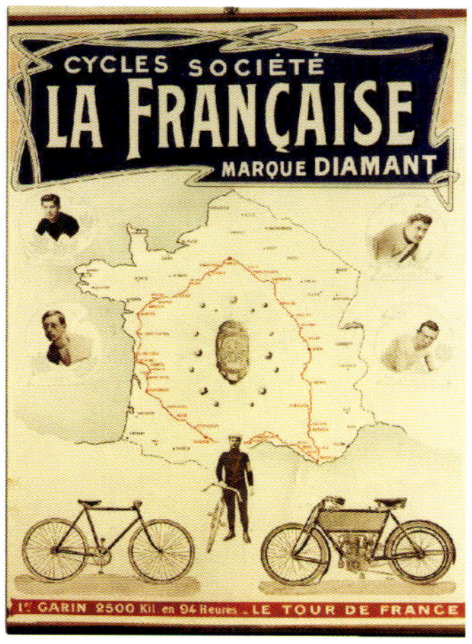

Affiche La Française. Après son quintuple succès, la marque nationale peut célébrer l'exploit de Garin, Pothier, Augereau, Muller et Fischer, ses champions.

Maurice Garin, le vainqueur, en civil. À 32 ans, le petit ramoneur est devenu le meilleur routier du monde. Méfiez-vous, sous ses airs modestes, c'est un cannibale. Collection Laget

Un Tour de France cycliste ? Beaucoup en avaient rêvé, certains l'avaient ébauché ou fractionné en disputant les premières classiques comme Bordeaux-Paris, Paris-Nantes, Lyon-Paris ou Marseille-Paris. D'autres l'avaient fait en automobile. Certains le bouclaient en trois ans, comme les compagnons du devoir. Le Tour de France, c'était impossible pour beaucoup, une gageure, une folie. « Au Bol d'Or, on fait bien mille kilomètres en 24 heures ! », s'emportaient les amoureux du progrès. « Mais sur piste et avec des entraîneurs », nuançaient les pessimistes. L'idée lancée par Géo Lefèvre le 20 décembre 1902 n'était vraiment pas facile à mettre en œuvre. Desgrange avait lui-même effectué des reconnaissances, mais un premier départ prévu fin mai, avec une course de six semaines, avait été annulé. Échec, pas assez d'engagés. Il faudrait réduire droit d'entrée et durée, et augmenter les indemnités quotidiennes de route. L'accouchement se fit au forceps, mais il se fit, car Desgrange et Goddet n'avaient pas le choix, c'était le prix de la survie pour *L'Auto*, leur quotidien sportif, l'organisateur.

Finalement, dans le sillage de Maurice Garin, le premier inscrit, cinquante-neuf coureurs postulèrent. Ils étaient censés être professionnels et quelques-uns l'étaient, mais beaucoup pédalaient un peu, tout en étant surtout menuisier, forgeron, cabaretier, ou clown, ou trapéziste, ou boucher. Ils étaient de Sens, de Roubaix, de Lyon, de Châtellerault, et même d'ailleurs puisque des Allemands, des Belges, des Suisses et même un Italien firent acte de candidature. Dix francs pour s'inscrire, ce n'était pas trop, et comme ils auraient 5 francs par jour, ils devraient s'en sortir. D'autant qu'il y avait 20 000 francs-or de prix. La misère était au cœur de la Belle Époque, et ça valait la peine d'essayer, même s'il n'y avait pas d'entraîneurs, même si 2 428 km, ça faisait long. En dix-neuf jours, avec les repos, ça devrait passer. Et puis, ça leur ferait voir du pays, ça les changerait des éternels déplacements de 20 km au mariage de la tante, au marché, ou à la garnison. Le bout du monde était là.

L'ACCOUCHEMENT SE FIT AU FORCEPS

Champions comme Garin, Aucouturier ou Georget, anonymes ou inconnus comme Pernette, Ellinamour ou de Balade, tous sentaient confusément, comme le confessera plus tard Géo Lefèvre, « que quelque chose de nouveau allait naître, que Michel Strogoff pouvait sortir du livre ». Les professionnels, comme Garin, Muller, avaient pris la peine de reconnaître tout ou partie du parcours allant de Paris à Paris *via* Lyon, Marseille, Toulouse, Bordeaux et Nantes. Il y avait cinq étapes de 400 km ou plus et une de 268 km entre Toulouse et Bordeaux. De toute façon, s'ils abandonnaient et ne participaient plus au classement général, ils pourraient essayer de courir simplement pour le gain des étapes. Desgrange n'avait pas trop de monde pour prendre le risque d'une élimination sèche. Les soixante partirent donc d'un café de Montgeron, qui s'appelait le Réveil Matin, le jeudi 1er juillet à 15 h 16. Il s'agissait d'aller à Lyon, sur des machines approximatives de 15 kg, avec un seul frein à l'avant, et un pignon fixe à l'arrière. Les routes ? De la terre battue.

La nuit ? On comptait sur les reflets de la lune sur les routes blanches. Entre les chutes, les bris de guidon, de fourche et les empoisonnements, il y eut d'emblée vingt-trois abandons. Après dix-sept heures de selle, des coups de fringale et des coups de mou, des signatures dans les contrôles à la lueur des lampions, voire une indigestion de cerises, Maurice Garin

Lucien Pothier, 2e, le jeune boucher de Sens, s'est mis à l'aise. Collection Laget

Le Belge Julien Lootens, alias **Samson, conférencier et dresseur de serpents-boyaux.** Collection Laget

L'Allemand Josef Fischer, 15e, aime le coco et le cigare. Collection Laget

Alexandre Foureaux, le menuisier volant, a une drôle de sacoche et pas de frein. Collection Laget

GARIN premier, POTHIER deuxième, AUGEREAU troisième, MULLER quatrième, FISCHER cinquième dans le Tour de France, sur bicyclettes La Française, étaient tous munis du Frein BOWDEN

gagnait à Lyon devant le jeune Émile Pagie, son équipier des cycles La Française. Brange, le dernier et régional de l'étape, mit vingt heures de plus. Autant dire qu'il eut bien besoin des trois jours de repos pour se retaper. D'ailleurs avec lui se pose déjà le problème de la régularité de l'épreuve. En effet, ne le trouve-t-on pas en troisième position à l'arrivée de la deuxième étape à Marseille ! Une étape enlevée par Aucouturier, qui, hors course après le premier secteur, courait donc hors classement général. Un classement dont Garin tenait la tête avec 8' d'avance sur Léon Georget des cycles Aiglon. Aucouturier, toujours hors classement général, triomphera encore à Toulouse, où Garin, qui s'est trompé de parcours, porte à quasiment deux heures son avance sur Georget.

PLUS DE 100 000 EXEMPLAIRES PAR JOUR POUR L'AUTO

Aucouturier abandonnera définitivement après être tombé sur la route de Bordeaux, où Charles Laeser, un Suisse, autre coureur éliminé et participant seulement pour les victoires d'étape, devient le premier étranger vainqueur sur le Tour. Dans la vraie course, Garin conserve la même avance sur Georget dont il va être débarrassé avant Nantes, car mi-fatigue, mi-cuite, ce dernier abandonne le plus près possible de chez lui, à Châtellerault. À Nantes, sans Georget, Aucouturier ou Laeser ou l'Allemand Josef Fischer piégé par le chauvinisme des spectateurs et des coureurs, Garin s'impose, comme il va s'imposer à Ville-d'Avray, puis au Parc des Princes pour l'apothéose. Celui que l'on surnomme « le petit ramoneur » à cause de son premier métier, ou « le bouledogue blanc » à cause de son caractère et de sa veste, est le vainqueur idéal pour Desgrange. Il a 32 ans, un palmarès long comme le bras, un manager pas trop regardant, et surtout il appartient aux cycles La Française, une marque actionnaire de *L'Auto* qui va passer d'autant plus de réclames qu'elle réalise un quintuplé, avec derrière Garin Lucien Pothier à 2 heures 59, Fernand Augereau à 4 heures 29, puis Rodolphe Muller et Jean Fischer. Un carton plein dont *La Provence sportive* et d'autres mettront la régularité en doute. Pas si grave, le vent de l'histoire souffle sur le Tour : les vingt et un rescapés ont accompli un exploit invraisemblable. Ils ont donné à beaucoup de Français l'envie de se lancer dans le sport qui balbutie, en particulier dans la bicyclette. Et c'est important pour les cycles La Française. C'est aussi important pour *L'Auto*, qui avec des ventes quotidiennes et des éditions spéciales grimpant à plus de 100 000 exemplaires, a pris un avantage décisif sur son concurrent *Le Vélo*.

Le vent de l'histoire, c'est aussi cette « noblesse du muscle » dont Desgrange, inconditionnel de Napoléon Bonaparte, rêve et qui se met en place. Le vent de l'histoire, c'est également des cyclistes qui vont plus vite que le train, et qui éclipsent le cheval, même si la seule crevaison que Garin déplore est imputable « à un énorme clou de fer à cheval ». Ce sera donc le clou de la chance pour tous, à commencer par Garin, dont les gains vont changer la vie, même si comme ses vingt camarades, il ressemble « à un Père Noël de carnaval, tant il est recouvert de poussière, impalpable et dense… ». Et ce n'est pas avec sa vitesse, avec ses 25 km 679 à l'heure, qu'il va la chasser, cette poussière magique. Fort heureusement.

À CORNET, LE RIGOLO, UN DRÔLE DE TOUR...

Henri Jardry, dit Henri Cornet, porte jambières, maillot à grosses côtes et le dossard 78. On le surnomme l'Ingénieur ou le Rigolo, et il court pour J .Conte, qui fera une jolie réclame après l'exploit inattendu de son poulain.
Maurice Branger / Roger-Viollet

1904

1er : Henri Cornet

Cycles J.C.

Ce deuxième Tour de France aurait pu être le dernier, dira-t-on après coup. Dans l'instant, il donne pourtant l'impression de se présenter un peu mieux que le premier, car si le kilométrage (2 428 km) et les six étapes (Paris-Lyon, Lyon-Marseille, Marseille-Toulouse, Toulouse-Bordeaux, Bordeaux-Nantes et Nantes-Paris) sont les mêmes, il y a vingt-deux coureurs de plus (82 au lieu de 60). On part toujours de Montgeron—Villeneuve-Saint-Georges, mais le 2 juillet, et on arrive toujours au « Père Auto » à Ville-d'Avray, avant de rallier le Stade-vélodrome du Parc des Princes pour l'apothéose finale le 24 juillet. Ce dernier a été créé par Desgrange et Goddet en 1897, ce qui leur fait donc une belle recette de plus.

Donc, cinq jours de plus qu'en 1903, avec des repos aux étapes variant de un à cinq jours pour Lyon, terme de la première d'entre elles, presque la plus dure avec ses 467 km. Desgrange a, semble-t-il, veillé à améliorer la récupération des coureurs, même si les horaires des six départs surprennent toujours aujourd'hui, 21 heures à Montgeron, minuit trente à Lyon, 20 h 30 à Marseille, 5 heures du matin à Toulouse, 22 heures à Bordeaux, 19 heures à Nantes. Il s'agit toujours de rouler tout ou partie de la nuit pour arriver dans l'après-midi. Comme en 1903, pas d'entraîneurs. Les entraîneurs, c'est matière à tricherie, à utilisation de cordes « invisibles », etc. D'ailleurs, dans le Bordeaux-Paris qui a eu lieu en début d'année, on a été confronté à ce terrible problème. Cette classique de 560 km se dispute obligatoirement avec entraîneurs ; or, on y a tellement triché que les quatre premiers ont dû être déclassés pour laisser la victoire au cinquième. Exactement le scénario qui va se produire au Tour de France pour des raisons à peine différentes. Qui sont les tricheurs déclassés ? Léon Georget, Petit-Breton, César Garin et Rodolphe Muller. Qui est le cinquième à qui revient la palme ? Le jeune et immense Fernand Augereau, présentement sous les drapeaux au 33e d'artillerie à Poitiers. Il n'a pas triché lui, et en plus il a terminé grièvement blessé après avoir été renversé par une voiture. Ce nom ne vous dit rien ? C'est celui du « vainqueur moral de la cinquième étape du Tour 1903 », c'est lui dont Maurice Garin a écrasé le vélo et qu'il a boxé. À Paris, il a terminé troisième, et il aurait peut-être pu faire mieux si, moyennant finances, Garin ne lui avait pas fait retirer sa plainte. Tout ça pour dire que la tricherie existe à ciel ouvert et que ce Tour 1904, que Garin va perdre sur le tapis vert, il aurait déjà pu le perdre en 1903.

Collection Laget

C'est la Belle Époque, la course est très dure, et les coureurs prennent donc quelques libertés avec le règlement. C'est aussi la course à la bonne franquette, qui peut se bien finir comme en 1903, ou mal, comme en 1904. Précisons que

Entraîneurs, pas entraîneurs ? La confusion est totale dans ce qui faillit être le second et dernier Tour...
Collection Laget

Cycles J. C. — Chaînes J. C.

Homologation du TOUR de FRANCE

L'U.V.F. vient de disqualifier tous les principaux coureurs de la plus importante course de l'année.

La double Victoire — Classement général et machines poinçonnées — revient définitivement à CORNET et à sa

Bicyclette

J.C.

Chaîne J. C. Pneus Michelin

battant les Garin, Aucouturier, Pothier, etc., et toutes les marques réunies.

C'est le Triomphe de la Marque J. C.

La Maison J. C. défie n'importe quelle marque au monde d'avoir jamais obtenu dans une épreuve de 2.500 kilomètres sur route, la première place avec une seule machine, une seule chaîne et sans aucun soigneur.

Après 188 Victoires sur route et 68 sur piste, les succès de Walthour, etc., etc., les Cyclistes intelligents et capables d'apprécier une pareille performance, ne voudront plus acheter que la J. C., 25 pour cent de fatigue en moins,

qui sera la Merveille du Salon.

J. CONTE, Constructr, 38, rue des Panoyaux, PARIS (20e)
Magasin de détail : 6, avenue de la Grande-Armée
AGENTS EXCLUSIFS DEMANDÉS POUR CHAQUE VILLE

Guidons reversibles J. C. — Jantes J. C.

Direction à serrage intérieur J. C. — Réglage breveté du pédalier J. C.

Moyeux indéréglables J. C. — Tubes étirés à froid J. C. — Raccords J. C.

Collection Laget

~ Tour de France à Bicyclette : Garin en tête ~

la carrière d'Augereau, vainqueur du Bordeaux-Paris 1904, qui a tiré le signal d'alarme, s'arrêtera quasiment alors qu'il n'a pas encore 21 ans... Cela ne sera pas le cas pour Henri Cornet (voir « les Petites Histoires »), le vainqueur sur le tapis vert de ce Tour 1904, qui n'a pas 20 ans quand il termine à Paris, cinquième derrière Garin. À peine les a-t-il quand, le 30 novembre, profitant des foudres de l'Union vélocipédique de France, il devient premier. Les quatre déclassés sont Maurice Garin, le vainqueur, 33 ans, Lucien Pothier, César Garin et Hippolyte Aucouturier. César Garin, un frère de Maurice, qui bien que venant d'être déclassé de Bordeaux-Paris, était là !!!

DESGRANGE CROIRA UN INSTANT SON ÉPREUVE FOUTUE

Mais reprenons les choses dans l'ordre. Le 2 juillet, Maurice Garin s'impose à Lyon, comme en 1903. Dans cette étape initiale, il y a 32 abandons. Mais c'est dans les deux suivantes que le Tour va basculer. D'abord entre Lyon et Marseille, si Aucouturier s'impose comme en 1903, il y eut des incidents au passage du col de la République. Les supporters du champion local Alfred Faure (dossard 58, cycles Sauvinet), indisposés par la mainmise des cadors des grandes marques, les prennent à partie au sommet du col. Une échauffourée dissipée à coups de revolver. En fin d'étape, Ferdinand Payan (cycles Champeyrache), un Alésien pris en train de tricher, est mis hors course. Ils sont d'ailleurs quatorze avec lui à quitter encore l'épreuve. Le hic, c'est que dans l'étape suivante, entre Marseille et Toulouse (374 km), la course passe à Nîmes, près d'Alès, où les supporters alésiens de Payan sont là. Pas lui. Et ils sont tellement déçus qu'ils provoquent quasiment une nouvelle émeute. Un ressort est brisé même si Aucouturier de Peugeot décroche son deuxième bouquet à Toulouse, son troisième à Nantes et son quatrième à Paris. Après celui de Garin à Lyon, Pothier quant à lui en rajoute un second à Bordeaux pour les cycles La Française. Comme certains supporters, on a bien l'impression que les grosses maisons et leurs coureurs ont cru pouvoir se partager impunément la course : aux uns les étapes, aux autres le classement final. Impression fausse ? Pas vraiment, puisque le jury, on le sait, déclassera les quatre premiers pour « violation des règlements ». Desgrange croira un instant son épreuve foutue, mais il ne pouvait pas sévir : les « coupables » l'ayant aidé à lancer le Tour 1903 et même son journal, et leurs constructeurs étant ses meilleurs annonceurs. Le jeune Cornet (dossard 78) gagnera donc, et son constructeur, les cycles J.C. (Conte), se fendra alors d'une réclame d'une demi-page, qui ramènera le sourire sur le visage tourmenté de Desgrange : « Cornet gagne classement général et machines poinçonnées avec une seule machine, une seule chaîne, et sans aucun soigneur. Avec J.C., 25 pour cent de fatigue en moins. » Et quand Alphonse Steinès conseillera d'emprunter la montagne en 1905 pour durcir la course, éviter dérapages et combines, Desgrange retrouvera définitivement l'espoir. Deux ans plus tard, Cornet enlèvera Paris-Roubaix... Ce n'était pas un tocard, même si son surnom était « le Rigolo ».

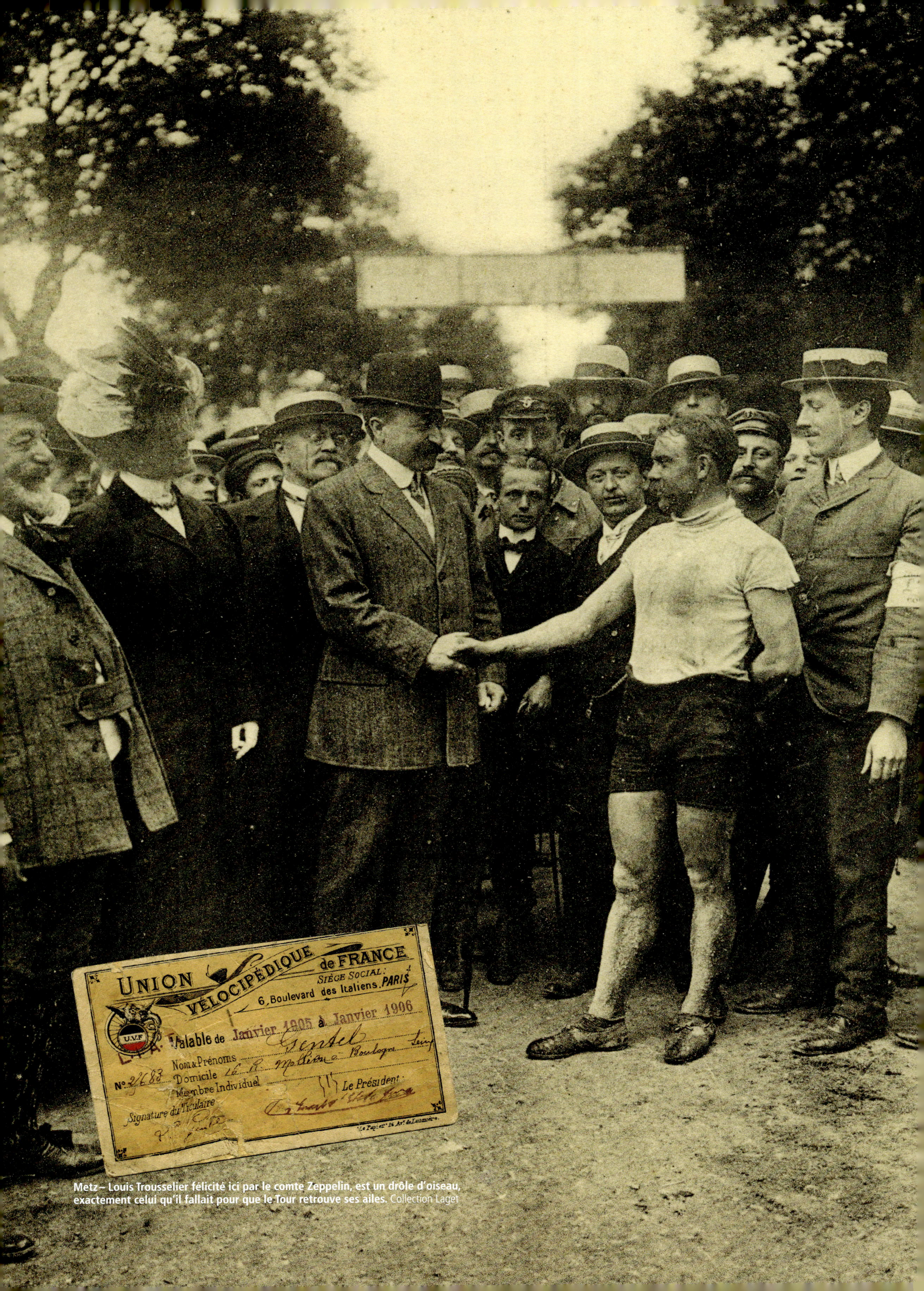

Metz – Louis Trousselier félicité ici par le comte Zeppelin, est un drôle d'oiseau, exactement celui qu'il fallait pour que le Tour retrouve ses ailes. Collection Laget

UN TOUR DE PASSE-PASSE POUR « TROU-TROU »

1905

1er : Louis Trousselier

Cycles Peugeot

Grimpeur râblé et batailleur, ce séducteur deviendra fleuriste boulevard Haussmann. Collection Laget

Ce troisième Tour est crucial. Pour faire évoluer la première formule qui avait montré ses limites, Desgrange a confié des responsabilités à son collaborateur Alphonse Steinès. Il vient du monde du cyclotourisme, de ces aventuriers qui aiment se frotter aux montagnes. Elles sauveront la course, ces montagnes, car même si Steinès les implique avec mesure, il choisit un symbole fort : le ballon d'Alsace, qui se confond avec cette ligne bleu horizon dont toute la France rêve depuis la défaite de 1870, depuis qu'on a perdu l'Alsace et la Lorraine. Dans les Alpes, les 60 partants se coltineront aussi la côte de Laffrey et le col Bayard. À ce Tour qui se pousse du col, on rajoute 500 km et cinq étapes, et pour ménager un peu les champions, on autorisera des entraîneurs dans la première et la dernière étape. Pour éviter des écarts vertigineux et des ententes, le classement ne sera plus horaire, mais encore aux points-places : un point au premier, deux au deuxième, un point en plus par écart de cinq minutes. Et il y aura des coureurs de vitesse et des poinçonnés dont les machines permettent l'amélioration du matériel, car leurs coureurs doivent réparer eux-mêmes, rapporter les pièces défaillantes, etc.

SOLDAT, IL EST SEPT JOURS EN ABSENCE ILLÉGALE

Le Tour est aussi un immense banc d'essai. Les règlements de comptes continuent avec les semeurs de clous qui sévissent surtout dans les deux premières étapes en provoquant des arrivées hors délais. Pourtant, on sent un nouvel état d'esprit ; d'ailleurs, d'anciens tricheurs punis comme Aucouturier, Trousselier ou Petit-Breton retrouvent les vraies valeurs de la course et donnent l'exemple en gagnant à Nancy ou Besançon. À Besançon, la surprise c'est pourtant le deuxième, un débutant, René Pottier, qui aurait gagné sans la malchance, sans les crevaisons. Il prend tout de même la tête du classement général, car il était troisième à Nancy. C'est lui qui a enchanté tout le monde en se jouant de la première montagne, le Ballon (12 km à 8-10 % ; 1 178 m). On craignait que les coureurs coincent, marchent à pied, mais non, ils se sont envolés comme des moineaux, surtout Cornet, lauréat du Tour 1904, et Pottier, qui se sont livrés le premier grand duel du Tour. Un coude-à -coude de plusieurs kilomètres à une allure insensée, qui a emballé tous les suiveurs et les Belfortains venus au sommet. Du jamais vu. Un exploit inoubliable. Las, Pottier crèvera dans la descente et se fera doubler. Quant à Cornet, au sommet, il attendra vingt minutes sa machine de rechange. Qu'importe, les héros ce sont eux, même si Trousselier, troisième, montre la partie la plus charnue de son individu, tellement sa culotte a souffert. Deux jours de repos à Besançon ne sont pas de trop pour laisser souffler les champions du Ballon, et pour soigner Pottier, qui dans la traversée d'un village aurait pris un coup de fouet d'un cocher maladroit. Une blessure qui provoquera son abandon dans la troisième étape (Besançon-Grenoble, 327 km). Aucouturier passe en tête à Laffrey, et Trousselier gagne. Ce seront désormais les deux vedettes de la course, même si Maitron passe en tête au col Bayard dans l'étape Grenoble-Toulon (348 km). Son exploit permet d'ailleurs au correspondant de *L'Auto* de constater que les coureurs cyclistes vont trois fois plus vite que les diligences sur ces routes de montagne. Jean-Baptiste Dortignacq, la « gazelle de Peyrehorade », mettra heureusement un peu de piment dans le chassé-croisé entre Aucouturier et Trousselier, qui est le plus régulier. En fait, ils se partageront les six dernières étapes, trois pour la « gazelle », trois pour « Trou-Trou ». De temps en temps, Lucien Petit-Breton, un néophyte du Tour, viendra se mêler à la lutte avec sa machine poinçonnée, mais de loin. Il finira tout de même cinquième et premier de sa catégorie, celle des pilotes d'essai. Louis Trousselier, de Levallois, fils du grand fleuriste du boulevard Haussmann à Paris, triomphera au Parc des Princes, les doigts dans le nez avec vingt-six points d'avance sur Aucouturier, son vieux complice de chez Peugeot. La montagne ne laissera finir à Paris que vingt-quatre rescapés. À Paris, Trousselier aurait perdu dans la nuit tous ses gains à la passe anglaise. « Quatre mille francs-or, ça fait quand même du bruit », comme disait avec une pointe d'indignation à peine feinte son voisin et client en fleurs du boulevard Haussmann, un certain Marcel Proust. Qu'importe, avec Pottier et Trousselier, le Tour a retrouvé ses rails.

RENÉ POTTIER, PREMIER DES GRIMPEURS POUR L'ÉTERNITÉ !

Le roi René : bob, maillot blanc et noir du Vélo-Club de Levallois. Collection Laget

1906

1er : René Pottier

Cycles Peugeot

À l'arrivée, le taciturne vainqueur pose avec Zélie, son épouse. La ville perdra cet homme des montagnes. Collection Laget

Ce quatrième Tour de France est le premier à faire enfin le tour de la France. Pour y parvenir, Desgrange le fait passer de 2 994 km à 4 637 km, ce qui nécessite aussi une augmentation du nombre des étapes, et trois petits passages de frontière à Metz, Vintimille et Irun. Les étapes passent donc de onze à treize, et si les prix globaux ne bougent pas, la récompense du vainqueur grimpe à 5 000 francs. Quand on sait qu'un abonnement annuel à *L'Auto* est de 20 francs, cela veut dire que le vainqueur pourrait s'abonner 250 ans. Puisqu'en 2011, l'abonnement annuel à *L'Équipe* est de 372 euros, une même projection déboucherait aujourd'hui sur un gain de 93 000 euros ; or, le vainqueur empoche plus de 400 000 euros. Les temps ont heureusement changé, et il y a mieux à faire que s'abonner pour mille ans à un journal, même si c'est toujours la bible du sport.

En 1906, tout grimpe, et la meilleure chose qui puisse arriver à une telle édition « grimpante », ce serait d'être gagnée par un grimpeur, non ? Une révolution car jusqu'en 1905, jusqu'aux premiers cols déflorés par René Pottier avant son abandon sur blessure, un grimpeur était simplement un coureur de longue haleine, au long cours, pas forcément un escaladeur. Le terme « grimpeur » qui a donc été un peu revisité en 1905, va être définitivement reconfiguré en 1906. Un grimpeur, c'est un coureur comme René Pottier, qui sous son bob de meunier avale le ballon d'Alsace aussi bien que son moulin de Moret-sur-Loing les sacs de blé doré... Peut-être à 30 km/h, si l'on en croit les témoins. Ce René, c'est un phénomène. Dans la première étape, a-t-il été induit en erreur par la police lilloise qui a obligé Abran à juger les arrivées hors de la ville ? Toujours est-il qu'il n'est que quatrième à dix secondes d'Émile Georget. On se souvient que les points remplacent désormais le temps, donc quatrième, c'est quatre points et premier, un seul. Georget est donc le premier leader, et comme il y a déjà vingt-sept abandons, ils ne seront plus que 49 à quitter Lille pour prendre la route de Nancy après une journée de repos. Nancy, c'est le terme de la deuxième étape après 400 km de course. Il y a encore des nids de poule, et des clous comme en 1904 ou 1905... Qu'importe, le dossard 48 a l'œil et la maestria, il passe les obstacles ou répare comme un diable. Le 48, le maillot blanc cerclé de noir du Vélo-Club de Levallois, sec et brun comme un raisin de Corinthe, c'est René Pottier.

IL AVALE LE BALLON D'ALSACE

À Nancy, il met Petit-Breton 2e à une minute trente, et Émile Georget, 4e, à 27 minutes. Ils sont donc tous les deux premiers ex aequo avec cinq points. Le temps d'avaler le ballon d'Alsace en faisant un numéro qui éblouit encore une fois les suiveurs les plus blasés, de s'échapper en solitaire sur 220 km et de rallier Dijon avec 48 minutes d'avance sur son dauphin et élève Georges Passerieu, et l'écart est creusé avec Émile Georget qui a terminé cinquième à plus d'une heure. Au classement général, Georget est à quatre points de Pottier, alors qu'il est en fait à une heure trente. Ces points ridicules ne peuvent qu'irriter Pottier, qui aime le travail bien fini, bien concret. Et le fossé, il va donc le creuser dans les Alpes, où il caracole en tête à Grenoble comme à Nice. En souplesse, comme un félin, il a franchi le premier la côte de Laffrey et le col Bayard ; à Grenoble, il a mis ses poursuivants à 16 minutes et plus, et à Nice, il a rajouté 26 minutes au passif de Passerieu, et 41 à celui d'Émile Georget. Sur les tablettes, ils ne sont qu'à neuf ou douze points du roi René, en réalité, ils sont à des heures ! À des années-lumière même. René a survolé quatre étapes de rang, les quatre plus dures, il est au-dessus du lot. Ses adversaires sont ses amis, ses copains de club ou de chez Peugeot... Il va donc arrêter le massacre et la démonstration à Marseille, où

Le terrible Hippolyte Aucouturier a assez de classe et d'allure pour gagner un Tour. Encore ne faut-il pas être empoisonné à la limonade, tomber sur un chien, le règlement, Pottier, Petit-Breton ou Trou-Trou. Maurice Branger / Roger-Viollet

il laisse gagner Passerieu d'une seconde. Mais à Toulouse, où il allait faire de même après 480 km à travers la Crau et le Languedoc, il se trompe de route et perd quatre points sur Trousselier et trois sur Passerieu. Il termine avec un autre de ses amis passé chez Alcyon, Marcel Cadolle, le fabricant de gaines et corsets. Ce jour-là, Aucouturier, gros animateur des premiers Tours, abandonne aussi. Lui n'a pas été mis hors course comme Carrère, Gauban ou Tuvache qui avaient pris le train à Dijon, il était malade. Bref, Passerieu est à cinq points du maître et Cadolle, à trente. Entre Toulouse et Bayonne (8e étape, 300 km), Bayonne-Bordeaux (9e étape, 338 km), Bordeaux-Nantes (10e étape, 391 km), Nantes-Brest (11e étape, 321 km) ou Brest-Caen (12e étape, 415 km), Pottier continue de laisser filer ses amis, tout en veillant au grain, car c'est toujours un bon meunier. Et Dortignacq gagne donc chez lui à Bayonne, même si c'est un Alcyon, et ensuite c'est Trousselier, le fleuriste, qui rafle trois bouquets de rang devant Petit-Breton. Au vol, « Trou-Trou » a aussi boxé Dortignacq, qui finira par abandonner sur chute. Et Passerieu s'impose à Caen, encore avec la bénédiction du maître, qui met la touche finale au Parc des Princes, sa cinquième victoire. La dernière étape était disputée avec entraîneurs, un exercice dans lequel René excelle toujours. Avec cinq étapes, huit, vingt ou trente points de marge sur Passerieu, Trousselier ou Petit-Breton, ses dauphins du VCL ou de chez Peugeot, le lionceau René Pottier reçoit au Parc des Princes un accueil délirant, car tout le monde sait qu'il vient de poser sur le Tour une griffe indélébile. Un grimpeur vient de mettre la course sur orbite. Même Zélie, son épouse, un peu pincée, comprend que ce gaillard, qui n'a que 27 ans, a réalisé un exploit. Sa moyenne n'est peut-être que de 24,463 km/h, mais ce long Tour a été tellement éprouvant qu'il n'y a que quatorze « survivants » comme le souligne le journal organisateur. Rappelons qu'il y avait soixante-seize partants. Le spécialiste de l'automobile et polytechnicien Charles Faroux, qui chronique la course depuis une robuste voiture « Pipe », tout en étant admiratif du terrible Pottier pour qui Franc-Nohain compose même une chanson, est pris de tendresse pour les deux derniers, Léon Winant de Charleville et Georges Bronchard de Fontainebleau. Ces « deux héros au petit pied », copains inséparables, qui n'ont pas un sou vaillant en poche, préfèrent arriver les derniers aux contrôles « parce que les soigneurs des autres veulent bien nous donner ce qu'ils ont de trop et ainsi nous n'avons pas le ventre creux pendant quatre cents kilomètres… ». Le Tour est dur, les temps sont durs, une âme sensible comme René Pottier s'y cassera les dents, à s'envoler sur les chapeaux de roue, un triste jour de janvier 1907…

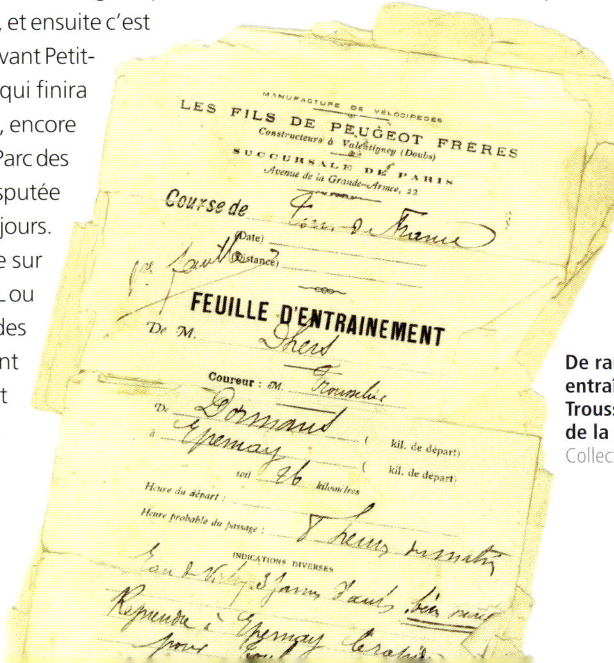

MANUFACTURE DE VÉLOCIPÈDES
LES FILS DE PEUGEOT FRÈRES
Constructeurs à Valentigney (Doubs)
SUCCURSALE DE PARIS
Avenue de la Grande-Armée, 22

Course de
(Date)
(Distance)

FEUILLE D'ENTRAINEMENT

De M.
Coureur : M.
De Dormans
à Epernay (kil. de départ)
(kil. de départ)
soit 26 kilomètres
Heure du départ :
Heure probable du passage :
INDICATIONS DIVERSES

De rares étapes sont avec entraîneurs. Les leaders comme Trousselier y bénéficient de la meilleure organisation. Collection Laget

À Vire comme à Nîmes, aux contrôles comme aux arrivées, la foule.
Gendarmes, curés, ouvriers, mamans, commerçants sont sur leur 31. Collection Laget

PETIT-BRETON COMME UN FAUVE

Contrôle de ravitaillement. En 1907 comme en 1908, Petit-Breton y virevolte entre bouteilles et bidons. Collection Laget

1907

1er : Lucien Petit-Breton

Cycles Peugeot

Jusqu'ici, sauf cas de force majeure (suspension pour Maurice Garin en 1905), le vainqueur du Tour précédent a toujours été au départ. Cela procède de la chaîne du Tour. Et cette chaîne symbolique est une nouvelle fois brisée pour le départ de la cinquième édition au pont Bineau (près de Paris). En effet, René Pottier, le vainqueur de 1906, n'est pas là, et il ne sera plus jamais là. Il s'est suicidé en début d'année. Il n'avait pas 28 ans. Et ce nouveau Tour avec deux nouveaux cols, Porte et Le Sappey, aurait été une promenade de santé pour le grimpeur ailé. Hélas, le premier des grimpeurs s'est envolé, et on se demande qui , parmi les quatre-vingt-treize partants, ces redoutables obstacles pourraient bien inspirer. Cornet, qui un moment avait tenu tête à Pottier dans le Ballon ? Passerieu, Trousselier ou Georget, ou Petit-Breton qui n'étaient pas loin non plus ? Les débutants comme Garrigou peuvent aussi créer la surprise, sans parler de la belle phalange italienne. Autre mystère, le comportement des tandems fraternels des frères Antony et Édouard Wattelier, Émile et Léon Georget, et Anselme et Lucien Mazan, puisque Petit-Breton, le quatrième du Tour précédent, a Mazan pour vrai nom.

Mais pour 4 488 km, quatorze étapes, et toujours avec un étonnant classement aux points-places, les coureurs partent vers l'est. Certes dans le sens des aiguilles d'une montre, mais surtout dans le sens de l'histoire, de l'urgence, de l'Alsace-Lorraine occupée où, pour la première fois, ils vont faire halte avant d'entreprendre les Alpes. Dès l'impitoyable première étape (Paris-Roubaix, 272 km) les réponses tombent : Trousselier et Léon Georget (deux Alcyon), et Petit-Breton et Cadolle (deux Peugeot) sont en forme et devant. Derrière, Édouard Wattelier, le meilleur des deux frangins, a déjà jeté l'éponge. Petite boule de muscles vite en action et rebondissant presque sur les pavés, « Trou-Trou » (Alcyon) montre qu'il a déjà gagné Paris-Roubaix, et dans la foulée livre devant l'occupant allemand et le comte Zeppelin un sprint mémorable à Metz. A-t-il été battu par Émile Georget (Peugeot) ? Après enquête, les deux champions sont classés ex aequo. Mais Émile est plus léger et grimpe mieux, et dans le ballon d'Alsace il le fait savoir à tout le monde, et prend le commandement. Si à Lyon il ne peut décramponner son ami Cadolle, il fait bien la différence à Grenoble, Nîmes (où le même Cadolle a le genou broyé dans un accident survenu au sprint) et Toulouse. Il n'y a qu'à Nice que Passerieu le tient en échec, et c'est un Peugeot comme lui. Mimile n'a fait qu'une bouchée du col Bayard, de Laffrey ou de Porte (21 km de coude-à-coude avec Faber, et Garrigou au fossé). Et comme il a une roue libre, que les médisants, jaloux ou intégristes du pignon fixe appellent une « reposante », il creuse des écarts très nets jusqu'à Toulouse. Ensuite, la vie ne sera plus rose. Car entre Toulouse et Bayonne, Petit-Breton s'est échappé, et a pris plus de 20 minutes. Il a gagné et Georget a terminé quatrième. Mais Georget, ayant eu un problème de matériel, a changé de machine en dehors d'un contrôle ! Il essuie donc les foudres d'un déclassement à la dernière place. Lui qui à Toulouse avait seize points d'avance sur Trousselier, et vingt-trois sur Petit-Breton, se retrouve troisième à Bordeaux à vingt-cinq points de Petit-Breton, le nouveau leader, et à dix points de Garrigou, champion du pignon fixe, son dauphin. Comme les Alcyon trouvent que la sanction a tardé et qu'elle est trop légère, Trousselier et toute son équipe abandonnent. Avec forcément Léon Georget, qui abandonne son frère à son triste sort de troisième. Le Tour est joué ; consolation, il ne sort pas de la famille Peugeot, car Petit-Breton, comme Garrigou, comme Émile Georget, comme Passerieu sont des lionceaux. Les Alcyon partis, les lionceaux dansent et se partagent le fromage, à eux les quatre dernières étapes et les quatre premières places au Parc des Princes. Lucien Petit-Breton, *alias* Lucien Mazan, *alias* l'Argentin à cause de son enfance en Amérique du Sud, enlève son premier Tour à 24 ans, et à 28, 470 km/h de moyenne, et pas l'inverse. En 1906, quatrième, il avait gagné le classement des poinçonnés. Garrigou, deuxième, réussit des débuts sur les chapeaux de roue. Quant à Émile Georget, troisième, il n'a que 25 ans, mais sa poisse est telle qu'on se demande s'il pourra gagner le Tour un jour.

PIGNON FIXE CONTRE ROUE LIBRE

PETIT-BRETON HAUT LA MAIN

Pierre-Gonzague Privat, qui à la quatrième étape a troqué le vélo pour le crayon, dessine le Tour comme on ne l'a jamais vu. C'est un caricaturiste-routier. Collection Laget

1908

1er : Lucien Petit-Breton

Cycles Peugeot

Petit-Breton est en forme, il est donc le grand favori de ce sixième Tour dont il a enlevé l'édition 1907. Tous ses rivaux ou presque sont là, et pourtant il va les battre, les contraindre à l'abandon, les pousser à la faute. C'est la première fois qu'un Français favori assume et maîtrise cette responsabilité. Pour y parvenir, il a fait des reconnaissances, pris des repères. Certes, son équipe est solide, mais les obstacles de la course sont réels. En particulier cette montagne, qui est devenue tellement importante que les maisons Labor et Hutchinson ont décidé de créer un premier prix de la montagne portant sur quatre cols : le ballon d'Alsace, le col de Porte, la côte de Laffrey et l'Estérel, le plus facile. Il y a des points, des prix et un classement général avec 250 francs au premier. Quand on sait que le vainqueur du Tour gagne 4 000 francs, c'est bon à prendre. Si Émile Georget est là, ce ne peut être que pour lui. Il est bien là, Mimile, parmi les cent douze partants se faisant contrôler place de la Concorde (un chiffre record), mais il n'est que l'ombre de lui-même. Il n'a pas surmonté la déception de 1907. Pourtant, il connaît le parcours (toujours vers l'est), les quatorze étapes, et il a les 4 488 km dans les jambes. Alors ? Alors, Petit-Breton ne veut pas d'une seconde victoire sur déclassement et, d'emblée, il se déchaîne avec Passerieu sur les pavés de Paris-Roubaix. Ils font un et deux, les Peugeot, pendant qu'Aucouturier brise une roue et perd quatre heures. À Metz occupée, après 398 km d'ornières et de poussière, les mêmes duettistes changent simplement de place : à Petit-Breton le bouquet, à Passerieu l'accessit. Les Peugeot sont partis pour un nouveau récital après avoir laissé sur le bord de la route rien moins que Trousselier et Émile Georget ! Dans le ballon d'Alsace où *L'Auto* et Desgrange inaugurent avec ferveur une stèle en hommage au regretté René Pottier, devant laquelle se découvre son frère André, les Peugeot jouent aux « géants de la route » avec le « géant de Colombes », François Faber. Le « Grand », « l'Ogre » ou « Gargantua » sont ses qualificatifs, et il a le dernier mot, mais Petit-Breton et Garrigou, qui a eu le privilège d'être

L'ARGENTIN AUSSI PREMIER GRIMPEUR OFFICIEL

premier de cordée, ne le lâchent pas d'une semelle, ses bottes fussent-elles de sept lieues. Il en sera de même à Lyon, Toulouse et Brest, où « Gargantua » triomphe toujours, laissant les Aucouturier, Léon Georget et autres Galetti en rideau. À côté du festival Faber, celui des lionceaux se poursuit aussi jusqu'à Paris, seulement écorné par un cadeau à Dortignacq à Grenoble, ou au minuscule Paulmier à Bordeaux.

En tête du classement général à Belfort, Petit-Breton tiendra à distance d'abord l'Italien Ganna, puis le cher « Gargantua » luxembourgeois devenu son dauphin, qu'il relègue à Paris à trente-deux points. Passerieu et Garrigou, les autres Peugeot, sont troisième et quatrième à trente-neuf ou cinquante-cinq points. Passerieu qui a mis un point d'honneur à gravir en machine le col de Porte, a laissé le col Bayard et la côte de Laffrey à André Pottier, le frangin du regretté René, qui décroche une belle dix-septième place. Quant à Petit-Breton, qui veut que son deuxième succès, une première sur le Tour, soit parfaitement indiscutable, il triomphe aussi au Parc des Princes pour un cinquième bouquet. Comme il a également été sacré meilleur grimpeur, cela fait six. Ce coup-ci, pas de règlement, pas de litige. Il gagne haut la main. Il pourra tranquillement faire des photos de famille avec le sentiment du devoir bien fait. Seulement trente-six rescapés peuvent bénéficier à Paris du titre symbolique de « géant de la route » décerné uniquement à ceux qui bouclent la Boucle, et certifié par un diplôme décerné par *L'Auto*. Ils sont 78 à être restés sur le carreau.

Nancy – **Porte Désilles. Après neutralisation, départ : Desgrange (à droite) s'apprête à libérer ses champions. Grâce à des dossards, aussi gros que des placards, que l'on perdra vite, on reconnaît Petit-Breton (2), le seul portant lunettes, les Italiens Ganna (135), Pavesi (136), Galetti (101) ou Cuniolo (152), ainsi que Garrigou (3) et Dortignacq (8)…** Collection Laget

1907-1908 – **À Nîmes, sous un calicot en vrille, entre platanes et canotiers, après 345 km de course et plus de 12 heures de selle, les rescapés partis de Nice dans la nuit se disputent les places de la 7e étape. Emile Georget bat Petit-Breton en 1907, et en 1908 Petit-Breton domine Ganna. La traversée de la Crau a été terrible ; pourtant, pour ne pas décevoir leurs supporters venus d'Alès, Béziers, Lézignan ou Narbonne, les régionaux Gabory, Payan, Rouaix, Soulié ou Combelles terminent.** Collection Laget

LE CONTROLE
VIRE - Tour de France 1907
Les premiers Coureurs viennent d'être
annoncés au contrôle

1907 – **Pour préserver la régularité de la course, six ou sept contrôles fixes ou volants émaillent chaque étape. Sans parler des contrôles secrets où les coureurs n'ont pas à signer mais reçoivent au vol sur le poignet un coup de tampon encreur. Ce qui est sûr, c'est qu'à Vire, au café-billard, les quatre contrôleurs sont bien en place et qu'avec les échappés, Garrigou paraphe.** Collection Laget

FABER : QUAND « GARGANTUA » PÉDALE

Le Luxembourgeois François Faber avec son compatriote le journaliste Alphonse Steinès. Col. Laget

1909

1er : François Faber

Cycles Alcyon

Même nombre d'étapes (quatorze), même parcours et kilométrage (4 497 km), même nombre de jours de repos (quatorze) qu'en 1908. Est-ce que cela veut aussi dire même vainqueur ? Non, pour la bonne raison que Petit-Breton est non partant. Dès lors, la chance pourrait-elle sourire à un de ses dauphins : Faber ou Garrigou ? Pourquoi pas. D'autant qu'ils se retrouvent dans une nouvelle équipe très ambitieuse : Alcyon, avec Alphonse Baugé aux manettes. Un nouveau peut aussi surgir. Et puis, il y a eu une redistribution des cartes, car Peugeot, vainqueur depuis 1905, met la veilleuse et d'autres équipes comme Biguet, Le Globe, Legnano ou Nil-Supra surgissent. Et il y a aussi cent douze isolés, sans-grade ou seconds couteaux, pour titiller les as, les groupés. En tout, cela fait cent cinquante partants, on n'a jamais vu ça. On n'a jamais vu non plus les températures hivernales qui vont accabler le peloton durant ce mois de juillet où se succèdent pluie, neige, froid, verglas, boue… Un temps à ne pas mettre un orteil dehors, mais un ogre si. Justement, il y a dans le lot un phénomène hors du commun, il s'appelle François Faber, c'est un Luxembourgeois qui vit à Colombes, où il est débardeur. Il est tellement impressionnant, costaud, musclé qu'il est devenu « le géant de Colombes ». Certes, il ne mesure qu'un mètre soixante-dix-huit, mais à la Belle Époque avec cette taille, on est grand, très grand même. Et le géant annonce quatre-vingt-dix kilos sur la balance. C'est la première fois qu'il est dans une grande équipe, même s'il a déjà gagné le Tour de Lombardie 1908, et brillé dans Paris-Roubaix ou Paris-Tours. Il arrive à maturité, et depuis ses quatre victoires d'étape dans le Tour 1908, il a aussi gagné en confiance, ce grand timide que la présence de son demi-frère Ernest Paul rassure un peu. Le froid, il ne connaît pas : à Roubaix, il est deuxième derrière Van Hauwaert, sans Thermolactyl Damart, mais avec un gentil bouclier de graisse, quatorze côtelettes dans la sacoche et presque autant de litres de vin. Il gagne à Metz, puis à Belfort, puis à Lyon, puis à Grenoble, puis à Nice. Calculez, ça fait cinq étapes de rang, du jamais vu, mieux que René Pottier en 1906. Comme René, mais en puissance, il passe en tête au Ballon, à Laffrey, à Bayard. Emmitouflé dans un sac de jute, ou en plein vent, il fonce, et il court même machine à la main, quand sa chaîne casse, comme à Lyon.

LE GÉANT DE COLOMBES : 1M78 ET 90 KG

C'est un phénomène. Il mène à bien des échappées solitaires de 200 km et creuse sur ses suivants des écarts pouvant aller jusqu'à la demi-heure, même si ça ne sert à rien puisque le classement se fait aux points. « Gargantua » fait le point à Nice, il a broyé la moitié du peloton (soixante-treize rescapés), et ses dauphins, tous deux de son équipe, Garrigou et Van Hauwaert, sont à dix-sept et vingt-cinq points. Autant dire qu'il pourrait digérer tranquillement jusqu'à Paris, mais non, l'Ogre a du panache, un demi-frère et des équipiers. Il va donc distribuer les bouquets et les bons points, une étape pour Paul, le frérot, à Nîmes, deux pour Jean Alavoine, une grande pour Trousselier à Nantes (391 km), une moyenne pour Garrigou à Brest (321 km), et une très grande à Caen (415 km), chez lui, pour le Normand Paul Duboc, « la Pomme ». Mais comme il est tombé à Toulouse et a perdu dix points, il gagnera à Bordeaux sa sixième étape. Témoin de l'orgie, Steinès, bras droit de Desgrange, a craint un instant que le monstre ne dévore toutes les étapes. Au Parc, il a vingt points d'avance sur Garrigou, et il n'est pas fatigué pour deux sous. Et d'ailleurs, il pulvérise la meilleure moyenne avec 28,658 km/h. Dans son sillage, seulement cinquante-cinq rescapés ont le privilège de finir et d'être consacrés « géants de la route », comme lui l'était déjà depuis 1907, où il était septième. Ce gaillard, que son maillot jaune et noir fait parfois ressembler à un machaon géant, n'a que 22 ans.

L'ancien docker a du panache, de la plume et de l'appétit.

Maurice Branger / Roger-Viollet

Bien préparé, un contrôle est un spectacle plus passionnant qu'un passage d'échappés. L'attente fait partie du spectacle, même si à l'époque, il n'y a pas de caravane. Dans les deux cas, on est endimanché, et bien encadré par la maréchaussée. Comme il fait beau, on a sorti les ombrelles. Pour la petite histoire, on applaudit Faber, qui ouvre la route, Trousselier et son demi-frère Ernest Paul. Collection Laget

LA TOURICYCLETTE
PARIS
COL du TOURMALET
descente dangereuse
15
Changement de Vitesse AUTOMATIQUE
FREIN RÉTROPÉDALE
1re médaille d'Argent du T.C.F.
Robert Sallès
ROBERT SALLÈS, atelier 81 rue Lepic, PARIS 18

LES PYRÉNÉES COURONNENT LAPIZE

Tatave, dit aussi « le Frisé ». Collection Laget

1910

1er : Octave Lapize

Cycles Alcyon

Dans les premières Pyrénées, Lapize, « le Frisé » de chez Alcyon, alterne marche à pied et vélo. Une astuce, qui au sommet du Tourmalet (2 115 m), lui permet de précéder de 500 m, Garrigou, qui n'est pas descendu de vélo. Tatave porte le dossard 4, numéro qu'il donnera plus tard à son avion. Collection Laget

Ce huitième Tour de France est encore plus périlleux que ceux de 1903 et 1905, où les prises de risques étaient pourtant déjà coquettes avec l'inconnu et le ballon d'Alsace. Passons sur les 4 734 km, les géants ont déjà fait ça en 1906. Passons sur les départs de nuit, car la permission de minuit, les géants connaissent, c'est à ce moment-là qu'ils avalent 300 ou 400 km sur des routes improbables, avec un éclairage souvent réduit à la lune et à sa réverbération sur la terre blanche. Non, ce Tour 1910 est périlleux parce qu'il prend à bras-le-corps la haute montagne, les Pyrénées, le Tourmalet avec ses 2 115 m. On n'a jamais vu ça. Vont-ils y arriver ? Alphonse Steinès, le bras droit de Desgrange, qui a voulu ça, est formel : « Ils passeront ». Mais Desgrange reste inquiet. Attention, Steinès ne veut pas faire battre aux cyclistes les premiers records d'altitude des aviateurs pour le plaisir, il s'agit simplement de relancer une course que François Faber, le géant de Colombes, a tellement écrasé en 1909 (cinq étapes de rang) qu'il a tué tout suspense. Les petits cols alsaciens et alpins, les géants s'en amusent maintenant, il faut donc hausser la mire. Après l'aventure, après l'épopée, avec la haute montagne, le Tour va aller vers l'héroïsme. D'ailleurs, ne dit-on pas qu'il y aurait des ours et des aigles dans ce « cercle de la mort ? » Les aïeux de Lapize viennent du pays de la bête du Gévaudan, il en faut donc plus pour l'effrayer. Certes, avec le gras Faber, elles auraient à manger, les bestioles, mais arrivera-t-il jusque-là ?

DES OURS ET DES AIGLES DANS LE CERCLE DE LA MORT

Bref, en ce petit matin du 3 juillet, au pont de la Jatte, ils sont cent-dix courageux, grands et petits, souvent moustachus, arborant sur des maillots Alcyon, La Française ou Armor de gros dossards avec lesquels le peintre Georges Seurat aurait pu faire une étonnante variation matinale de son *Dimanche après-midi sur l'île de la Grande jatte*. Il est hélas mort et il n'avait pas 32 ans, l'âge de plusieurs de ces audacieux qui vont faire le tour du pays souvent pour une misère. En fait de pointillisme, les coureurs, eux, seront simplement confrontés à des jets de pointes et de clous entre Bayonne et Bordeaux, et surtout à un classement aux points, pas au temps. Un point au premier, deux au deuxième, etc. Le K-O horaire et les tricheries sont censés être estompés par les points depuis la catastrophe de 1904. Bons points, mauvais points. Ce n'est pas l'école mais presque, d'ailleurs les contrôles secrets impulsés par Steinès sont concrétisés par des tampons

Tourmalet – **En 1902, lors de concours techniques organisés par le Touring Club de France, des cyclotouristes et coureurs avaient déjà testé les Pyrénées pour améliorer freins et changements de vitesse.** Collection Laget

Le duel très serré qu'il livre avec François Faber fait grimper la popularité de Lapize, en particulier dans les contrôles. Derrière lui, on reconnaît Desgrange. Au premier plan, Abran ne lâcherait pas son drapeau pour une citerne d'absinthe. Collection Laget

Collection Laget

encreurs que l'on trouve dans les petites écoles. Ces ruches, ces bœufs, ces abeilles que les enfants colorient ensuite sans trop baver, ce sont eux que l'on applique sur les poignets des coureurs dans une vingtaine d'endroits connus du seul Steinès. Comme quoi, il y a de la couleur dans l'air.

Si Seurat n'est plus là, on dit que Paul Signac, autre grand peintre, est venu chiper quelques « peintures de peloton ». Il faut faire vite. Ils sont déjà partis. Est-ce que Pierre-Gonzague Privat, le dossard 119, a reconnu Signac ? Ce n'est pas impossible car lui aussi est un artiste, un caricaturiste travaillant pour les plus grandes revues, et signant de sublimes affiches. En fait, on se rend compte que ce Tour annoncé comme le plus terrible de l'histoire inspire les peintres : la preuve, André Franiatte et Simon Merle ont promis son portrait au vainqueur. Certes, ils n'ont pas la cote de Signac, mais après un Tour aussi montagneux, eux aussi peuvent décrocher une parcelle de notoriété.

15 000 F POUR LAPIZE, C'EST NEUF ANS DE TRAVAIL D'UN CHEF CHARBONNIER

La distribution, c'est quatre-vingts isolés, et surtout trois grosses équipes de constructeurs, les cycles Alcyon, avec Faber, Garrigou, Lapize ou Trousselier, les Legnano avec Petit-Breton et Émile Georget, et les Le Globe avec Cornet et Crupelandt. Tous les as sont là, exception faite de Garin, disqualifié, et de Pottier, décédé. René Pottier, à ne pas confondre avec Lucien Pothier, le deuxième du Tour 1903, celui que l'on surnomme « le boucher de Sens » et qui, suspension purgée après les tricheries de 1904, a repris la course. Heureusement, il n'est que trente-troisième dans la première étape, Paris-Roubaix (272 km), que gagne Charles Crupelandt, un régional, dont le sobriquet « le taureau du Nord » aurait pu poser problème entre eux. La journée de repos suivant chaque étape permet à Crupelandt de retourner chez lui, aux autres de récupérer – surtout aux derniers qui ont fini avec huit heures de retard sur le « Taureau ». Ce « Taureau » qui court pour Le Globe sera en fait, avec son coéquipier Maitron, avec l'isolé Charles Cruchon (Armor) et le grimpeur Émile Georget, un des rares contradicteurs de l'armada Alcyon. D'ailleurs, la phalange bleu ciel reprend les choses en main à Metz (deuxième étape, 398 km) où elle réussit un quadruplé avec François Faber comme fer de lance. Faber, qui est luxembourgeois, met un point d'honneur à gagner à Metz, ses compatriotes prenant des trains spéciaux pour venir l'y acclamer. Le premier non-Alcyionien est le petit Cornet, le vainqueur du Tour 1904 sur le tapis vert. Les Alcyon tiennent les trois premières places, la tête de Faber, le géant de Colombes, dépassant normalement devant celles de Lapize, « le Frisé », et Van Hauwaert, *alias* « Ventre ouvert ». Certes, Emile Georget (Legnano) survolera le ballon d'Alsace dans la troisième étape, mais Faber sera sur ses talons. Reste que le « coup de cul » du premier vrai col du Tour provoquera un vrai coup de tabac : seize nouveaux abandons, dont celui de Pierre Bordigoni, le premier Corse du Tour. L'étreinte Alcyon des hommes d'Alphonse Baugé sera à nouveau totale à Lyon, où Faber consolide sa première place au général devant Garrigou, autre Alcyon. Dans les deux étapes alpines, on rêve que les grimpeurs de la Legnano et du Globe, les Georget et Crupelandt, secouent les Alcyon. Georget et Crupelandt passent bien en tête au col Bayard, à Laffrey ou à Porte, mais dans les descentes, il y aura toujours un bleu ciel, comme Lapize, pour les aligner. Il a beau avoir mal aux pieds, Lapize, et être un simple routier sprinter, il s'accroche, grimpe, revient dans les descentes et s'impose à Grenoble. Et pointe à vingt points derrière Faber, son ami, co équipier et néanmoins adversaire.

À Nice, on aura un des premiers drames du Tour, lors de la journée de repos. En effet, si Maitron savoure gentiment sa victoire, le petit Adolphe Hélière de Rennes, qui a été prendre un bain, sera victime d'une congestion mortelle. Et les soixante-neuf rescapés qui partent pour Nîmes sont tristes. Les 345 km à travers la Crau n'en finissent pas et provoquent six nouveaux abandons, dont celui d'un ancien vainqueur, Petit-Breton. Pas d'emballage avec Faber, qui met quatre minutes dans la vue du petit Paulmier du Globe. Le minuscule est tellement en forme qu'à Perpignan, il brûle la politesse à tout le monde, mais celui qui fait néanmoins la meilleure affaire, c'est Lapize, troisième, qui reprend six points à Faber, neuvième. Les Pyrénées hérissées de onze cols sont enfin là, et il n'y a plus que quinze points d'écart entre eux. Premier : Faber, trente-trois points ; deuxième : Lapize, quarante-huit. Or, le lourd Faber devrait laisser des plumes sur ces montées jamais vues. Il en laissera moins que prévu, elles feront pourtant la différence à Paris. D'emblée, le duel entre les deux champions d'Alcyon s'accentue, dès le Portet-d'Aspet : Lapize lâche tout le monde et arrive

Pont-Audemer– **À183 km de Paris, au contrôle, suspense : Lapize (avec Blaise) a 11 min 40 s de retard sur Faber.** Collection Laget

seul à Luchon avec dix-huit minutes d'avance sur Georget, le grimpeur, et vingt-deux sur Faber, bien revenu malgré une chute dans la descente de ce Portet-d'Aspet où beaucoup plus tard Poulidor tombera et Casartelli perdra la vie. Dortignacq, Privat, notre artiste, Picolot et l'isolé Antony Wattelier dit « la Tourterelle » – parce qu'il eut un moment une tourterelle sur le guidon pour mieux vendre les cartes postales – ont abandonné. Faber n'a que treize points d'avance avant cette dixième étape de 326 km, qui fait fuir Desgrange à Paris. Dans la nuit, Lapize attaque, et à 7 h 30 du matin, il franchit à pied le sommet du Tourmalet sous les applaudissements d'une centaine de mordus venus à bicyclette. Même pour l'ancien champion de cyclo-cross qu'il est, c'est dur. Et il continue, tempête, doute, en a marre… Il traite alors Victor Breyer et Alphonse Steinès, les journalistes-organisateurs-contrôleurs de Desgrange, « d'assassins… ». Il est même sur le point de jeter l'éponge, quand soudain la providence fait surgir du néant le dossard 111, un régional, pardon un local, un certain François Lafourcade. Cet isolé qui pédale pour Panneton, petit constructeur du Doubs, n'est pas mauvais, et comme son grand rival Eugène Dortignacq, « la gazelle de Peyrehorade », vient d'abandonner, il veut se montrer. Et il attaque, et il passe Lapize, qui n'en revient pas.

Comment, un isolé ? Crime de lèse-majesté. Le Frisé se remet en route, et le poursuit. Et Lafourcade réussit l'exploit de passer en tête l'Aubisque, son col, et continue, et résiste. Derrière, Lapize met les bouchées doubles, le reprend, le passe, et au sprint à Bayonne, il domine l'Italien Albini échappé avec lui. Faber, plus teigneux que prévu, est à dix minutes, troisième quand même ! Plus que dix points d'écart en faveur du débardeur de Colombes. À Bordeaux, c'est son demi-frère Ernest Paul qui s'impose après avoir traversé les Landes et une forêt de clous… Des clous semés par des ennemis du Tour, du progrès ou bien des amis du local, le Dacquois Lucien Roquebert, patron des cycles Écureuil. Il aurait pu être informé de la position des clous indésirables ? Peu probable : il termine quarantième. Lapize, septième, reprend trois nouveaux points à Faber, qui a les Pyrénées dans les rotules. À Nantes (douzième étape, 391 km), Trousselier, le vainqueur du Tour 1905, se rappelle au bon souvenir des suiveurs en décrochant le bouquet. Fleuriste, il fait quand même la fine bouche. Quant à Lapize, il grignote des petits-beurre LU, et six nouveaux points sur Faber, très handicapé après être tombé sur un chien à Marans. Pas drôle. Un seul petit point sépare les deux phénomènes d'Alcyon, dont le duel fratricide fait grimper les ventes de *L'Auto* à plus de 200 000 exemplaires.

LAFOURCADE TITILLE LAPIZE, ET SAUVE LE TOUR

À Brest, c'est le tournant du Tour, car si Garrigou gagne, ce qu'il n'avait pas réussi à faire dans les Pyrénées alors qu'il avait été le seul à gravir le Tourmalet à pied, Lapize reprend quatre nouveaux points à Faber, amoindri par sa chute. Octave devient donc leader avec trois points d'avance sur François le blessé. Dans Brest-Caen (quatorzième étape, 424 km), Faber, requinqué, s'échappe et prend vingt minutes, mais perce, se désunit et se fait rejoindre et doubler par Lapize, Garrigou et Ernest Paul, son demi-frère, que Lapize manœuvre et fait mener. À Caen, Faber perd quarante et une minutes et trois nouveaux points sur un Lapize qui s'envole et pas seulement parce qu'il reçoit son baptême de l'air. Au seuil des 262 km conduisant à Paris, Lapize possède maintenant six points d'avance sur Faber. Fini, le corps-à-corps ? Pas du tout, car il va crever, se retrouver dernier et engager une poursuite infernale où chaque concurrent doublé n'a pas de prix. À Paris, l'Italien Azzini s'impose, Ernest Paul est deuxième et Faber quatrième. Quant à Lapize revenu comme un mort de faim, il finit sixième et triomphe donc avec quatre points d'avance sur Faber, ceux glanés dans les Pyrénées. La moyenne est de 26,680 km/h, et il y a quatre Alcyon aux quatre premières places. Au Parc des Princes, parmi les milliers de spectateurs, le peintre Paul Signac, qui sera inspiré par la piste magique, n'est pas le dernier à applaudir les quarante et un rescapés (cent dix partants), les vrais « géants de la route ». Lui aussi se demande comment Ernest Paul n'a pas pu parler avec Faber, son demi-frère, pour tenir en échec ce satané Lapize, un petit diable de 22 ans. Les mystères du Tour…

À GEORGET, LES ALPES ; À DUBOC, LES PYRÉNÉES ; À GARRIGOU, LE TOUR

Garrigou, « l'homme pendule », refait la course. Collection Laget

1911

1er : Gustave Garrigou

Cycles Alcyon

Avec les Pyrénées, le Tour 1910 a donné des ailes au Tour, et Desgrange se demande donc si en rajoutant les Alpes en 1911, son épreuve ne trouvera pas un second souffle… Steinès avait exploré le massif alpin dès 1903 et écorné ses marges avec la côte de Laffrey et le col Bayard en 1905, auxquels il avait rajouté Porte en 1907 ; il complète donc l'arsenal avec Allos (2 250 m), Aravis (1 498 m), Galibier (2 556 m), Lautaret (2 058 m) et Télégraphe (1 566 m). Comme les organisateurs ont ajouté aussi 600 km à la course, les audacieux sont refroidis. Et au pont de la Jatte, les candidats à la succession de Lapize ne sont plus que quatre-vingt-quatre, alors qu'ils étaient cent dix à prétendre au fauteuil de Faber en 1910. En fait, ce Tour, c'est tout le monde contre les coureurs bleus de chez Alcyon, qui raflent tout depuis que Baugé les dirige. La question est : Qui va gagner chez les grands hommes bleus ? François Faber ou Louis Trousselier, d'anciens vainqueurs ? Gustave Garrigou, l'homme pendule, le fidèle des fidèles ? Eugène Christophe, le nouveau ? Or, justement Lapize et Duboc ont quitté la maison Schtroumpfs pour passer chez La Française, où ils retrouvent Petit-Breton et Émile Georget, transfuges de la Legnano.

Paul Duboc, alias la Pomme, empoisonné et maudit. Maurice Branger / Roger-Viollet

QUI PEUT BATTRE LES SCHTROUMPFS BLEUS D'ALCYON ?

D'emblée, les Alcyon frappent fort : triplé à Dunkerque et Longwy avec Garrigou et Masselis, massacre solitaire de Faber dans le ballon d'Alsace. Après une échappée solitaire de 206 km, le géant de Colombes triomphe à Belfort et prend la tête au général devant Garrigou et Masselis, autres Alcyon. Heureusement pour l'équilibre de la course, la maison bleue perd Trousselier, Blaise et Vandenberghe dans la bataille. Ça redonne un peu de cœur à l'ouvrage aux La Française, qui s'offrent les deux grandes étapes des Alpes avec Crupelandt et Émile Georget, qui est le premier à terrasser le Galibier, inspirant à Desgrange un sublime « Acte d'adoration ». Paul Duboc, qui a pris un peu de grade chez La Française après l'abandon de Lapize, se positionne désormais en tête de classement. Il est certes en troisième position derrière Garrigou et Faber, les deux piliers d'Alcyon, mais « la Pomme », ainsi que l'on surnomme le Normand, mord dans les points et regagne du terrain dans le sillage de son équipier Crupelandt, « le taureau du Nord », qui s'impose dans les arènes de Marseille. Et Duboc bat ensuite Garrigou à Perpignan, puis à Luchon, et comme ses amis Georget et Godivier font écran, au seuil de la grande étape des Pyrénées, le Normand n'a que dix points de retard sur l'Aveyronnais, sur l'« homme pendule » comme dit l'écrivain Georges Rozet. Et « la Pomme » est même en train de prendre l'avantage dans les cols d'Aspin, Peyresourde ou Tour-

Faute de gagner le Tour 1907, Emile Georget, de Châtellerault, sera en 1911 roi des Alpes, du Télégraphe, et ici du premier Galibier (2 556 m). Collection Laget

malet, quand soudain il doit s'arrêter. Il vomit dans le fossé, Duboc. « La Pomme » a été empoisonnée. C'est le bidon passé dans un ravitaillement ! Garrigou le double en plein désarroi et gagne l'étape à Bayonne sur déclassement de Brocco, qui n'aurait pas défendu ses chances dans les étapes précédentes. Duboc effondré récupère, a du mal à retrouver ses jambes pour franchir l'Aubisque, et perd plus de trois heures, et surtout dix-sept points. Le Tour est perdu, pourtant le Normand va se battre comme un lion et tenter le coup de poker du côté de La Rochelle, où il s'impose et reprend trois points. Mais comme Garrigou lui rend la monnaie de sa pièce à Cherbourg, l'écart est alors de trente et un points. Duboc réduit un peu son passif en triomphant chez lui au Havre, où Garrigou, pour éviter de se faire lyncher par les supporters normands, a troqué son maillot bleu Alcyon contre un neutre. Godivier, équipier de Duboc, sauve l'honneur de La Française au Parc, mais c'est trop tard : Garrigou de chez Alcyon et Baugé rapporte à la maison bleue son troisième succès de rang. Le malheureux Duboc finit à dix-huit points, et quand on se souvient qu'il en a perdu dix-sept à Bayonne... Des regrets que n'estompe pas le fait de trouver cinq La Française contre trois Alcyon dans les dix premiers. Duboc vient d'avoir 27 ans, Garrigou va les faire...

Huit fois dans les cinq premiers du Tour, l'Aveyronnais Gustave Garrigou, dit aussi « le métronome » ne devint pas horloger, mais marchand de couleurs. Collection Laget

Emile Georget par Mich : il faut du poil aux pattes pour croquer Télégraphe et Galibier.

ODILE DEFRAYE, UN ÉCLAIR BLEU CIEL

1912
1er : Odile Defraye
Cycles Alcyon

Pour vaincre, il perd trois kilos.
Maurice Branger / Roger-Viollet

Le Tour 1912 est la copie conforme du Tour 1911 : plus de 5 000 km, quinze étapes, on met le cap sur Dunkerque, puis *via* Longwy on fonce sur Belfort, le ballon d'Alsace, les Alpes franchies pour la deuxième fois. Cette dixième édition diffère pourtant de la neuvième à cause du nombre de partants, cent trente et un au lieu de quatre-vingt-quatre. Avec Garrigou et Duboc pour Alcyon, Cornet chez Le Globe, Faber chez Automoto, Petit-Breton et Thys chez Peugeot, ou Lapize chez La Française, on peut dire que tous les héros des Tours récents sont là. Vont-ils récidiver ? Une surprise va-t-elle se produire ? On dit grand bien de deux Belges. D'abord de Philippe Thys, de chez Peugeot, qui en 1911 a gagné chez les indépendants les trois grandes courses à étapes auxquelles il a participé, et il n'a pas 22 ans. Ensuite d'Odile Defraye, qui va avoir 24 ans, et qui a tellement dominé le Tour de Belgique que le représentant d'Alcyon outre-Quiévrain a obligé la marque bleu ciel à l'embaucher. Autre figure montante, celle du Français Henri Pélissier : à 23 ans, il vient de briller également au Tour de Belgique, et a gagné Milan-San Remo en début de saison. Il est chez Thomann, une filiale d'Alcyon. Bref, c'est la perspective d'un Tour animé entre champions chevronnés et débutants en forme. Charles Crupelandt, « le taureau du Nord », arbitre le débat en gagnant encore chez lui, comme en 1910, mais cette fois à Dunkerque.

La deuxième étape, celle où il avait abandonné en 1909, Defraye la décroche devant son équipier Garrigou. L'Italien Vicenzo Borgarello, de la J.B.Louvet, devient leader, mais le temps d'arriver à Belfort, il ne l'est plus, car Defraye, qui finit avec Eugène Christophe (Armor), lui succède. C'est la grande année pour Christophe, même si Defraye passe en tête au ballon d'Alsace, ce qui est souvent un signe pour les candidats à la victoire finale. Christophe va encore gagner à Chamonix et Grenoble, les deux autres grandes étapes alpines. Il passe partout en tête aux Aravis, au Télégraphe, au Lautaret et au Galibier. À Grenoble, « Cri-Cri » est à égalité de points avec Defraye. Petit-Breton, Émile Georget et Henri Pélissier ont comme cinquante-sept autres coureurs déjà abandonné. Faber avait gagné cinq étapes de rang dans le coin en 1909, Pottier quatre en 1906, et Christophe, « le Cri-Cri national », trois ce coup-ci, la griffe des grands. Mais quand « le roi René » et « le géant de Colombes » avaient réussi cet exploit, il n'y avait pas encore les Pyrénées et la course individuelle primait. Lapize et Borgarello ont beau se démener comme des diables, l'emprise d'Alcyon et de Defraye est totale. Le Belge racontera même plus tard une histoire qui en dit long sur sa forme du moment : « Il m'est arrivé d'avoir un jour au petit matin près d'une heure et demie de retard sur Lapize et Christophe. J'avais crevé et recrevé pendant la nuit. J'avais eu des accidents, mais jamais il ne m'était venu à l'idée d'abandonner. J'ai continué à rouler et, sept heures plus tard, j'ai rattrapé Lapize et Christophe dans un col ; ils montaient à pied en tenant leur machine à la main. Quand je suis arrivé à l'étape, j'avais douze minutes d'avance sur eux. »

ODILE NE TERMINE QUE QUAND IL PEUT GAGNER

Lapize n'a peut-être que deux points de retard à Perpignan, pourtant il pressent qu'il ne pourra jamais les remonter tant l'entente entre Alcyon et ses filiales, entre Defraye et ses compatriotes belges, est totale. Il renonce donc à Luchon, où Defraye enlève quand même sa troisième étape devant Christophe, qui succède sur le podium au « Frisé ». La victoire du Belge Mottiat à Bayonne pourrait accréditer l'intuition de Lapize, mais *a contrario* Defraye est passé seul en tête au Portet-d'Aspet et au Tourmalet. Alors ? La vérité, c'est que Defraye connaît aussi la forme de sa vie, et que Lapize, qui n'aime que gagner, a compris qu'il ne pourrait parvenir à ses fins. Ensuite, Louis Heusghem, encore un Belge d'Alcyon, gagnera à Brest avec Defraye à ses côtés, et Jean Alavoine de chez Armor, comme Christophe, raflera trois autres bouquets. Il est vaillant et ne présente aucun danger pour Defraye, qui à chaque étape accroît systématiquement son avantage sur Christophe, pour le porter au Parc à cinquante-neuf points. Odile Defraye devient le premier Belge à triompher dans la Grande Boucle, et sa moyenne frise les 28 km/h. Il y a bien huit Belges dans les dix premiers et seulement deux Français, Christophe et Alavoine. C'est aussi la quatrième victoire de rang d'Alcyon. Defraye enlèvera Milan-San Remo en 1913, ce sera sa dernière grande victoire. Il participera encore cinq fois au Tour, mais ne terminera jamais. Comme Lapize et Henri Pélissier, il ne va au bout que des Tours qu'il peut gagner. D'ailleurs, curieusement, en 1924, soit quinze ans après son premier Tour, il remettra ça, en deuxième classe ! Le représentant en brosses avait-il des besoins d'argent ? Il abandonnera à la sixième étape.

Le premier vainqueur belge a le sourire. Une fois.
Collection Laget

Avec Alphonse Baugé aux manettes, l'équipe Alcyon est invincible : après Faber en 1909, Lapize en 1910, Garrigou en 1911, c'est au tour du Belge Odile Defraye. Virtuose de la roue libre, prenant bien ses précieuses lunettes en plaine, Odile bénéficie du soutien des Belges, y compris de ceux de chez Louvet. Comme le Luxembourgeois Faber lui donne un coup de main dans le Galibier, il battra Eugène Christophe de chez Armor. Collection Laget

THYS, UN BASSET ROI DES LIONCEAUX

1913

1er : Philippe Thys

Cycles Peugeot

Nouvelle Brabançonne au Parc, cette fois pour Thys.

Collection Laget

En 1913, pour la onzième édition du Tour, Desgrange juge que sa course est suffisamment calée pour revenir au classement par temps. Peut-être a-t-il aussi fait le tour d'un système dont les limites sont criantes pour les spectateurs. Bref, on revient à la vérité première de la course, et ça tombe bien car Peugeot revient en force après une bouderie remontant aux années 1909. Bouderie qui lui a permis de contribuer à la mise en place de grandes épreuves parallèles réservées aux indépendants, catégorie intermédiaire entre les amateurs et les professionnels. Le vrai retour avait eu lieu en 1912, mais ce coup-ci l'équipe est enfin montée pour « la gagne », pour répondre à la puissance de feu d'Alcyon et de ses filiales, plus belges que jamais autour de Defraye ; comme à celle de La Française, avec Lapize, Georget, Duboc ; ou même d'Automoto, qui serre les rangs autour de Petit-Breton et Passerieu. Pas mal d'anciens, contre lesquels Alphonse Baugé, le nouveau patron de Peugeot et transfuge d'Alcyon, joue la carte jeune, même s'il aligne Faber et Garrigou, deux anciens vainqueurs. La carte jeune, c'est surtout un pur produit maison, un Belge, qui s'appelle Philippe Thys et n'a pas 23 ans. On le surnomme « le Basset » parce qu'il est bas sur machine, qu'il colle à la route et qu'il est teigneux. D'ailleurs en 1911, il a fait cavalier seul dans les trois grandes courses à étapes réservées aux indépendants. Pour ses débuts sur le Tour en 1912, il a terminé sixième derrière son compatriote Defraye.

« LA COURSE COMMENCE VRAIMENT AVEC LES PYRÉNÉES »

La course se développe toujours sur quelque 5 287 km, en quinze étapes, et quatorze jours de repos, pourtant elle change de sens : on commence par la Normandie puis les Pyrénées. Un bon point pour Philippe Thys, qui vis-à-vis des anciens ne sera pas handicapé par leurs repères pour savoir où tourner la roue, pour changer de vitesse. On remet les compteurs à zéro. Comme le dit Eugène Christophe, qui a quitté Armor pour Peugeot, « la course commence vraiment à Luchon », les six premières étapes de 388, 364, 405, 470, 370 et 326 km servant à éliminer les coureurs peu en forme... Vous avez bien lu, 470 km entre Brest et La Rochelle, soit seize heures de selle. Ne parlons pas des départs au cœur de la nuit, des chutes, des crevaisons, de la fringale et de la poussière dans la journée. Partis à cent quarante, ils ne sont donc plus que quarante-quatre à Luchon où, comme prévu sur son tableau de marche, Thys est leader devant deux autres Peugeot, Marcel Buysse et Garrigou. *Exit* les Alcyon et les La Française, qui ont perdu Lapize et Defraye. Certes, ils sauvent bien quelques bouquets, avec Masselis ou Henri Pélissier, mais le vent a tourné en faveur de la marque au lion, des Peugeot de Baugé, qu'on appelle les lionceaux. À ce moment-là, ils pourraient gagner avec trois coureurs, avec Buysse, qui triomphe à Perpignan, avec Garrigou, impérial à Aix, et avec Thys, leader à Luchon, comme prévu, puis à nouveau à Nice avec plus d'une heure d'avance sur Garrigou et Petit-Breton, qui s'est replacé en profitant du bris de guidon de Marcel Buysse dans l'Estérel. Une heure de perdue et peut-être la victoire finale. Un autre champion de chez Peugeot était bien placé avant l'hécatombe de Bayonne-Luchon où Thys a gagné étape et première place : c'est Eugène Christophe, qui était le dauphin de Defraye à seulement 4 min 55 s. Il est passé en tête à l'Aubisque, où il était leader virtuel, mais dans la descente du Tourmalet où Thys l'avait dépassé, il a cassé sa fourche ! Il a dû faire toute la descente à pied sur quatorze kilomètres avant de trouver une forge à Sainte-Marie-de-Campan, où l'ancien serrurier qu'il est a réparé, brasé, tout seul. Il aurait pu abandonner comme Defraye... Non, malgré ces heures perdues, il est reparti, a franchi les derniers cols en dévorant un sandwich pour arriver vingt-neuvième à Luchon, dans la nuit, à presque quatre heures de Thys ! Quand on lui demandera pourquoi il a fait ça, sa réponse sera : « Pour l'équipe, pour la course... »

Dans les Alpes, et jusqu'à l'arrivée, les Peugeot verrouillent et triomphent avec Buysse (quatre fois), requinqué, et Faber. En fait, ils ont un homme dans le viseur : le « vieux » Petit-Breton, qui n'a que 30 ans, un mécanicien hors pair, et qui chez Automoto fait un retour sensationnel en se servant magiquement d'un dérailleur dont l'usage est encore très limité. À Longwy, donc avant les pavés du Nord, et à 743 km de Paris, l'ancien vainqueur des Tours 1907 et 1908, l'ancien champion de Peugeot, est revenu à 1 h 03' de Thys, dont il est le dauphin imprévu. On sait que tout peut arriver sur les pavés, et de fait tout va arriver : Petit-Breton à l'offensive, en train de « serrer » le leader dont il se serait rapproché à 3 min, chute, tombe sur le genou et abandonne. Peu après, Thys tombe à son tour, et à l'étape perd presque une heure derrière son compatriote Buysse. Si Petit-Breton avait persévéré, se dira-t-on en Bretagne... En Belgique, chez Marcel Buysse, qui triomphe encore sur la piste du Parc, on pourrait se dire « sans ce satané guidon... ». Et à Malakoff, chez Christophe, c'est une fourche que l'on maudit. Alors ? Alors, c'est la méthode Baugé qui a prévalu une nouvelle fois. Sur ces routes invraisemblables, avec tous les aléas de la course, il a fait en sorte d'avoir plusieurs vainqueurs de rechange. Il aurait pu gagner avec Christophe, Buysse ou Garrigou, mais il triomphe avec Thys, qui sait courir. À Dunkerque, Thys avait encore 8 min d'avance sur Garrigou, et plus de 3 heures sur Buysse. Au Parc, Philippe Thys, le Basset, savoure sa victoire dans un Tour si dur, si héroïque, qu'il ne reste plus que vingt-cinq coureurs sur cent quarante partants, vingt-cinq géants de la route ! Et les lionceaux sont six dans les dix premiers, et le meilleur est un basset. La griffe Baugé...

THYS SOUS LA MENACE

Emprunté depuis 1911, le col de Valgelaye ou d'Allos (2 250 m) sourit toujours aux meilleurs. Ici, Faber, Garrigou et Thys, trois vainqueurs du Tour, le défient. Collection Laget

1914

1er : Philippe Thys

Cycles Peugeot

Le douzième Tour de France s'annonce comme la copie conforme du onzième, toujours quinze étapes (treize de plus de 300 km, deux de plus de 400 km), et quatorze jours de repos, toujours 5 380 km, cent quarante-cinq partants au lieu de cent quarante. Tous les protagonistes heureux et malheureux de 1913 sont là : l'équipe Peugeot avec Baugé à la baguette s'articule toujours autour de Thys, avec Faber, Garrigou ou Christophe en réserve, mais elle a été musclée, avec les arrivées d'Émile Georget, de Firmin Lambot et d'Henri Pélissier. Dans ces transferts, La Française a donc gardé Lapize et Crupelandt, mais perdu Georget. Elle est donc affaiblie, comme Alcyon qui a perdu Pélissier, même si la maison bleue garde Defraye, récupère Marcel Buysse et son frère Lucien. Chez Automoto, on conserve Petit-Breton et on « muscle » avec Trousselier, qui quitte J.B.Louvet, et Duboc, qui rompt avec La Française. On compte aussi sur le *campionissimo* Constante Girardengo. Autre surprise, la présence d'une équipe Phébus, avec Passerieu, le sublime vainqueur du col de Porte en 1908, et deux Australiens. Une véritable course à l'armement pour une épreuve qui part de Saint-Cloud le 28 juin, le jour où l'archiduc François-Ferdinand, héritier de l'empire austro-hongrois, est assassiné à Sarajevo par le nationaliste serbe Princip. Le jeu des alliances entre les différentes parties prenantes de la poudrière balkanique a de fortes chances de déboucher sur du vilain, mais dans l'instant, le premier souci des coureurs est de rallier Le Havre, distant de 388 km poussiéreux et plein de misères. La course se débride d'emblée : vingt-sept abandons, dix favoris en tête que Thys prend un malin plaisir à régler à l'emballage.

Détail à mentionner, pour une fois les groupés (les as) et les isolés (les seconds couteaux) sont à peu près à égalité. Est-ce à dire que les acteurs plus nombreux que les figurants vont tirer encore plus la couverture à eux, même si les isolés sont là pour terminer, pour être accueillis chez eux par la fanfare et surtout multiplier le nombre des machines qu'ils vendront dans l'année, car ils sont souvent vélocistes ? Au fil des journées de course et de repos, des abandons rapides de Passerieu ou Crupelandt, de la main de fer que les Peugeot posent sur la course en gagnant partout sauf à Cherbourg, Marseille et Nice, où Rossius pour Alcyon et Lapize pour La Française parviennent à leur chiper trois petits bouquets, on entend le bruit des godillots s'amplifier. Entre les rumeurs les plus folles, les lionceaux croquent douze victoires sur quinze. C'est déjà un combat d'arrière-garde, car dans les ateliers et casernes les capotes bleu horizon ont tendance à chasser sérieusement du décor les maillots bleu ciel d'Alcyon. L'ordre de mobilisation générale ne sera proclamé que le 3 août, mais le ciel est déjà bien plombé quand le 26 juillet, les cinquante-quatre rescapés bouclent au Parc des Princes leur tour d'honneur. Sur les photos, on a même l'impression de voir venir l'orage et on se serre autour de Thys, le nouveau vainqueur, car « le Basset », comme promis, a récidivé.

APRÈS LE BLEU ALCYON, LE BLEU HORIZON, HÉLAS

Peut-être son Tour le plus facile, même si, comme il se plaît à le souligner, « il était toujours tellement bien préparé qu'il n'a quasiment jamais souffert ». Leader d'emblée, même s'il partage un moment la première place avec Rossius d'Alcyon, il n'aura eu de cesse d'accentuer facilement son avantage. À Luchon, il a trente-quatre minutes d'avance sur son équipier Henri Pélissier, et plus farouche adversaire, et quarante-six sur Jean Alavoine, autre lionceau. Rossius est un peu revenu à Nice, où Petit-Breton et Marcel Buysse ont renoncé, mais à Grenoble, les cinq meilleurs Peugeot prennent les cinq premières places et douze minutes à l'Alcyon. À Grenoble, Defraye et Lapize jettent aussi l'éponge. Désormais, les Peugeot se partageront les trois premières marches, et les bouquets avec Garrigou, Pélissier ou Faber. À Longwy, au seuil des pavés du Nord, Pélissier, le dauphin des lionceaux, se tient en embuscade à 31 min 50 s. Il se souvient qu'en 1913 Thys et Petit-Breton ont eu des pépins et il n'a pas tort. Thys casse, doit changer de roue, et écope d'une pénalité de trente minutes. Henri Pélissier n'est plus qu'à une minute cinquante de Thys. Un rebondissement dont Baugé se serait bien passé. La dernière étape sera très crispante, Pélissier gagne, mais Thys reste sur ses talons. Il y a huit Peugeot dans les dix premiers, et le plus faible écart jamais enregistré entre les deux premiers : 1 min 50 s entre Thys et Pélissier, deux lionceaux. Comme Petit-Breton jadis, Thys a gagné deux Tours de France. Si Girardengo a abandonné dans les Pyrénées, les Australiens Kirkham et Munro finissent bien à Paris. La menace Pélissier est bien légère comparée aux nuages noirs qui arrivent de l'est. Les capotes vont remplacer les maillots…

Quand Lucien Mazan,
dit Petit-Breton, pose en Breton.
Collection Petit-Breton

1914-1918 : PETIT-BRETON, L'HOMME PRESSÉ

Lucien (à gauche) avec son frère Anselme Mazan, qui abandonne dans la 7e étape du Tour 1907 et tombera aussi au front. Collection Petit-Breton

Double vainqueur du Tour de France, Lucien Petit-Breton est le premier champion moderne et pas seulement du Tour. En effet, pour ce Breton né Lucien Mazan en 1882, que d'aventures, entre son départ pour l'Argentine alors qu'il n'est qu'un enfant, et sa mort en mission sur le front en 1917. Existe-t-il alors une vie plus riche ? Ce n'est pas sûr. Groom-coursier et déjà coureur cycliste, il rentre au pays, défend les couleurs argentines sur piste, se forge un nouveau nom, Petit-Breton, en rapport avec ses vraies origines et démarre sa vraie carrière sur piste comme sur route.

Exit l'Argentin, exit M. Mazan, dont la famille pourrait frissonner en voyant ses pédalées folles dans un monde incertain. Bonjour Petit-Breton. Sa nouvelle vie le voit exceller aussi bien en vitesse au sprint que sur l'heure ou les 24 heures du Bol d'Or, avant de passer aux classiques, au Tour de France ou aux Six Jours y compris aux États-Unis. N'oublions pas non plus qu'il enlève aussi le premier prix de la montagne sur le Tour. Coureur aussi endurant que vif et fin stratège, il est également très bon mécanicien, ce qui n'est pas inutile avec le matériel et les routes de la Belle Époque. C'est un curieux, un novateur, un doué : il ouvre un commerce de vélociste à Périgueux, avant de reprendre la compétition et de donner au dérailleur ses lettres de noblesse sur le Tour. En effet, complètement seul, avec ses vitesses magiques, il menace jusqu'à la fin du Tour 1913 le Belge Thys. Son éclectisme le fait même écrire dans *La Vie au grand air*, la grande revue de l'époque. Dans la foulée, il est peut-être le premier à publier ses souvenirs, à donner des conseils. Dans l'intervalle, il s'est aussi intéressé à la photo. Il capte les images, ou les déclenche. Et cette double page, balayant sa carrière, d'apprenti champion en petit Breton jusqu'au front, résume un peu une vie hors du commun, au-dessus des pelotons, des océans et des tranchées. « Argentin argentique », comme l'appelait joliment son fils Yves, il est aussi dans le coup pour l'opération des taxis de la Marne, qui sauve la capitale. Au front, il faudra un accident idiot pour ôter la vie de ce champion tous azimuts. En fait, notre premier homme pressé.

AUSSI ENDURANT QUE VIF ET FIN STRATÈGE

Le front – **Mécano réputé, sprinter, recordman de l'heure, coureur de Six Jours, écrivain-journaliste, Lucien aurait aussi pu être photographe comme en témoigne ce reportage au front.** Collection Petit-Breton

1914-1918 : LE TOUR SORT GRANDI DE L'ENFER

Le 3 août, ce devait être une date d'arrivée du Tour de France, et ce sera, en 1914, la date à laquelle l'Allemagne déclarera la guerre à la France. Le conflit censé durer quelques mois – on entend encore des récits de nos aïeux trop optimistes proclamant « demain à Berlin » – deviendra la « Grande Guerre ». Il y aura les tranchées, la boue, le froid, les avions, les tanks et les gaz, et au bout du compte des millions de morts dans tous les camps et encore plus de blessés, de Gueules cassées. Le 11 novembre 1918, l'armistice signé à Rethondes mettra enfin un terme à la boucherie, l'Allemagne capitulant.

Le douzième Tour de France s'était à peine terminé le 26 juillet 1914, Thys et Pélissier avaient à peine bouclé leur tour d'honneur au Parc des Princes, que déjà certains coureurs recevaient leur ordre de mobilisation, même si elle ne serait générale que le 1er août. La crise avait commencé le 28 juin, le jour du départ du Tour à Saint-Cloud. Ce jour-là, on le sait, l'archiduc François-Ferdinand d'Autriche avait été assassiné à Sarajevo. Et par le jeu des alliances et des traités, le monde entier et l'Europe en particulier s'étaient implacablement lancés dans une course folle à la mort. Jean Jaurès, le socialiste pacifique, s'était fait assassiner le 31 juillet à 21 h 40 au Café du Croissant, 146 rue Montmartre, à trois minutes du siège de *L'Auto* (10, rue du Faubourg Montmartre), de la brasserie où était né le Tour, dans un quartier où toute l'année tous les coureurs refaisaient leur Tour sur tous les zincs. Il n'y aurait plus de Tour pendant longtemps, et on se pincerait pour se demander si l'histoire de la rencontre de Jaurès et des coureurs du Tour était bien vraie. C'était fin juin-début juillet, les coureurs venaient de rallier Cherbourg après plus de douze heures de selle pour les meilleurs, et plus de vingt pour les derniers. Pour couvrir les 364 km séparant Le Havre de Cherbourg, ils étaient partis du Havre dans la nuit. Fatigués, meurtris, besogne faite, les coureurs récupéraient donc dans leurs hôtels à Cherbourg, quand peut-être au Cygne, à moins que ce ne soit Aux Voyageurs, François Faber sortant nu de la douche serait tombé sur l'illustre orateur, qui l'aurait invité « à prendre une tenue décente ». Vrai ? Faux ? Le sort de l'histoire aurait pu changer là, un tout petit peu en tout cas. Si le doux François, le bon géant de Colombes, au lieu de maugréer sous la remarque s'était énervé, qui sait si Jaurès aurait été au Croissant, le 31 juillet. Quoi qu'il en soit, ce jour-là à Cherbourg, Jaurès a peut-être croisé aussi Octave Lapize et Petit-Breton, deux autres anciens vainqueurs du Tour qui, comme Faber, ne reviendraient pas du front.

IMPOSSIBLE N'ÉTAIT PAS FRANÇAIS

Collection Laget

Car au front, ils y étaient tous partis comme un seul homme ou presque. Faber, le Luxembourgeois, dans la Légion étrangère, Lapize dans l'aviation, la cinquième arme, Petit-Breton dans la poste, si cruciale. Quelles étaient loin les étapes du Tour à Metz où l'on sympathisait avec l'armée allemande, avec l'occupant. Et cet infranchissable ballon d'Alsace, placé sur la ligne bleu horizon des Vosges, que René Pottier avait enlevé tambour battant, montrant à qui voudrait le voir « qu'impossible n'était pas Français ». C'était hier, tout était oublié, effacé. D'ailleurs, la menace des Allemands sur la capitale est devenue tellement terrible dès le mois de septembre 1914 que le général Gallieni, gouverneur de la place de Paris, dut dans l'urgence initier l'opération des taxis de la Marne, pour boucher un point faible dans le front français. Et le cycliste Petit-Breton aurait joué un rôle important dans cette opération. En tout cas, au front, il sera de toutes les missions et, en 1917, il finira par être victime d'un de ces accidents mortels comme il en arrive toujours. C'était un champion, un héros, mais aussi un photographe épatant, dont on découvre ici le talent au front. Ses camarades dans les tranchées, au combat, à l'exercice, au repos, il les saisit avec une humanité, un naturel, qui nous a bouleversés. Il tombera donc en 1917, comme son grand rival et ami Octave Lapize. Celui-ci,

À Caen, lors de son Tour victorieux, baptême de l'air pour Octave Lapize. Morane est aux commandes d'un Blériot. C'est le point de départ d'une vocation, puisque Tatave deviendra pilote de chasse pendant la Grande Guerre. Il disparaîtra même en combat aérien, le 14 juillet 1917. Si, selon Desgrange, il gérait le Tour en comptable, avec sa vie, c'était très différent. Collection Laget

devenu aviateur, sera abattu en mission le 14 juillet, alors qu'il avait engagé le combat avec trois avions ennemis ! Faber, lui, est tombé dans les tranchées en 1915, du côté de Carency, en voulant sauver un ami. Ils seront ainsi plus de cinquante à avoir disputé le Tour de France à tomber les armes à la main, à être victimes du gaz… Les citer tous est difficile, mais nous voudrions en saluer deux : Pierre-Gonzague Privat et François Lafourcade. Le premier était un artiste, caricaturiste, affichiste de grand talent, qui fit quatre fois le Tour, terminant onzième en 1907. Il fut aussi soigneur sur le Tour et surtout illustrateur. Quant au second, tombé en apprenant à voler en 1917, il était treizième en 1907, et surtout quatorzième en 1910, l'année des premières Pyrénées. C'est d'ailleurs lui, le régional de l'étape, qui sauva le Tour. Du côté de l'Aubisque, Lapize, alors seul en tête, venait de traiter les organisateurs « d'assassins » et allait abandonner, mettant la course en péril, quand lui, le modeste, avait fondu sur le champion, l'avait doublé, et assez « titillé » son orgueil pour que Lapize reparte de plus belle.

Si les coureurs firent leur devoir, et bien davantage, leur patron aussi. Henri Desgrange avait pourtant 52 ans quand il s'engagea, en 1917. Et il devint officier, officier de la Légion d'honneur au combat.

Le Tour repartit en 1919, pour sa treizième édition, dans des conditions difficiles, mais il repartit. C'était un 29 juin. Et il redonna du courage à tout le pays. Eugène Christophe et Firmin Lambot, les héros de 1913, de 1914, étaient bien là. Ils n'emprunteraient pas le ballon d'Alsace, mais s'arrêteraient à Strasbourg et Metz libérées. Un nouveau maillot, le maillot jaune, distinguerait le leader et éclairerait la course et le monde. Christophe le perdrait, en brisant sa fourche dans l'enfer du Nord. L'enfer du Nord, c'est ainsi que l'on appellerait tout ce coin du côté de Dunkerque, de Valenciennes, complètement broyé, défoncé par les obus. Les routes étaient jadis difficiles, couvertes d'ornières, elles seraient désormais infernales. Le Tour sortirait plus fort que jamais de leur traversée.

LE TOUR DE FRANCE CYCLIS
ORGANISE PAR L'Auto
PARIS

1907, Bordeaux – **Allées de Tourny, effervescence du contrôle de départ pour Nantes. Pour Petit-Breton, très entouré, il s'agit de repousser les assauts de Faber, dont un boucher tient la machine.** Collection Laget

1908 – **Terrible effort d'Omer Beaugendre et Henri Cornet,**
qui, dans la côte de Picardie, arrachent leurs machines à une route gluante…
Les spectateurs venus en vélo ont un protège-nuque comme les coureurs. Collection Laget

1913, Pyrénées – **Firmin Lambot, qui a mis pied à terre pour emprunter le chemin de chèvre qu'est encore la route de l'Aubisque, laisse perplexe de jeunes bergers.** Collection Laget

NUIT CÂLINE, NUIT...

Message de *L'Auto* :
« Nous recommandons très instamment à tous nos correspondants des villes traversées par le Tour de France de vouloir bien jalonner et éclairer, ne fût-ce que par des lampions, la traversée de leur ville. La nuit, les affiches de direction se voient mal et ils éviteront ainsi aux coureurs non seulement des erreurs de parcours, mais encore des chutes possibles. » 1906

Dans ces temps-là, une grande partie du Tour a lieu la nuit. Ce qui donne une problématique de course extraordinaire, et ajoute à l'aventure. Comment s'éclairer quand il n'y a pas de lune, et que la route n'est pas blanche ? Les phares des très rares voitures, l'éclairage parcimonieux des villes, les lampions des contrôles ?Ceux qu'on appelle aussi les ténébreux peuvent-ils ne pas tricher ? On part à 9 heures du soir, à minuit, à 3 heures du matin. Il a fallu manger avant, on n'est pas dans son assiette et un photographe vient en prime vous éblouir avec son magnésium, c'est bon pour tomber. Et tomber au moment où les filles des maisons closes entrouvrent leurs volets verts pour vous voir vous échapper, c'est ballot, non ? On se trompe de parcours, on se perd, on se retrouve. C'est le Tour la nuit, il faut ça pour arriver dans l'après-midi après 12, 15 ou 17 heures de selle. Maurice Garin avait une veste blanche pour être reconnue de ses équipiers et des patrons de La Française. On avance, on ne fait pas du 30 à l'heure, mais on grignote en attendant le petit matin. Heureusement, on est en juillet, il ne fait pas trop froid, et la lune est souvent là. Des coureurs astucieux glisseront bien des loupiotes sur le moyeu, mais avec le vent, la pluie, leur efficacité sera vite aléatoire. Les isolés, les déshérités, les abandonnés étaient aussi appelés des ténébreux,mais en fait, la nuit transformait en ténébreux tous les coureurs du peloton, grands ou petits. La nuit, tous les chats sont gris, les coureurs du Tour l'étaient aussi.

1909, Grenoble – **Départ de nuit pour Nice, à la lueur de la lune ou de maigres phares que renvoyait chichement une route plus ou moins blanche. Les yeux remplis d'étoiles par l'éclair de magnésium du photographe, ils pédaleraient un moment dans la choucroute, puis il faudrait y aller. Nice, c'est à 345 km. Faber mettrait 12 heures, l'Italien Augusto Pasquali, dernier, presque 18 de plus !!** Collection Laget

EN PASSANT PAR LA LORRAINE...

Une des toutes premières frontières que le Tour ait franchi, c'est celle avec l'Allemagne, dans la mesure où notre voisin s'était approprié l'Alsace et une partie de la Lorraine après la défaite de la France lors de la guerre de 1870. Donc passer ici, faire étape ici, avait une signification particulière, dans la mesure où la France n'avait pas digéré cette mutilation. C'est l'émotion qui prendra le dessus sur l'appréhension, lors de la première incursion en 1906. C'est la deuxième étape du Tour, elle va de Douai à Nancy, avec un contrôle fixe à Metz. *L'Auto* précise « Alsace-Lorraine » et non Allemagne. Et pourtant, tout se passe très bien, précise ému Alphonse Steinès : « Dans la traversée de l'Alsace-Lorraine, ces bons gendarmes teutons ont reçu des instructions pour faciliter la course. L'administration des douanes allemandes n'a pas été moins admirable. » La raison de ce passage ? « Surtout pas la politique, répond l'envoyé spécial, seule la vulgarisation de notre sport nous guide », mais il précise tout de même : « Depuis hier des affiches jaunes annonçant la course sont posées. C'est peut-être la première fois depuis 1870 que l'on voit en Alsace-Lorraine des affiches rédigées dans l'unique langue française. Aussi vous pouvez croire que cela provoque une certaine sensation. »

DES AFFICHES RÉDIGÉES DANS L'UNIQUE LANGUE FRANÇAISE

Au café End, porte de Thionville, M.Victor Weydert a fait poser la banderole du contrôle. À midi trente-deux, le 5 juillet, il y a beaucoup de monde quand Petit-Breton, couvert de poussière et de boue, passe. Un vieux Lorrain, à qui on parle des 5 000 km que doivent accomplir les coureurs, s'extasie : « 5 000 km ! Ce n'est pas possible. Ah ! ces Français, toujours les mêmes. » Le lendemain, Victor Breyer revient sur « cette rapide promenade de 75 km en terre annexée ». Il parle « d'impression ineffaçable, d'acclamations, de reconnaissance, d'ovation ». Et se souvient des sombres journées d'antan, « des milliers de braves gens tombés là », tout en saluant « la parfaite urbanité de ces hommes à l'uniforme de guerre ». Ils sont quand même 25 000 sur 75 000, habitants avait souligné Steinès. À ce moment-là, les Allemands viennent d'inaugurer la gare en grande pompe, et de nombreux autres édifices, et le passage du Tour est aussi une reconnaissance pour toutes ces réalisations. La preuve, quand il y a effectivement étape en 1907 ou 1908, ce sont les plus hautes autorités, comte Zeppelin en tête, qui reçoivent la course avec faste. L'enthousiasme général surprend. Les applaudissements ne cessent pas quand Émile Georget et Louis Trousselier ont du mal à se départager en 1907, puis quand Petit-Breton triomphe seul en 1908, devant Desgrange, qui a la larme à l'œil. Après l'arrivée, il y a le kilomètre final sur la piste du vélodrome et la foule est ici aussi en délire. Le lendemain, les coureurs n'auront pas assez de toute leur journée de repos pour entendre les musiques militaires allemandes, ou découvrir la cathédrale gothique Saint-Étienne et ses merveilleux vitraux.

Alsace-Lorraine - DR
L'Allemagne, avait annexé l'Alsace et une partie de la Lorraine après la défaite de la France lors de la guerre de 1870.

1907, Metz – **Depuis la défaite de 1870, Metz est allemande ; en y faisant étape, le Tour est donc à l'étranger. Paserieu, Trousselier et le photographe Simons profitent de la journée de repos pour jouer aux touristes et regarder manœuvrer la garnison.**
Collection Laget

TROIS PETITS TOURS, PUIS LE GRAND

Si vous entendez quelqu'un vous dire : « Eh oui, mon grand-père a fait le Tour de France », méfiez-vous, ne perdez pas votre temps à chercher dans les tablettes officielles du « grand Tour », vous avez peu de chances de le trouver, ce « géant de la route ». Pour une bonne et triple raison, c'est qu'à la Belle Époque, entre 1910 et 1911, il y a également eu trois petits Tours réservés aux seuls coureurs indépendants, une catégorie entre amateurs et professionnels créée en 1909. Et l'aïeul de votre copain est sûrement dans les mille partants de ces trois belles courses à étapes parfaitement oubliées. On ne retient que les trois plus importantes, alors que Peugeot a aussi organisé un Paris-Toulouse et un Paris-Turin préparatoires, toujours en 1911. Peugeot, considérant donc qu'il avait déjà fait ses preuves en gagnant cinq Tours avec Trousselier, Pottier et Petit-Breton (trois dont un en poinçonné) décida, pour sortir de la routine et de la tutelle de *L'Auto* et de Desgrange, de montrer qu'il pouvait aussi organiser et recruter des jeunes tout en décentralisant dans la France entière. Il y eut d'abord le Circuit français en 1909, reposant sur quinze courses différentes et séparées, puis en 1910 un premier vrai Tour, après le grand, avec cinq cent soixante-quinze participants partants, trois cent treize classés et des prix Peugeot en nature (auto, moto, vélo). C'était en août et pas facile.

Mais Peugeot explorait avec Léopold Alibert une nouvelle direction, qui ne pouvait pas laisser insensible la grande marque rivale, Alcyon, et Alphonse Baugé, son directeur sportif. Eux aussi avaient des vélos, autos et motos à vendre. Et en 1911, ils organisèrent leurs deux Tours quasi en même temps. Le dernier mot resta à Peugeot, qui avait une meilleure expérience, un réseau de concessionnaires plus important, sans parler des champions. Après deux épreuves de préparation, le Circuit français Peugeot écrasa les Huit Jours Alcyon en durée, en coureurs, en suspense. Peugeot avait aussi mis les coureurs dans sa poche en proposant des prix en espèces, alors que la marque rivale en était restée aux prix en nature. Moyennant quoi, le Belge Philippe Thys, malgré vingt et une crevaisons, empocha ses 6 000 francs, alors que Salmon, autre Belge, partit de la course Alcyon avec des montagnes de voiturettes, motos, vélos ou chronomètres à négocier au plus vite. L'indépendant Thys, frais émoulu des couveuses Peugeot, devait passer professionnel et gagner trois grands Tours de France, Salmon seulement figurer. Henri Pélissier avait également été détecté par Peugeot. Ces courses étaient des courses d'apprentissage tellement festives que plusieurs coureurs, comme Oscar Egg, abandonnèrent en cours de route pour avoir trop fait honneur aux réceptions.

1910 – **Marcel Baumler enlève deux étapes du Tour indépendant Peugeot qu'il termine 23e. Il sera 29e du Tour 1914.** Collection Laget

CINQ CENT SOIXANTE-QUINZE PARTANTS, TROIS CENT TREIZE CLASSÉS

(1) **1909. Circuit français Peugeot-Wolber.** Quinze grandes courses sur route dans toute la France, et un classement général : *premier Lignon, deuxième Omer Beaugendre, troisième Dortignacq.*

(2) **1910. Tour de France pour Indépendants, Peugeot.** **7 août - 4 septembre 1910.** 2 953 km, quatorze étapes (Paris, Reims, Nancy, Belfort, Chalon, Valence, Marseille, Montpellier, Toulouse, Bordeaux, La Rochelle, Nantes, Laval, Caen, Le Havre, Paris), six cent quatre-vingt-quinze engagés, cinq cent soixante-quinze partants, trois cent treize classés. *Premier Guénot, deuxième Valloton, troisième H. Pélissier...* À chaque étape, le premier gagne une moto Peugeot. Au classement final, le premier part avec sa voiturette Lion-Peugeot d'une valeur de 6 000 francs.

(3) **1911. Paris-Toulouse, Peugeot.** *Premier Thys, deuxième Figuet, troisième Engel, quatrième Valloton,* 1 500 francs en espèces au premier. Tous Peugeot.

(4) **Paris-Turin, Peugeot. 14, 15 et 16 juillet, trois étapes :** Paris-Dijon (329 km), Dijon-Genève (195 km), Genève-Turin (300 km). Les coureurs partent avec les écarts de la veille. Ils passent par le ballon d'Alsace et le Grand Saint-Bernard. *Premier Thys (Bel.), deuxième Salmon (Alcyon, Bel.), troisième Figuet (Fr., Peugeot).*

(5) **Circuit français Peugeot.** **Il se dispute du 4 août au 3 septembre 1911,** sur 4 500 km, et seize étapes (Paris, Nancy, Belfort, Chalon, Clermont-Ferrand, Périgueux, Bayonne, Toulouse, Nîmes, Nice, Valence, Clermont-Ferrand, Poitiers, Nantes, Brest, Laval, Paris). Trois cent dix partants, quatre-vingt-dix-sept classés. Les engagements sont de 5 francs. Il y a 6 000 francs au premier en espèces. Ici, les changements de vitesse sont autorisés. Le classement se fait aux points. *Premier Thys (Bel.), deuxième Figuet (Fr.), troisième Valloton (Fr.).*

(6) **Huit Jours Alcyon-Hutchinson. Du 13 au 20 août 1911.** Chaque jour pendant une semaine, des étapes d'environ 200 km (Paris, Honfleur, Le Mans, Bourges, Auxerre, Bar-le-Duc, Chauny, Dieppe, Paris), total 1 577 km. Engagements : 2 francs. Premier prix : une voiturette Alcyon, deuxième prix un objet d'art, une moto Alcyon, etc. Trois cents partants, cinquante-neuf classés. *Premier Salmon (Bel.), deuxième Loisel (Fra), troisième Coomans (Bel.), quatrième Mottiat (Bel.).*

Ce Tour indépendant connaît un grand succès sportif et populaire. Léon Valloton (au milieu) le boucle au 2e rang. Collection Laget

PAS COUTANCES, MAIS DINAN, PAS ALBERT LONDRES, MAIS JULES HEURTEL

Le 8 juillet 1913, entre Cherbourg et Brest, c'est la troisième étape, qui s'étire sur 405 km. C'est également dans cette étape qu'en 1924 nous aurons l'épisode des « forçats de la route » avec Albert Londres et les Pélissier. En 1913, les cent un rescapés sont passés devant le café de la gare de Coutances sans s'arrêter. En revanche, ils s'arrêtent au contrôle de Dinan. Scènes vues par Jules Heurtel, correspondant local de *L'Auto*...

Scène d'abandon sur le Tour. En 1913, il y en aura 115 pour 140 partants ! Collection Laget

« Tout à coup des hurlements, c'est Oudin, dont la famille habite notre ville ! Le service d'ordre est dans les choux ! Il fût passé premier qu'il n'eût pas été mieux accueilli. Je rentre avec lui dans la salle de buffet et tandis qu'il se restaure, je trouve deux alcyonnistes changeant de culotte et de maillot, le tout plein de boue. Ils offrent ces reliques à deux croquants, les types les enfilent à l'envers. Je me demande comment devait être leur chemise au bout de cinq minutes. Toute la commune va défiler devant lesdites reliques. Je sors pour voir partir mes alcyonnistes. Assis à la table de La Française, voici : Coco (Brocco), la pomme (Duboc), et le Roubaisien (Crupelandt) : « Tirons nos gants de noces », dit celui-ci, « et laissons ça là ! », la Pomme se gondole : « Si maman me voyait en ce moment ! Mince alors ! » et il repart. Les deux autres restent et vont à l'hôtel voisin. Gremo, l'Italien de Griffon, que je vais retrouver le soir, guide en mains, dans nos rues, les imite. À l'intérieur du Grand Café, il y a au moins dix isolés, boulottant à qui mieux mieux. Bouillet parle d'abandonner : « Fais comme moi », dit Henri Alavoine, « retape-toi la cerise ! » et en route.

Qui fut dit fut fait au cri de « Vive Dinan ! ». D'autres arrivent, « Avez-vous faim ? », « oui, mais pas le sou ! », « Mangez, vous paierez l'année prochaine », répond Bameulle ! Voyez le sourire ! Un petit Italien a les yeux en sang. Je le conduis chez M. Rochereau, pharmacien ; celui-ci le soigne ; « Coumbienne ? », « Rien du tout ! », « You me sauvere la vie ! » Et dansant de joie, il rejoint ses camarades. Arrive Dorion, notre docteur : lui paie largement ce qu'il prend en signant des cartes postales. J'en vends une trois francs à un de ses compatriotes ! Autant pour mon buffet ! Wattelier, porteur d'un immense balai, passe le dernier.

Et maintenant, savez-vous ce que ces messieurs ont mangé et bu ! Quinze livres de viande, quinze litres de bouillon ! Six kilos de charcuterie ! « Cette bonne charcuterie », comme disait Alavoine ! Cent quinze œufs, cent sodas. Sans compter le café, les cigarettes, et les cigares ! Parfaitement. Ah, l'entraînement ! Et après avoir tout payé, il restait un louis pour Oudin ! Direz-vous après cela, que Dinan n'est pas sportif ? J'ai oublié dans mes remerciements deux amis de Dinard qui me firent, et à l'œil, le service de six gendarmes. Voici leur façon d'opérer. Ils étaient venus par la route, couverts de boue ; ils se frottaient contre le premier rang de curieux qui reculait épouvanté. Mon vieux Payé, et toi Chéruel, revenez l'année prochaine ! Desgrange en rit encore ! Et moi aussi... » En 1924, il y aura treize abandons, mais ce jour de juillet 1913, il y en eut dix sept et beaucoup à Dinan, et non des moindres avec Crupelandt et Brocco, qui abandonnent sous nos yeux... Le surlendemain, ce serait au tour de Paul Duboc, Godivier, Oudin, Panel, Bouillet ou Chanteperdrix...

SI MAMAN ME VOYAIT EN CE MOMENT !

BONJOUR LE TOUR !

Comment le raconter, le Tour, quand les instruments de communication balbutient ? Et le Tour n'est-il pas en lui-même déjà un instrument de communication ? On raconte le Tour, on parle du Tour, mais le Tour parle aussi et raconte des petites histoires d'hommes, de télégraphe, d'omission...

Rouen 1913 – **Au contrôle pointent trois isolés : le Danois Christensen, le Suisse Zorloni et l'Italien Contesini.** Collection Laget

1903. **Le télégraphe.** « Tac, tac, tac. » L'appareil Hughes déroule la bande bleue, comme la route se déroule sous l'effort des coureurs. Voici la petite veste blanche qui emmène le lot à toute vitesse. À Garin s'accrochent Samson, Pasquier, Muller et bien d'autres encore. Ancenis est franchie en trombe, Angers est laissée en arrière, et tac ! tac ! tac ! La petite bande se déroule toujours. Samson crève en pleine nuit, il change de pneumatique. Tac ! tac ! tac ! Le télégraphe nous montre maintenant Garin filant seul en tête, tandis que le petit jour se lève sur la Loire et que les levées de sable commencent à se dessiner en ombres encore confuses. Tac ! tac ! tac ! Le lot a fait un effort général et Garin répare ses forces dans le sillage de ses adversaires. Tac ! tac ! tac ! La bande bleue se déroule toujours inlassable. Et les voici enfin au sommet de la côte de Picardie, à 500 mètres du restaurant du « Père Auto » sur lequel claquent des drapeaux, flottent des banderoles. Les concurrents plongent dans la foule noire, s'y enfoncent, disparaissent. Et un point blanc se détache peu à peu, poursuivi par des taches grises, Garin a gagné le premier Tour de France... » Géo Lefèvre, *L'Auto*.

1903. **Coureur puis conférencier,** Julien Samson, le champion belge, dont le vrai nom est Julien Lootens, et qui a terminé sixième du premier Tour, donne des conférences sur la course dans toute la France (Toulouse, Bordeaux, Nantes) et même chez lui à Louvain, au café Casino. L'annonce se fait par une grande affiche jaune ainsi libellée : « Grande conférence donnée sur la formidable épreuve le Tour de France par un de ses concurrents »...

1905. **Pour recevoir les résultats** de la première étape, il suffit de faire parvenir à *L'Auto* 0,50 francs en timbres-poste ou une dépêche avec réponse payée pour dix mots...

1906. La brochure de Victor Breyer et Georges Abran sur l'histoire du Tour de France à peine parue est déjà épuisée : 5 000 exemplaires sont partis en huit jours. On vient de retirer à 5 000, et « pour le livre dans les mains du pauvre comme du riche, les auteurs ont diminué leur prix de vente : 0,30 F au lieu de 0,50 F, et 0,40 F pour le recevoir franco. S'adresser à M. Jobard à *L'Auto* ».

1908. Des dizaines de chansons, de poèmes, de poésies inspirés par le Tour, les coureurs et les organisateurs ont été adressés à *L'Auto*. Les musiques d'accompagnement vont de *La Marseillaise* à *Viens Poupoule*...

1910. **Au cinéma Gab-Ka** (27, bd des Italiens), on peut revoir toutes les phases de la formidable randonnée. Hélas, Lapize parle mais on ne l'entend pas.

1910. **Pendant la durée du Tour de France,** des photographies en trois couleurs de Lapize, Trousselier, Garrigou, Ernest Paul, etc., tous sur bicyclette Alcyon et pneus Persan, seront expédiées franco contre toute demande affranchie adressée à : Persan, Seine-et-Oise.

1912. **Oubli.** Un détail curieux est remarqué par un lecteur de *L'Écho des sports* , le titre concurrent de *L'Auto* : « *L'Auto* pour annoncer sa grande randonnée annuelle fit placarder de superbes affiches contenant les noms des principaux coureurs. Entre autres cracks, on pouvait voir les noms de Lorgeou, Blaise, Leturgie, etc. Une seule omission parmi tous ces noms, il est vrai quelle est de taille, c'est celle d'Odile Defraye, le gagnant, qui pourtant avait sur ces messieurs le titre d'avoir gagné le Tour de Belgique 1912. Enfin on ne peut pas tout prévoir. »
J. Metreau, courrier des lecteurs de *L'Écho des sports* , 25 juillet 1912.

LE VRAI-FAUX MAILLOT JAUNE DE THYS

Cartes postales de Jack Plunkett et Gonzague-Privat. Collection Laget

Le champion belge Philippe Thys, vainqueur du Tour de France en 1913, 1914 et 1920, aurait, paraît-il, porté le maillot jaune en 1913 ou 1914, alors qu'il n'a été officiellement créé qu'en 1919. Vrai ou faux ? Confusion dans l'esprit d'un ancien mélangeant un peu les choses, comme cela arrive à tout le monde, et par exemple à Géo Lefèvre aussi ? Probablement. D'une part, il n'évoque ce maillot jaune que lors d'interviews des années 1948-1960, donc très tardives. D'autre part parce qu'en 1919, donc au moment de la vraie création du maillot symbole, ni même en 1920, période à laquelle Thys porte vraiment le maillot jaune, sauf erreur, nulle part on ne parle de cet épisode d'avant-guerre. D'ailleurs, *L'Auto* n'en parle pas davantage et présente bien le maillot jaune comme une création *ex abrupto*, bien survenue en 1919. Enfin, si l'on regarde les années 1913 et 1914, qui sont ici les nôtres, et qui auraient donc été le théâtre des premières apparitions du symbole, que trouve-t-on ? En 1903, lors du premier Tour, Géo Lefèvre constate que deux couleurs tranchent : « Le jaune des brassards que tous portent à gauche, et le rouge des numéros de cadre, une innovation. » En 1908, il est question des vestons jaunes des soigneurs de Peugeot, pour que la nuit les champions de la marque les voient mieux, les voient de loin. *L'Auto* du 16 juillet en parle d'ailleurs ainsi : « Mais il y a jaune et jaune. Ceux-là sont d'un jaune cru à faire hurler. On les voit à 500 mètres ; on dirait de loin des tranches de soleil. » Exactement l'effet recherché pour le vrai maillot en 1919. Mais là, on est en 1908, et le jaune est donc un peu, beaucoup la couleur Peugeot, la marque de Thys. Et Alphonse Baugé, qui deviendra ensuite le mentor de Peugeot, s'appuiera encore sur le jaune toujours pour ses soigneurs, mais aussi pour ses coureurs qui auront un maillot bleu cerclé de jaune.

Mais pour se convaincre de la petite distorsion de mémoire de Thys, il n'est que de le laisser raconter : « En 1913, dans la descente sur Morlaix, je tombe avec Georget et me trouve bientôt distancé de 3 minutes avant d'avoir pu réparer mon vélo. Devant, le peloton de tête de 12 hommes était composé de 9 coureurs d'Alcyon, d'un La Française et de deux Peugeot. Vous pensez que les neuf hommes d'Alcyon se sont mis à plat ventre pour me décramponner, et il y avait parmi eux des rouleurs comme Scieur, Marcel Buysse, Rossius, Christophe et d'autres encore. Quand je commençais la chasse, j'avais François Faber avec moi, mais je le lâchais bientôt et, après une poursuite solitaire de 40 km, je revins sur les Alcyon. Je me souviens alors qu'en recollant, Émile Engel s'est exclamé : " Mince, alors ! Le Basset est là ! " » Une relation étonnante à plusieurs titres, car Rossius, Christophe et Engel étaient des Peugeot comme lui. Quant à Faber, autre Peugeot, c'est un des plus beaux rouleurs de tous les temps, donc il fallait le lâcher, et le faire eût été une erreur. Un peu compliqué, non ? Et ça se corse, quand le champion, par ailleurs indiscutable, raconte dans le même journal sa relation de l'avant-dernière étape du Tour 1913 : « Je brisais ma fourche au contrôle de Lille, à 90 km de Dunkerque. J'avais alors 1 h 7 min d'avance au classement général. La réparation de mon vélo prit exactement 1 h 7 min et au moment où je repartis, Henri Desgrange me pénalisa supplémentairement de 10 minutes pour avoir été aidé dans ma réparation. Je perdais donc ma première place au classement général. J'étais enragé ! Je crois que je n'ai jamais roulé comme cela : à Dunkerque, j'avais – en 90 km – repris 18 minutes au peloton et repris mon maillot jaune. » (*sic*) Or, en 1913, Thys tombe, il n'a pas de pénalité, et Garrigou qui avait 1 h 12 min de retard sur lui, devient à Dunkerque son dauphin avec un passif de 8 min 37 s. C'est en 1914, que pour un changement de roue (roue cassée, moyeu non rapporté au contrôle ; 14ᵉ étape), il écopera de Desgrange 30' de pénalité, et comme il avait 31 s 50 min d'avance sur Henri Pélissier, il le battra de 1 min 50 s. Pour nous, jusqu'à plus ample informé, le maillot jaune n'a pas vu le jour dans ces temps héroïques, mais après les tranchées. Et c'est bien Baugé qui en a soufflé l'idée à Desgrange. Baugé, ancien patron de Thys et de Peugeot, et déjà apôtre du jaune.

1908. LAWRENCE D'ARABIE FAIT UN TOUR DE FRANCE

Le Tour de France 1908 bat son plein, et Petit-Breton y fait des étincelles, quand au même moment un « Grand-Breton », un aventurier, archéologue en herbe, qui va fêter ses 20 ans à la mi-août, juste après l'arrivée des géants de la route à Paris, arpente lui aussi la France à bicyclette. Son nom : Thomas Edward Lawrence (1888-1935). Son tour à lui, c'est celui des châteaux, des cathédrales. En fait, il fait en 1908 ce dont Fausto Coppi avait rêvé pour son après-carrière. Ce périple de plus de 3 500 km qui va le conduire du Havre à Saint-Malo, *via* Pierrefonds, Le Puy-en-Velay, Carcassonne, Toulouse, Cahors, Châlus, Dinan, Dinard ou le Mont-Saint-Michel, durera de la mi-juillet au mois de septembre ! Les multiples crevaisons qui l'accableront ne l'empêcheront pas d'empaumer la trace de Richard Cœur de Lion. Sorte de Viollet-le-Duc et de Prosper Mérimée pédalant, le futur Lawrence d'Arabie donne déjà une idée de l'endurance et de la curiosité qui en feront un phénomène. Car on sait que ce géant de la route sera un géant du désert. Détail curieux et méconnu, Desgrange aurait rêvé d'un départ du Tour de Tunisie dans les années 1913. S'il avait eu lieu, notre champion eût peut-être tenté l'aventure.

L'ORGANISATION

Départs, arrivées, contrôles des temps héroïques demeurent approximatifs, même quand on rajoute en 1910 la voiture-balai censée surveiller la course à l'arrière. Comme les routes sont hasardeuses, l'éclairage problématique et les véhicules très rares (un sur le premier Tour, deux sur le deuxième à couvrir la course de bout en bout), il y a des irrégularités. C'est l'enfance du Tour, et les contrôles secrets se font avec des cachets d'école primaire.

La course commence avec les reconnaissances et finit avec le paiement des prix au guichet de L'Auto. Entre, il y a le gros morceau, la course, et mille soucis pour Desgrange et sa garde rapprochée. Le patron s'est enrhumé, et en prime l'arrivée s'annonce compliquée. Collection Laget

1904

Les opérations de départ attirent à Villeneuve-Saint-Georges 5 000 spectateurs et 10 000 cyclistes sur la route.

Contrôle secret. « Je suis à Briare, et deux kilomètres avant l'entrée de la ville, au milieu des champs, nous avons installé le fameux contrôle secret où tous les concurrents devront descendre de machine et donner une signature. Ce coin perdu présente ce soir un aspect curieux : des lampions barrent la route, piquant sur le noir du ciel leurs globes lumineux ; des transparents dessinent en lettres immenses les mots : « Halte ! Contrôle ». Et sous le phare à acétylène, devant une table, attendent, comme moi, les contrôleurs et une foule de villageois, de cyclistes et de chauffeurs qui ont organisé ici un petit campement très pittoresque. Une traînée lumineuse vient vers nous, deux chauffeurs poussiéreux m'interpellent. C'est Ouzou et Miral, avec lesquels je dois filer sur Lyon. Vite, nous allons aux nouvelles. Ils sont une douzaine en tête menant un train de forcenés. Pothier est lâché par suite de crevaison, Aucouturier hélas semble déjà hors de course : trois fois il est tombé et il a actuellement quarante-cinq minutes de retard. Et voici qu'à l'horizon s'allume le signal convenu : un feu de Bengale vert, et alors qu'il jette encore ses clartés blafardes, un nuage épais vient vers nous, et dans ce nuage, il y a des corps, des aciers qui scintillent, des jambes qui tournent follement ; un cri s'élève : « Arrêtez-vous, contrôle. » Surpris, tous les rivaux hésitent puis en une folle mêlée se précipitent sur les crayons et les feuilles préparés à l'avance dans un inextricable fouillis de machines... »
Géo Lefèvre, 4 juillet 1904, *L'Auto*.

1905

Classement aux points. « Afin de rendre aussi clair que possible le mode des classements des coureurs, rappelons que chaque coureur compte : 1 point de plus que celui qui le précède, plus 1 point par fraction de 5 minutes. La première fraction n'entrant pas en ligne de compte. »
L'Auto, 14 juillet 1905.

Contrôles. Dans une étape comme Grenoble-Toulon, longue de 345 km, les contrôles étaient les suivants : Grenoble (0 km), contrôle fixe au Grand Café de la Paix, puis au restaurant Ravier, pour l'appel définitif ; Gap (km 103), contrôle fixe à l'Hôtel du Nord ; Sisteron (km 150), contrôle volant chez les cycles Martel ; Digne (km 190), contrôle fixe au café Soulin ; Brignoles (km 296), contrôle fixe au café Vassal ; Toulon (km 342) : après l'arrivée secrète, contrôle fixe à la Grande Taverne Alsacienne.

1906

Pierre blanche pour M. Sermoz. « M. Nestor Raphoz, un de nos lecteurs de Voiron, nous écrit : " Je vous signale la conduite de M. Sermoz, aubergiste à Voreppe (Isère), qui lors du passage du Tour de France, dans une descente de 13 %, la montée du Chevalon, et de 500 mètres, a ramassé sur cette distance toutes les pierres, dont la route était entièrement couverte. Cet acte est d'autant plus méritoire, qu'il a été fait en plein midi, par un soleil de plomb, deux heures avant le passage des coureurs..." »
L'Auto, 13 juillet 1906.

1907

Les bouteilles volent.

« En entrant dans Hirson, Garrigou a sa roue d'arrière à plat, dérapant sur le sol détrempé, dans un effort splendide, il arrive à ne pas décoller le peloton, jusqu'au contrôle, où se déroule une véritable bataille autour des bouteilles : en un tour de main, les litres se vident : Trousselier, à lui tout seul, en vide deux, et tout le monde s'envole. Trousselier, qui a toujours trop chaud a enlevé son maillot… »
L'Auto, 4 juillet 1907.

Contrôle de ravitaillement ou de signature, il se passe toujours quelque chose, même avec la meilleure organisation. Là, on aura bien un souci avec les bols de café ou avec les bouteilles de verre.

Autrement, Desmarets, qui vient de descendre de sa Rochet-Schneider, devra pourvoir au remplacement des porte-plumes brisés, à moins qu'un chien ou qu'un pot de chambre malveillant… Collection Laget

1909

Les signaux à l'arrivée à Bordeaux.

« Les coureurs sont priés de prendre note que pour l'arrivée :

1) Un drapeau rouge est placé à un kilomètre exactement de la ligne d'arrivée.

2) Une banderole blanche, avec Abran porteur d'un drapeau jaune, indiquera l'emplacement exact de l'arrivée. Deux clairons placés, l'un au sommet de la côte précédant l'arrivée, l'autre plus près de la ligne d'arrivée, annonceront les coureurs par des sonneries.
Cinq cent mètres de corde seront tendus de chaque côté de la route.

3) Le service d'ordre sera assuré par 50 gendarmes de la 18e région mis à notre disposition par Monsieur le Préfet de la Gironde.

4) Une demi-heure avant l'arrivée des coureurs, il sera interdit aux cyclistes, motocyclistes et piétons de passer sur la partie de la corde réservée à l'arrivée.

5) La ligne d'arrivée sera tracée au rouge, sous l'immense banderole qui sera placée en travers de la route, en face de cette ligne sera installée une enceinte réservée aux officiels et à la presse, dont notre correspondant Octave Bardet (brassard jaune). »

Les contrôles secrets existent déjà, mais Alphonse Steinès, toujours soucieux d'améliorer la bonne marche du Tour, propose à Henri Desgrange des contrôles vraiment secrets, volants, avec apposition au vol d'un cachet sur le poignet des coureurs. Il est le seul à savoir où ils auront lieu, parfois il en préconise deux par étape. Ils sont très flous, « à Sigean », ou très précis, « à Saint-Pierre-de-Chartreuse, à l'angle même des trois routes ». Ici, il ne s'agit pas de signer, mais de se faire tamponner le poignet ou le bras avec un tampon encreur changeant à chaque étape. Moyennant quoi, Steinès est armé d'une boîte de cachets servant dans les petites classes, l'un représente une abeille, l'autre un bœuf, un troisième une maison… Les instituteurs s'en servent dans les cahiers pour apprendre aux enfants à dessiner et à contrôler le coloriage… On a longtemps cru que ces contrôles n'existaient pas jusqu'au jour où l'on a retrouvé ces feuilles, d'ailleurs non dépourvues d'influence maçonne (abeille, ruche, compas, etc.)…

1906 – **Avec son bolide, une Pipe 28 HP de Bruxelles, Georges Abran pouvait transformer ses reconnaissances du Tour de France en simili-western. Un passager tient des lunettes à poussière.** Collection Laget

1910

Arrivée chez les Cht'is.
« Vainqueur chez lui à Roubaix de la première étape, Crupelandt a eu droit à plusieurs Marseillaises et à un vivat, le fameux vivat des Flandres. »
L'Auto, Alphonse Steinès.

1911

Les Champs-Élysées.
À minuit et demi, après un appel des coureurs place de la Concorde. « Il est impossible de décrire le défilé des Tours de France dans les Champs-Élysées : c'est entouré par des centaines de cyclistes et suivis par plus de trente voitures que nos routiers filent, grimpent allègrement la côte. C'est une véritable armée qui fonce dans l'avenue de la Grande-Armée, dévale sur l'avenue de Neuilly et se répand jusqu'au quai de la Jatte, où devant l'établissement Pinel, nous trouvons déjà installée, déjà emballée, comme celle de la Concorde, une autre foule de curieux et de sportsmen. À quatre heures, après la distribution des dossards, ils partiront… »
L'Auto, 3 juillet 1911.

Erreur de parcours. « Aux environs d'Étretat, nous nous sommes tous dirigés vers la mer. Il a fallu virer sur place et revenir sur nos pas, ce qui a permis à plusieurs hommes lâchés de recoller au peloton de tête. À 8 heures du matin, nous traversons Saint-Valéry-en-Caux. Le photographe Simmons est allé réveiller des gens pour opérer sur un balcon. Il a trouvé toute la maison en chemise, et l'a photographiée après les coureurs… » *L'Auto.*

1912

Après le Tour 1912 encore disputé aux points-places, quand Desgrange vit dans une étude de *Je sais tout* que le gagnant Odile Defraye avait couvert le parcours en 11 434 minutes, alors que son dauphin Eugène Christophe avait mis 11 441 minutes, soit 7 minutes de plus sur 5 400 km, il trouva que quelque chose ne tournait pas rond, car la transcription en points donnait : 47 points au premier et 108,5 points au deuxième. Soit une avance de 59,5 points et une impression d'écrasement parfaitement fausse.

1914

Les commissaires enquêtent sur le cas de plusieurs coureurs qui n'auraient pas signé la feuille aux contrôles de Béziers et de Narbonne. En revanche, pas de problème pour Contesini. Au contrôle de Saint-Girons, on remarque qu'il a changé de roue sans que cela soit justifié par le bris de la jante. En vertu de l'article 38 et du paragraphe 21, il écope de 30 minutes de pénalisation. Cette année-là, à Nice, c'est même Garrigou, un ancien vainqueur, qui prendra une amende de 100 F « pour avoir menacé un officiel et lui avoir adressé des paroles injurieuses ». Tout ça parce qu'il s'était fait attraper en train de soigner Tuytten, qui lui avait pris 30 minutes de pénalité. Garrigou se faisant sérieusement admonester, Contesini abandonnera et Tuytten terminera 24e à Paris.

1912

Sabotage. Vainqueur de l'Aubisque en 1910, l'isolé François Lafourcade, étranger à l'empoisonnement de Duboc en 1911, aurait en 1912 saboté le vélo de l'Italien Ottavio Pratesi pour lui faire perdre la première place du classement des isolés au profit de Jules Deloffre de chez Automoto, comme lui. Reconnu coupable, disqualifié à vie par l'UVF, il est mort dans un accident d'avion au retour d'une patrouille en 1917. Quant à Pratesi, il a fini par s'imposer en 1924.
Illustration de Mich. Collection Laget

1907 – **Lors d'un contrôle de départ, Robert Desmarets, le futur papa de Sophie, vérifie si les plombs de contrôle posés sur la machine de l'Italien Luigi Ganna sont bien en place.**

1912, Caen – **La fièvre d'un contrôle-ravitaillement, où l'on reconnaît Tiberghien (18), Spiessens (27), Courcelles (127), Dhers (32), Borgarello (29) ou Christophe (21).** Collection Laget

CHAMPIONS ET SPECTATEURS

On essaie d'être professionnel, mais on tâtonne. Combien gagnez-vous ? Vous êtes berger ou distillateur ? Trapéziste, bidasse ou médecin ? En tout cas, nous voici au pays des « géants de la route », et il y a même de vrais géants, que les ouvriers veulent tellement voir qu'ils menacent de faire grève. C'est l'aventure, il y a même déjà des concours de pronostics. Et le premier Espagnol du Tour, connaissez-vous son histoire ? Desgrange aimait bien Lapize, mais le traitait quand même de comptable. Plongée dans un nouveau monde, appelé à devenir une noblesse du muscle, mais non sans mal...

1912

Quatre fois un agent de police. Le Belge Odile Defraye, vainqueur du Tour 1912 pour Alcyon, nous éclaire sur les salaires d'époque : « Nous étions payés très cher. Personnellement, je touchais des appointements mensuels de 500 francs. Je ne sais pas à combien cela peut correspondre maintenant, mais à l'époque, cette somme faisait trois ou quatre fois les appointements d'un agent de ville. Et cela, je crois n'existe plus... » Pour fixer les idées, notre champion, dont le métier était de confectionner des brosses, gagnait alors 3,50 francs par jour.

« Rodolfo Muller est selon Desgrange, un grimpeur comme Kerff et Jean Fischer ; sa qualité croît avec la distance. » Col. Muller

1904

Rodolfo (ou Rodolphe) Muller (1876-1947), qui avait terminé quatrième du premier Tour de France, suivit le deuxième en qualité de « chemineau-cycliste-reporter-photographe » sur une Colombia de chez Titus Postma. Une machine sans chaîne, avec deux vitesses, une roue libre et un frein sur le moyeu arrière...

1906

On nous écrit de Longwy : « Le coureur Fleury, cycliste à la compagnie du 2ᵉ chasseurs à pied, est prévenu par ses camarades de la compagnie cycliste du 9ᵉ chasseurs à pied qu'il peut compter sur eux à son passage à Longwy pendant la deuxième étape. S'il a besoin d'un ravitaillement de quelque nature que ce soit, il n'a qu'à télégraphier au lieutenant Aubry et tout sera prêt. » *L'Auto*, 5 juillet 1906.

François Moulin, dix-huitième du Tour 1903, était tombé ou avait crevé vingt-deux fois. Le soir de la grande arrivée, il a trouvé le moyen de chanter et danser tellement il était heureux d'en avoir fini. Sa machine aurait été une Primo Spéciale de chez Court pesant neuf kilos. Si la réclame est vraie, c'était la machine la plus légère de la course.

1910

Un pari mutuel sur le Tour existe en Italie.
Dans Bagnères-Bayonne, Lapize rapporte 35 francs gagnant et 7 francs placé.

ROUME ÉTAIT LUTTEUR, BARROY, CLOWN

Les vrais géants de la route. On appelle François Faber « le géant de Colombes », alors qu'il ne mesure que 1,78 m, mais pas Alfred Pocarius d'Épinal, participant du Tour 1906, qui mesure pourtant 1,92 m, et encore moins le Belge Gaston Van Waesberghe, coureur du Tour 1914, que l'on surnomme pourtant « le gratte-ciel ». Pourquoi ? Les mystères du Tour, et peut-être aussi parce qu'ils abandonnent avant de boucler la Boucle...

1908

Fleuriste. « L'ancien coureur du Tour de France, Gabory, aujourd'hui établi fleuriste, rue de Rome, nous fait parvenir un mot pour nous conter toute la peine qu'il a éprouvée en voyant ses camarades se mettre en ligne sans lui dans le Tour 1908. Heureusement, nous écrit-il, mon année de suspension prend fin, et je pourrai laisser la boutique à Mme Gabory et me remettre à l'entraînement. » *L'Auto*.

Armand Roume de Narbonne, **lutteur aux Folies-Bergère,** prend le départ en 1907 et 1908, mais ne termine pas ; Lucien Barroy, lui, est trapéziste et clown, et ne boucle pas davantage la Boucle en 1903 et 1909.

François Mercier, l'inconnu des premiers Tours, l'adjoint de Géo Lefèvre, était le fils d'Albert, le père de l'entraînement multiple en demi-fond. Lui-même avait été champion de France des 5 km sur le vélodrome de la Seine en 1894, manager de Bourotte, puis il avait été journaliste à *Vélo* et à *L'Auto*.

Le plus grand écart. Il est peut-être à mettre à l'actif d'un certain Camille Bière (1883-1969), né du côté d'Agen, qui fut champion cycliste sous le nom de Stella, avant de devenir militaire. Il aurait été en garnison du côté de Cherbourg. Ce qui est certain, c'est qu'il termine trente-cinquième du Tour 1910, et que dix-sept ans après, guerre faite, il reprend le départ du Tour ! Il abandonnera dès la première étape, mais trente-cinq autres partants ne feront pas mieux.

1912

« Vous ignorez peut-être qu'il existe parmi les routiers du Tour de France, un authentique **docteur en médecine**... Ce n'est pas un ténor certes, mais un gentleman qui court uniquement par amour du sport qu'il pratique depuis les temps héroïques du vélocipède. Il a même écrit sa thèse sur « l'entraînement à bicyclette ». Son nom ? Docteur Adolphe Dorion, de Moncontour de Bretagne, n° 174. Son âge ? 45 ans – autre sorte de record. Il a déjà terminé et s'est classé dans Paris-Brest 1911. Voilà en tout cas pour un médecin, une originale façon de prendre ses vacances. Bravo, docteur. »
L'Auto, 17 juillet 1912.

UNE GRÊVE POUR ASSISTER À L'ARRIVÉE

Le premier Espagnol. Contrairement à ce que l'on croit, le premier coureur espagnol à avoir disputé le Tour n'est pas le Basque Vicente Blanco, dit El Cojo, le boiteux, mais un certain Jose-Maria Javierre-Rapaun. Si vous le cherchez sur les listes, vous ne le trouverez pas pour la bonne raison qu'il courait sous le nom de Joseph Habierre (1888-1954). Et lui serait bien le premier Espagnol, puisqu'il disputa le Tour 1909, et le termina à la dix-septième place. Un exploit. Et dans *L'Auto*, il est présenté comme le champion local de Lescar, près de Pau. Des drapeaux, une banderole à son nom déclenchent la fête dans son village d'adoption, où sa maman le salue de loin avec un mouchoir, alors qu'il lui crie : « Adiou, mama ! » Il terminera encore le Tour 1910 en vingt-quatrième position. Et encore comme Espagnol, car il serait devenu officiellement français à Verdun en 1915, où il se couvrit tellement de gloire qu'il reçut aussi la Légion d'honneur.

La photo s'est peut-être oxydée, elle n'en restitue pas moins un champion hors du commun, un bleu ciel d'Alcyon qui, après avoir terminé les deux Tours auxquels il prit part, deux des plus durs de l'histoire, devint vélociste à Oloron-Sainte-Marie. Ne lui restait plus qu'à être un héros de la Grande Guerre, comme il l'avait été du Tour : engagé dans la Légion étrangère, gravement blessé, décoré de la Légion d'honneur.
Collection Laget

Chômage. « Dans la région de Roubaix, l'enthousiasme provoqué par le passage du Tour est tellement grand dans notre population ouvrière que dans quelques usines les ouvriers ont imposé le chômage cette après-midi pour aller assister à l'arrivée du Tour de France. Sous leur menace de faire grève, il a fallu les laisser partir et on a fermé les usines ! »
L'Auto, 8 juillet 1907.

1903

Garin vu par Géo Lefèvre :
« J'admire le torse de l'homme, son coffre puissant, son cou de taureau, et ses membres sur lesquels saillent les muscles qui sont des cordes d'acier... »

1917

Lapize vu par Desgrange.
« Il résolvait le Tour de France comme une vulgaire opération de comptabilité. »

Petit-Breton vu par Garrigou. « Un charmant camarade dans le privé, mais, en course : un véritable démon. Il n'arrêtait pas de démarrer, dix, quinze, vingt fois, jusqu'à ce qu'il ait obtenu le résultat qu'il cherchait. Il nous arrivait d'observer entre nous des périodes de trêve : nous nous passions l'éponge aux contrôles, nous nous attendions parfois quand un passage à niveau nous avait séparés en s'abaissant. Avec lui, il ne pouvait plus être question de tout cela.
Quand il crevait, nous éprouvions une sensation de soulagement mais... vingt minutes plus tard, il était déjà revenu parmi nous. »

Boxeurs aussi.
En 1905, Trousselier et Dortignacq échangent des coups de poing, comme Émile Georget et Duboc en 1914. Pacte trahi, gêne au sprint, ou attaque à un moment intempestif, on ne sait...

Empêchement pour cause de service militaire.
« Chauvet, le coureur bien connu, en garnison à Nancy, et qui s'était engagé dans la course, a reçu sa permission trop tard : le pauvre garçon en avait les larmes aux yeux. C'est peut-être très administratif, mais à coup sûr très cruel. » *L'Auto*, 1906.

Mise au point.
« Contrairement à ce que je vois dans *L'Auto*, Van Hauwaert n'a jamais été gardien de troupeaux, mais maître distillateur chez moi depuis six ans. Masselis est également employé chez moi... »
Camille Lammertyn, conseiller provincial de Moorslède, 16 juillet 1908.

SOINS, HYGIÈNE ET RAVITAILLEMENT À LA BONNE FRANQUETTE

Un bon moyen d'être au cœur du Tour et de ses champions, c'est de voir ce qu'ils mangent, comment ils se soignent, combien de repas ils font. Ce n'est pas *La caméra explore le temps* que nous vous proposons, mais une caméra cachée dans l'intimité des coureurs... Et il y a des problèmes de fringale, bonjour le lard, aïe ! les furoncles... Le Koto donne des ailes, et le chewing-gum surprend...

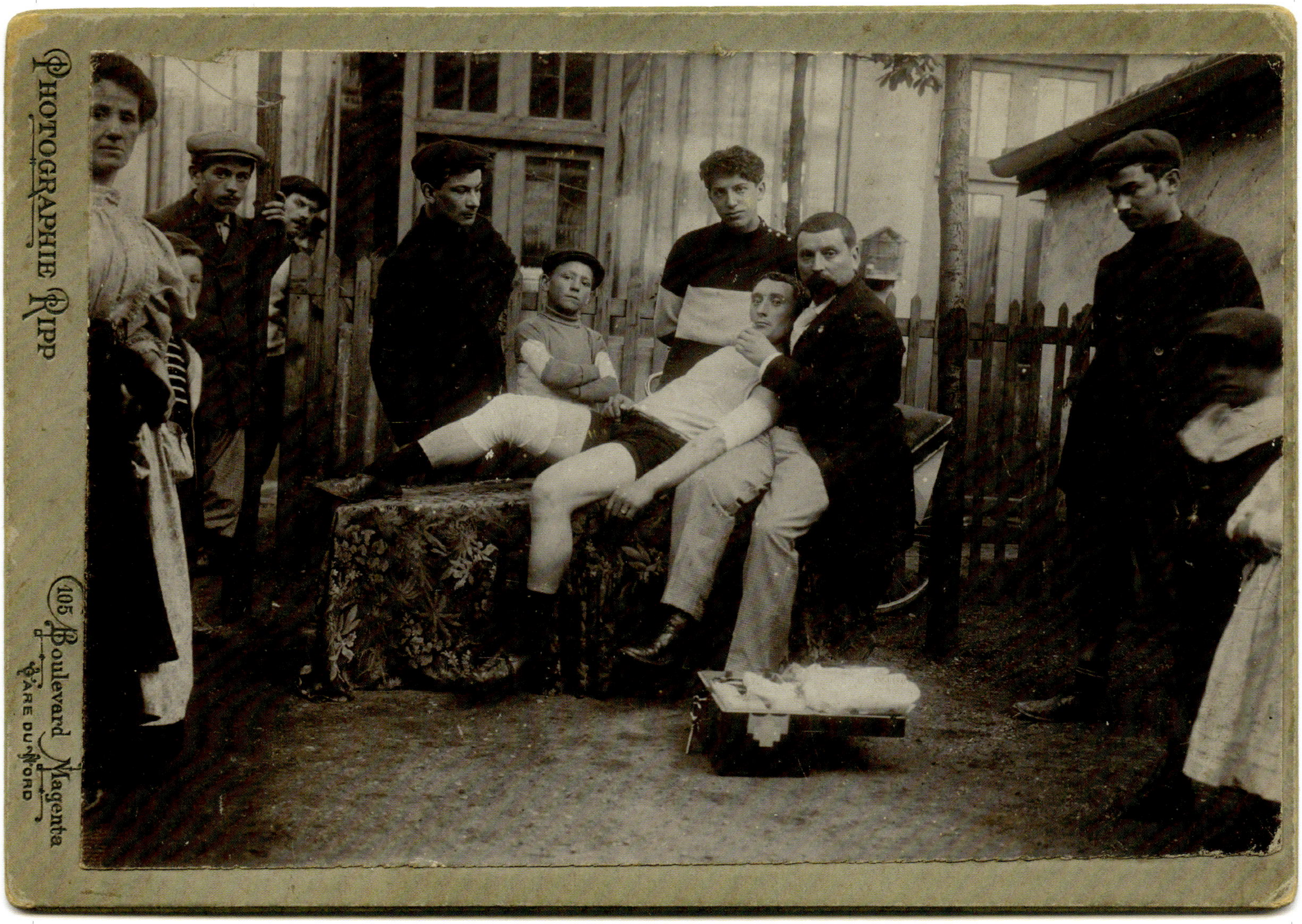

Eugène Brillouet (1852-1957) de La Rochelle, un des premiers soigneurs du Tour, se fait la main. Avec Garin, ce sera plus sérieux. Collection Laget

Tabac.

«-Quand je pense qu'il y a de pauvres bougres qui se sont donnés le mal d'écrire des traités d'entraînement, où l'on dit, entre autres, que rien n'est plus mauvais que de fumer. Crupelandt et Ernest Paul pour ne citer que ces deux –là, fument dès le réveil. C'est tout juste s'ils ne fument pas pendant la course. » *Desgrange, L'Auto, 1911.*

Bain et massage.

Garrigou témoigne : « Chaque soir, à l'étape, nous étions massés par ordre de classement afin d'éviter les querelles de... préséance. Nous prenions régulièrement des bains d'amidon pour nous affermir la peau, et le soigneur Thémar ne manquera pas de vous conter à ce propos qu'il m'arriva une fois d'oublier de retirer mon bracelet-montre que je mis dans un bel état... à la grande joie de mes camarades ! »

Reconstituant.

En 1905, à Belfort, au passage du Tour de France, juste après le ballon d'Alsace, le pharmacien Jules-Léon Joachim (1873-1945) donne aux coureurs des verres d'Energénine. Il exerçait à Valdoie, avant de venir à Paris.

« **Célérité et discrétion** » est la devise de Manchon, qui soigne Henri Pélissier, et qui est un ancien élève du masseur Pastaïre.

Manger.

Comment le routier peut-il tenir le coup dans le Tour ? Réponse d'Eugène Christophe : « Il mange trois à six fois plus que d'habitude... »

« Bâfrer ».

1911. Sur le port de Marseille, Ernest Paul mange deux douzaines de moules énormes. On a dû aller chercher un médecin qui a diagnostiqué un commencement de typhoïde et prescrit le repos complet. Le lendemain, Ernest Paul répondait présent à l'appel de son nom au départ de Marseille, et vers 6 heures du soir, il arrivait à Perpignan, 335 km plus loin, presque avec le sourire. Il allait mieux, il était vingt-quatrième à 1 h 30 de Duboc, le vainqueur.

Musette.

La musette, inventée par Ludovic Feuillet selon Herman Grégoire, contient pour Firmin Lambot : « Au départ, dix sandwiches au beurre, jambon, gruyère ; dix tartelettes ; huit bananes ; du gâteau de riz ; des figues, du chocolat et des bidons pleins de liquide... » Petite précision, la banane a été introduite dans la course par le manager de Peugeot Léopold Alibert.

1911 – **Emile Georget se réconforte, pendant que l'on masse Charles Cruchon.** Collection Laget

Régénérateur. Les meilleurs coureurs du Tour 1914, les Thys, Pélissier, J. Alavoine, Rossius, Garrigou, É. Georget, Lambot, Faber, etc., utilisent tous « le vin Koto à la coca du Pérou », comme en témoigne une importante réclame rédactionnelle parue dans *L'Auto*. Moins irritante que le thé et le café, mais avec un extraordinaire pouvoir stimulant, la coca du Pérou macérant dans des vieux vins de Porto ajoutés à d'autres produits de premier ordre scientifiquement dosés a permis aux établissements Koto (5, bd Beaumarchais, Paris) de réaliser ce vin tonique inégalable. Jadis réservé aux millionnaires, il est accessible à tous avec une bouteille à 3,50 francs. Carpentier s'en sert aussi. Après le Tour, les coureurs utilisent à son propos le terme de « source d'énergie »...

Chewing-gum. En 1911, le chewing-gum est quasi inconnu en France, il débarque. On l'appelle le « Chien-Chien du Tour de France », c'est une telle curiosité que la maison qui le diffuse organise pendant le Tour un concours spécial dont le lauréat gagne une bicyclette Alcyon-Dunlop. On peut recevoir deux étuis franco contre 1,15 francs en timbres-poste en écrivant à Chien-Chien Gum, Grand Montrouge, Seine.

Coups de poing. 1911. Pour faire passer sa migraine, Lucien Pothier se donne des coups de poing...

Furoncles. « Émile Georget, vainqueur à Lille, est partagé entre la joie et le désespoir. Sa joie parce qu'il a gagné. Son désespoir parce qu'il est tellement couvert de furoncles dans la partie la plus charnue de son individu qu'il se demande s'il va pouvoir continuer, même si un médecin l'a rassuré... » V. Breyer, *L'Auto*, 4 juillet 1906.

Du lard providentiel. Il avait toujours un gros morceau de lard sur lui, le champion belge Alfons Spiessens de la J.B. Louvet. Un morceau de lard avec un bout de couenne pour le bien tenir, car il s'en servait pour graisser une chaîne souvent mise à rude épreuve par l'eau, la boue ou la poussière. Ce jour-là, ce jour de « grosse » étape dans les Pyrénées hérissées de cols, entre Bayonne ou Luchon (326 km), ou entre Luchon et Perpignan (323 km), Alfons fut pris de fringale. Plus rien dans la musette, plus rien en vue, et pourtant son regard portait loin. Que faire ? Après avoir bu l'eau de quelque source, l'estomac criait toujours famine. Et toujours personne. Et soudain, il pensa à son morceau de lard. Où était-il ? Sous la selle, dans une poche de maillot, une sacoche ou une musette ? Il le trouva vite et fébrilement, après l'avoir frotté dans l'herbe pour le nettoyer, il commença à le grignoter, puis à le croquer tellement il avait faim. Il remonta en selle et termina l'étape, comme il termina ses trois Tours de France d'avant-guerre, à de bonnes places. C'était un joli coureur, qui « avait lard et la manière » comme disait Alphonse Steinès quand il apprit l'histoire.

Water-closet. Dans les contrôles, 1910. « Dans chaque contrôle, notre inspecteur général Georges Abran a fait le nécessaire pour que des water-closets fussent installés à l'intention des coureurs. En conséquence tout coureur qui omettrait d'en faire usage, et satisferait publiquement un besoin pressant, encourrait les sévérités du règlement... »

Sanction. 1910 : « J'ai donné à Godivier 50 francs d'amende pour avoir oublié qu'il y avait des water-closets au contrôle de Lens. Je prie, à *L'Auto*, le teneur des registres des amendes de toujours bien noter celles que je donne et particulièrement toujours celles qui seront données à des coureurs pour le même motif que celle de Godivier. Il est inadmissible que les coureurs discréditent ainsi le sport qui les fait vivre. » Henri Desgrange.

CE QU'ILS BOIVENT OFFICIELLEMENT EN COURSE :

Chocolat pour Duboc et Petit-Breton

♦

Limonade pour Crupelandt

♦

Thé, vin blanc, fine champagne au sucre et à la framboise pour Colsaet

♦

Thé, eau d'Évian pour Faber

♦

Chocolat, eau de Vichy, porto pour René Pottier

♦

Thé et limonade pour Garrigou et Christophe.

♦

Thé et café nature sans sucre pour Louis Heusghem

CE QU'ILS MANGENT OFFICIELLEMENT EN COURSE :

Poulet, tartelettes, bananes pour Christophe

♦

Gâteau de riz pour É. Georget

♦

Oeufs, bouillon chaud pour René Pottier

♦

Tartelettes, poulet, crème de riz pour Faber

♦

La canicule ? Les costauds s'en occupent au jaja, pas au Ricqlès. Collection Laget

SOBRIQUETS

Faire des Tours, ce n'est pas donné à tout le monde. Il faut du talent, du courage, et sortir de l'ordinaire. Il y a un peu de magie là-dedans. Moyennant quoi, ceux qui en font se prévalent parfois d'un surnom, d'un sobriquet. Faire un Tour, c'est aussi faire un tour de scène, ce complément de nom sera donc un nom de spectacle, de combat.

Collection Laget

Fonctionnent ainsi par exemple les compagnons du tour de France, les compagnons du devoir, qui doivent boucler leur grande boucle, les héros, mais aussi à l'autre bout, les lutteurs, qui eux « passent » simplement des tours de hanche. Ici, c'est « Ardéchois, cœur fidèle », là, « Rampazzo, le rempart de Marseille ». Ces « surnoms », ces noms de code, de route ou de spectacle sont choisis par leurs utilisateurs. Les géants de la route s'inscrivent dans cette veine populaire et aristocratique à la fois, à une différence près, c'est qu'ici ce sont les spectateurs, les journalistes, leurs supporters, leurs équipiers ou leurs adversaires qui les adoubent, leur collent cette autre étiquette. Une qualité, un trait de caractère, un détail physique, la taille, les racines ou la profession déclencheront la trouvaille. Ce pourra aussi être un diminutif. Le tout donnera parfois au peloton des allures d'arche de Noé, ou de « vol de sobriquets »

Alavoine (Jean) : Jésus pactole.

Baugé (Alphonse) : Cézig, le Maréchal.

Brocco (Maurice) : Coco.

Christophe (Eugène) : Cri-Cri, le Serrurier, le vieux Gaulois.

Cornet (Henri), (pseudonyme de Henri Jardry) : l'Ingénieur, Rigolo.

Crupelandt (Charles) : le taureau du Nord.

Dargassies (Jean) : le forgeron de Grisolles.

Dortignacq (Jean-Baptiste) : la gazelle de Peyrehorade.

Duboc (Paul) : la Pomme.

Faber (François) : le géant de Colombes, l'Ogre, Gargantua.

Fourreaux (Alexandre) : le Menuisier volant.

Garin (Maurice) : le Petit Ramoneur, le Bouledogue blanc, le Sanglier.

Garrigou (Gustave) : l'Homme pendule.

Gerbi (Giovanni) : le Diable rouge.

Georget (Léon) : le Brutal, le père Bol d'Or.

Kippert (Charles) : Fil'vite.

Lapize (Octave) : le Frisé, Tatave.

Leonard (Édouard) : Carte postale.

Ménager (Constant) : le canard d'Asnières.

Passerieu (Georges) : le marquis de Priola, l'Anglais de Clichy.

Petit-Breton (pseudonyme de Lucien Mazan) : l'Argentin, la Pile.

Pothier (Lucien) : le boucher de Sens.

Pottier (René) : le Grimpeur, le roi René.

Privat (Pierre-Gonzague) : Tête de grenouille.

Thys (Philippe) : le Basset, Flip.

Trousselier (Louis) : Trou-Trou, Levalloy, le Briseur de porte-plume, le Fleuriste.

Van Hauwaert (Cyrille) : Ventre ouvert.

Van Waesberghe (Gaston) : le Gratte-ciel.

Wattelier (Antony) : la Tourterelle

FEMME CHEZ LES GÉANTS DE LA ROUTE, PAS FACILE...

Dans ces temps héroïques du Tour, les femmes sont interdites dans la course, comme elles sont interdites de pratique cycliste après un prometteur démarrage sur les chapeaux de roue dans les premiers temps de la Belle Époque. Elles faisaient les Six Jours, des records, puis rideau. Sur le Tour proprement dit, on trouve essentiellement aux arrivées des sœurs, mamans ou épouses de coureurs. La bise d'avant les Miss, lors d'une cérémonie protocolaire rudimentaire se bornant à une remise de bouquet, se fait donc quasiment en famille. Il faudra l'après-guerre pour élargir le cercle familial, et encore les Italiens Bottecchia et Bartali seront-ils très fuyants, refusant le bisou de belles inconnues, voire de Joséphine Baker. Dans l'instant, c'est donc une sœur de Garin, la maman de Faber, Petit-Breton ou Lapize, l'épouse de Trousselier ou Pottier qui accueillent leurs champions au Parc, avec les tenues d'époque souvent sombres, et les chapeaux assortis. D'autres sont au bord de la route, ou d'une piste de province. Les plus féroces, si l'on ose dire, sont dans la course. Vous avez bien lu. Elles se sont organisées pour suivre le fils ou le mari dans la galère, et lui préparer le frichti à l'arrivée, le soigner, l'aimer. Elles jonglent donc avec les valises, les horaires de train et les hôtels. Dans les tout premiers Tours, on aperçoit ainsi les silhouettes de Maman Valpic et ce Mmes Fourreaux ou Desvages. Maman Habierre et Mme Christophe sont au bord de la route, au pays. Une triste légende, pas forcément fausse d'ailleurs, veut que la femme d'un coureur belge soit morte d'une congestion contractée dans les trains pour suivre son champion. Ce qui est en revanche sûr, c'est que dans la première étape du premier Tour, Édouard Wattelier doit faire 18 km à pied parce qu'une femme a laissé choir une épingle à cheveux, et que son pneu n'a pas résisté.

Madame Faber avec le parapluie. Collection Laget

1905 « Desvages qui est arrivé hier à Besançon, 33e de la deuxième étape, à 1 h 49 du matin, est un véritable amateur. Sur sa machine avec pneus démontables, il a dû réparer dimanche un nombre incalculable de fois. **Sa femme qui le suit par le train,** l'attend à chaque arrivée avec une patience et un dévouement admirables. »
L'Auto, 12 juillet 1905.

1909 À Metz, Maman Faber, « la mère poule », est venue embrasser son champion de fils.

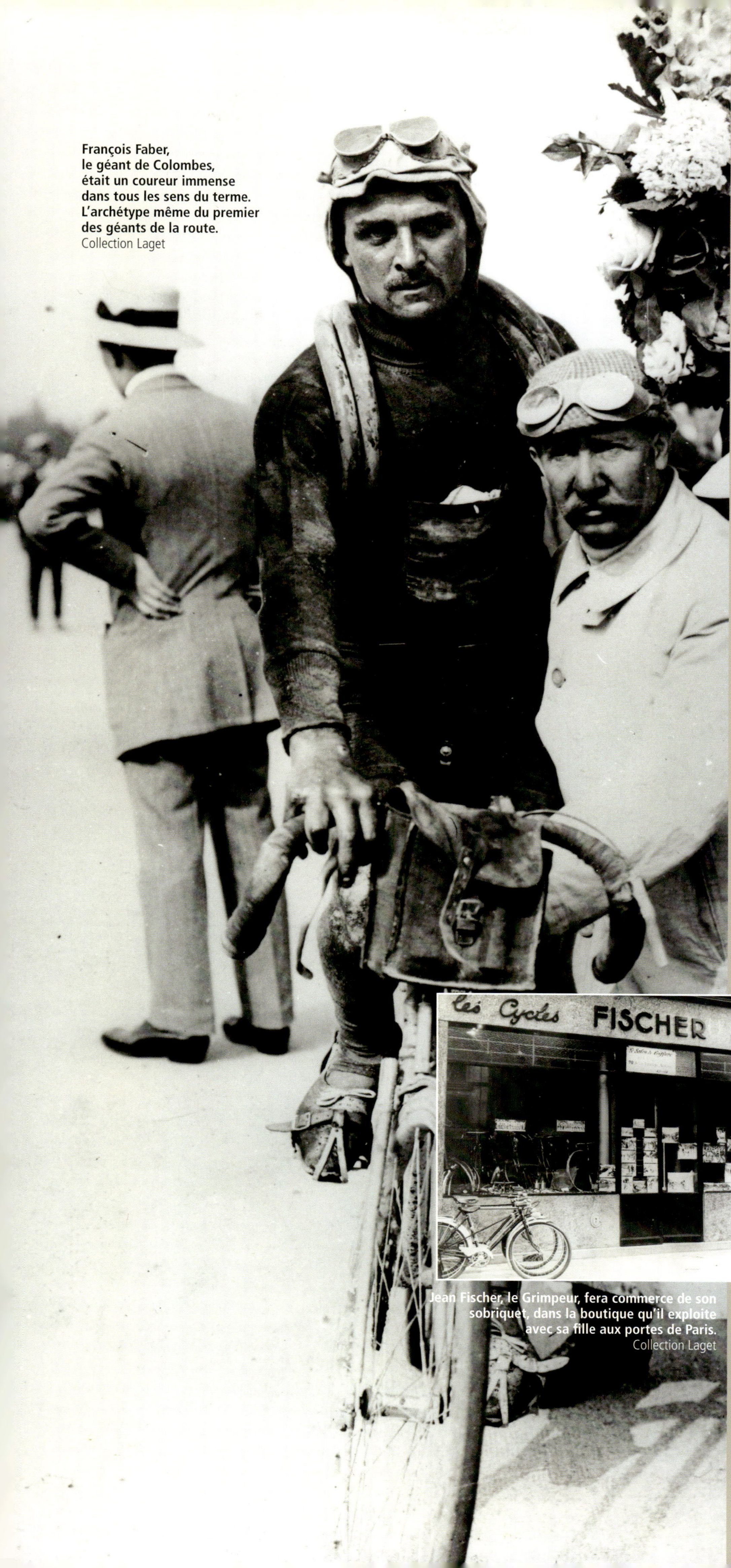

François Faber, le géant de Colombes, était un coureur immense dans tous les sens du terme. L'archétype même du premier des géants de la route.
Collection Laget

VOCABULAIRE, LA LANGUE VERTE

Les géants de la route, cette noblesse du muscle dont parle Desgrange, génère vite ses codes, ses sobriquets, son jargon ; c'est le propre d'un monde. Et les premiers à contribuer à l'enrichissement de ce nouveau monde sont comme souvent ses propres citoyens, à commencer par un certain Jean Alavoine, dont le talent frappera plus tard Albert Londres lui-même. Il a le sens de l'image qui fait clic, et il a de l'humour, comme Georges Passerieu. Autre contributeur et conservateur de ces premières trouvailles, l'écrivain Georges Rozet, qui suit en grande partie le Tour de France 1911. Ce petit florilège truculent vous donne une bonne idée de la vie du peloton. Dure et joyeuse à la fois.

Abandonnés, isolés, déshérités, obscurs, ténébreux. Ce sont les termes qui désignent tristement les seconds couteaux, les sans-grade, les figurants, la catégorie B, la seconde classe… Le perruquier Joyeux, précurseur du Tour, qui accueille au village son compatriote Léon Leygoutte, 13e du Tour 1905, emploie le terme « abandonné » pour désigner sa catégorie, quasiment sa condition.

Agricher (s'). S'accrocher pour ne pas être lâché, ne pas monter dans la voiture-balai.

As, cador, crack, ténor. Ces termes désignent aussi les champions, les premiers plans.

Avoir la rame, ou une paire d'avirons. Ne plus pouvoir avancer.

Bolide (comme un bolide). Au départ, comme un météore, ensuite une marque automobile porte son nom, et de là entre dans le peloton pour désigner un coureur qui va très vite. Donc en descente.

Cherrer. Pousser comme un sourd. Y aller fort. Dépasser les bornes.

Cintrée. À propos d'une cheville abîmée.

Coup de marteau. Cette expression, qui débouchera sur l'homme au marteau et les inoubliables dessins de Pellos que l'on connaît, pour désigner la défaillance, le coup de pompe, est utilisée par Eugène Christophe en 1906 pour parler d'une défaillance d'Antony Wattelier. Christophe, qui était serrurier, savait se servir d'un marteau puisqu'il répara lui-même ses machines brisées en 1913 et 1919.

Crêpage de guidon. C'est un sprint échevelé.

En mettre tant que ça peut. Appuyer sur les pédales, accélérer, tout donner.

Forçats de la route. Albert Londres les rendra célèbres lors du Tour 1924, qu'il couvre pour *Le Petit Parisien*. Cette expression soufflée par les Pélissier au moment de leur abandon leur avait déjà servi en 1922, et même avant. L'inventeur de la métaphore en 1906 serait Maurice Génin, un autre journaliste, collaborateur de la *Revue de l'Automobile-Club du Rhône*. En 1911, Georges Rozet avait parlé des « forçats de l'observation sportive » à propos des journalistes suivant le Tour en voiture.

Grimpeur. Très longtemps, jusqu'à ce que le Tour découvre la montagne à partir de 1905 et l'escalade, un grimpeur sera un coureur de grand fond, de longue haleine, un résistant. Il y aura pourtant un dérapage à propos de Jean Fischer, coureur du Tour 1903, que l'on surnomme « le Grimpeur », parce que lors d'une course sur piste de 72 heures, peut-être grisé par un euphorisant, il grimpera à un arbre !

Lanterne rouge. C'est le dernier, celui qui est en serre-file. Sur le dernier wagon d'un train, pour éviter un télescopage, on plaçait une lanterne. Devilly a été en 1910 un des premiers à se voir gratifier de ce terme, qui en fait réhabilite presque le dernier.

Guigne aux cheveux verdâtres. Du Jean Alavoine en 1914 pour qualifier la poisse, la malchance. La fameuse sorcière viendra se greffer sur ce terreau.

Mécaniciens de la viande. Les masseurs.

Salades de bicyclette. C'est une chute collective, quand toutes les machines sont emmêlées.

Jean Fischer, le Grimpeur, fera commerce de son sobriquet, dans la boutique qu'il exploite avec sa fille aux portes de Paris.
Collection Laget

Parc des Princes, Paris – **ça grince même au Parc des Princes pour l'arrivée de Jules Deloffre, fourche cassée en 1913.** Collection Laget

DES FOURCHES CAUDINES ET BANALES… OU LES DISCIPLES DE CHRISTOPHE

La légende du Tour repose sur mille légendes, grandes et petites histoires, mais pour les temps héroïques, la plus évidente est celle d'Eugène Christophe, Cri-Cri, le vieux Gaulois, qui brise sa fourche en 1913 dans la descente du Tourmalet, fait 14 km à pied pour rallier Sainte-Marie-de-Campan, y trouver une forge et rebraser seul pendant des heures, repartir et finir l'étape en pleine nuit, et boucler ce Tour qu'il aurait pu gagner sans cela. Cet épisode de fourche brisée est resté dans l'histoire parce que Christophe a aussi terminé un Tour, et donc un Tour qu'il aurait peut-être pu gagner sans la malchance. L'ancien serrurier gagna aussi ce jour-là le sobriquet d'« homme de fer ». On l'oublie souvent, car cette histoire a cristallisé et focalisé toutes les aventures de cet ordre sur la fourche d'Eugène, mais il y en a eu des dizaines d'autres, de la première étape du premier Tour à la dernière étape du Tour 1914 ou presque. Le matériel n'est pas toujours très solide, et en prime il est éprouvé par des routes parfaitement terribles, en fait des sentiers, des sentes émaillés d'ornières, de pierres, de nids de poule. Et ça travaille et ça casse. Sans parler de l'ultime test des pavés du Nord. La fourche, c'est le symbole du vélo, sa clef de voûte, qu'elle casse et c'est mille fois plus grave qu'une pédale ou une selle. Et dans ces temps héroïques, le Tour est un banc d'essai impitoyable pour les machines et les fourches en particulier. Sans rien vouloir enlever aux incomparables mérites de Christophe, nous avons retrouvé ici quelques petites histoires témoignant de la banalité de l'accident. Christophe a donc eu de nombreux disciples et on ne parle pas des poissards, qui cassèrent même sur la piste du Parc des Princes en pleine apothéose, les Jules Deloffre que des photos nous montrent machine à l'épaule pour terminer.

1911 – **Henri Devroye, guidon brisé. Apothéose gâchée.** Collection Laget

1907

« À deux kilomètres de l'arrivée à Lyon, Baptiste Roux est tombé sur la tête et a vu sa fourche se casser. Mais après un pansement sommaire, il a pu sur une machine d'emprunt gagner l'arrivée. » Alphonse Steinès, *L'Auto*, 15 juillet 1907.

1909

Aldo Bettini, le petit coureur marseillais, raconte dans son livre de souvenirs qu'il casse sa fourche à plusieurs reprises et répare tout seul chaque fois.

1909

Le 23 juillet 1909, dans l'étape Bayonne-Bordeaux, la 10e, à Labenne, René Fleury culbute un chien, casse sa fourche et reste 4 heures chez un forgeron pour réparer. Ensuite, il repart. Dossard 169, sur cycle Le Globe, il arrive 49e à 5 h 8 min de Faber. Ayant trop puisé dans ses réserves, il abandonnera deux étapes plus loin.

1909

« Par lettre, l'excellent Dussouchet d'Angoulême nous fait savoir que s'il est arrivé en retard au contrôle de Grenoble, 5e étape, c'est parce qu'il fut victime au cours de l'épreuve d'un malencontreux accident. Il cassa sa roue avant dans la montée de la Chartreuse et il dut faire à pied les 40 km qui le séparaient de Grenoble, où il arriva une demi-heure après la fermeture du contrôle. Dussouchet est un gaillard à prendre sa revanche l'an prochain. » *L'Auto*, 17 juillet 1909.

1910

Dans l'étape de la Chartreuse, l'isolé belge Wiringer, qui a cassé sa roue au sommet du col de Porte, fait de nuit, à pied, machine sur l'épaule, les 17 km de descente.

DES MACHINES ET DES HOMMES

1903 – **La machine de Garin selon son constructeur. Bowden y rajoutera un frein.** Collection Laget

9

Modèle Paris-Brest
Bordeaux-Paris
COURSE SUR ROUTE

Cadre : raccords invisibles, hauteur 0.56, 0.60 et 0.63. **Pédalier** : nouveau pédalier indéréglable. **Pignons** : 24, 26, 28, 30 dents au pas de 25 m/m 4/10 ou au pas de 12 m/m 7/10. **Roues** : hauteur 0.70×0.70. **Chaine** " **Diamant** ", à doubles rouleaux. **Pneus** " **Diamant** ", à tringles ou talons. **Selle** Lamplugh, de luxe, ressorts nickelés. **Poids** : 11 kil. 500 environ.

Cette machine peut recevoir notre changement de vitesse, la roue libre, le frein " Diamant ", Bowden.

Cette machine se fait avec le cadre suspendu à l'arrière que nous recommandons pour les mauvaises routes.

Voir le prix de ces extras, page 30

Prix nets : **325 francs** | A ressorts : **400 francs**

routiers :

Bayonne (départ)	2 h. »
Saint-Jean-Pied-de-Port (51 kil.)	3 h. 50
Mauléon (92 kil.)	5 h. 10
Oloron-Sainte-Marie (135 kil.)	6 h. 30
Eaux-Bonnes (177 kil.)	8 h. »
Argelès-Gazost (217 kil.)	10 h. 30
Barèges-les-Bains (244 kil.)	11 h. 45
Arreau (296 kil.)	14 h. »
Luchon (326 kil.)	15 h. 30

mettre des bons
patins de frein (Peugeot)
et des petits essuie main a chaque
poignée de frein pour la sueur des
mains sur le guidon

Mémo d'Eugéne Christophe. Collection Christophe

Deux flacons, deux boyaux réglementaires, la casquette, et un bon vélo, Léon Georget, frère d'Emile, tient la route même sans lunettes. La machine de Garin pesait environ 11,5 Kg en 1903, et celle de Léon ? A-t-il écouté les conseils de Christophe à propos des patins de frein et essuie-mains ? Espérons-le. Collection Laget

DOZOL, LA PROVIDENCE DES ISOLÉS

Les isolés, c'est aussi les déshérités, les abandonnés, les seconds plans et seconds couteaux. Pour beaucoup, ce sont des figurants, pour d'autres, sans eux, il n'y aurait pas de Tour de France. Ils sont là, à côté, derrière les as, les cracks, les cadors, les pointures, les groupés. Eux ont des maillots hétéroclites, sales, souvent tachés, des vélos à leur griffe ou de petits constructeurs régionaux. Leur truc, c'est de terminer, même loin des seigneurs. Chez eux, ils seront accueillis comme des héros, avec la fanfare, ils seront médaillés, fêtés, et surtout, dans leur boutique de cycles,

Pour mettre un peu de beurre dans des épinards bien secs, les isolés vendent des cartes postales dédicacées avec des cachets plus ou moins personnels. Collection Laget

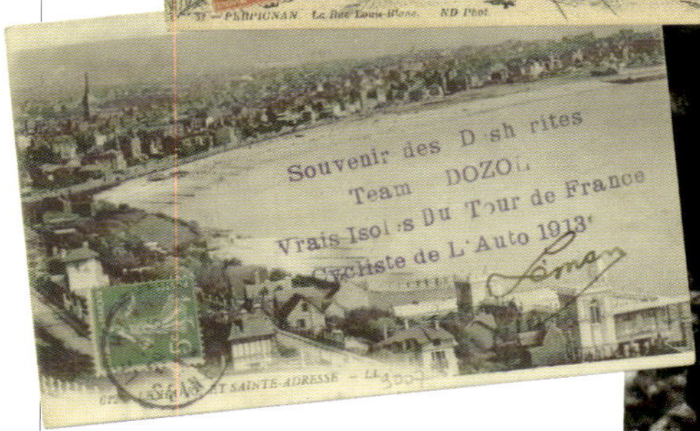

car ils sont souvent vélocistes, ils vendront trois ou quatre mille machines de plus. Dans l'instant, ils s'accrochent, ils essaient de terminer dans les délais, de ne pas arriver trop tôt et trop tard dans les contrôles pour finir la nourriture des meilleurs. Ils n'ont pas un sou en poche, et doivent vendre des cartes postales aux arrivées ou du tabac, ou des chaussettes.

Certains, avec 400 km dans les jambes, auront encore la force de faire quelques prouesses gymniques, puis la quête. Ce sont des petits, mais des courageux, des vaillants. Comme le règlement stipulait qu'ils n'avaient quasiment aucun droit, si ce n'est celui de se taire et de pédaler, ils se voûtaient un peu plus. Pas facile de jouer aux géants de la route. Et puis est arrivé, en 1908, un certain Marcel Dozol, de Cannes. Il avait terminé 32e en 1907, et là, il venait d'abandonner. C'était un astucieux le Marcel, il a proposé ses services à ses anciens congénères. S'ils se groupaient un peu, et lui donnaient quelques sous, il pourrait leur trouver un hôtel, leur faire la cuisine, les masser, les soigner. Bref, faire en sorte que leur sort soit un peu moins infernal. Il mettra un calicot sur l'hôtel, où il attend ses ouailles. Après-guerre apparaîtront les touristes-routiers, leur sort sera bien meilleur. Là, les isolés, qu'on appelle aussi les abandonnés, fuient la misère noire, essaient de décrocher quelques primes à grand renfort de courage. Ils sont vélocistes ou cabaretiers, ou cochers, dans le meilleur des cas. Ils sont venus mettre du beurre dans les épinards, chercher un peu de vernis, des bribes de gloire. Ce sont les ramasse-miettes du Tour. Ce ne sont pas des figurants, mais l'âme du Tour, le lien, la passerelle avec les spectateurs de base qui s'identifient souvent à eux. Pépin de Gontaud, faux noble mais vrai passionné de vélo, était l'un d'eux, mais lui était assez argenté et fou pour s'offrir comme domestique deux déshérités pour l'encourager et le soutenir dans son périple. Mais la passion n'était pas suffisante, et Henri Pépin ne finira aucun des trois Tours dont il prendra le départ. L'autre belle figure de ce prolétariat pédalant, c'est un certain Antony Wattelier ; on le surnomme la Tourterelle, parce qu'il a longtemps eu ce volatile sur le guidon, pour mieux vendre ses cartes postales, sa seule ressource.

Pépin de Gontaud a 50 ans quand il fait le Tour en 1914. C'est un faux noble, un vrai amoureux. Collection Laget

Règlement :

a) Les coureurs isolés ne doivent en rien, pas plus aux contrôles qu'aux étapes, profiter de l'organisation des coureurs groupés.

b) Les coureurs isolés ne peuvent se grouper en vue de soins communs ; ils ne doivent pas descendre dans le même hôtel que les groupés qui montent la même marque qu'eux. Ils ne doivent à partir du départ recevoir aucune aide de la maison dont ils montent les machines.

c) Les coureurs isolés ont le droit comme les années précédentes d'avoir un ou des managers, un ou des soigneurs, à condition que ce service soit spécial à chaque coureur et que l'organisation qu'ils auront préparée par avance ne soit en rien faite, assurée ou payée par la marque qu'ils montent ou par des personnes intéressées moralement ou financièrement à cette marque.

LES CLOUS PNEUMATICIDES

Pour favoriser leur champion local, pour pénaliser une marque concurrente, pour lutter contre le vélo, pour préserver leur tranquillité, ils sont nombreux ceux qui, de 1903 à 1914, sont susceptibles d'avoir jeté des tonnes de clous, de semence de tapissier, et autres. Le Tour survécut à l'aventure, même s'il faillit s'y étrangler à cause de la pénurie de boyaux parfois provoquée. On rechercha la voiture des coupables, on se trompa et on s'excusa, et on fit la bonne fortune d'un astucieux inventeur toulousain. Un certain Cavalade. Sa raclette était-elle vraiment utile ? Retours sur quelques péripéties vraies qui donnèrent du piquant aux premiers Tours.

Cavalade, pour éviter les clous. Dans *L'Auto*, Robert Coquelle écrit en 1905 : « Un bon conseil aux coureurs, qu'ils écrivent sans retard à M. Cavalade, 10 rue Bayard à Toulouse. Ce sportsman vient d'inventer un arrache-clous pour bicyclette réellement merveilleux. Les nombreuses expériences auxquelles s'est livré M. Cavalade lui permettent d'affirmer que malgré la quantité de clous répandus sur la route, il lui a été impossible d'obtenir une crevaison. Cet inventeur offre gracieusement à chacun de nos coureurs un appareil complet. À ceux-ci d'en profiter. »

1909 « **M. Louis Lenfant**, le mécanicien bien connu de Saint-Dizier, et correspondant de *L'Auto*, nous écrit à propos du coquin qui sème des clous sur les routes : " La première étape du Tour de France n'est pas une course de bicyclettes, mais une course aux clous. Des gens que l'on qualifie ici de crapules, canailles, méritant un coup de fusil, ont jeté des kilos de clous de tapissier sur la route du Tour. Le maire adjoint, M. Victor Bécus, en fait ramasser par les enfants près de 3 kilos sur une distance de 300 mètres. Tous les coureurs passés, tous sans exception, ont crevé et épuisé tous leurs pneus de rechange. Fischer dans une roue qu'il a laissée ici avait compté quatorze clous. Et Dortignacq, censé ne pas avoir crevé, a percé quinze fois, et M. Widmer lui a passé plus de onze boyaux. Si les criminels semeurs de clous étaient reconnus ici, et qu'ils passent à Saint-Dizier, ils seraient écharpés par le public. »

« Beaucoup de coureurs arrivent avec leurs pneus crevés, certains roulent sur la jante depuis Lens. On signale de plusieurs côtés, un voiture C393 qui aurait été vue entre Albert et Arras semant les clous à midi moins le quart à Boiry-Sainte-Rictrude. Les personnes qui pourraient donner des renseignements sur cette voiture sont instamment priées de le faire d'urgence. On se demande avec étonnement quelle doit être la mentalité des criminels qui ont semé des clous un peu partout notamment avant le contrôle de Lens. » Gaston de Pawlowski, *L'Auto*, 9 juillet.

1907
Rectification. « Une rectification s'impose à propos de la plainte déposée contre une certaine voiture automobile ayant été vue par diverses personnes au moment où elle semait des clous sur la route. Cette voiture étant celle des constructeurs, l'erreur est plus que manifeste, et il faut chercher ailleurs les mauvais semeurs. »
L'Auto, 1907.

Il y a encore tellement de clous dans les Tours suivants, qu'un excellent coureur du Tour, Georges Passerieu, deuxième en 1906, et roi du col de Porte en 1908, met au point un produit nommé « L'Increvabiline Passerieu ». Après essais, il le lance ainsi en 1911 : « L'Increvabiline Passerieu qui va causer une véritable révolution dans l'industrie du pneumatique s'est enlevée hier avec une rapidité qui en dit long sur le succès auquel elle est appelée. De fait, c'est un produit excessivement sérieux, efficace, et qui uniquement composé de gommes, n'attaque jamais le caoutchouc. Il sera adopté par tous les cyclistes de France et de l'étranger. Sa fabrication étant définitivement assurée, Passerieu s'attaque maintenant à sa commercialisation.
Ecrire à Passerieu, à Fontenay-aux-Roses, 79 rue Boucicaut. »

1905 – **L'Auto offre 1 000 F à celui qui pincera le semeur de clous fantôme.** Collection Laget

1919-1929

LA GUERRE DES CYCLES

APRÈS LA GRANDE GUERRE ARRIVE LA GUERRE DES CYCLES, QUI SE TERMINERA MAL POUR LES CONSTRUCTEURS. QU'IMPORTE, ELLE EST ÉCLAIRÉE PAR LE MAILLOT JAUNE. CE SYMBOLE CONTRIBUE À LA RENAISSANCE DE LA FRANCE, SURTOUT QUAND C'EST HENRI PÉLISSIER QUI L'ENDOSSE ENTRE TROIS RAZZIAS BELGES, ITALIENNES OU LUXEMBOURGEOISES. LA TSF SURGIT COMME L'IZOARD, LE TOUR S'INTERNATIONALISE, ET ALBERT LONDRES STIGMATISE SES FORÇATS. C'EST LE TEMPS DES « CHEVAUX DE LABOUR BELGES » ET DES PHÉNOMÈNES CAPABLES DE PORTER LE MAILLOT JAUNE DE BOUT EN BOUT.

Ce soir, à minuit, les Routiers du
TOUR DE FRANCE
seront rassemblés à Luna Park
DUNLOP
SELLE
BROWN
CHAINE
Brampton
Alcyon

LA RENAISSANCE : LAMBOT MAILLOT JAUNE

1919

1er : Firmin Lambot

Cycles La Sportive

À 33 ans, une consécration inespérée pour Firmin. Collection Laget

La veille du départ, le 28 juin, a été signé le traité de Versailles bouclant, paraît-il, la Première Guerre mondiale. Elles sont pourtant omniprésentes, les traces du conflit. Dans le peloton, il y a eu de telles coupes franches qu'ils ne sont que soixante-neuf à prendre le départ au Parc des Princes. Si on parle de rescapés à propos des coureurs terminant à Paris, on peut hélas employer ce terme pour ces partants. Manquent à l'appel Faber, Lapize et Petit-Breton, et une bonne quarantaine d'autres vedettes des Tours héroïques. On a hélas perdu des géants, mais regagné Strasbourg, Metz et l'Alsace-Lorraine, que l'on traversera en apothéose. À l'appel manque aussi l'emblématique Georges Abran, le starter barbichu de 1903, l'homme au chapeau et au drapeau jaune, victime de l'âge, et peut-être aussi indirectement d'un accident qu'il avait eu avec Steinès lors d'une reconnaissance du Tour.

C'est donc un Tour chaotique qui démarre clopin-clopant entre ornières, ruines, veuves, orphelins, et dans la pénurie générale. Les usines de cycles et les fabricants de pneumatiques avaient basculé dans l'armement, et il leur faut le temps de retrouver le rythme « civil » ; les constructeurs regroupent donc leurs maigres forces dans un consortium, La Sportive. L'essentiel des partants, qu'ils soient Peugeot, Alcyon ou autres, pédalent sous le maillot gris de La Sportive dirigée par Alphonse Baugé, l'homme qui fait les vainqueurs. Le Tour part vers la Normandie, comme en 1914. Il y a six ans, les Belges Thys et Rossius réussissaient le doublé au Havre. Ils sont encore là, mais Thys abandonne et Rossius, qui l'a aidé, est pénalisé de trente minutes et perd le bénéfice de sa victoire. À Henri Pélissier, le premier bouquet et la place de leader. Il y a eu vingt-six abandons ! Henri récidive à Cherbourg (où Scieur crève treize fois et recoud son boyau), et son frère Francis l'imite à Brest. La course est très dure pour des hommes ayant perdu l'habitude de l'effort de longue haleine. Aux Sables-d'Olonne, terme de la quatrième étape, la course bascule : la victoire à Jean Alavoine, la première place à Eugène Christophe. Malgré ses 34 ans, le vieux Gaulois est toujours là, et il possède 11 min 42 s d'avance sur Henri Pélissier, avant l'étape marathon (482 km), qui doit conduire les vingt rescapés des Sables à Bayonne. On est d'autant moins loin de la catastrophe que les Pélissier, sentant la victoire leur échapper, renoncent également. Il n'y a plus que dix-sept coureurs pour rallier Bayonne, où Alavoine triomphe encore après dix-neuf heures de selle. Casse-tête : comment le distinguer d'Eugène Christophe, toujours leader ? Le peloton est tout en gris ! Quand Henri Pélissier était en tête, il était tellement populaire après toutes ses victoires dans les classiques que tout le monde le reconnaissait, mais Eugène est moins pétardier et donc moins connu du grand public. La procession qui attaque les Pyrénées est tellement triste que Desgrange et son état-major se disent qu'il est urgent de tenter quelque chose pour distinguer le leader et animer la course. Elle est certes sérieuse avec ce débutant, un certain Honoré Barthélémy, qui cherche des poux dans la tête d'Alavoine, mais toujours grise. Comme Géo Lefèvre avait soufflé à Desgrange l'idée du Tour, et Alphonse Steinès celle de la montagne, c'est au tour d'Alphonse Baugé d'avoir l'oreille du patron : « Et si on donnait un maillot jaune au leader ? Jaune comme votre journal. » *L'Auto*, le journal organisateur de Desgrange, est effectivement jaune, et le jaune, Alphonse connaît pour l'avoir utilisé chez Labor, Alcyon ou Peugeot. Desgrange ne se demande même pas pourquoi il n'y a pas pensé, il fonce, commande les fameux maillots et annonce l'événement dans ses colonnes.

UN MAILLOT JAUNE POUR DISTINGUER LE LEADER

Le chassé-croisé pour les gains d'étape continue entre le vieil Alavoine et le jeune Barthélémy jusqu'à Grenoble (dixième étape), où la jeunesse prime encore, même si Christophe conserve toujours sa place de leader. Nous sommes le 17 juillet. Le paquet de maillots jaunes arrive enfin et Henri Desgrange peut procéder à une remise solennelle. Au café de l'Ascenseur, où dans la nuit du 19 juillet ont lieu les opérations de contrôle pour les onze rescapés, un prélude au départ de la onzième étape vers Genève (325 km), Eugène Christophe est aussi fier qu'ému. À Metz libérée, où après

Sur la piste du Parc des Princes – **Jean Alavoine enlève au sprint sa cinquième étape. Sans de multiples crevaisons, et un grand moment d'abattement, il ne se serait pas contenté de la deuxième place.**
Collection Laget

Eugène Christophe ne gagnera pas. Consolations : son portrait par Pico, la une de La Vie au grand air et la souscription des lecteurs de L'Auto.
Collection Laget

« FOU, JE SUIS DEVENU FOU »

Strasbourg il a apporté le rayon de soleil de son maillot, Eugène songe : « ça y est, c'est dans la musette, de la gloire et de l'argent, une situation, une maison, la vie assurée. » Il avait échoué en 1913, mais là il tenait bon depuis dix étapes, quand dans Metz-Dunkerque (468 km), la quatorzième étape, survint le drame, malgré sa demi-heure d'avance sur Lambot, le deuxième.

Écoutons-le : « La chose s'est passée vers la fin de l'avant-dernière étape à Raismes, à 7 km de Valenciennes. Une sale route, en sautant un trottoir, je perds ma pompe… Naturellement dans la minute, Lambot avait filé. On se met en chasse avec Scieur et Vandaele. On allait rejoindre, on voyait déjà le dos de Lambot. J'avais un peu mal dans les reins car je portais deux plaies, une au mollet droit, l'autre au genou. ça ne comptait guère. J'étais quand même toujours premier. J'ai senti une dizaine de kilomètres à l'avance que quelque chose allait survenir. Fou, je suis devenu fou. J'ai eu le temps de voir ma fourche se tordre et s'incliner. Il ne s'agissait pas de deux tubes à rabouter à la va-vite, il fallait remplacer les deux fourreaux, forger, braser. J'ai couru jusqu'à Raismes. Il y avait un marchand de cycles. Il m'a vendu des fourreaux de rechange. Il avait un atelier. J'ai travaillé. Tout seul : le règlement le voulait. L'ouvrage de deux ouvriers, je l'ai fait seul, debout, à genoux. Le temps de réparation : une heure et dix minutes. Fini, perdu, foutu et tout, et tout. J'ai terminé l'étape après être tombé à un passage à niveau. Je ne savais plus pédaler. Le soir à Dunkerque, aux Arcades, j'ai porté dans sa chambre le maillot jaune à Lambot qui avait gagné l'étape. J'étais passé troisième à deux heures. »

Au Parc des Princes, terme de la quinzième étape, où Jean Alavoine bat l'Italien Lucotti, l'autre révélation de la course avec Barthélémy, Christophe termine dernier, pourtant la foule l'applaudit plus fort. À la fois chanceux et omniprésent, le Belge Firmin Lambot enlève le Tour à sa cinquième tentative. Il a plus de 30 ans, comme les quatre premiers, et il empoche 5 000 francs, deux fois moins que Christophe qui, en sa qualité de vainqueur moral, bénéficie d'une formidable souscription nationale initiée par *L'Auto*. La moyenne est la plus faible de l'histoire (24,056 km/h), onze coureurs terminent et dix seulement seront classés après la mise hors course de Paul Duboc, le maudit. Qu'importe, le fil est renoué, il est jaune. Premier porteur du maillot jaune, Eugène Christophe ne gagnera jamais un Tour, mais portera encore le jaune à 37 ans en 1922. En 1970, il sera enterré avec. Eugène Christophe, une pierre d'angle du Tour.

Cannes – **Pour ce premier festival, on ne joue pas à guichets fermés, mais il y a foule.** Collection Laget

L'organisateur a oublié le maillot jaune et Thys en porte un de fortune. Collection Laget

THYS, DANS UN FAUTEUIL...

1920

1er : Philippe Thys

Cycles La Sportive

L'équipe La Sportive est encore maîtresse du jeu, qui est élargi à cent treize partants répartis entre première et deuxième classe, vilain petit reliquat de la guerre. L'Italien Luigi Lucotti n'est pas là, Duboc non plus, mais tous les autres protagonistes de 1919, si. On part encore vers la Normandie pour 5 500 km et quinze étapes. D'emblée, les Belges annoncent la couleur : ils sont trois aux trois premières places au Havre. Ils seront même sept à Paris pour l'apothéose, le 25 juillet. Les frères Pélissier, qui se prennent pour des pur-sang, ont beau les traiter de « chevaux de labour », c'est eux qui font la course, les meilleurs, les plus constants. Et comme en 1919, les deux champions français vont tirer leur révérence après avoir constaté que la phalange belge est invincible. Chassot, Bellenger, Dhers ou Jacquinot essaient bien de la secouer, en vain. Après Jean Alavoine, Francis Pélissier abandonnera donc à Brest, et Henri après s'être imposé à Brest et justement aux Sables. Un abandon en rase campagne, parce qu'il a été pénalisé après avoir jeté un boyau, un geste de dépit qui fait écrire à Desgrange : « Il ne sait pas souffrir, il ne gagnera jamais le Tour. » Firmin Lambot, Jean Rossius, Louis Heusghem ou son frère Hector se partagent les bouquets avec Léon Scieur et Philippe Thys.

UNE DOMINATION BELGE PARFAITEMENT ÉCRASANTE

Ils sont acclamés par de nombreuses garnisons, ou des foules denses à Aix, Cannes, Belfort. Mais près de l'ancien front à Montdidier, Abbeville, les trottoirs des villes et villages ravagés restent souvent vides, seuls quelques drapeaux claquent aux fenêtres de Forbach. Qu'importe, pour les Belges, en plaine comme en montagne, on assiste à un authentique récital dans lequel seul Honoré Barthélémy parvient à s'immiscer quelques instants car, crucifié par un terrible mal aux reins, Eugène Christophe a dû jeter l'éponge dans les Pyrénées. Firmin Lambot joue les locomotives dans quasiment tous les cols, les frères Heusghem ou Léon Scieur ne sont jamais loin, tout comme Philippe Thys, qui aurait quasiment été maillot jaune de bout en bout si les organisateurs avaient pensé à le prendre ! Moyennant quoi, un tricot déchiré fera l'affaire, jusqu'à ce, que du côté de Nice, l'organisation sauve enfin les apparences. Le dernier recours français sera le Nordiste Félix Goethals. Il tirera son épingle du jeu chez lui à Dunkerque. Sur quinze étapes, les champions d'outre-Quiévrain en raflent douze… Au Parc, rejoint à un petit 24 km/h, les Belges réussissent à occuper les sept premières places et Philippe Thys devient le premier triple vainqueur de l'histoire après ses victoires en 1913 et 1914. Le sociétaire du Vélo-Club de Levallois, mais oui, confie alors : « Je n'ai jamais souffert dans ce Tour, parce que je m'étais préparé à le courir. »

José Pelletier, 12e au classement général final, est aussi premier des coureurs de 2e classe. Une réclame inespérée pour son petit constructeur. Collection Laget

Malgré une épaule fracturée et un poignet luxé, c'est encore le petit Honoré Barthélémy, touchant avec sa raie au milieu des cheveux, qui sauve l'honneur hexagonal au prix d'une huitième place. Il est peut-être à cinq heures du vainqueur, mais on le porte en triomphe ! Il n'y a que vingt-deux rescapés, et le moins heureux n'est pas Eugène Dhers, qui était vingt-quatrième en 1912 et termine onzième ce coup-ci. Cet authentique et discret champion normand a été pendant la guerre le mécanicien de Geroges Guynemer à l'escadrille des Cigognes. Et là, il vole.

SCIEUR, LA LOCOMOTIVE, REMET LE TOUR SUR RAILS

1921

1er : Léon Scieur

Cycles La Sportive

Léon de Florennes et Madame. Collection Laget

Ce quinzième Tour de France étant la copie conforme de celui de 1920, avec parmi les cent vingt-trois partants sept Belges en tête au Parc, on voit mal comment la victoire pourrait échapper à un… Belge. D'autant que si les Français Barthélémy, Christophe et Goethals sont encore sur la brèche, les Pélissier, eux, font l'impasse. Le grimpeur italien Luigi Lucotti, qui est de retour, est-il assez fort pour contrarier un résultat annoncé ? Disons-le tout de suite, non ! La différence sera mince : il n'y aura pas sept Belges aux sept premières places à Paris, mais sept dans les dix premiers. Le vainqueur sera Léon Scieur, un Belge de Florennes, comme Lambot, lauréat en 1919. Autre coïncidence, il s'impose à 33 ans, comme son concitoyen, qui est également du signe des Poissons. En fait, pour les Belges, le danger était forcément belge. Et c'est d'ailleurs Hector Heusghem, deuxième comme en 1920, qui le concrétisa un instant dans les Pyrénées et du côté de Charleville. Un instant, car Scieur, que l'on surnommait la Locomotive, était trop fort. Il avait ainsi pris le maillot jaune dès la deuxième étape, et n'eut de cesse de creuser les écarts ; sauf à Luchon, où Hector se rapprocha à 4 min. Ensuite, il eut un souci sur les pavés de l'avant-dernière étape, à cinquante kilomètres de Charleville où, ayant dû changer de roue, il chassa longuement en portant sur le dos, comme l'y obligeait le règlement, l'ancienne roue qui le blessait. Et si les Belges ne triomphèrent que dans neuf étapes sur quinze, c'est uniquement parce que les Français en sauvèrent cinq, dont trois avec Félix Goethals de Dunkerque, et deux autres avec Honoré Barthélémy et Romain Bellenger, et l'Italien Lucotti, une. Les autres, les plus importantes, ne leur échappèrent pas. Pour se convaincre de la domination des Flamands et Wallons, même si Rossius, Louis Heusghem et Philippe Thys abandonnèrent dès la deuxième étape arrivant à Cherbourg, il n'est que de consulter les rares reportages photographiques d'époque. Que les routes soient empierrées ou non, qu'elles soient pentues ou non, qu'elles traversent Dinan ou Lamballe un jour de foire, ce sont toujours les mêmes ou presque qui sont en tête : Hector Heusghem, Lambot, Lucotti, Mottiat et Scieur. Chassot, Sala, Dhers, Goethals et surtout Barthélémy sont les seuls à perturber de temps en temps cette hiérarchie. À Dalstein, Henri Collé, le petit Suisse, surprend les Alsaciens en savourant une chope de bière sur un escalier. Quand on est dix-septième à quinze heures de Scieur, cinq minutes ne comptent plus, si ce n'est pour chagriner le père Desgrange, qui trouve que les adversaires de Scieur sont trop résignés et organise des départs séparés pour les secouer. Au Parc des Princes, le premier Français est Honoré Barthélémy, troisième à deux heures de Léon Scieur, dont la moyenne s'envole vers les 25 km/h. Il a peut-être appris à faire du vélo à seulement 22 ans, Léon, mais c'est lui qui remet le Tour sur les rails. Ce n'est pas pour rien qu'on l'appelle la Locomotive. D'or, en l'occurrence.

IL APPREND LE VÉLO À 22 ANS ET GAGNE LE TOUR À 33

Barthélémy s'envole dans le Galibier comme en 1919.
Collection Laget

Affiche de Mich –
J.B. Louvet,
le vélo des grimpeurs.

Ravitaillement à Fécamp. Sous l'œil de Baugé (flèche), Barthélémy, musette bien gonflée, se faufile entre les véhicules officiels, dont celui, étonnant, de la colle Velox.

Dalstein (Moselle) – **Collé et Parel, les deux compères suisses, éclusent une chope.** Collection Laget

Paris, 1921 – **Bain de foule au Parc des Princes. Goethals, vainqueur de l'étape, et Scieur, vainqueur du Tour, sont noyés dans une mer de canotiers, feutres, casquettes, calots et képis. Même le cameraman a perdu sa manivelle.**
Collection Laget

1922 – **Une cordée d'alpinistes à pédales joue au passe-lacet. Derrière leur musette, on croit reconnaître Alavoine, Thys ou Christophe...** Collection Laget

DOUBLE CHANCE POUR FIRMIN

Parc des Princes – **Nouveau triomphe pour le modeste Lambot.**

1922

1er : Firmin Lambot

Cycle La Sportive

Elle est placée sous le signe de la malchance, cette seizième édition du Tour. Mais malchance pour les uns, cela signifie chance pour les autres. Et dans ce domaine, le Belge Firmin Lambot, qui a hérité du Tour 1919 grâce au bris de fourche de Christophe, en connaît un rayon. La chance va-t-elle passer une deuxième fois pour le citoyen de Florennes ? Ce serait un miracle car il a tout de même un peu plus de 36 ans. Oui, ce Tour est placé sous le signe de la chance et des « vieux », car en dehors des Pélissier, ils sont tous là les anciens vainqueurs, tous les baroudeurs d'avant 1914, de Thys à Lambot en passant par Scieur, Christophe, Hector Heusghem ou Jean Alavoine. Comment vont-ils se comporter sur 5 375 km, avec de nouveaux sommets aussi terribles que les cols de Vars et de l'Izoard ? Robert Jacquinot, Philippe Thys, Eugène Christophe, Romain Bellenger et Jean Alavoine sont en forme et ne se posent pas la question, ils attaquent, ils gagnent et se partagent bouquets et maillot jaune jusqu'aux Pyrénées.

Cette course échevelée fait des dégâts, Scieur est éliminé d'emblée sur bris de machine, et ils sont quasiment soixante-dix à le rejoindre sur la touche au moment où le Tour commence vraiment, du côté de Luchon. À 34 ans sonnés, Jean Alavoine connaît la forme de sa vie : après avoir ébranlé le peloton dans le marathon Les Sables-d'Olonne–Bayonne (482 km), il enchaîne en franchissant victorieusement toutes les Pyrénées de Bayonne à Perpignan. Aspin, Aubisque, Peyresourde ou Portet-d'Aspet ne voient pas passer une fusée, mais presque. Si le Tourmalet n'avait pas été enneigé, il l'eût soulevé comme les autres. À 37 ans, Eugène Christophe fait les frais de cette euphorie et passe le maillot jaune à un jeunot de 34 ! Avec Thys et Masson, les Belges reprennent ensuite la main et vont faire à nouveau basculer la course. Comme Alavoine, Thys enlève ses trois étapes de rang et secoue le maillot jaune français dans Vars ou l'Izoard qu'il déflore. Poussé dans ses retranchements, le gars Jean s'effrite, panique, crève, accumule les pépins mécaniques. Il ne résiste pas à la deuxième vague belge emmenée par Masson, et Hector Heusghem le dépouille du maillot à Strasbourg. Avec 10 min de passif, il va désormais s'accrocher à la troisième place, juste derrière Firmin Lambot qu'il avait dominé dans les Pyrénées, mais qui a mieux passé les Alpes. Le destin va frapper dans la treizième étape, où Heusghem, le nouveau maillot jaune, tombe et change de machine en faisant fi du règlement. La sanction tombe : c'est une heure pour Heusghem ! Le maillot jaune retrouve donc les épaules du solide Firmin Lambot. On est à deux étapes de Paris, il a course gagnée avec plus de 40 min d'avance sur son méritant dauphin Jean Alavoine et sur son compatriote Félix Sellier. Bris de machine, chute, malchance auront vraiment marqué ce Tour car Eugène Christophe a encore cassé sa machine dans la descente du Galibier. Firmin Lambot reste pour l'éternité le plus vieux vainqueur du Tour à 36 ans, 4 mois et 9 jours. À ceux qui parlent de miracle, Firmin répète son credo : « Pour gagner le Tour, il faut d'abord avoir une solide santé, ensuite de la chance, savoir grimper n'arrive qu'en troisième lieu. »

LE CREDO DE LAMBOT : « SANTÉ, CHANCE, GRIMPER »

Pour les impatients, le classement par télégramme. Collection Laget

Étape Nice-Briançon – **Quand on met pied à terre, c'est pour changer de développement en tournant la roue comme Théophile Beeckman et Hector Heusghem, ou pour réparer une crevaison comme Jean Alavoine. Les deux Belges portent des maillots prêtés par les clubs de Nice, car par erreur les soigneurs ont expédié les maillots avec les bagages.** Col.Laget

HENRI PÉLISSIER, ENFIN...

Pélissier donne des conseils, Desgrange le compare à Racine, et Abel Petit le croque. Collection Laget

1923

1er : Henri Pélissier

Cycles Automoto

Lucien Rich (à gauche, avec rondelles de citron sur la poitrine) sur cycles Christophe et Georges Cuvelier sur cycles Lapize entraînent Robert Jacquinot dans une échappée. Collection Laget

Dans ce Tour, où l'on retrouve vraiment les marques même si trois catégories prétendent les éparpiller, Francis et Henri Pélissier reviennent avec l'équipe Automoto, après leur lamentable forfait en 1920. Vont-ils abandonner comme d'habitude, ou bien, drivés par Pierrard qui a recruté un petit Italien presque inconnu pour les asticoter, vont-ils enfin libérer leur fabuleux talent ? Il leur faudra jouer les passe-murailles, car avec Thys, Lambot, Scieur, Heusghem ou Rossius, le mur belge ne cédera pas facilement. Comme en 1921, Robert Jacquinot ouvre le bal en s'imposant au Havre ; il est en forme et Bottecchia, son dauphin, aussi. Surprise, les Pélissier nouveaux sont là, ils se contrôlent malgré une pompe cassée et des flots de poussière dans les yeux. Leur nouvel équipier les a épatés, et ils veulent voir. Bottecchia les sidère et les transcende – merci M. Pierrard – en s'imposant à Cherbourg, où il prend le maillot jaune. C'est une étape très dure où Barthélémy crève neuf fois et se fait renverser par une moto à l'arrivée. Blessé, en pleurs, il n'abandonnera qu'à l'étape de Brest où les Pélissier réussissent un doublé fraternel sous l'œil de Bottecchia qui consolide son maillot. Bellenger et Bottecchia vont ensuite faire des échanges de maillot jaune jusqu'aux Pyrénées, que survole cette année encore Jean Alavoine. Mais Bottecchia prouve dans le Tourmalet qu'il est un sacré grimpeur, et reprend le maillot jaune tout en laissant le bouquet au Français.

LE TIRAGE DE L'AUTO PASSE LA BARRE DU MILLION

À 35 ans, Alavoine récidive à Perpignan, Lambot et Scieur qui ont abandonné ne le voient pas. Le Belge Lucien Buysse, qui a failli également renoncer et qui faisait déjà le Tour en 1914, triomphe à Toulon, cependant qu'un nouveau coup de maître d'Alavoine écarte cette fois Thys. Mais lui, comme Bottecchia, ne résistera pas à une merveilleuse offensive d'Henri Pélissier dans l'Izoard. Ils perdent 20 et 40 min, le maillot jaune et le Tour. Les Pélissier montrent enfin ce qu'ils ont dans le ventre. Ils font un nouveau doublé à Genève ; Alavoine blessé la veille, n'a pas pris le départ de l'étape. Jusqu'à Paris, la voie sera d'autant plus triomphale pour les Pélissier que quatre autres victoires françaises scandent le retour au Parc des Princes. Il leur faut littéralement tailler la route. Et au Parc, la victoire inespérée d'Henri provoque des scènes d'hystérie. Un vieux de 34 ans et 6 mois succède à un très vieux de 36 ans et 4 mois. Le tirage de *L'Auto*, qui avait grimpé à 600 000 exemplaires, passe la barre du million. On attendait ça depuis Garrigou en 1911. Garrigou, qui était aussi sobre que lui. Desgrange se fend d'un de ses plus beaux compliments : « La victoire d'Henri a le classicisme des œuvres de Racine. » Bottecchia est deuxième, Francis vingt-troisième. Automoto, la marque violine, décline le nom des Pélissier sur des affiches et des carnets de timbres. Après la création du maillot jaune, cette victoire ramène la France à la vie. Petit retour sur la malchance : Lambot confie que sans un bris de pédale l'accablant dans les Pyrénées, il aurait pu, qui sait…

L'Italien Ottavio Pratesi a brillé chez les touristes-routiers, et Baggi-Samyn, son petit constructeur, saute sur l'occasion pour faire une affiche plus belle que celle d'Automoto. Collection Laget

Le grand constructeur stéphanois, pour heureux qu'il soit du doublé de Pélissier et Bottecchia, semble pris de court. Au point d'en faire une affiche minimaliste. Collection Laget

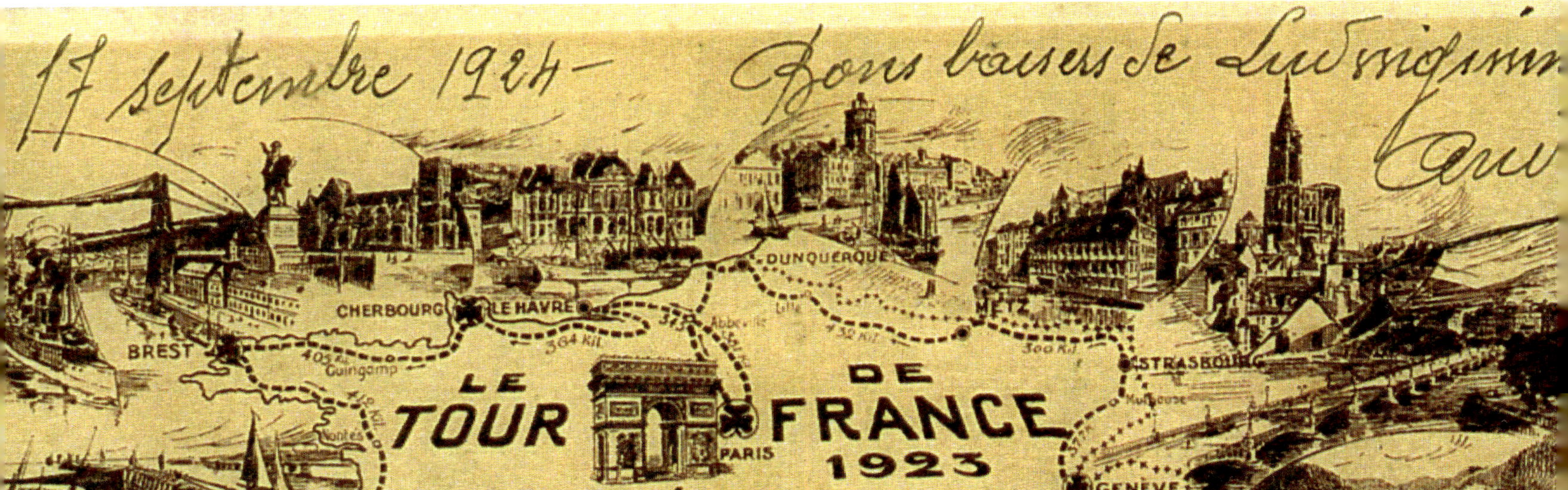

Faible sur l'affiche, Automoto est heureusement bien meilleur sur la carte postale et le carnet de timbres.
Collection Laget

**Desgrange tel qu'en lui-même.
Au cœur du contrôle de Montbéliard,
masqué par l'immense Desmarets, le patron,
en pantalon golf, annonce les trois minutes
de neutralisation.** Collection Laget

Bottecchia n'aime pas embrasser les Miss. Pour s'en dispenser, il ne fallait pas gagner. Collection Laget

Le tour d'honneur vu d'Italie.
Collection Laget

BOTTECCHIA CHASSE LES PÉLISSIER

Preuve d'une popularité croissante et de sa mode, le Tour fait la couverture des cahiers d'écolier.
Collection Laget

Le premier nez du cyclisme italien. Collection Laget

1924

1er : Ottavio Bottecchia

Cycles Automoto

Ottavio ne rit jamais. Faux. La preuve : il plaisante avec Van Dam. Il vient d'apprendre qu'un garde champêtre de Montreuil-sur-Mer a recueilli la genouillère qu'il avait abandonnée. Collection Laget

Dans l'euphorie de la victoire, Henri Pélissier prédisait qu'Ottavio Bottecchia serait son successeur. Mais il ne pensait pas que ça pourrait arriver dès l'année suivante, dans un Tour dont il est favori, même si les Thys, Scieur ou Lambot, les trublions belges, sont encore là. Et de fait, d'emblée Bottecchia s'impose au Havre et prend fermement le maillot jaune. Le maçon italien va avoir 30 ans, et c'est son Tour. Il a bien aidé les Pélissier, à eux de lui renvoyer l'ascenseur. Ils ne le voient pas ainsi, et dans la troisième étape (Cherbourg-Brest, 405 km), ils font leur coup de théâtre habituel dans la gare de Coutances. Ce coup-ci, ils n'ont pas jeté de boyaux, mais des maillots pour prendre un coup de semonce. Ils sont attablés devant un chocolat avec Maurice Ville, pourtant deuxième, mais qu'ils ont entraîné dans leur galère. Leur numéro tomberait à l'eau si, dans la caravane, il n'y avait pas un grand reporter, très expérimenté mais débutant sur le Tour : Albert Londres, l'envoyé spécial du *Petit Parisien*. Apprenant l'abandon des champions, il fait rebrousser chemin à sa voiture et se retrouve au chevet des imprécateurs, dont il va devenir le porte-voix. Certes, ils n'ont pas tort sur tout, les frangins, mais ils déforment et exagèrent. Le papier de Londres fait découvrir le bagne du Tour au grand public, et les Pélissier, des « forçats » qui prennent de la dynamite, perdent leurs ongles et vivent un calvaire. L'affaire laissera des traces indélébiles et plombe un peu le Tour. Londres s'est fait piéger. Dix autres coureurs abandonnent ce même jour, sans bruit.

LE MAÇON DU FRIOUL, PREMIER EN JAUNE DE BOUT EN BOUT

Et tout ça ne fait ni chaud ni froid à Bottecchia, qui garde le nez dans le guidon et semble bien parti pour être le premier à garder le maillot jaune de bout en bout. Il transforme les Pyrénées en tremplin, triomphe à Luchon comme à Perpignan, après avoir passé à la moulinette Aspin, Peyresourde ou Tourmalet. C'est un grimpeur et un rouleur, Ottavio, et un ouvrier du vélo consciencieux. À grands coups de nez, il tranche les montagnes et envoie voltiger à 50 min son dauphin, Nicolas Frantz, le champion luxembourgeois d'Alcyon. Les papiers de Londres sont merveilleux et décrivent avec truculence la dureté comme la poésie du Tour, de ses géants et de ses sans-grade.

La marge de l'Italien est telle que, dans les Alpes, il n'aura qu'à contrôler les offensives de ses compatriotes Aimo et Brunero, et laisser venir Frantz, épatant dans le Galibier. Au passage, son coéquipier belge Lucien Buysse lui donne un coup de main, mais l'Italien n'a pas à puiser dans ses réserves, et il s'offre un ultime triomphe au Parc des Princes où Frantz est à 35 min et son équipier Buysse à 1 h 30. La guerre Automoto-Alcyon, violine contre bleu ciel, bat son plein, et avec Pierrard et Ottavio, Automoto marque un nouveau point. Ce qu'Automoto n'avait pas réussi en 1914 avec le *campionissimo* Costante Girardengo, qui avait abandonné dans les Pyrénées, il le fait encore mieux avec Ottavio Bottecchia, en transformant en *campionissimo* un coureur quasi inconnu, qui n'avait terminé que cinquième du Giro 1923, justement gagné par Girardengo. C'est le premier Italien à gagner le Tour, c'est le premier champion à porter le maillot jaune de bout en bout. Le rayonnement du Tour s'en trouve accru et Automoto en profite logiquement en multipliant les ventes d'une machine qui conduit ses champions à la victoire sans les trahir.

Des centaines de cartes postales célèbrent le doublé de Bottecchia.
Collection Laget

BOTTECCHIA-BUYSSE, LA LOCO AUTOMOTO

1925

1er : Ottavo Bottecchia
Cycles Automoto

Un œil sur la liste des cent trente partants au Vésinet donnerait ce 21 juin, jour du printemps, le vertige à n'importe qui. En effet, Eugène Christophe, qui disputait son premier Tour vingt ans plus tôt, est encore là à 40 ans. Et autour de lui, les vieux de la vieille, des anciens combattants, ne manquent pas avec Henri Pélissier ou Philippe Thys, qui débutaient ensemble dans le Tour en 1912 et se retrouvent dans la même équipe Automoto. Comme dit Max Favalelli, qui débute dans la chronique cycliste, « le violet leur va bien ». Parmi les coureurs d'avant 14, il y a aussi Lucien Buysse ou Jean Alavoine.

Certains redoutent que la course ne ressemble à une procession, mais il n'y a rien à craindre car le Tour sublime tout, et la guerre entre les cycles Alcyon et Automoto encore plus. Automoto, qui voudrait conserver son sceptre une année de plus, aligne trois anciens vainqueurs avec Bottecchia, Thys et Henri Pélissier ; Alcyon, qui voudrait renouer avec son épopée d'avant 1914, compte sur Frantz, Sellier et les jeunes de ses filiales. Le temps a passé, Christophe et Alavoine ont même des cycles à leur nom, mais la passion est intacte, et dès la première étape, entre Paris et Le Havre, le maelström du Tour emporte poussière et vieillerie.

LE DAUPHIN EST SEULEMENT À 54 MINUTES

À Bottecchia et Automoto le premier bouquet et le premier maillot jaune, mais il a les Alcyon sur le dos. Et ils attaquent en rafale avec Bellenger, Mottiat ou Frantz, et finissent par chiper le maillot jaune à l'Italien. C'est Adelin Benoit, leur première monte, même s'il évolue chez Thomann, une filiale, qui endosse le maillot de leader. Bottecchia est d'autant plus inquiet face aux vagues bleues que les frères Pélissier et Thys le lâchent assez vite. Il va heureusement pouvoir compter sur son équipier Lucien Buysse dans les Pyrénées. Il sait que c'est là qu'il gagne le Tour en une ou deux étapes. Mais ce coup-ci, il fait moins bien dans la première, où Benoit lui a repris le maillot reconquis avec sa victoire à Bordeaux et Bayonne ; il frappera donc dans la seconde. Et dans le Puymorens et le Portet-d'Aspet, même s'il est marqué par Frantz, il fait craquer Benoit, qui a mal à un genou. Ce maillot reconquis, et qu'en 1924 il avait simplement défendu dans les Alpes, Ottavio va le consolider avec l'aide précieuse de Buysse, qui pourrait le déborder car il connaît la forme de sa vie au moment où son leader est un peu faiblard. Pourtant, le Belge obéit aux ordres : cette année, c'est Bottecchia, son tour viendra l'an prochain.

Dans les Alpes, les Alcyon font des numéros dans les cols avec Aimo, mais restent sous le contrôle du tandem Bottecchia-Buysse. Frantz, malade, a perdu plus de 35 min et ne retrouvera pas le podium de 1924. Ce coup-ci, c'est son équipier Aimo qui le gravit, mais seulement sur la troisième marche, et à 56 min de son compatriote Bottecchia qui confirme son statut de *campionissimo*, ajoutant le prestige d'une victoire au Parc à son deuxième Tour. Peut-être moins bien au départ, car contrairement à son habitude, il s'était un peu dispersé, il a tout de même fini plus fort, l'Italien, même si son dauphin, son équipier belge Lucien Buysse, s'est un peu rapproché, terminant à « seulement » 54 min. En 1924, il était troisième à 1 h 30 ! Moins bien, Ottavio ? Peut-être, selon les spécialistes de l'instant. En tout cas, il améliore nettement sa moyenne. Il va avoir 31 ans, et avec son compatriote Piccin, il sourit en offrant des montagnes de cartes sépia. Le premier Français, le seul à avoir gagné une étape, n'est que onzième, il s'appelle Romain Bellenger et appartient à l'équipe Alcyon. À 37 ans, Alavoine est treizième et à 40, Eugène Christophe boucle son dernier Tour à la dix-huitième place, après avoir veillé sur son équipe. Vive la relève !

Si le Tour se gagne en montée, il se perd en descente. Bottecchia le sait bien qui, piètre descendeur, a pris beaucoup d'avance dans les Pyrénées, où Adelin Benoit, sur Thomann, a avalé l'obstacle presque aussi bien que lui. Quant à Despontin, sur cycles Météore, il est peut-être 16e au classement général, mais premier touriste-routier. Quant à l'acteur Biscot, il tourne cette année-là, Le Roi de la pédale.
Affiches collection Laget, photo Rue des Archives /Collection Grégoire

BUYSSE, ANGE DE L'APOCALYPSE

1926

1er : Lucien Buysse

Cycles Automoto

Cette édition est captivante parce que la guerre entre les constructeurs Automoto et Alcyon continue, qu'elle est la plus longue de l'histoire avec ses 5 750 km, que c'est celle du premier départ en province. On pourrait ajouter que dans l'hebdomadaire *Le Miroir des sports*, qui paraît exceptionnellement trois fois par semaine, c'est un certain Gabriel Hanot qui la couvre. Hanot, celui-là même qui à *L'Équipe* inventera trente ans plus tard la Coupe d'Europe des clubs champions en football, car c'est un international de football de la première heure. Dans l'instant, entre deux reportages sur l'aviation, le golf ou les Six Jours de Paris, il découvre que « le Tour de France est comme un vertigineux défilé de paysages, de têtes et d'attitudes sur un fond immuable ». Après avoir vu la parade en civil dans les rues de Paris de la petite centaine de courageux que la distance n'a pas effrayés, il prend avec eux le train spécial pour Évian, et assiste dès la première étape (Évian-Mulhouse) à un coup de théâtre : Ottavio Bottecchia, le favori italien, le vainqueur des éditions 1924 et 1925, perd 32 min sur Jules Buysse, le premier maillot jaune, le frère de Lucien. L'explication ? Ce n'est pas tant la saturation ou l'âge de l'Italien, qui va avoir 32 ans ; c'est que pour la première fois il a perdu de vue le Tour, son objectif, et qu'avec le Tour, surtout celui-là, on ne peut pas rigoler. Surtout que son propre équipier, le Belge Lucien Buysse, a continué de ne vivre que pour le Tour. Ce Tour, Buysse le boucle pour la sixième fois depuis 1914, et c'est son obsession comme le dit Karel Steyaert, son compatriote journaliste : « Lucien ne vit que pour le Tour. Il en connaît toutes les routes et les embûches. Il se rappelle les tournants difficiles, il a repéré le pont, l'arbre où il faut retourner la roue et changer le braquet. Lucien a l'intelligence du Tour. » Ce que l'intéressé confirme à Hanot : « En 1925, j'ai couru aux ordres pour aider Bottecchia et gagner de l'argent ; en 1926, je courrai pour gagner et je gagnerai. » Et de fait, au fil des étapes, à travers une poussière innommable dont les coureurs se protègent mal malgré de grosses lunettes, et « une chaleur sénégalienne », on assiste à la montée en puissance du Belge, qui a pourtant plus de 33 ans, et au décrochage de l'Italien.

APRÈS 17 HEURES D'ENFER, LE PARADIS JAUNE

Un moment, ses équipiers, qui l'aident à réparer ou qui lui préparent « une tasse remplie à moitié de sucre en poudre avec cinq jaunes d'œufs, du café et du vin rouge », croient en lui, puis s'en détachent quand son retard atteint les 46 min. En attendant les fatidiques Pyrénées, le grand belge Van Slembrouck, dans le civil tantôt maquignon, tantôt maréchal-ferrant, donne ses lettres de noblesse au maillot jaune. Avec des étapes de 433 km comme Metz-Dunkerque, impliquant dix-sept heures de selle pour les meilleurs, les journées de repos sont appréciées. Hanot y note que « les groupés, les as, restent à l'hôtel dans des pyjamas plus ou moins corrects, alors que les isolés, les seconds couteaux, sont en tenue de coureur dans la rue pour faire leur petit commerce. » Félix Sellier donne l'ambiance générale : « On ne gagne pas beaucoup d'argent, mais on rigole bien. » En tout cas, jusqu'à Bayonne-Luchon (dixième étape, 326 km)…

Dans la nuit, les soixante-seize partants sont cueillis d'emblée par la pluie, le froid, le vent, le brouillard. La lutte débute aux Eaux-Bonnes à 180 km du départ et à 120 de l'arrivée. Buysse est en tête à l'Aubisque, puis dans le sillage de son compatriote Odile Taillieu au Tourmalet. À Aspin, les rôles

Étape Bayonne-Luchon – **Cols, boue, froid, crevaison, vont contraindre à l'abandon Ottavio Bottecchia, vainqueur des Tours 1924 et 1925.** Collection Laget

Lancé à la poursuite de Lucien Buysse, le peloton, emmené par Aimo, Frantz, Jules Buysse, Parmentier et Omer Huyse, arrive au sommet du col de Puymorens. Collection Laget

sont inversés, car Taillieu, qui a bu de l'eau glacée, coince. La boue et les ornières obligent à descendre de machine, impossible de changer de pneu sans une main amie. Frigorifiés, dégoulinants, les coureurs ne savent à quel saint se vouer. Bottecchia et vingt et un autres coureurs abandonnent. Il y aurait quarante-sept arrivants, ou cinquante-quatre, on ne sait plus très bien. À neuf heures du soir, vingt et un coureurs sur soixante-seize sont arrivés. Les autres ont abandonné, sont perdus dans la nature, dans des cars ou des voitures. Au lieu d'être fermé à 10 h 30, le contrôle est bouclé à minuit. Decorte a signé à 11 heures du soir. Des épaves arriveront neuf heures après le vainqueur, après Lucien Buysse, qui a encore attaqué dans Peyresourde. Après 17 h 22 min de selle, Lucien endosse enfin le maillot jaune. Il n'a pas crevé, n'est pas descendu de vélo, mais à l'arrivée, pétrifié, il a fallu le soutenir jusqu'à la table de contrôle et l'aider à signer. L'Italien Aimo, son dauphin, arrive 25 min après. Van Slembrouck, qui était maillot jaune à Bayonne, est à plus de 1 h 50 min Les écarts sont considérables, et l'organisateur doit fermer les yeux et repêcher à tour de bras pour sauver les apparences.

Affiche – **Lucien salue d'un beau sourire le quadruplé d'Automoto.** Collection Laget

Le surlendemain à Perpignan, le maillot jaune et son frère Jules enfoncent le clou : leur dauphin et compatriote Dejonghe est relégué à plus d'une heure. La course est jouée, Lucien n'a plus qu'à contrôler les velléités des Alcyon, de l'Italien Aimo et du Luxembourgeois Frantz dans les Alpes. Au Parc, ils sont encore à 1 h 20 min d'un vainqueur qui a quand même fourni une moyenne de 24,273 km/h. Pour un Tour démesuré, glacial et caniculaire, ce n'est pas mal. Buysse peut remettre son bouquet à Karel Steyaert, son conseiller et ami, avant d'aller soigner ses pigeons puis d'ouvrir un café qui s'appellera l'Aubisque. Le col où il a forgé son succès. Un succès qui tint à une paire de lunettes changée à temps.

REVUE HEBDOMADAIRE DE LA BICYCLETTE ET DES INDUSTRIES QUI S'Y RATTACHENT

SPORT TOURISME

Directeur : Aug. DELERIVE
Rédacteur en Chef : Marcel GENTIS
Secrétaire Général : Claude TILLET

La Pédale

17, Faubourg Montmartre — PARIS (9e)
Fondateur : HENRY ETIENNE

PRIX DE L'ABONNEMENT

FRANCE
Un an .... 45 fr.
Six mois .... 24 fr.
Trois mois .... 14 fr.

ETRANGER
Un an .... 60 fr.
Six mois .... 34 fr.
Trois mois .... 20 fr.

Chèque postal : N° 715-24

nos phénomènes

Nicolas FRANTZ, vainqueur des vrais Cols pyrénéens

Un vainqueur bien entouré.
Rue des Archives/Collection Grégoire

FRANTZ SIGNE LE RETOUR D'ALCYON

Avant Dinan, la deuxième partie de l'équipe Alcyon, avec Leducq et Hamel encadrant Marcel Bidot défaillant, fonce, stimulée par les coups de sifflet de son mentor, Ludovic Feuillet, en blanc, à droite.
Rue des Archives/CollectionGrégoire.

1927

1er : Nicolas Frantz
Cycles Alcyon

Cette année, la distance est moindre, on ne part plus de province et l'équipe Automoto laisse le champ libre à Alcyon. La marque violine n'est plus là et Ludovic Feuillet, le manager de la vieille marque bleu ciel, peut soupirer : Henri Pélissier a arrêté, Bottecchia a été tué dans des conditions inexpliquées et Lucien Buysse fait l'impasse, ce que l'on peut comprendre puisqu'il va sur ses 35 ans. Comme l'Italien Aimo n'est plus là non plus, l'aventure s'annonce plaisante pour le Luxembourgeois Nicolas Frantz, poulain n° 1 d'Alcyon et de ses filiales Thomann, Armor ou Labor. Car l'Alcyon a bien quatre mains pour contrer les J.B. Louvet, Alléluia, Dilecta et la centaine de touristes-routiers, qui viennent chercher la bonne fortune sur les routes d'un Tour dont le règlement impose 25 % de Français.

UN TOUR ORPHELIN DE BOTTECCHIA

Frantz, qui a terminé deuxième en 1926, bien qu'ayant perdu 58 min dès la première étape, a tout lieu de croire que son heure est venue, mais il se méfie d'un retour de flamme du rescapé des Pélissier, le talentueux et roublard Francis. Et il a bien raison, car métamorphosé par son nouveau maillot bleu et or, le vieux Francis, malgré ses 33 ans, s'impose d'emblée à Dieppe (trente-cinq abandons) avec son équipe Dilecta, et garde le maillot jaune jusqu'à Brest (sixième étape) où il abandonne, passant le maillot de leader à son équipier, le Breton Ferdinand Le Drogo. Comme seize étapes sur vingt-quatre se disputent en contre-la-montre par équipes – de quoi donner la migraine aux spectateurs –, ce sont les J.B. Louvet qui, à Vannes, prennent le relais des Dilecta. À eux l'étape avec Van Slembrouck, et le maillot jaune avec Hector Martin. Les Belges garderont ainsi la main jusqu'aux Pyrénées où Frantz, l'atypique, fait enfin parler la poudre. Certes, il laisse l'isolé italien Michele Gordini mener à bien une grande échappée dans l'Aubisque, mais ensuite c'est lui qui passe en tête de tous les autres cols, s'offrant une avance d'une demi-heure sur son équipier Dewaele, et de plus d'une heure et demie sur l'ancien maillot jaune. En une étape, la première des Pyrénées, le Tour est joué ou presque, comme on l'avait déjà vu avec Bottecchia ou Buysse. Ensuite, le Luxembourgeois, qui porte le béret, utilise un guidon genre cornes de vache et des garde-boue, n'aura plus qu'à contrôler. Et ça, il sait faire, car c'est son quatrième Tour, et il est organisé, méthodique et d'une hygiène irréprochable, après avoir connu jadis des problèmes de furonculose aiguë, qui lui firent perdre beaucoup. Là, il s'amuse en écoutant les réclames de la voiture Kaplan, qui innove avec son haut-parleur, et en assistant aux joutes entre Ludovic Feuillet, son directeur sportif en blouse blanche, et Léopold Alibert, celui de l'équipe Alléluia d'Antonin Magne, un espoir français. Ludovic, qui porte une cagoule blanche, donne ses directives en soufflant dans un porte-voix, tandis que Léopold fonctionne au sifflet. Mal, puisqu'il écrasera même le vélo de son champion, le blessant au genou. Un bobo qui ne l'empêchera pas de passer en tête au Galibier. La course est un peu folle, et Charles Martinet, un touriste-routier suisse, en profite pour s'échapper dans la grande étape des Alpes, comme Gordini dans les Pyrénées.

Ça met de l'animation sans gêner Frantz, qui avec une heure d'avance s'offre le luxe de réparer seul ou s'amuse lors du repos de Pontarlier en portant ses équipiers dans un brancard. La course est détendue, Magne fêté par d'anciens camarades de régiment et, à Phalsbourg, il y a même une erreur de parcours avec nouveau départ. Les Alcyon et les J.B. Louvet se partagent les derniers bouquets ; à Méru, l'isolé Drobecq, lanterne rouge en 1926, a même droit à un arc de triomphe. Au Parc des Princes, où André Leducq décroche un ultime bouquet pour Alcyon, Frantz sourit : il triomphe devant quatre équipiers, ramène Alcyon au premier plan, avec en prime la meilleure moyenne depuis la reprise. Chez Alléluia, on jubile, Antonin Magne est sixième et premier Français, et son ami Julien Moineau, surnommé le Piaf, est huitième. Chez lui, à Clichy, on le porte en triomphe et on lui offre un chronomètre. « C'est le plus beau jour de ma vie », dit-il en pleurant. Avec Frantz, un jeune vainqueur, plus joyeux que ne le croit Desgrange, le Tour retrouve un peu plus de son entrain.

Nicolas Frantz croqué par Abel Petit.
Collection Laget

Nicolas Frantz, élégant en course comme à la ville. Collection Laget

FRANTZ, DE A À Z...

1928

1er : Nicolas Frantz

Cycles Alcyon

Dans le col de l'Aubisque, la poussière a complètement noirci Paul Filliat et Raphaël Dupau de chez Fontan, qui va craquer malgré les encouragements de ses supporters. Mains en haut du guidon, Filliat de l'équipe du Sud-Est sera le premier régional du Tour. Collection Laget

Le Luxembourgeois Nicolas Frantz et son équipe Alcyon ont tellement dominé le Tour 1927 qu'on voit mal qui pourrait contester leur suprématie en 1928. Car c'est bien la grande équipe bleu ciel qu'aligne à nouveau Ludovic Feuillet. Une surprise peut-elle venir de ces nouveaux touristes-routiers regroupés en équipes régionales ? On dit grand bien de Victor Fontan, mais il a 36 ans et ce n'est que son deuxième Tour. L'Australien Hubert Opperman, qui n'a que 24 ans, et qui est très résistant, paraît plus à craindre. Comme souvent, l'armada Alcyon génère sa meilleure opposition. D'emblée, l'équipe bleu ciel prend toutes les meilleures places au Havre, et son leader le maillot jaune. Les contre-la-montre par équipes qui continuent jusqu'à Hendaye accentuent l'implacable démonstration. Il faut attendre la quatrième étape à Brest pour voir Verhaegen, un J.B. Louvet, souffler le bouquet à Frantz, sans pour autant inquiéter la troupe bleu ciel, qui tient aussi les trois premières places et ne les lâchera plus. Frantz, qui aime bien embrasser les Miss des Sables-d'Olonne, en profite pour montrer que le boss, c'est bien lui. Comme Fontan, le grimpeur, s'est imposé à Bordeaux, on se dit que les deux F ont rendez-vous dans les Pyrénées. Et de fait, leur duel tient ses promesses, le vieux Français donnant sur ses terres une petite leçon au maillot jaune, sans rien changer à l'ordre établi. Désormais, Frantz va resserrer les boulons, et veiller à ne pas tomber sur un goudron plus dangereux que la terre battue.

COMME BOTTECCHIA, MAILLOT JAUNE DE BOUT EN BOUT

Autrement, c'est le maillot jaune lui-même qui se chargera de la cueillette des bouquets à Nice, Metz ou Paris. Il ne crève que deux fois, mais change de cuissard tous les jours, et sa musette contient toujours quatre sandwiches, quatre œufs, quatre bananes, cinq tartelettes et trente sucres. Il boit de la Vittel et du café noir, et suce des raisins secs et des pruneaux. Dans les Alpes, il contrôle Fontan dans Allos, et laisse le Lautaret à Magne. La seule alerte qu'il connaîtra sera en fait technique : sa machine le lâche dans Metz-Charleville (dix-neuvième étape), et il est obligé de terminer sur un vélo d'emprunt plus petit. Il termine quarante-deuxième à 38 min du vainqueur, et un peu moins de ses équipiers Leducq et Dewaele, ses plus dangereux adversaires. Comme il avait plus d'une heure d'avance sur eux, il lui reste plus de 47 min de marge. Au Parc, où il finit en beauté après avoir porté le maillot jaune de bout en bout, il précède encore quatre équipiers, dont Leducq, son dauphin, qui a probablement été privé d'un bouquet au Parc parce qu'à son tour, il a dû changer de machine à Saint-Germain. Heureusement, en ce temps-là, les hommes sont moins fragiles que les machines, fussent-elles des Alcyon. Le premier non-alcyoniste est encore Antonin Magne, sixième, à plus de 2 h 30 du vainqueur. Sur ses talons, le vieux Fontan termine son premier Tour. Quant aux Australiens ou Néo-Zélandais pris en charge par Ravat-Wonder de Saint-Étienne, trois sur quatre terminent : Opperman, dix-huitième, Watson, vingt-huitième, et Osborne, trente huitième. Huit est décidément le chiffre de ce Tour, puisque la moyenne grimpe à 28,400 km/h malgré la chaleur. La domination des Alcyon a été tellement irritante, même pour Jacques Goddet qui suit en observateur son premier Tour, que Raymond Huttier, son futur confrère, évoque pour 1929 dans son papier de conclusion pour *Le Miroir des sports* l'arrivée des équipes nationales. Il ne se trompe que d'un an.

DEWAELE, LE CHANT DU CYGNE BLEU CIEL

Le peloton très étiré est à La Grave, pas très loin du Lautaret où Rebry passera en tête.
Leducq, qui vient de se faire tirer les oreilles par Ludovic Feuillet parce qu'il mangeait une glace, musarde. Col. Laget

1929

1er : Maurice Dewaele
Cycles Alcyon

Desgrange a tout fait pour réduire l'influence d'Alcyon, mais il n'empêchera pas la marque bleu ciel de remporter un nouveau succès. Ce sera son dernier. Il sera obtenu moins largement que les précédents par un « moribond », et sans carton plein exaspérant. Qu'importe, il convaincra Desgrange de changer ses batteries et de passer aux équipes nationales, à un moment où les nations s'affirment en tennis à travers la Coupe Davis, et en football avec la première Coupe du monde.

Des indices montrent par ailleurs que le Tour est en train de changer : la TSF grésille avec Jean Antoine et Alex Virot, même Desgrange donne des chroniques à la radio de la Doua à Lyon. Les réclames pour Banania et Poulain sont de plus en plus présentes. Une nouvelle plume pleine de joyeuseté, fait passer, sous le nom de l'ami Binis un vent de malice dans les colonnes de *L'Auto*. Sous ce pseudonyme, Jacques Goddet nous régale avec une savoureuse « Caravane passe ». La confusion est même perceptible dans le peloton, où des remplaçants peuvent intervenir, puisqu'il faut attendre Brest pour avoir enfin un seul maillot jaune. C'est bien sûr un Alcyon, un Belge et pas un inconnu puisque c'est Maurice Dewaele, déjà deuxième en 1927 et troisième en 1928.

Maurice Dewaele. Ce moribond fera trépigner Desgrange. AFP

Ce maillot jaune, il va se le faire chiper à Bordeaux, où son équipier Frantz triomphe avec Leducq et Fontan sur le râble. Cela nous donne trois premiers, même si le seul à porter effectivement le maillot de leader est bien Frantz, l'ancien double vainqueur. Il a beau s'en « défosser » dans la famille Alcyon en le passant à Rebry à Bayonne, Fontan fait sauter le peloton et la banque dans la grande étape des Pyrénées, qu'il connaît comme sa poche. À son ami Cardona la victoire, à lui enfin le maillot jaune avec dix minutes d'avance sur Dewaele. Il a beau avoir 37 ans, le Basque, il n'a jamais été aussi fort. Et la TSF grésille et porte la bonne nouvelle à travers deux millions de postes. Dans cette terrible étape, il y a eu treize abandons, dont celui de Lucien Buysse, qui quitte le Tour avec une prime de 500 francs offerte par la casquette « Grand Sport » pour son record de l'Aubisque. Entre Luchon et Perpignan, tout le monde s'attend à ce que, dans son jardin, le maillot jaune consolide sa position. Hélas, pendant la nuit, dans un caniveau, il casse sa machine. Ses Pyrénées lui tombent sur la tête. Il ne sait plus où il est, il ne sait plus pédaler, réparer. Emprunter une machine complique la situation. Il perd du temps, tout le monde ou presque a doublé le maillot jaune. La mort dans l'âme, il abandonne au seuil de la gloire. Il est trop modeste, Victor, le mal nommé. Une fois de plus, la machine trahit le leader. Demuysere, Delannoy et Dewaele, les trois Belges, ont continué comme un seul homme et terminent dans cet ordre à Perpignan où Dewaele retrouve son maillot jaune. Il reste dix étapes, on est à mi-Tour, mais Dewaele le tient bien, son maillot. Parce qu'il le veut, qu'il le mérite, et qu'Alcyon croit en lui, en sa dernière chance. C'est tellement vrai qu'il n'y a qu'à regarder les chiffres : au moment où il devient leader, il a 14 min d'avance sur Demuysere et 22 min sur l'Italien Pancera. Au Parc, où le « moribond » triomphe après avoir surmonté plusieurs malaises dans les Alpes, son avantage sur ses dauphins a pris des proportions, puisqu'il a 44 min d'avance sur Pancera, et 57 min sur Demuysere, qui était deuxième, mais a été pénalisé pour prise interdite de boisson. En fait, on le punit aussi parce qu'il n'a pas assez attaqué l'homme blessé. À l'espoir français, André Leducq, équipier du vainqueur et lauréat de cinq étapes, on reproche également de l'avoir trop protégé. Reproche également adressé à Marcel Bidot, qui aurait contribué, dans un hôtel de Grenoble, à redonner bonne figure au maillot jaune défaillant. On a maquillé le maillot jaune pour donner le change, et on a fini par lui donner tellement confiance, qu'épaulé par ses équipiers Vervaecke et Rebry, il s'offre le bonheur de vaincre à Malo-les-Bains. Celui qui a peut-être été un moment « moribond », qui à force de courage et d'amitié est arrivé au Parc et a gagné, s'offre une moyenne égale à celle de Frantz, un an plus tôt. On dit qu'un des frères Canova enterra son vélo à l'issue de la course, mais on ne sait pas si c'est à cause de la leçon donnée par Dewaele, ou parce qu'il ne supportait plus ses propres insuffisances. Reste un grand vainqueur, même s'il appartenait à une queue de comète. Son chiffre fétiche était le trois : Maurice gagne à sa troisième tentative. Le trois, c'est aussi le dossard de Fontan, et là, ça veut dire malchance, encore qu'une souscription nationale atténue un peu son immense désillusion.

MAQUILLÉ POUR DONNER LE CHANGE.

Que l'on écrive son nom en un ou deux mots, Maurice n'a pas volé le Tour 1929, mais simplement cristallisé l'amertume d'une fin d'époque. À son décès, survenu plus de vingt ans après ce qui n'aurait jamais dû être « une affaire », sa famille recevra plus de 3 000 lettres de compassion ! Collection Laget

Maurice De Waele

(Lovendegem, 27.12.1896 - Maldegem, 14.02.1952)

Exemplaire :
il participe à quatre Tours, les termine tous, toujours dans les cinq premiers, et en 1929, il gagne son étape et porte même le maillot jaune quinze jours après avoir été héroïque sur cette selle. À en mériter cette médaille d'or offerte en reconnaissance de son exploit par la Ligue vélocipédique belge.

En 1929, le grand tort de Maurice Dewaele aura été de récupérer le maillot jaune après l'abandon de Victor Fontan dans les Pyrénées. Victime d'un bris de machine – on a d'ailleurs parlé de sabotage –, Fontan fut contraint à renoncer par le règlement technique. Le Tour, banc d'essai du matériel voulu par Desgrange, était trop impitoyable, Dewaele en fit indirectement les frais.

1920 – **On l'oublie souvent, mais le col d'Allos culmine à 2 250m, et il faut y grimper. Cette année-là, ce ne sera pas un problème pour les Belges qui survolent la course. Voyez-vous le maillot jaune de Thys en tête ? Lambot passera en tête au sommet.** Collection Laget

Christoph
HUTCHINSO

1925-1927– **Des boyaux, il en a partout, le touriste-routier italien Michele Gordini (1896-1970). Et il en faut pour avoir une chance de terminer le Tour, car on peut crever plus de dix fois sur une étape.**

En 1927, ce géant de 1 m 97, qui a du cœur au ventre, lance une grande échappée nocturne dans Bayonne-Luchon, et passe en tête à l'Aubisque, avant de se faire reprendre par Frantz dans le Tourmalet. Pour une fois souriant, le taciturne Luxembourgeois lancera au sommet : « La vie est belle. »

Collection Laget

1928 – **Elle allait traverser la rue principale de son village, Mamie, quand une meute bruyante, colorée, avec des yeux de grenouille, a surgi comme une avalanche. Par sagesse, par prudence, elle les laisse passer. Elle reste inquiète. Les regarder ? Applaudir ? Elle est déboussolée.** Rue des Archives/RDA

Regroupement en descente. On laisse filer. Ici, pas de goudron, pas de noce, pas de marché, seulement de la poussière, et encore pas assez pour chausser les lunettes… On est sur le 16 dents.

Tout à l'heure, il faudra tourner la roue, à hauteur d'une cascade, d'une église ou d'un passage à niveau. Ils ont leurs repères, une autre carte de France en tête, celle des développements.
Collection Laget

1922 – **À Genève, il pleut. À l'entrée du vélodrome, Robert Desmarets court derrière le Belge Emile Masson qui vient d'entrer en tête. S'il ne glisse pas, si un spectateur ne surgit pas, la victoire ne saurait lui échapper.** Collection Laget

1928 – **Dans le col d'Allos, Dewaele, Frantz, le maillot jaune, et Fontan s'expliquent avec ce que le dessinateur-humoriste Thoum'Azo vient de baptiser un « juge de paix ». Les deux F ne se départageront pas au sommet. Frantz a grimpé le Tourmalet avec 22, l'Aubisque avec 24, Osquich avec 18. Et Allos, alors ?** Collection Laget

Avec 36 ans et 4 mois, Firmin Lambot est le plus vieux vainqueur du Tour, et Camille Fily sûrement le plus jeune à terminer. En 1904, il n'a que 17 ans et 3 mois, même s'il est déclassé. En 1905, il est 14e.
Collection Laget

QUI DIT VIEUX ?

L'hécatombe de la Grande Guerre (plus de 1,1 million de morts, et des millions de Gueules cassées du seul côté français) se répercute imparablement sur le Tour. Pendant longtemps, les jeunes mollets vont tellement manquer que c'est dans la première partie de cette décennie que se concentrent trois des quatre plus vieux vainqueurs du Tour. Le plus vieux est le Belge Firmin Lambot, puisqu'en 1922, quand il enlève son deuxième Tour, il a tout simplement 36 ans, 4 mois et 9 jours. Son dauphin est Henri Pélissier, sauveur de la France en 1923 à 34 ans et 6 mois. Quant au troisième larron, un autre Belge, Lucien Buysse, il est sur les talons de Gino Bartali. Lors de sa victoire de 1926 dans le Tour le plus long de l'histoire (5 750 km), il annonce en effet 33 ans,10 mois et 7 jours. La caractéristique de tous ces coureurs, c'est que se sont des durs à cuire. On a du mal à voir s'ils étaient tatoués, mais d'une part ils ont survécu à l'enfer des tranchées, et d'autre part tous disputaient déjà les Tours des temps héroïques, avant le conflit.

Le renouveau n'apparaîtra vraiment qu'avec le vainqueur de 1927, le Luxembourgeois Nick Frantz, à peine âgé de 27 ans. En tête de classement, mais aussi dans tout le peloton, c'est la pénurie en hommes jeunes. C'est ainsi qu'Eugène Christophe porte le maillot jaune à 37 ans en 1922, et termine dix-huitième son dernier Tour en 1925. Il a 40 ans. On avait fait des gorges chaudes quand en 1976, à 40 ans aussi, Poulidor mit un terme à sa belle carrière en terminant troisième du Tour gagné par Van Impe. Qu'aurait-on pu dire à l'époque ? Antoine Blondin charriait Poupou en le baptisant « le quadragêneur », quel terme eût-il forgé en voyant passer les Rossignoli, les Bierre, les Pothier, les Ernest Paul ? Souvent, ils pédalaient comme des damnés, certains auraient aimé s'arrêter, mais ces courageux n'avaient pas le choix. Ce dur labeur représentait malgré tout une planche de salut, c'était moins pénible qu'à la mine, et le gain d'une étape permettrait aux vélocistes de vendre cinquante vélos de plus. La caisse de résonance magique du Tour fonctionnait déjà.

FIRMIN LAMBOT ANNONCE EN EFFET TRENTE-SIX ANS

Collection Laget

On l'a dit, ces Tours étaient très, très durs. En fait, les plus durs de l'histoire avec des distances globales de 5 000 km, des routes improbables, des soins inexistants, des étapes de 500 km, de la poussière, des départs de nuit, et pourtant, nos trois vétérans doyens ne sont pas morts usés, ni précocement puisque Firmin Lambot avait 77 sept ans quand il s'est éteint ; mieux, Lucien Buysse allait sur ses 88. On sait qu'Henri Pélissier avait été assassiné par sa maîtresse en 1935. Dans les années 1950, après la seconde guerre, on n'aura heureusement plus ce genre de situation.

Ecoliers, paysans, ouvriers, religieux, soldats, ils sont déjà des millions au bord de la route à descendre des talus pour voir et encourager le maillot jaune. Collection Laget

SPECTATEURS...

Durant les Années folles, après un démarrage un peu lent explicable par les lendemains de guerre et les ruines, petit à petit le maillot jaune et les Pélissier ramènent les spectateurs au bord des routes. On trouve les marins dans les ports, les chasseurs alpins dans les Alpes et des soldats un peu partout, car la France est encore mobilisée, en train d'occuper l'Allemagne ou de déployer des troupes dans les colonies. Les bûcherons des Landes sont naturellement là, comme les ouvriers, les sidérurgistes ou filateurs du Nord. En 1926, un industriel d'Avesnes fait sonner la sirène de suspension du travail une demi-heure avant le passage du peloton, car il lui était impossible de retenir ses employés. Des couvents entiers sont sur le bord de la route, des curés les accompagnent, ils ont profité du passage du Tour pour faire un sermon plus en situation. Mais les plus belles histoires sont encore celles d'instituteurs donnant à leurs élèves des rédactions sur l'effort, le panache, quand ils ne font pas de cours de géographie. En effet, le Tour fait alors parfaitement le tour de la France et se prête à bien des anecdotes.

« C'EST LA PLUS GRANDE RÉCOMPENSE DE LA JEUNESSE... »

Mais écoutons l'instituteur de Vendenheim, en Alsace libérée, nous raconter en 1926, sa façon de procéder : « Chaque année, je fais 2 km avec mes élèves pour venir sur la grand-route, assister au passage du Tour de France. Et ma collègue, Mme l'institutrice, en fait autant avec ses écolières. C'est la plus grande récompense de la jeunesse de notre village. D'ailleurs, quand les routiers défilent, les cris et applaudissements crépitent. Après l'éloignement des coureurs, j'annonce le retour à l'école. Mais craignant que la matinée de classe et même toute la journée ne soient perdues, j'essaie de retenir l'attention des enfants en leur faisant une leçon de géographie sur l'intérêt du Tour de France. »

Sans parler des lève-tôt ou des couche-tard du départ...
Collection Laget

LE JAPONAIS ABSENT...

Il s'appelait Kisso Kawamuro, et n'a jamais porté le maillot jaune, et il s'en faut. Mais il reste le premier Japonais à avoir disputé le Tour. C'était en 1926, il avait le dossard 138 et pédalait donc chez les touristes-routiers, les deuxièmes plans. Comment s'était-il retrouvé à Évian au départ du plus long Tour de l'histoire ? C'est simple. Ce fils de commandant de la marine marchande japonaise, né à Yokohama en 1892, avait convoyé en 1918 un bateau commandé par la France.

Notre pays lui avait plu, et comme il avait joliment pédalé au Japon, il continua chez nous, encouragé par une colonie japonaise qui comprenait beaucoup d'artistes fascinés par la vitesse, les maillots. Ils s'appelaient Fujita, Mounet Satomi, et pour leur montrer qu'il pouvait lui aussi disputer la plus grande course du monde, Kisso s'inscrivit et partit donc dans les Vosges. Il avait déjà 34 ans, mais à l'époque, on le sait, l'âge ne comptait pas sur le Tour. L'important, c'était la chance, et le dossard 138 n'en eut pas. Dans la descente du col de la Faucille, où Bottecchia était passé en tête, il fit une chute terrible.

Courageusement, sur une jambe comme on dit, il pédala jusqu'à Montbéliard, puis comprenant qu'il aurait du mal à rallier Mulhouse dans les délais, il abandonna, comme quatorze autres coureurs. Persévérant, mieux préparé, il remit ça en 1927. Il avait le dossard 134, et ce coup-ci, il entendait bien rallier Dieppe, terme de la première étape. Hélas, il n'eut pas plus de chance et, emporté par la frénésie des départs séparés contre la montre, il dut encore s'incliner. Il faut dire que cette première étape était toujours la plus terrible, une histoire de mise en jambes. Cette année-là, trente- quatre autres coureurs renoncèrent ainsi avec Kisso. Rentré au Japon en 1934 pour reprendre son activité dans une entreprise de construction navale, il suivit avec passion le Tour jusqu'à sa disparition, en 1973. À ce moment-là, il était encore le premier et le seul Japonais à avoir participé au Tour.

DES KANGOUROUS SUR LE TOUR

Tout le monde le sait, sur la route du Tour, on a souvent vu des chevaux, des bœufs, des ânes, sans parler des chats ou des chiens qui provoquèrent plus d'une chute. Mais dans l'arche de Noé qu'est aussi la course de Desgrange, il y eut aussi des kangourous. Enfin, façon de parler. Ici, on veut dire des Australiens, ce qui à l'époque n'était pas évident puisque le monde cycliste se résumait à la France, l'Italie, la Suisse, la Belgique, l'Allemagne et par miracle, on le sait, au Japon. En fait, l'affaire avait commencé en 1914, puisque sous le couvert des cycles Phébus, M. Donald Kirkham et Ivor Munro participèrent et terminèrent même en bonne place le Tour gagné par Philippe Thys : Donald finissait dix- septième et Ivor vingtième, alors qu'il y avait cinquante-quatre classés.

La guerre brisa net, on le sait, ce rayon de soleil venu des antipodes. Et il fallut donc attendre quatorze ans pour que l'aventure se renouvelle. Desgrange fut le déclic de l'opération, car il concrétisa le souhait de participer au Tour de Hubert Opperman, le champion d'Australie. Ce ne fut pas facile, surtout du côté australien. En effet, si Desgrange avec ses relations parvint assez facilement à convaincre Ravat-Wonder, un bon constructeur stéphanois, de l'intérêt publicitaire que présentait une aventure exotique, côté australien, il fallait trouver trois coureurs de plus et surtout financer le déplacement. Comme cela avait été fait par le passé pour financer les voyages en Europe de la nageuse Annette Kellermann, puis de ses consoeurs désirant participer aux Jeux de Londres en 1908, les journaux *Sporting Globe* ou *Herald* lancèrent une souscription publique. Et cela marcha.

ILS FONT DES BONDS EN AVANT...

Disputer le Tour, comme jadis Kirkham et Munro, ça faisait rêver. Hubert Opperman et ses équipiers pour l'aventure, deux bons Australiens, Percy Osborne et Ernest Bainbridge, flanqués du Néo-Zélandais Harry Watson, embarquèrent donc sur *L'Otrauto* avec l'équipe australienne de Coupe Davis. Après cinq semaines de traversée, ils arrivaient à Toulon, rejoignaient près de Paris le camp d'entraînement du Vélo-Club de Levallois et amélioraient leur condition physique tout en s'adaptant au mieux grâce aux talents de traducteur de Bainbridge qui avait fait la guerre de 1914-18. Pour se mettre en jambes, ils participèrent honorablement à Paris-Rennes ou Paris-Bruxelles. Contre des équipes de dix, dans un Tour très montagneux de 5 500 km, où les contre-la-montre par équipes étaient très importants, on ne donnait pas cher de leur peau. Et pourtant, trois sur quatre terminèrent, Bainbridge, le traducteur doyen, ne renonçant que dans la quinzième étape du côté d'Évian, les grosses difficultés passées. Opperman, le meilleur kangourou, qui entrait plusieurs fois dans les dix premiers, finissant même neuvième au Parc des Princes dans l'échappée royale, se hissait au dix-huitième rang. Watson était vingt-huitième et Osborne, trente-huitième. Une expérience pilote qui se prolongea trois ans plus tard, quand on passa aux équipes nationales, en donnant une formation mixte Australie-Suisse. Opperman y obtint sa meilleure place, 12ᵉ, et Richard Lamb, 35ᵉ, la lanterne rouge.

L'équipée des Australiens en France provoque l'édition d'une carte postale les montrant en situation. Watson, Bainbridge et Osborne vont encadrer Oppy dans le Tour. Et au micro, Bruce Small chantera leurs exploits. Collection Laget

LE CLIN D'ŒIL D'HONORÉ

Honoré Barthélémy ? C'est un des rares jeunes débutants du Tour 1919, « secouant les vieilles paillasses. » Durant cette période, il disputera huit Tours et n'en terminera que deux, mais vous l'avez vu sublime dans les Alpes en 1919, et porté en triomphe au Parc en 1920, où malgré des fractures, il termine huitième et premier Français. C'est un vaillant, un modeste, un courageux, un vrai géant de la route. Vous l'avez aussi aperçu chez Albert Londres, c'est aussi un des héros « des forçats de la route ». Honoré n'a rien à voir avec les Pélissier, ou la dynamite. Lui, c'est l'homme à l'œil de verre. Londres le campe ainsi : « À Pissos, Barthélémy met son œil de verre dans sa poche et le remplace par du coton qui n'a rien d'hydrophile." – Pour la vue, c'est " kif-kif ", dit-il, mais c'est plus doux, et j'ai toujours aimé les câlineries." »

Il ne geint pas comme les Pélissier, Honoré. Et pourtant, s'il a un œil de verre avec lequel il joue, et effraie un peu les servantes, c'est qu'il a perdu le vrai, le bon, en course. Une chute, il est meurtri dans tout son corps. Il a bien un truc à l'œil, mais ce n'est pas le plus douloureux, le plus urgent, il faut rentrer. C'est un silex qu'il a dans l'œil. ça va s'infecter, il perdra son œil. Et ajoutera ce numéro de manipulation aux autres. Sur le Tour, il y eut aussi des clowns qui n'étaient pas tristes.

Honoré Barthélémy récupère son matériel pour le Tour 1922. Collection Laget

LA GLOIRE D'UN ISOLÉ

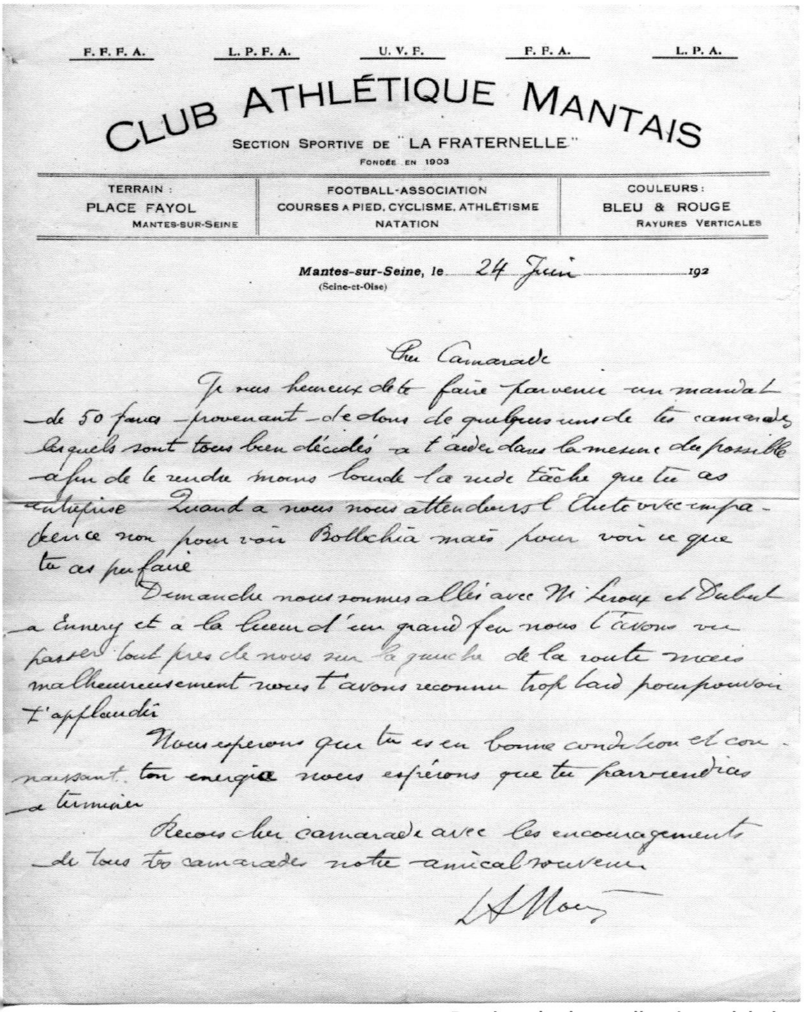
F. F. F. A. L. P. F. A. U. V. F. F. F. A. L. P. A.

CLUB ATHLÉTIQUE MANTAIS
SECTION SPORTIVE DE "LA FRATERNELLE"
FONDÉE EN 1903

TERRAIN : PLACE FAYOL MANTES-SUR-SEINE — FOOTBALL-ASSOCIATION COURSES A PIED, CYCLISME, ATHLÉTISME NATATION — COULEURS : BLEU & ROUGE RAYURES VERTICALES

Mantes-sur-Seine, le 24 Juin 192
(Seine-et-Oise)

Cher Camarade

Je suis heureux de te faire parvenir un mandat de 50 francs provenant de dons de quelques uns de tes camarades lesquels sont tous bien décidés à t'aider dans la mesure du possible afin de te rendre moins lourde la rude tâche que tu as entreprise. Quand à nous nous attendons l'Auto avec impatience non pour voir Bottechia mais pour voir ce que tu as pu faire.

Dimanche nous sommes allés avec M. Leroux et Dubut à Ennery et à la lueur d'un grand feu nous t'avons vu passer tout près de nous sur la gauche de la route mais malheureusement nous t'avons reconnu trop tard pour pouvoir t'applaudir.

Nous espérons que tu es en bonne condition et connaissant ton énergie nous espérons que tu parviendras à terminer.

Reçois cher camarade avec les encouragements de tous tes camarades notre amical souvenir.

[signature]

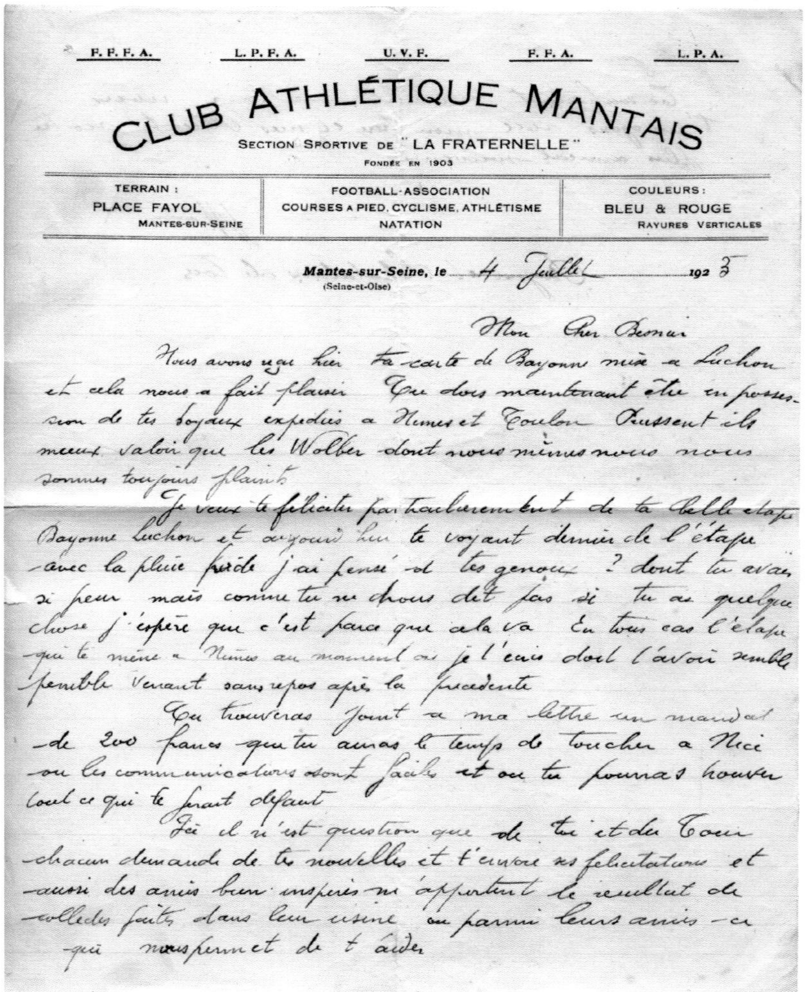
F. F. F. A. L. P. F. A. U. V. F. F. F. A. L. P. A.

CLUB ATHLÉTIQUE MANTAIS
SECTION SPORTIVE DE "LA FRATERNELLE"
FONDÉE EN 1903

TERRAIN : PLACE FAYOL MANTES-SUR-SEINE — FOOTBALL-ASSOCIATION COURSES A PIED, CYCLISME, ATHLÉTISME NATATION — COULEURS : BLEU & ROUGE RAYURES VERTICALES

Mantes-sur-Seine, le 4 Juillet 1925
(Seine-et-Oise)

Mon Cher Besnier

Nous avons reçu hier ta carte de Bayonne mise à Luchon et cela nous a fait plaisir. Tu dois maintenant être en possession de tes boyaux expédiés à Nîmes et Toulon. Puissent-ils mieux valoir que les Wolber dont nous-mêmes nous nous sommes toujours plaints.

Je veux te féliciter particulièrement de ta belle étape Bayonne Luchon et aujourd'hui te voyant dernier de l'étape avec la pluie froide j'ai pensé à tes genoux ? dont tu avais si peur mais comme tu ne nous dit pas si tu as quelque chose j'espère que c'est parce que cela va. En tous cas l'étape qui te mène à Nîmes au moment où je t'écris doit t'avoir semblé pénible venant sans repos après la précédente.

Tu trouveras joint à ma lettre un mandat de 200 francs que tu auras le temps de toucher à Nice où les communications sont faciles et où tu pourras trouver tout ce qui te ferait défaut.

Ici il n'est question que de toi et du Tour chacun demande de tes nouvelles et t'envoie ses félicitations et aussi des amis bien inspirés m'apportent le résultat de collectes faites dans leur usine ou parmi leurs amis ce qui nous permet de t'aider

Besnier a la chance d'avoir un club de supporters à Mantes. Pour eux, c'est un héros.
Et ils l'encouragent, lui envoient des mandats, se postent même au bord de la route pour l'encourager en pleine nuit. Collection Laget

Fernand Besnier (1894-1977), c'est lui.

C'est un touriste-routier, Fernand Besnier, un supplétif, un faire-valoir. Il le sait. Pourtant, il n'a rien à voir avec les définitions qu'en donne l'écrivain C. A. Gonnet : « Le touriste-routier est un romantique. L'isolé est comme le peuple russe. Il aime sa misère, il a le goût du désespoir. » Fernand, lui, il essaie simplement de joindre les deux bouts, de terminer, avec l'aide de son constructeur Magnien, de Meulan, et celle de ses supporters. Ces lettres originales donnent une idée des relations qui étaient ainsi tissées entre un petit coin de France et son ambassadeur sur les routes de l'aventure. L'inventaire du matériel fourni gracieusement est minutieux et touchant. L'allusion aux paquets de boyaux envoyés sur la route du Tour et arrivés souvent trop tard montre une des multiples difficultés que doit surmonter le coureur livré à lui-même, qui doit faire son Tour sans soigneur, sans mécanicien, sans assistance et sans boyaux neufs. Car ils s'usent vite et, passé un certain point, on ne peut plus les recoudre. Et les lettres de réconfort, d'encouragement, n'en sont que plus essentielles, encore faut-il avoir la force et le temps de les lire. Mais on finit toujours par les trouver. Le prix de la survie. « Si tu termines, tu bénéficieras de la souscription lancée par notre canard. » « As-tu bien reçu les 150 francs envoyés par mandat ? » « X t'a bien remis les 40 francs de la quête à l'usine ? » « Tes oreilles doivent tinter, car tu ne peux pas te figurer le nombre de gens qui te suivent. » « Si tu peux faire faire de toi une photo par Ducotté, le photographe du *Miroir*, je la paierai. Souligne bien à la craie les lettres de ton maillot. »

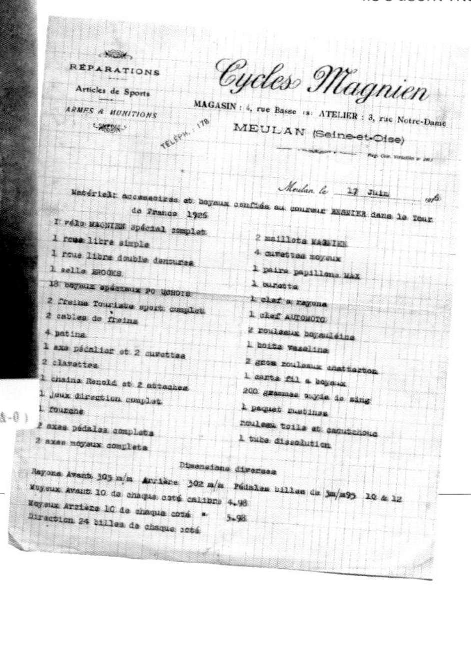
RÉPARATIONS
Articles de Sports
ARMES & MUNITIONS
TÉLÉPH. : 178

Cycles Magnien
MAGASIN : 4, rue Basse & ATELIER : 3, rue Notre-Dame
MEULAN (Seine-et-Oise)

Meulan, le 17 Juin 1926

Matériel accessoires et boyaux confiés au coureur BESNIER dans le Tour de France 1926

1 vélo MAGNIEN spécial complet	2 maillots MAGNIEN
1 roue libre simple	4 cuvettes moyeux
1 roue libre double dentures	1 paire papillons MAX
1 selle BROOKS	1 curette
18 boyaux spéciaux PO UCHOIS	1 clef à rayons
2 freins Touriste sport complet	1 clef AUTOMOTO
2 cables de freins	2 rouleaux boyauléine
4 patins	1 boite vaseline
1 axe pédalier et 2 cuvettes	2 gros rouleaux chatterton
2 clavettes	1 carte fil à boyaux
1 chaine Renold et 2 attaches	200 grammes oxyde de zinc
1 jeux direction complet	1 paquet rustines
1 fourche	rouleau toile et caoutchouc
2 axes pédales complets	1 tube dissolution
2 axes moyeux complets	

Dimensions diverses
Rayons Avant 305 m/m Arrière 302 m/m Pédales billes de 3m/m95 10 & 12
Moyeux Avant 10 de chaque coté calibre 4.98
Moyeux Arrière 10 de chaque coté " 5.98
Direction 24 billes de chaque coté

Le régional Fernand Besnier a participé à deux Tours de France : en 1926, dossard 143, il a fini quarante-neuvième et dernier, lanterne rouge à 36 heures de Bottecchia. Et en 1927, dossard 109, il a abandonné dans les Pyrénées avec Toussaint Chevalier et Betta. La veille, il était encore dernier. « Mais il était là, notre petit gars de Meulan, claironnait M. Magnien, il a du bon matériel. »

LA GUERRE DES CYCLES

C'est celle des marques de cycles qui essaient de profiter de la vitrine du Tour de France, des exploits de leurs champions pour coller leurs machines aux cinq ou six millions d'usagers de la bicyclette. Le Tour est donc un tremplin pour Alcyon, la marque bleu ciel, qui a gagné sept fois, et pour Automoto, la marque violine, qui lui a brûlé la politesse en 1923,24, 25 et 26. J.B. Louvet, La Française, Allelulia, Dilecta, Christophe, Elvish, Armor, Lucifer ou La Rafale se partagent les miettes, celles procurées par des gains d'étapes, ou des accessits. Le lion Peugeot a fui la curée depuis longtemps. Le marché est tellement important que la zizanie est forte, que l'on débauche les champions. Ainsi les Pélissier quand ils passent chez Dilecta multiplient les ventes par dix.

Affiches Collection Laget, **photo** Keystone France

Rafale
CHRISTOPHE
BARTHELEMY
BOYAUX W.RUSSELL
DEMAN
LENAERS
L'ÉQUIPE
AUTOMOTO
QUI DISPUTERA TOUTES LES COURSES SUR ROUTES EN
1922
CYCLES AUTOMOTO_SAINT-ETIENNE
PNEUS W. RUSSELL_CLICHY (SEINE)
Alcyon
TOUR DE FRANCE 1
(CHALLENGE DE RÉGULARITÉ
1er
Alcyon
(Pneus DU
APRÈS AVOIR GAGNÉ 7 ÉTAPES
4ème Etape: 1er SELLIER, 2e FRANTZ
5ème Etape: 1er ADELIN BENOIT
7ème Etape: 1er FRANTZ, 2e SELLIER
9ème Etape: 1er FRANTZ
12ème Etape: 1er FRANTZ,
13ème Etape: 1er FRAN
14ème Etape: 1er AYMO, 2e SELLIER
DE TELS SUCCÈS SONT LE RÉSULTAT D'UNE FABRICATION CONSCIENCIEU
TOUR DE FRANCE 1928
Alcyon
TRIOMPHE!
CLASSEMENT GÉNÉRAL
1er Nicolas FRANTZ
2e André LEDUCQ (1er des Français)
3e DEWAELE
tous sur Bicyclette
ALCYON, pneus DUNLOP
type « Super Tour de France » autogène
La Bicyclette des Champions
CHALLENGE DE RÉGULARITÉ
1re Équipe ALCYON
FRANTZ
LEDUCQ
La Bicyclette
ALCYON
Pour le même prix qu'une bicyclette quelconque vous pouvez acheter une
ALCYON
qui vient de triompher avec
FRANTZ
LEDUCQ
DEWAELE
Demandez le Catalogue ALCYON "A" à Courbevoie (Seine) ou aux Agents de la Marque

1930-1946

LE TEMPS DES COPAINS

LES ÉQUIPES NATIONALES VOULUES PAR DESGRANGE POUR REPRENDRE LE TOUR EN MAIN LUI DONNENT UN SECOND SOUFFLE. APRÈS LA MONTAGNE ET LE MAILLOT JAUNE, LE MAILLOT BLEU BLANC ROUGE ET LA CARAVANE, C'EST FORT ! LA CHANCE DE DESGRANGE, C'EST UNE BANDE DE COPAINS. LES FRÈRES MAGNE, DÉDÉ LEDUCQ, CHARLES PÉLISSIER, GEORGES SPEICHER, ROGER LAPÉBIE, MAURICE ARCHAMBAUD OU RENÉ VIETTO TRANSFORMENT LES DRAMES EN ÉPOPÉE ET DONNENT LA RÉPLIQUE AUX BELGES ET AUX ITALIENS. JACQUES GODDET PREND DOUCEMENT LE RELAIS DU VIEUX LION, QUI MEURT POUR NE PAS VOIR UNE SECONDE GUERRE.

DÉDÉ LEDUCQ, VAINQUEUR PROVIDENTIEL

Tendre tenaille pour Dédé « gueule d'amour ».
Collection Laget

1930

1er : André Leducq
Équipe de France

Jean Bouin en course à pied, c'était la France. Comme Georges Carpentier en boxe. Comme Suzanne Lenglen en tennis. En rugby, c'est l'équipe de France qui brille dès 1911, et lance le coq l'année suivante comme mascotte nationale. En football, il faudra attendre 1921 pour battre les Anglais. Et en tennis, avec la Coupe Davis conquise aux États-Unis en 1927, et conservée en 1928 et 1929 à Roland-Garros, toute la France est derrière les Mousquetaires. Desgrange rêve de déclencher le même mouvement avec le Tour de France. Jusqu'ici, il était plombé par les équipes de marque, qui le transformaient, lui le patron, en comparse. Dès 1928, l'envie de changement avait surgi et, en 1929, les mésaventures de l'équipe Alcyon et de son lauréat, Maurice Dewaele, feront déborder le vase.

Le problème, c'est le financement, car *L'Auto* va désormais tout assumer pour retrouver sa course et la faire changer d'époque. Le pari est audacieux. Il y aura quarante champions répartis en cinq équipes de huit. Les Belges ouvriront la marche, les Italiens suivront, avec Binda et Guerra (s'il vous plaît !). Les Espagnols convoiteront la montagne parrainée par le fromage Graf, les Allemands ne seront pas loin. Quant aux Français, ils espèrent bien que, dans le feu de l'action, Charles Pélissier, Victor Fontan, Jules Merviel, Marcel Bidot, Antonin Magne, André Leducq, Pierre Magne et Joseph Mauclair se transformeront en « mousquetaires de la pédale ». Neuf équipes régionales de cinq coureurs, et quelques touristes-routiers, dont le Belge Lucien Buysse, vainqueur en 1926, complètent la distribution. Avec cent coureurs équipés de vélos jaunes anonymes griffés *L'Auto*, et de tout le matériel fourni par le même journal organisateur, cette première est aussi inédite que risquée. Desgrange va négocier serré avec un constructeur, avec des villes, avec les hôtels, et avec de nouveaux annonceurs (biscottes Delft, la Vache qui rit, etc.). À commencer par ceux que M. Paul Thévenin, du chocolat Menier, lance dans la caravane publicitaire derrière le peloton, et dont on retrouve les produits dans les musettes. Carpentier porte l'épreuve sur les fonts baptismaux. Ce sera un bon parrain pour un combat en vingt et un rounds. Les tricolores en enlèveront douze (dont huit pour Pélissier), le maillot jaune avec Leducq et le classement par équipes, après avoir placé cinq coureurs dans les dix premiers. Les favoris, c'étaient les Italiens Binda et Guerra, le Belge Demuysère, troisième en 1929, et le Français Victor Fontan, qui avait le maillot jaune en 1929 puis avait été victime d'un bris de machine. Ce coup-ci, il tombe à un passage à niveau à Bordeaux, et il abandonne à Luchon, juste avant le phénoménal Binda, dont la classe ne résiste pas aux traquenards du Tour. Après avoir perdu

Exemplaire moteur du temps des copains, Charlot Pélissier contribue aux sauvetages de Dédé Leducq et de Tonin Magne. En prime il enlève huit étapes rien qu'en 1930. AFP

APOTHÉOSE AVEC DEUX MILLIONS DE SPECTATEURS

une heure sur chute, il fait un baroud dans les Pyrénées (deux étapes) avant de s'éclipser ; il a compris que Leducq, qui a pris le maillot jaune de Guerra à Luchon, était en état de grâce. Pourtant, après le renoncement du *campionissimo*, Guerra veut montrer qu'il n'est pas qu'un faire-valoir, et dans la grande étape alpestre (Grenoble-Évian, 331 km), il profite de deux chutes de Leducq dans la descente du Galibier, puis du Télégraphe, pour s'échapper.

C'est fini, pense-t-on, Dédé pleure sur le bord de la route. Heureusement, Tonin Magne le remet une première fois en selle, puis c'est Pierre Magne et Marcel Bidot qui prélèvent sur le vélo d'un spectateur une pédale pour réparer celle, faussée, du maillot jaune. Et ça repart, et à ce moment-là rapplique Charles Pélissier qui sonne la charge. La poursuite, relayée par la TSF, est homérique. En 75 kilomètres, les tricolores effacent un passif de 15 min, et Dédé, survolté, triomphe au sprint à Évian. Charles Pélissier, homme clef de ce Tour, rafle les quatre dernières étapes. Entre Malo-les-Bains et Paris, deux millions de personnes acclament Dédé et ses mousquetaires… Il y en avait cent mille au départ. C'est gagné. Desgrange jubile presque autant que Dédé « gueule d'amour ». Le Tour tient son second souffle.

Victor Fontan casse encore mais n'abandonne chez lui, dans les Pyrénées, qu'après avoir mis l'équipe de France en ordre de bataille. AFP

Les chutes et bris de pédale de Leducq transforment l'équipe de France en une invincible armada capable de boucher un trou de 15 minutes en 75 km. AFP

À Évian, où il vient de consolider un maillot jaune qu'il a failli perdre, Leducq félicite les acteurs de ce retournement de situation : Pierrot et Tonin Magne, Charlot Pélissier et Marcel Bidot. AFP

À l'entrée du vélodrome de Brest, Charles Pélissier chute aux pieds de Henri Desgrange.
Le temps de repartir et l'Italien Fabio Battesini aura gagné devant Léon Le Calvez et l'Allemand Erich Metze encore dans le raidillon. Collection Laget

LE PETIT JOURNAL
ILLUSTRÉ
HEBDOMADAIRE - 42e Année
61, rue Lafayette, Paris.
19 Juillet 1931 - N° 2117
PRIX : 50 CENTIMES

LE TOUR DE FRANCE

Le contrôle, célébré par Le Petit Journal illustré, montre qu'Antonin Magne, le maillot jaune, est bien protégé par les tricolores. La soif et la poussière ont l'air de travailler les gorges et les yeux du peloton.
Collection Laget

ANTONIN MAGNE, LE SISYPHE DE LIVRY-GARGAN

1931

1er : Antonin Magne

Équipe de France

L'équipe de France a été renouvelée de moitié et rajeunie, puisque Louis Péglion, Jean Maréchal, Léon Le Calvez et Benoît Faure remplacent Pierre Magne, Marcel Bidot, Jules Merviel et Victor Fontan. Qu'importe ! Avec Dédé Leducq, Charles Pélissier, Antonin Magne et Joseph Mauclair, l'esprit d'équipe forgé par l'héroïque victoire de 1930 demeure. C'est lui qui, en grande partie, permettra à Tonin Magne de prendre la suite de Dédé Leducq. On croyait ce dernier capable de se succéder, c'était sans compter sur le terrible championnat de France du contre-la-montre qui « l'escagassera ». Comme de son côté Antonin Magne (troisième en 1930), qui a bouclé difficilement le Tour d'Italie (vingt-neuvième), a été se refaire une santé dans les Pyrénées – où avec le chevronné Victor Fontan, il a redécouvert l'art d'être grimpeur en avalant des dizaines de fois les mêmes cols, en tournant la roue au bon endroit – les supporters tricolores gardent malgré tout l'espoir. Ils ont raison, même si, d'emblée, les touristes-routiers plus appliqués débordent les As à la faveur des départs séparés prévus par Desgrange pour animer la course en plaine.

Après un Tour épique, Antonin Magne savoure sa victoire entouré par Rosine Picquart, la « maman des coureurs », et Henri Manchon. Roger-Viollet

En effet, à Dinan, on croit que c'est Charles Pélissier qui a gagné, mais au temps, c'est l'Autrichien Max Bulla qui prend le bouquet et le maillot jaune. Un coup de tonnerre qui va obliger les As à redorer le blason. Ils le feront tellement bien qu'entre les Sables et Bordeaux, ils seront deux, Charles Pélissier et Raphaël Di Pacco, à porter le maillot jaune. Et dans les Pyrénées, qu'il connaît désormais comme sa poche, Tonin fera le récital attendu, prenant à Luchon le maillot jaune « chauffé » par ses équipiers Le Calvez et Pélissier, avec une marge suffisante (9 min sur Pesenti, 10 min sur Demuysère) pour rêver de le garder. Bulla brillera encore à Montpellier, mais c'est dans les Alpes que la course basculera. Là, entre Nice et Gap, Tonin ne résiste pas à l'attaque de ses dauphins, perd trois minutes sans paniquer, se ravitaille comme le lui a appris Léopold Alibert, son premier mentor, et le miracle se produit. Généré par son collier magique ? Ce qui est sûr, c'est que Charles Pélissier, arrivé du diable vauvert, le ramène sur les échappés. Quatre autres petits miracles se produiront, Benoît Faure l'épaulera dans la fin des Alpes, Leducq lui passera un café brûlant du côté de Belfort alors qu'il est frigorifié, et Maréchal lui donnera une roue providentielle. La dernière chance de ses adversaires belges, c'est de l'attaquer sur les pavés du Nord, plus difficiles qu'une étape de montagne. Entre Charleville et Malo-les-Bains, Rebry et Demuysère jouent leur va-tout. Sur deux cents kilomètres, Tonin s'accroche comme un diable, épate Leducq et préserve le maillot. Au Parc (sixième arrivée sur vélodrome), où Charles Pélissier emballe les spectateurs en réglant Leducq et Di Paco, la joie du public tenue en haleine par les quatre-vingt-dix-huit reportages «radio » de *Match l'Intran* est telle qu'il envahit la piste rose. Bras dessus, bras dessous, les copains de l'équipe de France déroulent leur tour d'honneur accompagnés par les accordéons de Fredo Gardoni. Tonin, sobre comme un chameau, fêtera sa victoire à l'eau, malgré les réclames « le vin, c'est la santé », avant de laver dans sa ferme de Livry-Gargan cuissards et maillots qu'il a changés tous les jours. Ensuite, il ira au fond de son jardin, retrouvera sa grosse pierre fétiche et se forgera le moral en la transportant sans cesse d'un bout à l'autre. Comme Sisyphe. Superstition cohabitant avec discipline, méthode et hygiène, une bonne façon d'inscrire son nom au palmarès. Avec une belle pincée de classe quand même.

L'HOMME DE LA PIERRE TAILLÉE PUIS POLIE

DÉDÉ LEDUCQ, LA FLEUR AU GUIDON...

1932

1er : André Leducq

Équipe de France

Paris, Parc des Princes – **Robert Desmarets pilote André Leducq pour le tour d'honneur.** AFP

Antonin Magne et Charles Pélissier, deux des piliers de l'équipe de France victorieuse en 1930 et 1931, sont les grands absents de ce vingt-sixième Tour de France, et Henri Desgrange fait grise mine. Même s'il a toute confiance dans la phalange tricolore animée par Dédé Leducq, il avait quand même chamboulé les bonifications (4 min au premier, 2 min au deuxième et 1 min au troisième) pour faire gagner le grand Charles. Charles, qui entre 1930 et 1931, avait « emballé » treize étapes, onze secondes places et trois troisièmes.

Desgrange avait simplement oublié que les Pélissier sont imprévisibles, et le cadet le lui rappelait en devenant consultant, catégorie dans laquelle, pour le coup, il ne serait pas loin d'être le premier. Les quatre-vingts chasseurs de bonifications s'élancent donc vers la Normandie, en faisant cette fois l'impasse sur le chouchen breton et le gâteau basque. Pas de fringale pour autant car l'intendance a préparé : 6 000 sandwiches, 9 600 bananes, 10 000 biscottes, 200 kg de pêches, la moitié de raisin, et 50 kg de petits beurre. Car on passe par Nantes, et l'Allemand Kurt Stoepel en profite pour prendre le maillot jaune au Belge Jean Aerts, qui sera victime de la zizanie entre Flamands et Wallons. À Bordeaux, l'Allemand crève à deux kilomètres du but, et Leducq, vainqueur, lui souffle le « précieux paletot ». Il ne le perdra plus malgré quelques joutes aux arrivées avec l'Italien Raphaël Di Paco, l'ancien rival de Pélissier. Et donc ce que Charles n'avait pas voulu faire, Dédé le fera, il enquillera étapes et bonus. Il raflera ainsi six étapes, deux places de deuxième et trois de troisième… Calculez. Encore aura-t-il cinq minutes de pénalité et un déclassement à Charleville pour avoir été poussé par Barthélémy. Poussette, le mot est lâché, ce sera le point noir de l'organisation. Maintenant, quand on voit la boue qui, dans le Tourmalet, oblige les coureurs à mettre pied à terre, on comprend. Les Alpes seront à peine plus clémentes, et malgré la neige du Tourmalet, Leducq y fera à Aix-les-Bains la différence à la pédale. Sa tâche sera facilitée par la sagesse de son dauphin, l'Allemand Stoepel, qui « craint de perdre la deuxième place sans gagner la première », et aussi par la solidarité des tricolores.

L'ALLEMAND STOEPEL, LE PLUS CORIACE

À cet égard, Archambaud sera providentiel dans les Pyrénées (deux fois au moins), avec Moineau et Speicher dans les Alpes. À Paris, dans un Parc des Princes refait à neuf, Dédé Leducq savoure son second triomphe après avoir offert à sa femme le bouquet de sa sixième étape. Il a 28 ans, il est plus fort qu'en 1930, et tout aussi souriant quand il déclare au micro de la TSF : « Que je suis heureux d'être rentré à Paris avec sur les épaules ce beau et lourd maillot jaune. » Un bonheur qui ne l'empêche pas de rappeler au Luxembourgeois Nicolas Frantz, désormais chez les touristes-routiers (quarante-cinquième), qu'il lui doit un jambon promis en 1928. Le Tour reste dur, mais la bonne humeur est de mise, surtout avec les flonflons et les accordéons de Fredo Gardoni et Jean Cyrano.

Antonin Magne absent est quand même au bord de la route pour encourager son copain Dédé Leducq, en difficulté dans les Pyrénées. La défaillance guette en montée, et la chute en descente. AFP

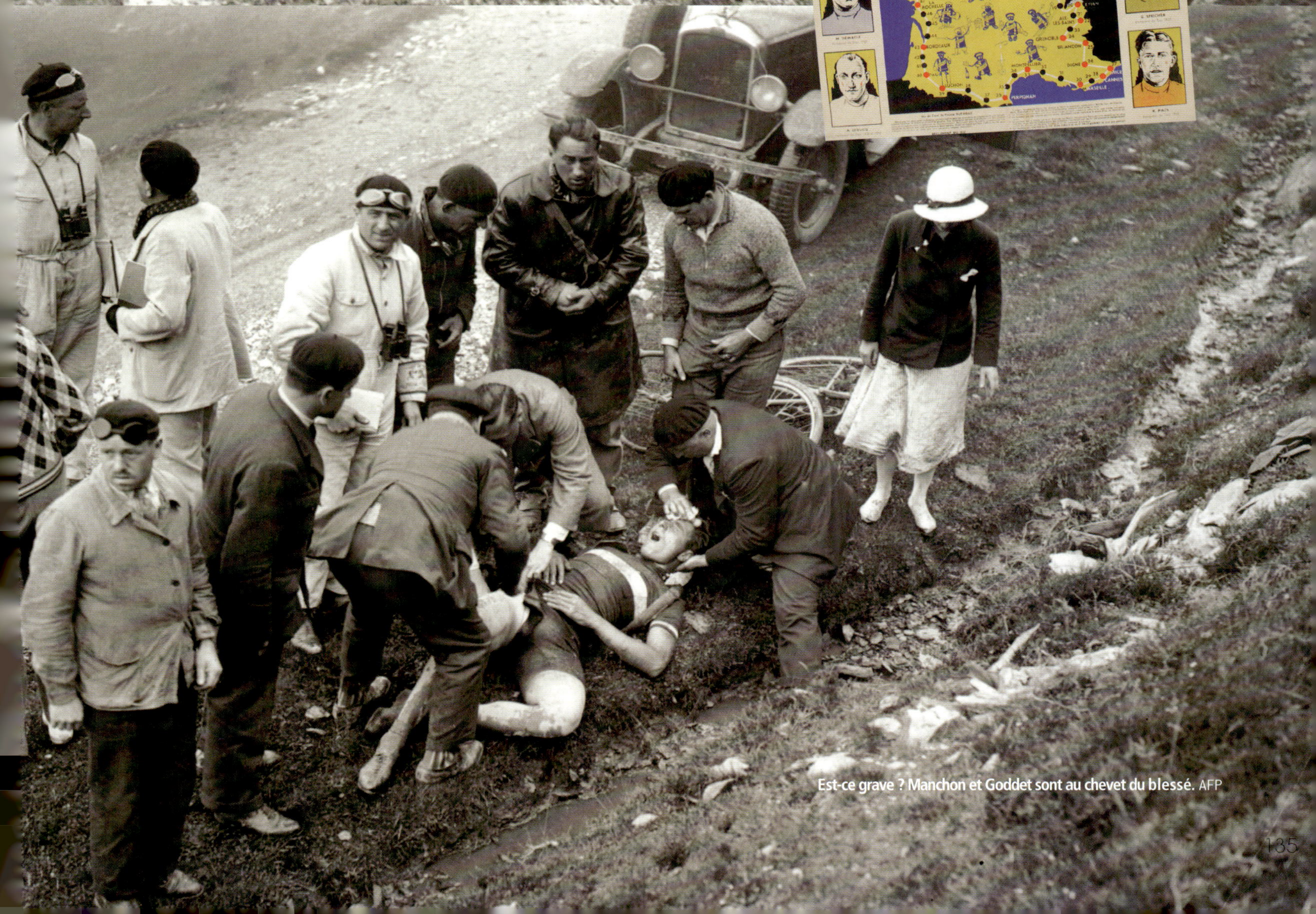

Est-ce grave ? Manchon et Goddet sont au chevet du blessé. AFP

AFP

Années 1930 – **Avant le départ, dans la décontraction, à l'arrière d'un camion technique Latil, Dizy, le mécano, règle les freins d'Antonin Magne de l'équipe de France. À noter : le petit garde-boue à l'avant. Nous sommes en 1934 ou 35, Magne a le numéro 36. En 1936, il aura le 31. Il porte lunettes et les deux boyaux réglementaires, un sur la poitrine, l'autre sous la selle.** AFP

Années 1930 – **Équipiers des sélections nationales, régionaux ou individuels, tout le monde est concerné au premier chef par le bain de pied à l'arrivée et par le ravitaillement en course. Ici, on lutte contre le goudron et la poussière, là contre la fringale. Maintenant, le bain de pied à l'Ovomaltine aurait aussi existé.** AFP

SPEICHER, LA TÊTE À L'ENVERS

À Marseille, Georges Speicher gagne et prend un maillot jaune qu'il ne perdra pas. AFP

1933

1er : Speicher

Équipe de France

Ce Tour qui part à l'envers, vers Lille et les Alpes, et non plus vers Caen et les Pyrénées, demeure un succès parce qu'en gagnant, Georges Speicher prolonge l'euphorie des victoires françaises débutée en 1930. Tellement que le numéro de *L'Auto* claironnant sa victoire finale s'enlève à 833 000 exemplaires. Un état de grâce qui se prolonge avec la course arc-en-ciel organisée à Montlhéry : Georges Speicher, repêché *in extremis*, réussit le doublé ! Le premier de l'histoire, un succès pour Alcyon, qui fait grincer des dents : car dans le Tour, le vélo du vainqueur était grimé en jaune, couleur de *L'Auto*, journal organisateur. Les constructeurs, qui n'avaient pas digéré le passage en force des équipes de marque aux équipes nationales en 1930, sont survoltés par cette réussite dont ils sont en grande partie floués. Et ils rêvent donc fin 1933 d'organiser leur propre Tour, comme Peugeot ou Wolber l'avaient fait dans les années 1910. Un feu de paille, car il n'y a qu'un seul Tour proclamera l'UVF ; et surtout, il n'y a qu'un organisateur, Desgrange, l'homme d'airain. Car la réussite de cette 27e édition n'a tenu qu'à deux ou trois gros fils tirés par le patron. En effet, si on regarde le classement final, on réalise que sans les bonifications aux arrivées (2 min au premier, 1 min au deuxième), le vrai vainqueur serait le touriste-routier italien Giuseppe Martano, classé troisième. Un flop. Il précéderait Speicher de 2 min et son compatriote Learco Guerra, proclamé deuxième, de presque 10 min. Alors ? Desgrange avait mis des bonifications pour avantager son protégé Charles Pélissier, mais il a abandonné dans la troisième étape. Et depuis, le Tour a battu de l'aile, même si le petit Maurice Archambaud, vainqueur à Lille, est un joli maillot jaune. Autre souci, le règlement. Il est appliqué strictement avec Altenburger, mis hors course pour s'être accroché à une voiture dans le ballon d'Alsace, mais pas dans les étapes arrivant à Nice et à Cannes, où les délais d'élimination passent ici de 8 à 10 % et là de 10 à 15 %. Moyennant quoi, la course est faussée : à l'arrivée à Nice, tout le peloton à partir du septième aurait dû être éliminé, et Trueba prendre le maillot jaune, Cornez, Fayolle, Pastorelli, Bulla et Le Calvez étant classés derrière lui. À Cannes, où Archambaud s'impose, surmontant sa défaillance de la veille et reprenant le maillot jaune, c'est Le Goff, Cornez, Monciero et Neuhard qui sont repêchés, compensation de l'arrivée à Nice, et du télescopage avec une voiture pour le dernier. Qu'importe, à Marseille, Speicher prend le maillot jaune perdu par Archambaud, et on oublie tout ça, même si c'est fort de café. Le Tour est sur un petit nuage bleu, blanc, rouge. Ensuite, bien épaulé par le dévoué Archambaud, et par Le Grevès, Magne, Leducq, Le Calvez, Lapébie ou Cornez qui livrent avec Aerts, le supplétif belge, une terrible guerre aux bonifications à Guerra et Martano, Speicher, qui paie de sa personne avec des numéros de haute folie en descente, porte à 5 min son avantage sur Martano. Une marge suffisante pour prolonger une embellie complétée par le succès des tricolores par équipes. Quant à l'Espagnol Trueba, en tête au Galibier comme au Tourmalet, il est indiscutablement le premier roi officiel de la montagne.

LE TOUR EST SUR UN PETIT NUAGE BLEU BLANC ROUGE

Au sprint, René Le Grevès accentue la domination tricolore. AFP

AFP

Sur les routes de montagne toujours infernales et décisives, le Français Antonin Magne contrôle Italiens, Belges et Allemands. Il y va du maillot jaune de son équipier, l'épatant Maurice Archambaud, dont les exploits émerveillent parents et dessinateurs. Dessin Collection Laget, photo AFP

MAGNE BISSE, VIETTO AUSSI...

Le petit sourire de Tonin. Collection Laget

1934

1er : Antonin Magne

Équipe de France

Tonin le taciturne répond en souriant aux questions des journalistes de la TSF. Cette seconde victoire totale le comble . Kestone-France

UNE SPECTATRICE NOMMÉE ALEXANDRA DAVID-NÉEL

Pour ce vingt-huitième Tour, les Espagnols comptent toujours sur Trueba, les Allemands sur Stoepel, les Belges sur Rebry, et les Italiens sur Martano et Di Paco. Les Français sont un peu plus inquiets, car si l'équipe a toujours fière allure avec Magne, Speicher, Archambaud ou Pélissier, Leducq, qui a terminé trente et unième en 1933, manque. Est-ce que les jeunes Roger Lapébie et René Vietto le feront oublier ? Les réponses, on les possède à mi-Tour, à Montpellier, puisque Antonin Magne, lauréat 1931, qui a pris le maillot jaune dès la deuxième étape, le tient encore, et que Georges Speicher, équipier de Tonin, enlève dans la capitale du Languedoc sa troisième étape. Comme Vietto, le grimpeur débutant, René Le Grevès, le sprinter maison, et Roger Lapébie ont tous fait de même, on peut considérer que les tricolores ont la situation bien en main. L'Italien Guiseppe Martano, vainqueur à Gap, est le client le plus sérieux, car il pointe à 3 min 42 s, et donc dans les Pyrénées tout reste possible. Même si Tonin connaît bien les lieux, il est toujours à la merci d'une chute ou d'une crevaison. Et la première alerte survient dans la quinzième étape, Perpignan–Ax-les-Thermes. Dans la descente du Puymorens, Magne tombe et casse sa roue. Vietto lui donne la sienne, mais finalement c'est le vélo de Speicher qui remettra Magne dans la course. Le lendemain, 21 juillet, entre Ax-les-Thermes et Luchon, dans une petite descente après le Portet-d'Aspet, c'est cette fois la roue arrière du maillot jaune qui se bloque, et la chaîne qui se prend dans le pédalier. « J'ai bien cru que tout était fini, confessera Magne, quand je vis René Vietto, qui avait rebroussé chemin, et qui m'apportait sa bicyclette. Je l'enfourchai et rejoignit Roger Lapébie, qui nous attendait, et mena constamment jusqu'au sommet du col des Ares. Dans la descente, il menait encore et je ne sais pas à qui je dois le plus aujourd'hui, de Vietto ou Lapébie. » Ce soir-là, l'Italien Vignoli devancera Lapébie et Magne. Vietto terminera avec Trueba, dix-huitième à 4 min. Entre Luchon et Tarbes, un coin qu'il connaît par cœur, Tonin triomphera reléguant Vietto à 8 min et Martano à 19 min. La course était jouée. Pour le plus grand bonheur d'Alexandra David-Néel et de son fils, qui le suivent de loin après l'avoir applaudi dans les Alpes, Vietto ressuscité fera son numéro entre Tarbes et Pau. Un bon moyen d'asseoir sa victoire dans le Grand Prix de la montagne, et de se hisser un instant sur la troisième marche du podium. Cette mitoyenneté énerve gentiment Tonin, qui profitera du premier contre-la-montre individuel du Tour entre La Roche-sur-Yon et Nantes (90 km) pour corser l'écart sur Martano (26 min 11 s), son dauphin, et surtout sur Vietto, dans lequel certains voient un vainqueur moral. Et ce, même si quand il fait son double travail d'équipier, René a déjà perdu trop de temps pour avoir la moindre chance de gagner le Tour. Au Parc des Princes, Vietto se retrouve cinquième à une heure de Tonin, et Lapébie, troisième à 54 min. Le tour d'honneur de Tonin et René est pourtant le plus applaudi. Les Français aiment la chevalerie, le panache, même quand les armures grincent. Les équipiers de Magne ont tout raflé, à commencer par dix-neuf étapes sur vingt-trois.

Les voitures officielles provoquent des nuages de poussière, pas assez encore pour que Magne chausse les lunettes. AFP

AFP

Révélation du Tour, le jeune Cannois René Vietto en sera le meilleur grimpeur, le meilleur équipier pour Antonin Magne, et le meilleur dépanneur. À en partager avec son leader un fabuleux tour d'honneur au Parc des Princes. Un tour qui emporte les doutes.

Photo PQR/Sud-Ouest Teamshoot

AFP

« Parce que c'était Tonin (à droite), parce que j'étais René »
René Vietto.
Collection Laget

Roger-Viollet

1935

1er : Romain Maes

Équipe de Belgique

Depuis que le système révolutionnaire des équipes nationales a été adopté en 1930, les Français ont enlevé toutes les éditions, et ça devrait continuer en 1935, car avec Leducq (1930-32), Magne (1931-34) et Speicher (1933), tous les lauréats français sont au départ du Vésinet dans l'équipe nationale. Qui plus est, ils sont épaulés par Archambaud, Vietto et Le Grevès. Mais cette passe de six victoires annoncées ne se produira pas à cause d'un petit Belge imprévu. Les Belges, qui s'étaient fait un peu oublier depuis la victoire de Dewaele, l'injustement maudit de 1929, montent en effet en puissance. Et on attend donc Félicien Vervaecke ou Sylvère Maes, respectivement quatrième et huitième en 1934. C'est compter sans le moral des tricolores et des imprévus, comme passages à niveau et voitures. Maintenant, si la chance sourira à Romain Maes (simple homonyme de Sylvère), c'est aussi parce qu'il est le plus audacieux.

Dans cette première étape entre Paris et Lille, dans le genre de Paris-Roubaix, Romain sait qu'il peut s'imposer comme leader de sa propre équipe, et il attaque. Au passage à niveau de Méru, il y a déjà eu une sacrée panique, éparpillant le peloton dans la campagne. Puis Aerts et Pélissier ont aussi attaqué, mais c'est le jour de Romain, et à Bruay, au milieu des crassiers, il pédale plus fort et s'assure deux minutes sur un peloton en vrille. Seuls quatre hommes assurent la contre-attaque : deux compatriotes, de Caluwe et Aerts ; deux Français, Antonin Magne, et Charles Pélissier. Et ils auraient rejoint l'échappé s'ils ne s'étaient pas cassé le nez sur le passage à niveau d'Haubourdin. Averti par l'épisode Méru, Romain est passé de justesse par le portillon. Sur l'hippodrome de Lille, il franchit la ligne à pied avec une minute d'avance. Avec les bonifications, il prend le maillot jaune avec 2 min 31 s sur de Caluwe, et plus de 3 min sur Aerts, Magne et Pélissier ; Speicher pointe à presque 6 min, Lapébie à 8 min, et Vietto à 21 min… Un premier tournant, un coup au moral des tricolores.

HAUBOURDIN, TREMPLIN POUR LE PLUS COSTAUD

Une péripétie pense-t-on : Romain a abandonné en 1934, il ne passera pas les Alpes. Le hic, c'est que Romain, au fil des étapes, consolide son avance et prend confiance. En prime, il profite de la mise hors course (par des voitures) de Magne dans le Télégraphe, puis de Camusso. Les Alpes sont favorables aux Italiens, mais dramatiques pour Francisco Cepeda, rescapé de la phalange des grimpeurs espagnols. Victime d'un problème de freinage dans la descente du Galibier, il fait une chute mortelle. Les Belges s'accrochent, et à Cannes, Romain gagne, montrant qu'il est vraiment le meilleur. Les Pyrénées seront belges avec Félicien Vervaecke, qui s'assure le sceptre des grimpeurs, et Sylvère Maes, impérial dans le Tourmalet, même si Morelli prend le bouquet à Pau et se replace à 2 min 30 s de Romain. Les Français n'ont pas confiance en Speicher, et de toute façon, le petit Belge est au-dessus du lot. À Rochefort, il rejette Morelli à 12 min, puis à 19 min. Dès lors, le Transalpin peut briller dans le cinquième et dernier contre-la-montre à Caen, Romain ne risque plus rien. Après Bottecchia (1924) et Frantz (1928), Romain Maes est le troisième champion à porter le maillot jaune de bout en bout. Comme eux, après avoir enlevé la première étape, il met un point d'honneur à rafler la dernière. À 22 ans, la victoire de ce treizième enfant d'une famille de quinze n'a rien d'un hold-up. Certes, il n'a pas terminé ses autres Tours ; qu'importe, comme Lapize, c'était l'homme d'un seul Tour. La preuve, cette année-là, tout en lavant lui-même son linge, il a surmonté vingt-huit crevaisons, trois passages à vide, et signé la meilleure moyenne (30, 65 km/h). Un vainqueur qui ne déparera pas dans le sermon du curé de Saint-Goustan.

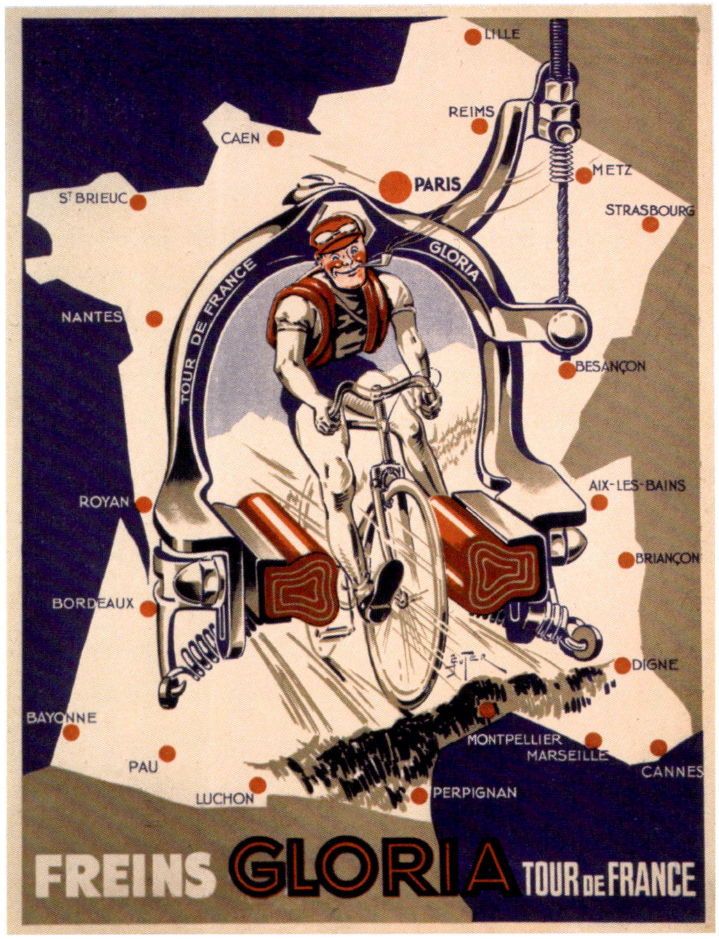

Avec les freins Gloria, on fume la pipe, sans… on peut la casser comme Cepeda. Hélas. Collection Laget

Romain a crevé et vite réparé, tout en ne perdant pas de vue la course. Il n'était qu'un outsider chez les Belges, – on le reconnaît en bas à gauche – mais son œil, sa vivacité et son talent ont fait la différence. Collection Laget

ROMAIN MAES FORCE LE DESTIN...

PAR AVION

L'A

PAGES

AUTOMOBILE, MOTOCYCLE, AÉRONAUTIQUE, CYCLISME, BOXE, ATH

LE 29e TOUR DE FRANCE

(Organisé par l'Auto, du 4 au 28 juillet 1935. — 4.338 km., 21 étapes)

MOINEAU s'échappe à 45 kilom

la 1re étape avec un quart

Collection Laget

SYLVÈRE MAES, MONSIEUR TOURMALET

Collection Laget

Gistel – **Sylvère donnera à son café, le nom de Tourmalet, le col qui lui réussit si bien.** Collection Laget

1936

1er : Sylvère Maes

Équipe de Belgique

Ce trentième Tour de France se veut moins anodin que le vingt-neuvième. D'une part, la France, en plein Front populaire, connaît les premiers congés payés, ce qui provoque un afflux considérable de spectateurs sur le bord des routes, en particulier des cyclistes. D'autre part, après le Tour, il y a les Jeux olympiques de Berlin, où Jacques Goddet va troquer sa plume cycliste contre une plume plus athlétique. Mais le Tour ne serait pas le Tour sans rebondissement. Ce coup-ci, pas de passage à niveau captif, mais les problèmes de santé de Desgrange, l'obligeant à passer les manettes à Jacques Goddet. Autre nouveauté, plus heureuse : à la faveur du déluge qui s'abat sur Lille, Paul Egli, un As suisse B, décroche bouquet et maillot jaune. Une première. Et dans ce rayon, il y en a d'autres puisque des Roumains et des Yougoslaves font leur apparition. Un coup de fraîcheur, l'espace des premières étapes, car ils abandonneront assez vite, sauf Abulnar qui abandonnera après Romain Maes, le vainqueur sortant, et le Français Georges Speicher, vainqueur 1933, qui était le favori de *L'Auto*, *Paris-Soir* et *L'Écho des sports*.

VIETTO ET ROMAIN MAES JETTENT L'ÉPONGE...

Tous deux renoncent à Grenoble lamentablement, car Sylvère Maes, qui avait bien épaulé Romain en 1935, et Maurice Archambaud, sans qui Georges Speicher n'aurait pas décroché la timbale en 1933, sont alors en tête. Et à Briançon, Sylvère dépossède en effet Maurice du « maillot bouton-d'or ». Ensuite, dans des demi-étapes courues contre la montre par équipes, les Belges, avec Sylvère en tête, imposeront leur homogénéité. René Le Grevès livrera dans les sprints un grand match au Belge Éloi Meulenberg (six victoires à deux), et Tonin Magne, à la faveur d'un immense contre-la-montre des tricolores à Caen, chassera Félicien Vervaecke, autre Belge, autre favori, de la deuxième marche du podium.

Mais Sylvère, qui a survolé le Tourmalet, comme en 1935, après avoir dompté l'Izoard, s'est assuré une marge de vingt-neuf minutes sur l'Auvergnat de Livry-Gargan, et il regarde avec sérénité son baroud désespéré. Vedette des touristes-routiers, René Vietto abandonnera à Flumet, chaîne brisée. Deux crans (quatrième et septième) derrière, les frères Pierre et Mathias Clemens, des géants luxembourgeois, affichent la même entente et la même impuissance que les Schleck aujourd'hui. Consolation pour Sylvère, simple homonyme de Romain, mais plus complet, sa moyenne est supérieure (31,072 km/h contre 30,650 km/h). Et son café de Gistel, où la bière coule à flots, prolongeant le bonheur du Tour, s'appelle « Le Tourmalet ». Sylvère confirme les pronostics de *L'Écho de Paris*, journal pourtant non spécialisé. Archambaud a abandonné à Narbonne couvert de blessures. Quant aux Espagnols, avec Julien Berrendero, ils retrouvent leur Prix de la montagne, dont René Vietto et Félicien Vervaecke les avaient privés.

Dans Lille transformée en cité lacustre, Egli et Archambaud échappent au naufrage. Pas Vietto. AFP

Pour passer du sol détrempé des Pyrénées, où Félicien Vervaecke patine, au soleil victorieux de Bruxelles, où toute la capitale fête la victoire de l'escadron noir, la recette est simple : manger beaucoup de Picon, et avoir du gaz. Collection Laget

AFP

LAPÉBIE ET LEULLIOT, ROIS DU DÉRAILLEUR

1937

1er : Roger Lapébie

Équipe de France

Roger, vainqueur contesté, mais serein.
Collection Laget

Napoléon Bonaparte préférait un général qui a de la chance à un général intelligent. Et cette année-là, sur ce trente et unième révolutionnaire avec la généralisation du dérailleur, le chanceux fut le Français Roger Lapébie. En effet, l'Italien Gino Bartali, qui porte le maillot jaune et se sert bien du dérailleur, vieille tradition italienne oblige, chute à Digne. À Digne, où Roger Lapébie triomphe et se replace sur le podium, Bartali passe donc son maillot jaune au Belge Sylvère Maes, déjà vainqueur un an plus tôt. Desgrange se met alors à bricoler, annule les contre-la-montre par équipes qui avantagent Sylvère et les Belges, et leur permet de consolider leur maillot jaune. Au seuil des quatre étapes pyrénéennes, la tension est extrême, car Lapébie n'a que 2 min 18 s de retard sur Maes, et son vélo est victime d'un sabotage. Entre Belges et Français, équipiers, parents, supporters, c'est un véritable corps-à-corps. Des voitures amies s'immiscent derrière l'un ou l'autre, et à Pau, pour poussettes répétées, Lapébie écope d'une pénalité de 1 min 30 s. Comme sa deuxième place lui a valu 45 s de bonification, il est désormais à 3 min 03 s. Et le Tour arrive chez lui. Cette étape bordelaise sera abominable sur le plan du fair-play : Maes, le maillot jaune, lâché sur crevaison, est ramené par des individuels belges et écope d'une pénalité de 15 s. Ensuite, avec son

BARTALI TOMBÉ, MAES ULCÉRÉ, BONJOUR ROGER

Lapil / Roger-Viollet

Sans être aussi bon grimpeur que Berrendero, Bartali ou Félicien Vervaecke, Lapébie se bat comme un lion et limite les dégâts, ici au col de Port, et ailleurs. Collection Laget

Avec les Belges, même si on plaisante, c'était plutôt soupe à la grimace. Tellement qu'en Belgique, après l'abandon de Sylvère Maes, on fera un jeu de fléchettes avec Lapébie pour cible. AFP

équipe, il est retardé à un passage à niveau, où les autochtones lui auraient lancé du poivre ! Pendant ce temps, Lapébie, nez dans le guidon, fonce pour prendre la bonification allouée à la deuxième place. Comme Sylvère arrive avec presque 2 min de retard, l'écart n'est plus que de 25 s. Le suspense est à son comble quand, considérant avec son directeur sportif Karel Steyaert qu'il ne pourra pas gagner, Sylvère abandonne, maillot jaune sur le dos ! Une première. Son équipe est solidaire. La dix-septième étape, qui est saucissonnée en trois secteurs (Bordeaux-Royan, Royan-Saintes, Saintes-La Rochelle), permet à Lapébie d'endosser enfin le maillot jaune à sa cinquième participation. Dans les derniers contre-la-montre où il s'impose (La Roche-sur-Yon), il laisse filer le Suisse Amberg, troisième, peu dangereux à 26 min, se contentant de repousser l'Italien Vicini, deuxième, à 7 min. Jean Leulliot, journaliste à *L'Auto*, ancien champion universitaire et peintre devenu directeur sportif des tricolores, peut « galéjer » : « Le changement de vitesse a beaucoup compté dans la victoire de Lapébie, qui a toujours eu au bon moment, le développement qu'il désirait. » En réalité, c'est lui qui n'a pas quitté son poulain d'une semelle. Ce qui est également très important, c'est que cette année-là, les vélos des champions munis de dérailleur s'enlèveront comme jadis dans la cour du Faubourg-Montmartre. En 1936, malgré les congés payés, de nombreux vacanciers en mal de confort avaient boudé les machines sans dérailleur. Et en fait obligé Desgrange à changer son fusil d'épaule. Avec le dérailleur, Lapébie ne peut faire moins que d'améliorer la meilleure moyenne : 31,768 km/h.

Vive les chewing-gums Globo!
Collection Laget

L'Italien Gino Bartali (ici deuxième) grimpe divinement et passe en tête les cols de Vars, de l'Izoard, de l'Aubisque, d'Aspin et du Tourmalet, même si René Vietto, Félicien Vervaecke et Victor Cosson l'asticotent un peu. Eux n'ont pas d'eau bénite dans leur bidon, comme le souligne en souriant l'écrivain Alphonse Boudard. AFP

Casquette en papier crépon pour le papier à cigarettes Lacroix, le préféré de Bartali. Collection Laget

AFP

Félicité par le commendatore Binda. AFP

BARTALI, L'ANGE DE LA MONTAGNE

1938

1er : Gino Bartali

Équipe d'Italie

Gino s'impose sur tous les tableaux. Son inséparable cigarette, il la retrouvera juste après l'arrivée. AFP

Même si l'Italien Gino Bartali et le Belge Sylvère Maes sont très revanchards après les désagréments essuyés en 1937, ce trente-deuxième Tour n'aurait jamais dû échapper aux Français. En effet, ils n'alignent pas moins de trente-six coureurs. Il y a donc l'équipe de France avec Magne et Speicher, deux anciens vainqueurs, les Cadets de France (ou France B) avec Leducq, autre ancien vainqueur, et les Bleuets (ou France C) avec Gianello. Réserve : les leaders français sont âgés, et la relève trop jeune. Mais le Tour, c'est toujours une combinaison de comédie et de tragédie, de faux train, de faux seconds rôles, de poussettes interdites, de terre battue, de pavés, de canicule, de pluie et de chutes. Dans les cols, il y a un nouveau, l'Iseran, le plus haut avec ses 2 770 m, et toujours des tiers d'étape, pas seulement pour faire plaisir au saucisson Mireille. D'emblée, l'équipe de France est éprouvée par l'abandon sur chute de Paul Maye, puis pour la même raison de Sylvain Marcaillou à Bordeaux. Puis, dans la première étape des Pyrénées, c'est Georges Speicher qui est mis hors course pour s'être accroché à une voiture dans un col. Des bonnes nouvelles, il y en a pourtant : le plus grand du peloton, le Luxembourgeois Jean Majerus (1,87 m) vainqueur à Saint-Brieuc, porte le maillot jaune jusqu'à Bayonne, où c'est le vieux Dédé Leducq (34 ans) qui l'en dépossède l'espace d'une étape, le temps de le repasser au Belge Félicien Vervaecke. Meilleur grimpeur des Tours 1935 et 1937, lui aussi est revanchard. Le hic, c'est qu'il va tomber sur meilleur grimpeur que lui. En effet, si Félicien passe en tête à Peyresourde, Gino Bartali s'envole dans l'Aspin, l'Aubisque, le Tourmalet et le Portet-d'Aspet où, grâce aux bonifications, il talonne le Belge à moins d'une minute. Celui-ci se donne un ballon d'oxygène dans le contre-la-montre individuel de Narbonne, où il remet l'Italien à 3 min 45 s. Ce sera l'écart maximal, car Gino refait dans sa tête le Tour 1937 à l'envers : il avait abandonné à Marseille, il y gagne et reprend une minute. Les Alpes lui avaient vu perdre le maillot jaune à Digne, il va s'y déchaîner, et chiper le maillot de Félicien.

BARTALI ET MAES REVANCHARDS, LAPÉBIE INEXPLICABLEMENT ABSENT

Dans le col tire-bouchonnant de Braus, Vervaecke gêne Bartali, est déclassé et prend 30 s de pénalité. Ensuite, dans la grande étape entre Digne et Briançon, c'est l'envolée capricante de Gino : il triomphe avec 17 min d'avance, et comme il est passé en tête aux cols d'Allos, Vars et Izoard, il ajoute 5 min 43 s à son capital. Le Belge est déposé à plus de 20 min. Superbe coureur, Félicien met un point d'honneur à déflorer l'Iseran, nouveau toit du Tour, et à prendre la bonification ; hélas, il crèvera. Dans le final, ses équipiers de l'escadron noir, Kint, Masson ou Neuville, raflent les dernières étapes, laissant à Félicien le soin d'enlever le dernier contre-la-montre à Laon, pour se rapprocher de Gino à 18 min. La satisfaction tricolore vient de Victor Cosson, intelligent petit coureur de 23 ans, originaire de Boulogne-Billancourt. Il est troisième et premier des tricolores, qui se réconcilient *in extremis* avec leur public sur la piste du Parc des Princes, où Antonin Magne et Dédé Leducq se partagent la victoire. C'est leur dernier Tour, le temps des copains s'achève en beauté. Gino, qui décroche aussi le Grand Prix de la montagne, devient le premier vainqueur à réussir le doublé : maillot jaune-sommets. Il est vrai qu'avec le culte sans faille qu'il voue à la Vierge, dont il porte les médailles, il est avantagé.

Les copains Dédé Leducq et Tonin Magne s'en vont ensemble en partageant la victoire au Parc. AFP

SYLVÈRE MAES S'EN VA-T-EN GUERRE

Faute d'équipier ou de voiture technique, Sylvère Maes répare lui-même. Comme un grand. AFP

1939

1er : Silvère Maes

Équipe de Belgique

Peut-être parce que c'est le trente-troisième Tour, on pense au Dr Knock, à Louis Jouvet faisant dire « 33 » à ses patients et leur demandant : « ça vous chatouille, ou ça vous grattouille ? » Pour le Tour, ça chatouille et ça grattouille. La conjoncture est telle qu'en effet, il n'y a ni Allemands, ni Italiens, ni Espagnols. Le Tour ne risque-t-il pas de manquer de piment avec les seuls Belges, même s'ils ont deux équipes et deux anciens vainqueurs, les petits Suisses, les grands Luxembourgeois, les Hollandais, pas encore en orange, et les cinq équipes françaises, dont une nationale avec Cosson, Gianello et Marcaillou, et quatre régionales avec Archambaud ou Vietto ? Les spectateurs ne se posent pas la question, ils sont partout, au sommet des petits cols, sur les poteaux télégraphiques, à Jonzac, à Mont-de-Marsan, et bien entendu au Vésinet, d'où les coureurs partent à soixante-dix-neuf, car André Bramard du Sud-Ouest n'a pas eu de permission. Oui, ça grattouille, et la première équipe en action est celle du Nord–Île-de-France, qui avec Amédée Fournier, dit Médoche, prend le bouquet et le maillot jaune à Caen. Les clients seront pourtant les Belges, même s'ils vont perdre Romain Maes (maillot jaune à Vire), Félicien Vervaecke ou Lucien Storme. Ils laissent le Breton Jean Fontenay endosser le maillot jaune chez lui, puis ensuite ils laissent le soin à René Vietto (Sud-Est) de le porter en se grillant jusque chez lui, au pied des Alpes, pendant quinze jours. Trop long, pour un champion qui court sur les nerfs.

Le peloton donne un brin d'optimisme à une France où les grandes manœuvres battent leur plein. Keystone France

VIETTO IMPLOSE DANS L'IZOARD, QUI COURONNE MAES

C'est là que Sylvère Maes a rendez-vous avec l'histoire. Dans l'Izoard, René, le maillot jaune, genou à terre, implose. À l'arrivée, il est à 17 min de Sylvère, son successeur. Le lendemain, la journée est fractionnée en trois secteurs. Il faut se lever tôt, il fait froid, il y a l'Iseran en contre-la-montre, et Sylvère Maes achève le massacre en collant 10 min de plus au roi René, le meilleur des Français, désormais à 27 min, et même à 28 min, après le contre-la-montre de Dijon survolé par un Archambaud enfin libre, mais trop tard. Marcel Kint, l'aigle noir, met au Parc des Princes la touche finale sur une victoire belge absolue et construite comme *La Leçon d'anatomie du Docteur Tulp* de Rembrandt. Les trois meilleurs grimpeurs sont belges, avec Sylvère en tête, ils sont encore six dans les dix premiers, et leurs deux équipes terminent sur le podium. À 30 ans, Sylvère Maes fait presque du 32 kilomètres à l'heure, la meilleure des moyennes, et il décroche sa deuxième victoire, comme son compatriote Thys en 1914. Un drôle de présage, non ? Quant à René Vietto, sous le maillot bleu azur du Sud-Est, il obtient sa meilleure place dans le Tour, deuxième !

TOUR DE FRANCE
de L'Auto 1939
Voiture Officielle

Dans le brouillard de son cher Tourmalet comme sous la pluie, Sylvère Maes est invincible et son dauphin René Vietto, simple leader d'une équipe régionale, relégué à une demi-heure. AFP

AFP

1946 – **Avec la Ronde de France, et les coureurs dégringolant les cols de Paul Ordner, on a quand même un petit avant goût du Tour.**

LA DOUBLE PEINE, PUIS LA RENAISSANCE

1940-1946

C'est la plus longue période sans Tour de France, celle de la Seconde Guerre mondiale. Desgrange rêve bien d'organiser un 33e Tour en 1940, mais « il y a très, très peu d'espoir… ». D'ailleurs il est tellement mal, le patron, qu'il oublie que le 33e, c'était celui de 1939. Ce qui doit bien faire marrer l'écrivain André Gide, qui dans son *Journal* comprend mal « le raffut de tous les diables fait autour du Tour… ». Le Tour n'aura donc pas lieu pendant sept ans. Double peine, il sera plombé par la disparition de son père Henri Desgrange le 16 août 1940 et par l'organisation collaborationniste d'un simili-Tour, le Circuit de France. Organisé par *La France socialiste* et Jean Leulliot du 28 septembre au 4 octobre 1942, ce « court-circuit » de France sera une honte, et un échec.

DESGRANGE PARTI, C'EST LA CHIENLIT…

C'est dans *L'Auto-Soldat* (n° 1, le 16 septembre 1940) que nous apprenons que le trente-troisième Tour, celui de 1939, est bien homologué par l'Union cycliste internationale, et que la moitié des 900 000 francs de prix décrochés par les Belges a été réglée. On apprend aussi que Vietto a été le premier à se présenter au Faubourg pour encaisser ses gains. On apprend enfin que « fridolin » remplace « boche ». En effet, la France a déclaré la guerre à l'Allemagne le 3 septembre après son invasion de la Pologne. Maye, Leducq, Magne, Archambaud ou Cloarec, qui participaient un peu plus tôt au Circuit de l'Ouest, interrompu après cinq étapes, sont désormais au front. Et début décembre 1939, il y aura même une rencontre saugrenue entre deux anciens coureurs du Tour : Robert Oubron, vingtième en 1937, arrêtera Kurt Stoepel, deuxième en 1932. Peu après, l'UCI donnera les dates pour le Tour 1940 : ce serait du 26 juin au 21 juillet, avec les quatre grands cols. Et dans le rêve de Desgrange, il y a quelque part des Américains !

Durant l'été 1942, Ferdi Kübler se révèle dans un Tour de Suisse, où Paul Egli, qui avait été en 1930 le premier Suisse à porter le maillot jaune, est pris dans une voiture. De son côté, Jacques Goddet entretient le feu sacré en demandant aux lecteurs de *L'Auto* comment ils voient l'équipe de France du Tour 1942. Ils sont cent mille à répondre, en 1943 aussi. La Résistance ? Elle s'opérera aussi dans l'imprimerie de *L'Auto* où, sans ostentation, on sort discours et affiches du général de Gaulle avec les risques que cela implique. Quant au maillot jaune, il volète toujours, à la faveur d'un Grand Prix de France s'articulant sur les classiques. Jo Goutorbe enfile le premier en 1943, et le Belge Maurice Desimpelaere le second en 1944. Mais le beau symbole retrouvera enfin la route en 1946 avec les premières courses à étapes autorisées après la victoire, la Libération, l'épuration, et la renaissance de la presse sportive. Certes, ces épreuves seront limitées à cinq étapes, mais la presse est encore la seule à revendiquer les grandes organisations sportives et veut avec ses nouveaux titres convaincre les pouvoirs publics de sa compétence en la matière. Car à l'arrière-plan, c'est de la récupération du Tour de France dont il s'agit. Interdite de parution, *L'Auto* doit se métamorphoser en *L'Équipe* pour reparaître fin février 1946, mais elle sera devancée par *Sports* et *Record*, et accompagnée par *Élans*. *Sports*, d'obédience communiste, prendra un second avantage en étant le premier à organiser, sous le couvert de *Ce Soir*, la « Ronde de France » du 10 au 14 juillet 1946. Ce sera de Bordeaux à Grenoble, *via* les Pyrénées et les Alpes. Un demi-succès, car le maillot jaune final, Giulio Bresci, est un inconnu ; heureusement Fachleitner, Apo Lazaridès ou Brambilla se montrent. Dans la foulée, *L'Équipe* délègue à la Société du vélodrome du Parc des Princes, et au quotidien frère *Le Parisien*, le soin de mettre sur pied la « Course du Tour de France » ou « Monaco-Paris ». Du 23 au 28 juillet, cinq équipes nationales et cinq régionales, avec Vietto comme étendard, font à nouveau frémir les foules. Robic se fera piéger par Apo Lazaridès, le protégé du roi René, et le final aura lieu au Parc, comme jadis. Sans être parfaite, l'organisation est meilleure. Le trente-quatrième Tour, celui de 1947, sera donc logiquement confié aux enfants de Desgrange, à ceux qui aiment le Tour de haute passion : Jacques Goddet ou Jacques May. Au départ, il manquera Eugène Gréau et Charles Berty, deux géants de la route morts en déportation.

1942 – **Malgré l'affiche de Cello, ce Circuit de France ne tournera pas vraiment très rond.** Collection Laget

Les inconnus Bresci et Bertocchi bouclent « la Ronde » sans pour autant sortir de l'anonymat. Quant au Circuit de France, il ressemble au Tour, il a la fièvre des départs du Tour, mais il a un gazogène en travers de la gorge. Collection Laget

Années 1930 – **Spectacle unique, spectacle total pour l'œil et pour l'oreille, le Tour c'est aussi bien le car surréaliste des accordéonistes de Paul Beuscher que celui de supporters narguant le froid des Pyrénées pour voir plus longtemps les grimpeurs se tortillant dans les lacets.** Affiche Col. Laget, AFP, Fonds Eyssalet.

Années 1930 – **Spectacle attendu au sommet d'un col, ou imprévu quand les coureurs «brûlent» un passage à niveau.** Keystone France

L'œil du maître, 1939 – **On crève moins qu'à la Belle Époque, mais ça fait toujours aussi mal. D'ailleurs, qui ne percerait pas dans cette pierraille au sommet d'un col ? N'est-ce pas, Sylvère Maes ? Sous l'œil inquisiteur d'Henri Desgrange, le champion belge répare sans paniquer sa roue arrière. L'affaire de 2 à 3 minutes, pas plus.** AFP

AFP

Années 1930 – **Au sommet de l'Aubisque, des centaines de voitures ont déversé des milliers de spectateurs venus voir et applaudir les grimpeurs Benoît Faure, Antonin Magne ou Vicente Trueba. Un avion de photographes ajoute du bruit au spectacle. Quelques hectomètres plus loin, la solitude presque absolue, quatre spectateurs, une voiture et trois aigles, puis rien. Un silence qui avait frappé l'écrivain Louis Aragon.** AFP

La course, c'est la course, mais au Tour, la relation des spectateurs et des coureurs est unique. Léo Amberg ne pose pas pour une descente de Croix. Ce bon Samaritain le remettra en selle. Félicien Vervaecke porte son vélo dont la roue est brisée, mais il a trouvé un compagnon d'infortune. Une chute devant l'Hôtel des Alpes, et c'est le relais des mains amies, on regarde le genou, on remet la roue droite. Et si la chute a été provoquée par des voitures, y compris celle du patron, l'assistance est aussi vive. C'est la magie du Tour, la preuve que les spectateurs ne sont pas ordinaires. AFP

EL DES ALPES
RRE Propr

1936 – L'ORGANISATION

On a du mal à cerner ce que représente l'organisation de ce Tour par équipes nationales qu'assume complètement le journal *L'Auto*. Des vélos de la couleur du canard de Desgrange aux boyaux, en passant par les pompes et les imperméables, tout est distribué aux partants au Vel d'Hiv, qui, comme le Parc des Princes, est aussi exploité par *L'Auto*. Tout est consigné par Machurey, Manchon ou Toison, les « capitaines d'organisation ». Pour le Tour 1936 (30e édition), année où le quotidien est à 25 centimes et l'abonnement annuel à 80 F, le Tour avec ses 90 coureurs, 21 étapes et 6 jours de repos, coûte 1 500 000 F à Desgrange. Chaque journée d'hôtel, de nourriture, d'entretien, c'est 5 000 F de frais d'hôtel. Les frais pour tous les ravitaillements sont de 60 000 F. La pharmacie sur laquelle M. Manchon, le sorcier, a la haute main, c'est 20 000 F de produits divers (désinfectants, pansements, etc.). Le matériel sur lequel veille Toison avec parcimonie, c'est 500 maillots de rechange, 1 000 paires de lunettes avec verres mica, 150 valises, 100 imperméables ; 80 vélos et 2 000 boyaux de rechange.

DES VÉLOS EN PASSANT PAR LES POMPES ET LES IMPERMÉABLES...

Par ailleurs, trois véhicules spéciaux de *L'Auto* transportent 10 000 affiches, 5 000 circulaires et 1 million de numéros spéciaux de présentation de la course avec partants, dossards, palmarès, etc. Sur le plan du personnel, à l'époque, la caravane, c'est en tout 500 personnes, qui laisseront 300 000 F dans chaque ville étape. Ces 500 sont formés des 90 coureurs, de 12 mécanos, 11 masseurs, 6 chauffeurs pour les camions Hotchkiss, 5 pour les camions Latil. Par ailleurs, il y a, depuis 1933, 4 gendarmes permanents, dont les képis suivent 1 convoyeur, 1 économe, 1 directeur sportif, 1 directeur technique, 1 estafette moto, 2 managers, 6 ravitailleurs, 1 chronométreur, 2 hommes régulant les déviations, ainsi que 5 rédacteurs de *L'Auto*. À ce noyau dur s'ajoutent les 150 personnes de la caravane publicitaire déjà forte de 50 véhicules gérés par un surveillant et un motocycliste de liaison.

Le troisième niveau est composé des journalistes, photographes, cinéastes français et étrangers des autres titres. En course, ils garnissent 70 voitures. Quelques membres de l'organisation voyagent aussi par le train. Et il y a même un avion.

Pour rallier Le Vésinet, lieu du vrai départ, le peloton quittait le Faubourg-Montmartre, siège historique de L'Auto et traversait tout Paris à petite allure, à commencer par les Champs-Élysées. Keystone France

LA MARÉCHAUSSÉE

Si à compter de 1933, il y a quatre policiers qui intègrent la caravane, au départ du Tour, du Faubourg-Montmartre au Vésinet, ils sont 80 à bicyclette à protéger les coureurs de la ferveur de leurs supporters, en particulier sur les Champs-Élysées.

LA PÊCHE... À L'ÂNE

La clef des victoires de Leducq et Magne ? C'est un hameçon. Ils se préparent aux difficultés du Tour en pêchant. Leducq s'y applique depuis une barque. Quant au petit Kelmès, le protégé de Tonin, il confie même en 1935 : « Quand nous allons à la pêche, toutes ces dernières fois, Antonin en profitait pour mieux méditer sur le Tour. » Il est tellement accaparé par sa passion qu'en 1935, il envoie ce même Kelmès chercher tout son matériel pour le Tour au Vel d'Hiv. Un comble, cette même année, lors de la journée de repos à Luchon, les coureurs sont inqités par M. Foch, instituteur à Soueich, à une partie de pêche à la truite. De 6 heures du matin à 17 heures, le champion de la gaule établit un record avec 75 prises. De quoi faire frétiller les coureurs ou les complexer car en général, ils préfèrent paresser sur le sable du Canet, remplir des cartes postales à Évian, faire avec Sylvère Maes du vélocipède ancien à Pau, essayer des bérets ou se promener avec des ânes à Luchon.

1936 – **À Luchon, les grimpeurs espagnols, avec Ezquerra, préfèrent forcément une partie de dos d'âne que pêcher des truites ou des goujons.** Collection Laget

MAILLOT JAUNE

Le maillot jaune est désormais bien dans les habitudes, et sa force et sa valeur symbolique ne cessent de croître aussi bien aux yeux des coureurs que des spectateurs. Et Toison, le fourrier-économe, veille jalousement dessus dans son camion, même si en 1931 et en 1937, il devra en donner deux lors d'une même étape, la première fois à Charles Pélissier et Raphaele Di Pacco, la seconde à Sylvère Maes et Mario Vicini. Si, dans le Tour 1935, il n'aura aucun problème avec le petit Belge Romain Maes, qui arbore « la Toison d'or » de bout en bout, il sera plus chahuté et plus inquiet dans le Tour 1937. À se demander s'il n'est pas maudit, car Gino Bartali et Sylvère Maes abandonneront au moment où ils le portent. Qui plus est, Roger Lapébie, qui leur succèdera victorieusement, sera tellement généreux et distrait qu'après l'arrivée, n'ayant plus un seul maillot pour la tournée des critériums et pour ses proches, il sera obligé de lui en fournir une trentaine.

En fait, les soucis avaient commencé en 1930, quand Desgrange avait admis un maillot jaune bis pour distinguer le leader du classement chez les touristes-routiers. C'était une belle reconnaissance de ce classement secondaire, mais un terrible souci de plus pour notre fourrier. Ce maillot jaune serait donc frappé de bandes noires verticales. En 1930, le premier porteur définitif serait « la Souris », le vaillant petit grimpeur stéphanois Benoît Faure, 8e au classement général scratch, et en 1931, ce serait l'Autrichien Max Bulla, 15e au général. Ce dernier avait eu le privilège après sa victoire à Dinan d'être le premier Autrichien à porter le maillot jaune. L'exploit n'avait duré que jusqu'à Brest, et ce maillot bis était donc une belle consolation.

À partir de 1936, la griffe Unis-Sport apparaît sur les maillots et les tenues, en particulier sur le maillot jaune qui fait son tour d'honneur au Parc avec un maillot symboliquement frappé d'une carte de France. En 1936, Sylvère Maes avait même poussé la coquetterie jusqu'à effectuer son tour d'honneur au Parc avec un maillot en soie, qu'il avait commandé exprès à l'équipementier et reçu à Perpignan. Il renouait ainsi un sacré fil. En effet, au début de la Belle Époque, le monde cycliste était partagé en deux : aux prolétaires, la route et les maillots en laine ; aux aristocrates, la piste et les maillots en soie. En quelque sorte, il avait fallu un tiers de siècle et trente Tours pour que la hiérarchie bascule : désormais, les aristocrates, c'était les routiers.

Le maillot jaune de Bartali est personnalisé par la griffe Unis-Sport, croix de Savoie dans carte de France.
Collection Laget

Le « plus grand fortifiant » est d'ailleurs vivement recommandé par Romain Maes, le vainqueur. Collection Laget

- P.O. - MIDI -

Train du TOUR DE FRANCE

(COL DU TOURMALET)

Départ de Paris-Orsay : 25 JUILLET, à 22 h. 25

JOURNEE DU 26 A LOURDES

LE 27 JUILLET

DE LOURDES AU TOURMALET

et retour en autocar

PASSAGE DU " TOUR DE FRANCE "

PRIX DES BILLETS A.R. VALABLES 3 JOURS

2e cl. : 230 fr. --- 3e cl. : 165 fr.

(retour individuel par les trains du service régulier)

Renseignements aux gares et agences P.O.-MIDI

UN TRAIN POUR LE TOURMALET

En 1936, la compagnie de chemins de fer Paris-Orléans-Midi organise du 25 au 28 juillet un train spécial de nuit pour encourager les coureurs au sommet du col mythique des Pyrénées. En 2e classe, aller-retour, c'est 230 F et en 3e, seulement 165. On peut prendre des spectateurs à Orléans, Blois, Tours, Poitiers ou Bordeaux. Le 26, journée à Lourdes, le lendemain en autocar Lourdes-le Tourmalet et retour. Retour par train normal. Le mercredi 29 à Paris-Quai d'Orsay, ce n'était pas la joie, car c'était Sylvère Maes, un Belge, qui était passé en tête.

TAGADA TSOIN TSOIN...

En 1935, il y a un side-car de *L'Auto* et un « avion spécial » pour livrer le journal sur la course, mais il y a aussi et surtout, pour les coureurs, l'« Holo-Electron ». C'est un appareil révolutionnaire à rayons violets qui guérit tout ou presque, des blessures au surmenage musculaire en passant par les bronchites, la constipation, les lumbagos ou les torticolis. Cette merveille, fabriquée par l'ingénieur Émile Michel, 55 rue de Bretagne, Paris 3e, s'impose dans tous les sports. Sur le Tour, elle est introduite à l'initiative de MM. Manchon, directeur sportif de *L'Auto* et Straboni, masseur officiel. Un exemplaire de cet appareil est donc dans la course. La réclame de *L'Auto*, nous rappelle que « son extraordinaire action thérapeutique basée sur des principes scientifiques de l'illustre professeur d'Arsonval est universellement reconnue ». De leur côté, Georges Speicher comme Romain Maes restent fidèles à la Quintonine (quinquina, kola, coca), « le puissant tonique du sang, des muscles et du système nerveux ». Dans les colonnes de *L'Auto*, pendant le Tour, on trouve aussi de la réclame pour « les tablettes Trébiotines », pour « la Septiline du Dr Narodetzki, un lithiné », ou pour « l'Onctergol, l'embrocation officielle ». En matière d'eau de source, la bataille est également âpre entre « Vittel, pour grimper plus vite le Galibier », St-Galmier ou Perrier, sur la brèche depuis 1923. Pour Roger Lapébie, c'est l'apéritif Rossi qui donne de l'appétit ; René Vietto recommande le vin de Frileuse. Quant aux indécis, ils grignotent un saucisson Mireille tant le choix est cornélien entre Pernod, Cinzano et Ricqlès. Reconstituant, rafraîchissant, apaisant, voire dopant, à l'époque, cela n'a aucune importance. D'ailleurs, Karel Steyaert, le directeur sportif-journaliste belge, ne déclare-t-il pas en 1935, après la victoire de Romain Maes, son poulain : « Le doping du Tour, c'est le bifteck. » Reste qu'une rumeur circule, celle des « mystérieux boulets Bernot », dont Leducq et Magne auraient « chargé la chaudière ». Plus efficacement, les Belges Romain Maes et Sylvère Maes, de simples homonymes, ont eu la même idée de génie : donner à leur café le nom du lieu de leur plus bel exploit sur le Tour. Celui de Romain sera « L'Aubisque » avant de devenir « Le Maillot jaune », celui de Sylvère restera « Le Tourmalet ».

« LE DOPING DU TOUR, C'EST LE BIFTECK »

LE TOUR À LA NAGE

En 1934, le journal *Le Jour* et la Fédération française de natation et sauvetage profitent du succès du Tour pour organiser leur propre Tour nautique. Des champions de natation, comme Cartonnet, Schoebel, Philippoff, se produisent ainsi autour de la France, au Havre, puis Dinard, pour susciter des vocations.

LES PIONNIERS

S'il y avait déjà eu des Australiens sur le Tour, c'est durant cette période qu'Autrichiens, Roumains, Yougoslaves, Anglais ou Canadiens font sa connaissance. Ils n'iront jamais très loin, sauf exception. Le Canadien Pierre Gachon abandonnera dans le Tour 1937 à la première étape, comme jadis le Japonais Kawamuro. La même année, l'Anglais Bill Burl renoncera dans le deuxième secteur. Quant à son compatriote Charlie Holland, toujours en 1937, c'est lui qui ira le plus loin, ne jetant l'éponge qu'à la 17e étape.

FIDÉLITÉ

Machurey s'occupe du ravitaillement depuis 1919 avec les six mêmes compagnons : Lagouche, garagiste à Montmartre ; Cauet, taxi ; Morane, bougnat ; Bonnefoy, photographe ; Napoli, chef de rayon ; Durel, employé d'usine.

Lucien Cazalis (à gauche), secrétaire général du Tour de France et M. Manchon, le maître soigneur, se restaurent. AFP

CLIC-CLAC, BONJOUR KODAK

Enfant du XIXe siècle, inconditionnel du Premier Empire et de l'écriture, Desgrange détesta toujours la photo. Pour lui, ce qui comptait dans *L'Auto*, c'était le reportage écrit, les chroniques, les exercices de style, le tout mâtiné de caractère et de panache. Bref, le style était essentiel et cela devait suffire à un journal. Pour cette raison, les photos furent toujours rares dans les colonnes du jaune. Un plus tellement mineur que Desgrange avait sous-traité avec des collaborateurs comme Géo Lefèvre, qui sous le couvert de l'agence Rapid (9, rue du Faubourg-Montmartre, juste en face de *L'Auto*), vendaient leurs photos à *L'Auto*. Vous avez bien lu. La main, le cœur, le stylo primaient sur le doigt, l'œil, la technique, l'outil, le développement, la patience. Tellement que le journal se trouva au bord du gouffre dans les années 1930, quand un journal d'information générale comme *Paris-Soir* donna tellement de photos sportives de direct grâce à la bélinographie que *L'Auto* se retrouva sur le fil, débordée qu'elle était par la concurrence où Gaston Bénac, une ancienne plume de la maison, mettait aussi les bouchées doubles.

Caudrilliers , le prince des photographes, au cœur de la course ou à côté. Collection Laget

Ce n'est plus quelques photos par-ci par-là qu'il fallait à *L'Auto*, même saupoudrées de dessins d'humour, mais des pages de photos. L'euphorie des victoires françaises étaient passée, les ventes grippaient avec les succès belges et l'offensive « image » de *Paris-Soir* s'appuyait sur le Tour en proposant même en 1938 un abonnement spécial : pour 170 F, l'abonné recevait la carte du Tour, un tableau de présentation, trois photos par étapes (15x20) et une grande photo (30x45) avec le portrait de tous les As ! Ces photos étant de grande qualité, ce fut un succès, et Desgrange dut s'incliner. Devant le progrès et la mode, pour ne pas couler, il rongea son stylo mais laissa enfin de la place à M. Kodak.

PUBLICITÉ EXTRA SPORTIVE

Là aussi, le Tour de France a innové, même si c'est de manière masquée. En effet, c'est au cœur des premiers Tours par équipes nationales, donc bien avant la croisade italienne des années 1950 avec Nivéa et autres produits étrangers au peloton, que la réclame non sportive apparaît officiellement sur le Tour. La preuve : dans le Tour 1938, la réserve de l'équipe de France s'appelle « Cadets de France (Pernod) ». Mieux, le maillot de Leducq ou Vietto, sociétaires cette année-là de cette formation originale, est « mi-bleu, mi-jaune, écusson jaune, monogrammé P.F. ». Jaune est la couleur du pastis, P, l'initiale de Pernod, et F, celle de Fils. Et comble de l'aventure, qui ne sera pas renouvelée en 1939, Leducq de chez Pernod-Fils, s'offrira même le luxe de conquérir son dernier maillot jaune ! Une apothéose pour l'annonceur, dont il ne tirera pas vraiment parti. Aujourd'hui, on peut imaginer ce qui se passerait.

1938 – **Maye et Galateau, les champions de Pernod, prennent du champagne ! Un comble.** Collection Laget

LES DÉBUTS DE LA RADIO, LA TSF

La radio est dans la course depuis 1927, et surtout 1929, avec Jean Antoine et Alex Virot. Cette année-là, ils annoncent l'abandon de Victor Fontan, le maillot jaune, dans les Pyrénées puis, en 1930, l'épopée d'André Leducq dans les Alpes. C'est d'ailleurs ce dernier qui, en « titi parisien » qu'il est, s'exprime le mieux devant « la tabatière » de Georges Briquet. Le timide Henri Desgrange parle aussi dans le poste. Les premiers consultants sont Charles Pélissier et André Leducq, mais Georges Carpentier, Albert Préjan et Jean Gabin donnent aussi leurs impressions à Gaston Bénac, Félix Lévitan ou Baker d'Isy. Le Poste parisien, Radio 37 ou l'Intran tiennent en haleine, en direct ou léger différé, « les chers auditeurs » que les premiers congés payés contribuent à multiplier.

AFP

AFP

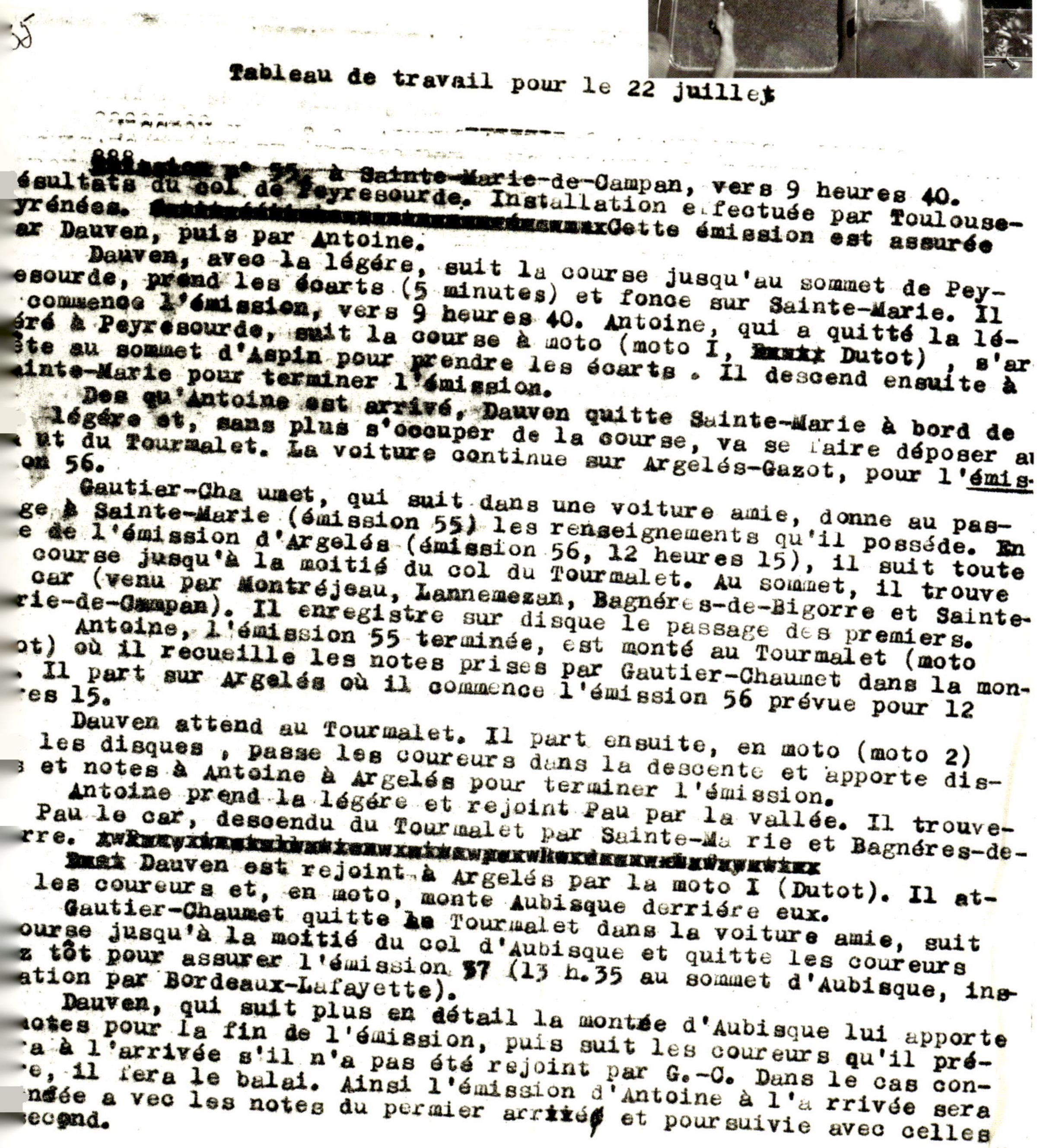

55

Tableau de travail pour le 22 juillet

Émission n° 55, à Sainte-Marie-de-Campan, vers 9 heures 40.
ésultats du col de Peyresourde. Installation effectuée par Toulouse-
yrénées. Cette émission est assurée
ar Dauven, puis par Antoine.
Dauven, avec la légére, suit la course jusqu'au sommet de Pey-
esourde, prend les écarts (5 minutes) et fonce sur Sainte-Marie. Il
commence l'émission, vers 9 heures 40. Antoine, qui a quitté la lé-
éré à Peyresourde, suit la course à moto (moto I, Dutot) , s'ar
ête au sommet d'Aspin pour prendre les écarts . Il descend ensuite à
ainte-Marie pour terminer l'émission.
Dès qu'Antoine est arrivé, Dauven quitte Sainte-Marie à bord de
légére et, sans plus s'occuper de la course, va se faire déposer au
ut du Tourmalet. La voiture continue sur Argelés-Gazot, pour l'émis-
on 56.
Gautier-Chaumet, qui suit dans une voiture amie, donne au pas-
ge à Sainte-Marie (émission 55) les renseignements qu'il posséde. En
e de l'émission d'Argelés (émission 56, 12 heures 15), il suit toute
course jusqu'à la moitié du col du Tourmalet. Au sommet, il trouve
car (venu par Montréjeau, Lannemezan, Bagnéres-de-Bigorre et Sainte-
rie-de-Campan). Il enregistre sur disque le passage des premiers.
Antoine, l'émission 55 terminée, est monté au Tourmalet (moto
ot) où il recueille les notes prises par Gautier-Chaumet dans la mon-
. Il part sur Argelés où il commence l'émission 56 prévue pour 12
es 15.
Dauven attend au Tourmalet. Il part ensuite, en moto (moto 2)
les disques , passe les coureurs dans la descente et apporte dis-
s et notes à Antoine à Argelés pour terminer l'émission.
Antoine prend la légére et rejoint Pau par la vallée. Il trouve-
Pau le car, descendu du Tourmalet par Sainte-Marie et Bagnéres-de-
rre.
Dauven est rejoint à Argelés par la moto I (Dutot). Il at-
les coureurs et, en moto, monte Aubisque derriére eux.
Gautier-Chaumet quitte le Tourmalet dans la voiture amie, suit
ourse jusqu'à la moitié du col d'Aubisque et quitte les coureurs
z tôt pour assurer l'émission 57 (13 h.35 au sommet d'Aubisque, ins-
ation par Bordeaux-Lafayette).
Dauven, qui suit plus en détail la montée d'Aubisque lui apporte
notes pour la fin de l'émission, puis suit les coureurs qu'il pré-
a à l'arrivée s'il n'a pas été rejoint par G.-C. Dans le cas con-
e, il fera le balai. Ainsi l'émission d'Antoine à l'arrivée sera
ncée a vec les notes du permier arrivé et poursuivie avec celles
second.

CAMPIONISSIMO, NO

Curiosité du Tour, les deux seuls *campionissimi* consacrés qui prendront son départ, Costante Girardengo en 1914 et Alfredo Binda en 1930, abandonneront assez vite. Et Ottavio Bottecchia, le seul qui gagnera, qui plus est deux fois, n'était qu'un inconnu quand il partit. À en devenir le premier *campionissimo* consacré par le Tour ! Avant Bartali.

Collection Laget

LA SALADE NIÇOISE

Le champion et grimpeur niçois Fernand Fayolle aurait dû connaître son heure de gloire lors de l'arrivée du Tour 1933 chez lui. Certes, il termine 2e de l'étape Digne-Nice, dans le même temps que son ami Fernand Cornez, et deux minutes devant Pierre Pastorelli, le troisième, ce qui est déjà un exploit. Pourtant, la mariée aurait pu et dû être bien plus belle. Pour cela, il suffisait que Desgrange respecte son propre règlement. En effet, il stipulait : tous les coureurs arrivant avec un retard de 8 % sur le vainqueur seront éliminés. S'il l'avait appliqué, tous les coureurs au-delà de la sixième place auraient dû être éliminés ! Le premier aurait été le 7e, à savoir Roger Lapébie arrivé avec 22 minutes de retard (!), Speicher, le futur vainqueur, et Lemaire, le porteur du maillot jaune, arrivant dans sa roue. Une hécatombe à laquelle le patron se refusa, moyennant quoi le touriste-routier Fayolle termina 11e à Paris. Si le règlement avait été appliqué au pied de la lettre, il aurait été deuxième derrière l'Espagnol Vicente Trueba, un autre touriste-routier. En effet, Trueba, 5e à Nice, était le seul des six coureurs en règle avec le règlement à devancer notre petit Niçois à Paris. Cette histoire tristounette n'avait pas enlevé le sourire à celui qui était devenu l'ami de Louis Nucéra. Ainsi, quand il la racontait, il concluait toujours : « C'est la preuve que Henri Desgrange ne savait pas faire la salade niçoise. »

LE TOUR AU FÉMININN

Dans cette période, les femmes n'apparaissent plus seulement aux arrivées pour embrasser les vainqueurs et leur offrir un bouquet, on les voit aussi aux départs et dans la course. Un élargissement de registre qui doit beaucoup à Joséphine Baker, la célèbre danseuse-chanteuse de couleur à la mode. Dans un de ses numéros, elle arbore une ceinture de bananes. Or la banane, que produisent les îles dont elle est censée être originaire, est le fruit officiel du Tour qui en consomme quasiment 10 000 en un mois. Qui plus est, elle réside au Vésinet d'où part la course. Elle est donc là en 1933 et en 1937. Heureuse et émue, elle offre un bouquet de pois de senteurs aux coureurs, et en embrasse quelques-uns sauf Bartali, qui refuse en 1937. Quant à Titaÿna et Paule Hutzler, ce sont probablement les deux premières envoyées spéciales sur la course. Les deux travaillent sous pseudonymes. La première, qui est en réalité Élisabeth Sauvy (1897-1966), couvre pour *Paris-Soir* le Tour que son frère Alfred, le futur grand économiste, rêvait de faire à la pédale dix ans plus tôt. La seconde, Paule Minot (1910-1946) de son vrai nom, est l'envoyée spéciale du *Petit Parisien*, comme jadis Albert Londres. Elle aurait pu l'être de *Voilà*, du *Figaro*, de *L'Illustration* ou de *Match* tant son talent était indiscutable. L'une comme l'autre seront séduites par la souffrance des coureurs et par l'aventure que représente toujours le Tour. Elles ont forcément croisé Rosine Picquart, la quatrième femme de ces Tours-là, en dehors des Miss en tenue folklorique préposées aux arrivées. Omniprésente et impressionnante sous son voile bleu marine, cette infirmière officieuse a semble-t-il rendu bien des services aux organisateurs et aux coureurs.

Joséphine Baker, la populaire danseuse à la ceinture de bananes, donne le départ en 1933 et en 1937.
AFP

Quant à l'infirmière de la Boldoflorine, elle soigne acrobatiquement Georges Naisse.
Collection Laget

Et la « fiancée du Tour de France » écoute tout ça dans le poste.
Collection Laget

Un spectateur pousse Le Calvez, Lapébie pousse Archambaud (scoop), et Speicher s'accroche...
Collection Laget

À TRICHEUR, TRICHEUR ET DEMI

Même si André Leducq et Antonin Magne terminent au Parc leur carrière bras dessus, bras dessous, un geste qui va bien au-delà du fair-play, il ne faut pas oublier pour autant que le mal du Tour, c'est alors la poussette. L'organisation fait même réaliser des affiches : « Ne poussez pas ! Les coureurs vous le demandent. Merci. » Ce sera d'autant plus insuffisant que si les spectateurs et les supporters poussent beaucoup, cela peut aussi arriver à des équipiers ! Nous vous présentons ainsi un scoop, la photo prise en 1933 dans le col d'Allos, quand Archambaud, le maillot jaune, est poussé par Lapébie. Cette photo, également prise par un responsable italien, avait failli provoquer l'abandon de l'équipe d'Italie malgré une pénalité de 2 minutes. Tout cela pour dire qu'on trichait encore un peu. Moins qu'à la Belle Époque, mais encore lourdement.

La preuve, en 1938, Georges Speicher lui-même, l'ancien vainqueur du Tour 1938, l'homme qui avait provoqué une vente record de *L'Auto*, fut pris accroché à une voiture dans les Pyrénées et mis hors course. Son bourreau ? Un commissaire, un certain Robert Lecointe, qui avait bouclé les Tours 1908 et 1909. Impossible de fermer les yeux comme on avait pu le faire avec Charles Pélissier ou Dédé Leducq à leurs débuts, car c'était très accidentel. Avec Speicher, le pépin lui pendait au nez depuis longtemps. La preuve, en 1936, l'hebdomadaire *Sporting* relate : au départ Speicher, est maussade comme jamais. Hypothèse : peut-être a-t-il été sermonné, car « il ne met plus son bras négligemment sur l'aile de la voiture pour nous demander quel temps il faisait hier à New York, ou si les travaux de l'Exposition de 1937 avaient commencé ». Ça peut s'appeler « becqueter de l'aile » dans le jargon ou, à répétition, se foutre des commissaires. Ce sera le premier vainqueur du Tour ainsi mis hors course.

Où Miror passe, tout brille, comme les coureurs du Tour, comme Cogan chez Goodrich-Colombes, et l'équipe de France avec Kréma.
Buvard Collection Laget, photo anonyme

ON JOUE, ON S'AMUSE

Tous les membres de la caravane publicitaire, de Gibbs à La Pie qui chante en passant par Graf, le Lion noir, les bananes Fyffes ou *Match*, organisent des jeux ou concours de photographies ou autres, distribuent des échantillons, des chapeaux de papier etc. Mais la palme revient à *L'Auto* et à Cointreau. En effet, *L'Auto,* sous le label l'Entraide sportive, organise un concours de pronostics officiels sur les vainqueurs d'étape et les premiers aux cols (Galibier). Il faut envoyer 2,50 F par pronostic et on peut gagner 2 500 F, 1 500 F ou 1 350 F. Quant à Cointreau, « la liqueur préférée des sportifs », ses représentants distribuent d'amusants masques de carnaval en papier coloré avec faciès et signatures des champions Lapébie, Pélissier ou Leducq. Une belle idée, quand l'élastique ne vous claque pas sur le doigt.

LEDUCQ, UNE POSTÉRITÉ DE 8 TONNES

Le sculpteur Arno Breker (1900-1991), Maillol l'appelait « le Michel-Ange de l'Allemagne ». Hitler aimait ce qu'il faisait, lui n'aimait pas le nazi, et cette affection plomba sa vie et son œuvre. « Toujours est-il qu'un matin de juillet 1930, raconte André Leducq (1904-1980), le héros de l'aventure, Arno qui est à Paris depuis 1925 pour améliorer son œil et son ciseau, achète le numéro de *L'Auto* avec la photo me représentant brisé après ma chute dans la descente du Galibier. Quelle pose formidable, s'écrie-t-il. Il va en faire une œuvre monumentale et l'intituler *Le Guerrier blessé.* » Pendant très longtemps, Leducq, qui deviendra

DR

Le Guerrier Blessé, c'est «Le Penseur du Tour».

plus tard ami de l'artiste, ignorera tout de cette histoire. Puis chez son dentiste à la fin des années 1930, il découvre la photo d'une statue ; elle représente un homme nu, à la musculature puissante, assis sur un bloc de pierre, l'air accablé, le coude en appui sur le genou, la main droite sur la tête inclinée. Cela me rappelle quelque chose, songe un instant le champion avant d'être emporté par ses contraintes quotidiennes. Nageant plus tard à la piscine Deligny avec Jean Marais, ce dernier lui présente Jean Cocteau qui l'épate en lui déclarant : « Savez-vous qu'un sculpteur allemand célèbre a fait une statue de vous ? » C'est Arno Breker. On en est là quand fortuitement, en 1958, un ami l'alerte : « Il y a demain une vente des œuvres d'Arno Breker. » Après avoir failli tomber à la renverse, Dédé fonce découvrir les œuvres réquisitionnées dans un dépôt à Aubervilliers. Et là, surprise, il découvre enfin l'œuvre. Huit tonnes. La larme à l'œil. C'est bien lui, à l'instant où, assailli par le doute, il ne pensait pas repartir. L'artiste a fait une merveille de ces secondes.

Breker était d'ailleurs dans la salle, et c'est lui qui aurait racheté quasiment tout son atelier, sauf une tête du même sujet, une petite étude que s'offrit le champion. Où est passée l'œuvre ? Son atelier de Berlin ayant été détruit à la fin de la guerre, c'est peut-être sa dernière trace.

LA JOURNÉE DE REPOS

Il y en a entre trois et six par Tour. Les villes élues sont souvent Royan, Cannes, Luchon, Pau, Évian ou Nice. C'est encore l'époque où l'on croit, comme Antonin Magne, que le Tour se gagne au lit, et au pire on feuillette *Match*. Donc pour beaucoup la journée de repos se passe allongé. Moyennant quoi, le lendemain, comme le dit Totor Cosson, « il faut plus de 150 km pour éliminer l'eau emmagasinée ». Heureusement, quelques-uns quittent leur hôtel pour écouter des disques, comme Mauclair, Moorels, Le Drogo ou Aerts. D'autres se pèsent comme Büchi et Wanzenried. À Nice, les châteaux de sable auront aussi leurs partisans comme Oubron, Ducazeaux ou Gallien. Quant aux grimpeurs espagnols, comme Ezquerra, pour ne pas perdre la main ils grimpent aux arbres. Très rares sont ceux qui vont rouler. Quant aux caravaniers, autour de Desmarets, ils prennent le nez rouge.

Mauclair, Moorels, Le Drogo et Aerts.
Collection Laget

Büchi et Wanzenried se pèsent à Évian.
Collection Laget

Oubron, Ducazeaux et Gallien : farniente sur la plage de Nice. Collection Laget

Antonin Magne et l'équipe de France. Collection Laget

Ezquerra et l'équipe d'Espagne. Collection Laget

Desmarets (à droite) fête la fin du Tour avec son équipe. Collection Laget

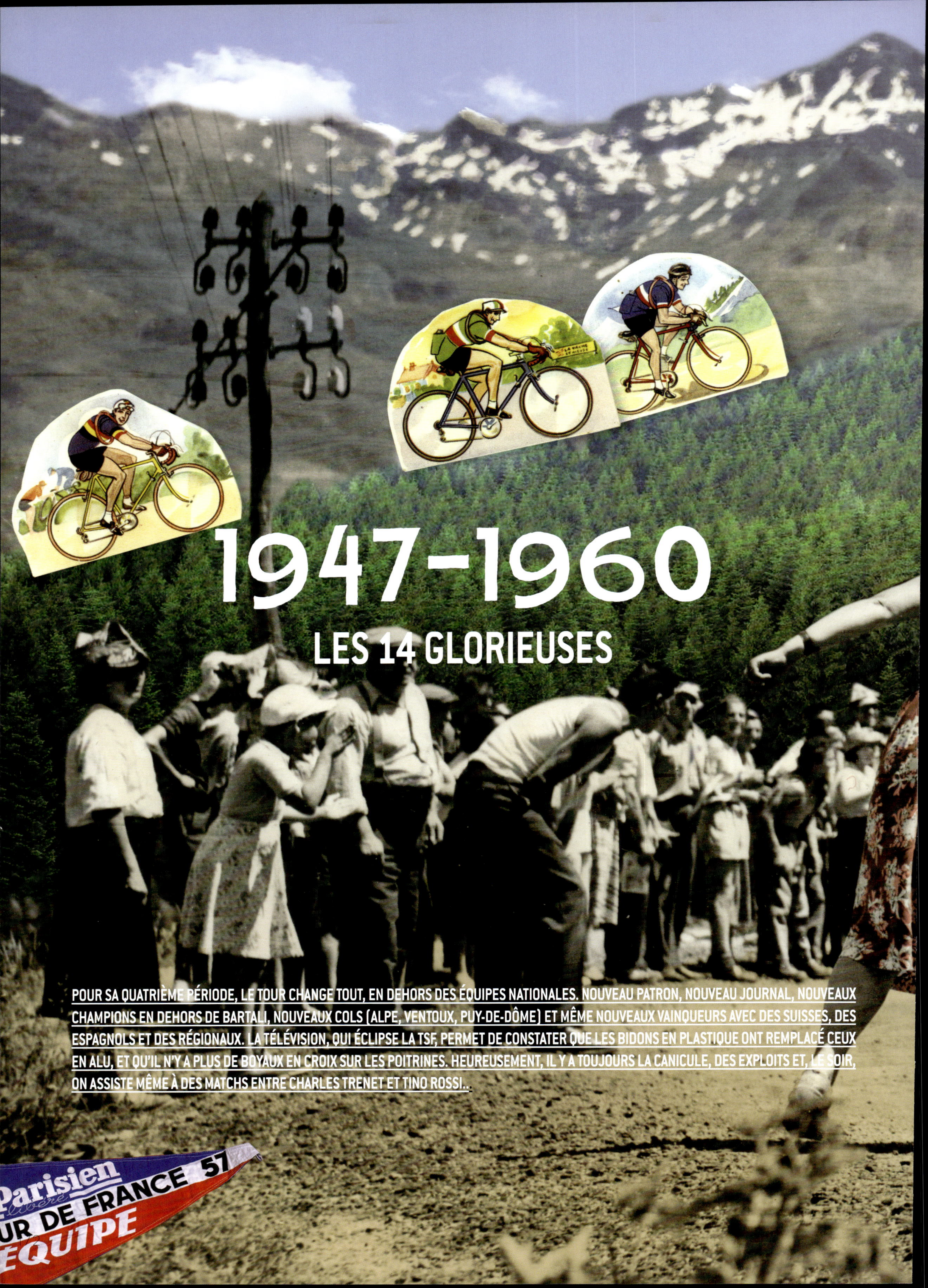

1947-1960

LES 14 GLORIEUSES

POUR SA QUATRIÈME PÉRIODE, LE TOUR CHANGE TOUT, EN DEHORS DES ÉQUIPES NATIONALES. NOUVEAU PATRON, NOUVEAU JOURNAL, NOUVEAUX CHAMPIONS EN DEHORS DE BARTALI, NOUVEAUX COLS (ALPE, VENTOUX, PUY-DE-DÔME) ET MÊME NOUVEAUX VAINQUEURS AVEC DES SUISSES, DES ESPAGNOLS ET DES RÉGIONAUX. LA TÉLÉVISION, QUI ÉCLIPSE LA TSF, PERMET DE CONSTATER QUE LES BIDONS EN PLASTIQUE ONT REMPLACÉ CEUX EN ALU, ET QU'IL N'Y A PLUS DE BOYAUX EN CROIX SUR LES POITRINES. HEUREUSEMENT, IL Y A TOUJOURS LA CANICULE, DES EXPLOITS ET, LE SOIR, ON ASSISTE MÊME À DES MATCHS ENTRE CHARLES TRENET ET TINO ROSSI...

TONI-KOLA
APÉRITIF
LEGNANO

ROBIC, PAR K.O. À LA CERDAN

Vainqueur imprévu, Robic raconte le retournement de situation à Georges Briquet. Collection Laget

1947

1er : Jean Robic

Équipe de l'Ouest

Le Tour a lui aussi vécu sa guerre de Sept Ans, de 1940 à 1946, et sept ans sans Tour, c'est long. *L'Équipe* a remplacé *L'Auto* et Jacques Goddet pris la suite d'Henri Desgrange, disparu en 1940. Au départ des 4 430 km et vingt et une étapes que les organisateurs, vélodrome du Parc des Princes et *Le Parisien*, proposent aux cent partants, on ne trouve pas un seul vainqueur d'avant-guerre. Le Belge Sylvère Maes devait partir, mais une poussée de furoncles l'en a empêché. Son dauphin de 1939, René Vietto, est heureusement là, et revanchard. Ce coup-ci, il retrouve une équipe de France à sa dévotion, qui devra compter avec les Belges (Impanis), les Italiens (Brambilla, Ronconi), les Suisses (Kübler), et les régionaux, en particulier les gars de l'Ouest. Des Bretons remontés comme des pendules, surtout Jean Robic, un jeune marié de 26 ans, qui a le culot de promettre à son épouse la victoire dans le Tour en guise de dot.

L'âge et la fraîcheur seront essentiels dans ce Tour de reprise, caniculaire, dont le départ est donné par le boxeur Marcel Cerdan. Les favoris, Cogan et Vietto, ont trente 33 ans. Un certain âge quand on n'a pas couru la grande aventure depuis 1939, qu'il fait chaud, et que certaines étapes, comme la troisième, frisent les 350 kilomètres pour 310 annoncés !

Très opportuniste, le Suisse Ferdi Kübler pointe le premier son grand nez à Lille où il endosse le maillot jaune ; le temps que la moutarde monte à celui de Vietto, qui ronge son frein depuis sept ans. Le lendemain, vers Bruxelles, il mène à bien une folle échappée de 140 kilomètres et reprend ce cher maillot jaune perdu en 1939. Une faute de débutant, car René a puisé dans ses réserves pour accomplir cet exploit. Et il y puise encore plus pour défendre le maillot, le reprendre à Ronconi à Digne, puis le préserver jusqu'à Saint-Brieuc. Onze jours en jaune, c'est à 33 ans un chant du cygne et un enterrement de première classe, en marge de la vraie course. Celle avec Édouard Fachleitner qui, du côté du Luxembourg, casse-croûte longuement pour ne pas abandonner comme seize autres coureurs dans l'étape-marathon. Celle avec Robic, qui dans Lyon-Grenoble montre que, sous son casque de cuir, c'est un pur grimpeur et un guerrier. Ce numéro d'escaladeur, il le réitérera dans la grande étape pyrénéenne où, à Pau, il se replace, reprenant plus de dix minutes au maillot jaune. À Nice, il avait vingt-cinq minutes de retard sur Vietto ; à Saint-Brieuc, après le contre-la-montre géant de 140 kilomètres, il est troisième à moins de trois minutes du nouveau maillot jaune, l'Italien Brambilla. Et Vietto est dans les choux. Cet écart est le même à Caen, au départ de la dernière étape vers Paris. Et Robic, qui ne s'avoue pas vaincu, attaque dans la côte de Bonsecours. Avec lui, il y a Fachleitner qui, malgré ses frasques initiales (à Luxembourg, il était à trente-neuf minutes de Vietto), n'est pas à quatre minutes. Mais Fach est un gentil, un Méridional, pas un guerrier ; au sommet de la côte, il passe devant Robic, qui est « cuit ». Fach n'en profite pas. Les 130 km le séparant de Paris ne lui font pas peur. Il pourrait gagner, mais il laisse Robic récupérer dans sa roue, qui lui propose ce marché : « Tu collabores, je gagne le Tour, tu fais deuxième. Autrement, tu laisses filer, Brambilla gagne, je suis second, tu es troisième. » Fach collabore. Pour la petite histoire, l'étape est gagnée par le Belge Brik Schotte, Robic et Fach terminent huitième et neuvième à sept minutes. Comme Brambilla, découragé, pointe avec Vietto à plus de treize minutes des attaquants de Bonsecours, Robic décroche *in extremis* le maillot jaune. Par K.O. Fachleitner est deuxième, à quatre minutes ; Brambilla troisième ; Vietto, cinquième, comme en 1934. Robic, le régional de l'Ouest, triomphe comme promis aux siens. Vietto, heureux que la victoire revienne à un Français, se partage avec Fachleitner et les autres Tricolores les 200 000 francs offerts par le vainqueur. Sans les bonifications aux arrivées et aux cols, le lauréat aurait pu s'appeler Fachleitner.

Départ du Tour 1948 – **Robic, vainqueur sortant, va quand même porter en course le maillot jaune. Son épouse est à ses côtés.** Rue des Archives/AGIP

UN RÉGIONAL BROUILLE LES CARTES, LA RELANCE IDÉALE

Les Pyrénées étaient le jardin de Robic, en particulier le Tourmalet. Au milieu d'une foule monstre qui l'aime et le stimule, le rebelle fait exploser la course et, mine de rien, prend une option sur la victoire finale. Car il y croit depuis le départ.
Fonds Eyssalet

Vietto voulait trop bien faire. Il a déçu, il est déçu, mais demeure un champion hors du commun. Roger-Viollet

L'Équipe de l'Ouest qui, avec Robic, fera souffler le vent de la tempête et du renouveau. Le plus petit ou presque, le plus souriant, c'est lui. Roger-Viollet

Rue des Archives/ITAL

Les jeunes lecteurs sont enchantés par les exploits du « vieux ». Rue des Archives/SPPS

Bourvil et Félix Lévitan donnent le départ à Paul Maye et à ses copains, mais ce 35e Tour de France ne sera pas pour eux une partie de rigolade. En effet, touché par la grâce à Lourdes puis dans les Alpes, Gino sera encore impérial. Comme en 1938, il mettra un point d'honneur à triompher le 18 juillet, jour de son 34e anniversaire. Collection Laget

BARTALI SOULÈVE TOUJOURS LES MONTAGNES

1948

1er : Gino Bartali

Équipe d'Italie

Son titre de vainqueur du Tour 1938, qu'il n'avait pu défendre en 1939 en raison de la tension mondiale, l'Italien Gino Bartali le remet donc en jeu dix ans plus tard. Unique dans les annales. Gino a 34 ans, comme Vietto, et on a vu en 1947 que, face à des jeunes, le Tour est infernal pour les plus âgés. D'ailleurs, Vietto part comme capitaine de route d'une équipe de France qui paraît invincible avec les « jeunes » Robic, Fachleitner, Apo Lazaridès ou Louison Bobet.

Bartali et Binda ont pris des rides, mais la joie demeure. Collection Laget

Ce Tour de 4 922 km, qui traverse quatre pays et sept cents communes, libère ses cent vingt partants (douze équipes de dix) dans le sens inverse des aiguilles d'une montre, c'est-à-dire vers la Normandie. Et Bartali, qui trépigne depuis trop longtemps, affiche ses ambitions en triomphant d'emblée au Havre, terme de la première étape, sans pourtant faire de folies comme Vietto un an plus tôt sur la route de Bruxelles. Il rêve du maillot jaune, le *campionissimo*, mais avec son expérience et celle d'Alfredo Binda, son directeur sportif, ils savent qu'il faut attendre, que les bonifications aux étapes et aux sommets des cols finiront par les servir. Et ils laissent donc le jeune Bobet assumer le poids de la course. Il a pris le maillot jaune à La Rochelle, l'a perdu, repris à Biarritz où il possède presque vingt et une minutes d'avance sur l'Italien. Pour ce dernier, le temps ne compte pas, il a une foi à renverser des montagnes, et à Lourdes, où il signe sa deuxième victoire, le sermon de Mgr Théas lui donne des ailes. Il laisse Robic, peu dangereux, faire son numéro dans les cols, et conclut encore à Toulouse où il a déjà grignoté plus de trois minutes. Pour défendre son maillot jaune, un leader doit avoir des copains autour de lui, et ce n'est pas le cas de Bobet, qui en prime est handicapé par un furoncle à un pied. Après avoir failli abandonner à San Remo, il a un merveilleux sursaut dans le col de Turini. Échappé avec Apo Lazaridès, Louison s'impose à Cannes et, avec ce second bouquet, il époussette Gino à vingt minutes. Mais les Alpes arrivent enfin, le jardin de Gino. C'est là qu'il avait pris le maillot jaune en 1937 et 1938. Et l'offensive qu'il prépare est même soutenue par M. De Gasperi, le Premier ministre italien qui lui téléphone pour lui dire « qu'il doit gagner, pour faire oublier la crise qui frappe l'Italie, et qui a provoqué une tentative d'assassinat de M.Togliatti, le leader communiste ». Bartali se met en route, attaque dans l'Izoard et paraphe à Briançon sa quatrième victoire d'étape.

DIX ANS APRÈS, LE CAMPIONISSIMO RESTE INTOUCHABLE

Bobet a encore le maillot ; à une petite minute, l'Italien lui mord les talons. Dans les quatorzième et quinzième étapes, *via* les cols de la Croix-de-Fer, de Porte et de la Forclaz, Bartali s'envole encore et rajoute deux bouquets à sa collection. Louison, malade, coince. Le Breton de l'équipe de France perd son maillot jaune et treize minutes. Irrésistible, Gino corse l'addition entre Lausanne et Mulhouse, où il relègue Bobet à plus de trente-cinq minutes pour cette trente-cinquième édition du Tour. Pour faire bonne mesure, il décroche son septième bouquet à Liège, et au Parc des Princes, avec les premières caméras de télévision, on assiste au succès total du *campionissimo* et de sa *squadra* : victoire de son équipier Corrieri, prix du meilleur grimpeur pour Gino, meilleure moyenne (33,445 km/h), et surtout deuxième maillot jaune, dix ans après le premier ! Le Belge Schotte est son dauphin à vingt-six minutes. Binda a beau dire que « s'il avait dirigé Bobet, le jeune Français aurait gagné », Guy Lapébie, troisième, se demande si c'est provocation ou politesse. Il y a seulement quarante-quatre rescapés, et Bobet est quatrième.

COPPISSIMO

1949

1er : Fausto Coppi

Équipe d'Italie

Coppi, les mains en haut du guidon : 28 minutes de retard à Pau, 25 d'avance à Paris. Collection Laget

La chanteuse Line Renaud, prix du disque 49, tâte les mollets d'Apo Lazaridès, mais les favoris selon Charles Pélissier sont les Italiens Coppi et Bartali, et les Bretons. Les circonstances de course seront telles que c'est la Bretagne qui portera chance à Jacques Marinelli qui, dans la cinquième étape entre Rouen et Saint-Malo, fera tomber Coppi lors d'un ravitaillement sans le faire exprès. Coppi au sol, fourche et roue cassée, perd six minutes, et Marinelli prend le maillot jaune ! Attention, Marinelli n'est pas de l'équipe d'Italie, mais d'Île-de-France. À cause de la couleur du maillot et de sa casquette, et de sa petite taille (1,54m, 52 kg), on a tôt fait de le surnommer « la Perruche »... Il devient « le petit qui n'a pas peur des gros », en l'occurrence Coppi et Bartali. *L'Équipe*, qui a senti l'aubaine, colle le talentueux Roger Bastide dans les plumes du chanceux. La France se captive pour ce destin, et les ventes grimpent à plus de six cent mille exemplaires. Providentiel. Le Tour a besoin de ce rayon de soleil, car depuis le départ, on a déploré beaucoup de chutes, de crevaisons et de bris de matériel.

MARINELLI, « LE PETIT QUI N'A PAS PEUR DES GROS »

Donc la Perruche tient tête aux *campionissimi*. Même si Coppi a montré qu'il faudrait encore compter avec lui entre Les Sables et La Rochelle, en lui reprenant sept minutes, Marinelli reçoit trois cents lettres et télégrammes par jour. La France a pour lui les yeux de Chimène jusqu'à Pau, où Fiorenzo Magni, le troisième Italien, le dépouille. À cet instant, Coppi est dix-neuvième à trente-deux minutes de Magni, et à vingt-huit de Marinelli encore deuxième dans les Pyrénées. Affûté par un Giro victorieux, Coppi se jauge dans l'Aubisque et le Tourmalet, puis laisse filer Robic, tout en se rapprochant à quatorze minutes. Vietto fait illusion, jusqu'à ce que chez lui, du côté de Cannes, il soit lâché, en partie à cause d'Apo Lazaridès. Apo, qui a soif de revanche après avoir été renversé par une voiture dans les Pyrénées, recevra de son ancien mentor une gifle pour ce baroud. Les Alpes seront italiennes, même si le Suisse Ferdi Kübler fait quelques folies, comme Bartali à Briançon, qui prend le maillot jaune, puis Coppi à Aoste. En effet, si Tacca passe en tête à l'Iseran, c'est Coppi qui met à profit une crevaison de Gino pour s'imposer et lui souffler le maillot jaune avec cinq minutes d'avance. Les écarts enregistrés par les deux voitures Kléber-Colombes donnent à Fausto plus de dix minutes d'avance sur Marinelli, désormais 3e. Le contre-la-montre de Colmar à Nancy (137 km) transforme la victoire de Fausto en épopée. Moyennant quoi, au Parc des Princes, Coppi (29 ans) possède plus de onze minutes sur Bartali (35 ans), son dauphin, et plus de vingt-cinq minutes sur Marinelli (23 ans), le troisième. Un dessin de Paul Ordner à la une de *L'Équipe* raconte l'apothéose, sans avoir pourtant la force de Pellos qui, dans *Miroir-Sprint* assimile Fausto à « l'homme au marteau » : vingt-huit minutes de retard sur Marinelli à Pau et vingt-cinq d'avance au Parc. C'est « la Vittelloise, l'eau qui chante et qui danse » qui dote le concours du meilleur grimpeur, où Fausto triomphe aussi. Deux images résument cette trente-sixième édition : Fausto se lavant gentiment les pieds dans un bidet, et Brulé se réchauffant à un radiateur de voiture dans l'Izoard, où Coppi s'est envolé malgré le froid. Après avoir failli perdre le Tour, Fausto assomme tout le monde.

En contre-la-montre comme en montagne, Coppi est sublime. Le « Héron », qui n'a de cesse de se dépasser, explose le chrono à La Rochelle, à Nancy (sur 137 km, il met Bartali, 2ᵉ, à 7 minutes) et à l'Izoard dans les Alpes. AFP, affiche Collection Laget

1949 – **Quand le Tour passe, quand Roger Lambrecht gagne et prend le maillot jaune, Bruxelles peut bruxeller comme dirait Jacques Brel.** Keystone

TOUR DE FRANCE
Le Parisien L'EQUIPE
CHICORÉE
WILLIOT

KÜBLER, UN AIGLE JAUNE

Et Ferdi dédicace à tour de bras. Collection Laget

1950

1er : Ferdi Kübler

Équipe de Suisse

Dire que ce trente-septième Tour de France est ouvert, en l'absence de Coppi, vainqueur sortant victime d'une fracture du bassin au Giro, et de Marinelli, est peu dire. Restent en effet pour se disputer le million promis au vainqueur Bartali et Magni chez les Italiens, Bobet chez les Tricolores, Kübler chez les Suisses, Bauvin pour l'Île-de-France, Brambilla pour le Sud-Est, Robic pour l'Ouest. C'est-à-dire deux anciens vainqueurs et plusieurs maillots jaunes tentés par la rente quotidienne de 100 000 francs. À part cette nouveauté, les bonifications aux arrivées et aux sommets des cols ne bougent pas.

Et Ferdi fait la Une de Caméra. Collection Laget

BARTALI ET MAGNI OUT, « FERDI MEILLEUR »

Le Tour commencera véritablement à la sixième étape, au contre-la-montre entre Dinard et Saint-Brieuc (76 km). Avant, Belges, Luxembourgeois et Italiens se partagent les bouquets et le maillot jaune avec Bernard Gauthier de l'équipe de France. À Saint-Brieuc, il le perdra pour le rendre au Luxembourgeois Goldschmit, mais l'événement ce sera la victoire du Suisse Kübler, qui a abandonné en 1947 et 1949, après avoir gagné des étapes et pris le maillot jaune. Un « client » qui, bien dirigé par Alex Burtin, soude l'équipe helvète. Moins chien fou, plus arrangeant sur le plan pécuniaire, il étonne en arborant un maillot en soie pour s'imposer. Les quinze secondes de pénalité ne comptent pas au regard de son moral de vainqueur. Il a battu tout le monde, y compris les Italiens qui verrouillent la course jusqu'aux Pyrénées, où Bartali et Magni doivent attaquer. Bernard Gauthier a bien retrouvé le maillot jaune, mais ce n'est pas suffisant pour attendrir les spectateurs, exaspérés par le verrou italien. Il y a des incidents et, dans le col d'Aspin, Bartali s'accroche avec Robic, gêné par une voiture, et tombe. Gino triomphe pourtant à Saint-Gaudens, et son équipier Magni endosse le maillot jaune. Le hic, c'est que le *campionissimo*, qui a eu très peur, abandonne, et les deux équipes italiennes avec lui. Gino ne craignait-il pas surtout un succès de Magni, son jeune compatriote ? Un nouvel échec qui eut précipité son déclin ? Le Quai d'Orsay enverra une lettre d'excuses au gouvernement italien, cependant que, symboliquement, Ferdi Kübler, devenu le nouveau leader puisqu'il était deuxième, refusera de porter le maillot jaune entre Saint-Gaudens et Perpignan. Entre la capitale du Roussillon et Nîmes, il l'a bien endossé quand, sous la canicule, avec le Belge Stan Ockers, il porte une terrible attaque. Bobet, peut-être indisposé par une glace, perd dix minutes. Cette canicule donnera à la mythologie du Tour deux images inoubliables : la défaillance de l'Algérien Zaaf, victime d'insolation, et le bain de pied du peloton à Saint Pons-les-Mures.

Dans le Turini comme dans l'Izoard, Bobet conteste l'hégémonie du champion suisse, lui reprenant même quatre minutes. Mais vers Saint-Étienne, Louison veut retourner la situation, il brûle un ravitaillement et s'expose à un contre. Il perd cinq nouvelles minutes, et une dizaine après le contre-la-montre de Lyon (98 km). La messe est dite. Ferdi est acclamé jusqu'au Parc, car les spectateurs préfèrent sa course à celle des « *gregari*. » À Paris, la victoire de Kübler enchante tout le monde, car ce premier vainqueur suisse est un champion indiscutable. Bobet, son dauphin présomptif, a perdu en l'attaquant le strapontin récompensant le Belge Ockers. Il se console avec le Prix de la montagne et la troisième marche. Les Suisses ont leur maillot jaune avec Kübler, surnommé « l'aigle d'Adliswil », mais aussi la lanterne rouge avec Fritz Zbinden.

Meilleur temps, et de loin, Kübler.
Rue des Archives/SPPS

Assagi, le cheval fou suisse se transforme en cheval gagnant, à commencer par les contre-la-montre.
Rue des Archives/SPPS

KOBLET CRÈVE L'ÉCRAN

Koblet et Géminiani se partage les bouquets.
Rue des Archives/Agip

1951

1er : Hugo Koblet

Équipe de Suisse

Ce trente-huitième Tour de France partant pour la seconde fois de province, de Metz, comme celui de 1926 qui avait décollé d'Évian, passera donc deux fois à Paris, mais pas à Lourdes. Gino Bartali, qui est encore au départ, aura-t-il le temps de se rendre en coup de vent à Notre-Dame-des-Victoires pour implorer le soutien de sainte Thérèse de Lisieux ? Rien n'est moins sûr, et pourtant, à 37 ans, il y croit toujours, car si Coppi est là, il est brisé par la mort de son frère Serse. Kübler, fatigué, a renoncé, et son compatriote Hugo Koblet débute. Il a peut-être dominé le Giro en 1950, mais le Tour, c'est le Tour. C'est ce que se dit aussi Bobet, le favori qui, avec une grosse sélection tricolore à ses côtés, espère bien continuer sa progression : quatrième en 1948, troisième en 1950… Malgré tout, Hugo sait qu'il est pour lui, ce Tour. À la visite d'incorporation, le Dr Matthieu, enthousiaste, lui a déclaré : « Depuis Ladoumègue, je n'ai jamais ausculté un cœur pareil ! » Autres atouts, c'est le deuxième Tour de son directeur sportif Alex Burtin, et son équipe est tellement bien rodée que d'emblée, avec Giovanni Rossi, elle gagne et prend le maillot jaune à Reims. Les Suisses sont là, même si les Luxembourgeois, les Italiens ou les Français se passent bouquets et maillot jaune au moins jusqu'à Angers où, sur 85 km contre la montre, Hugo fait un récital. M. Adam, le chronométreur, s'étant trompé, on croira un moment que c'est Bobet le vainqueur. En réalité, il est deuxième, à une minute du Suisse qui, creusé par les émotions,

« JE N'AI JAMAIS VU UN CŒUR PAREIL »

Rue des Archives/SPPS

Hugo Koblet crève l'écran, mais la petite équipe suisse lui taille la route.
Rue des Archives/SPPS

En contre-la-montre, « le pédaleur de charme » est éblouissant : à Angers, sur 85 km, il prend 6 minutes à Géminiani, et presque le double à Genève sur 97 km. Gém, qui est son dauphin à 22 minutes, est aussi le meilleur grimpeur. Collection Laget

mangera un poulet en gelée à deux heures du matin. En fait, la vedette de cette première partie de course est le dossard 115, un certain Roger Levêque, de l'Ouest–Sud-Ouest. Il a gagné à Paris, pris le maillot jaune à Rennes, et il le tient toujours à Brive, d'où le boxeur Ray Sugar Robinson donne le départ. Robic, un puncheur, s'était imposé quand Cerdan avait donné le départ en 1947, et Koblet remet ça entre Brive et Agen, où « il part quand il veut et où il veut ». Il avait fait une répétition de quarante kilomètres dans la première étape, mais son raid avec les plus grands champions de l'heure aux basques va durer cent quarante kilomètres. Une pure folie. Coppi, Bobet, Robic, Géminiani, Ockers chassent comme des bêtes, en vain. Sur la ligne, assez frais pour se peigner et déclencher sa montre, Koblet conserve 2 min 35 s. Avec la minute de bonification, il pointe désormais à 3 min 27 s de Levêque. On attend sa défaillance dans les Pyrénées, mais là, c'est Wim Van Est qui tient la vedette. En effet, le Hollandais, qui a soufflé le maillot jaune à Levêque, tombe dans la descente de l'Aubisque et doit abandonner. Dans la grande étape alpine entre Tarbes et Luchon, Hugo laisse Coppi et Bartali faire leur numéro avant de les aligner dans Aspin et au sprint, et de prendre le maillot à Gilbert Bauvin. Entre Carcassonne et Montpellier, nouveau bouquet pour le Suisse, qui prend plus de cinq minutes à Bobet et plus de trente à Coppi, malade. Celui-ci effectuera pourtant un baroud d'honneur à Briançon, où il ressuscite. Mais Koblet n'est pas loin, et il porte les écarts sur ses dauphins Géminiani et Lucien Lazaridès (1er du premier Ventoux) à quelque chose comme dix minutes, avant de les écrabouiller dans le contre-la-montre, qui arrive chez lui, au stade de Frontenex à Lausanne. La marche sur Paris sera délirante. Au Parc, sa maman et Line Renaud embrassent tendrement ce génie de 26 ans. Le vieux Bartali, encore quatrième, est heureux de devancer Magni, septième, Coppi, dixième, et Bobet, vingtième.

Coppi, traumatisé par la mort accidentelle de son frère Serse, touchera le fond. Après viendra, à Briançon, un rachat dont il a le secret. Rue des Archives/Agip

Et on achète du matériel pour éviter les litiges aux arrivées. Collection Laget

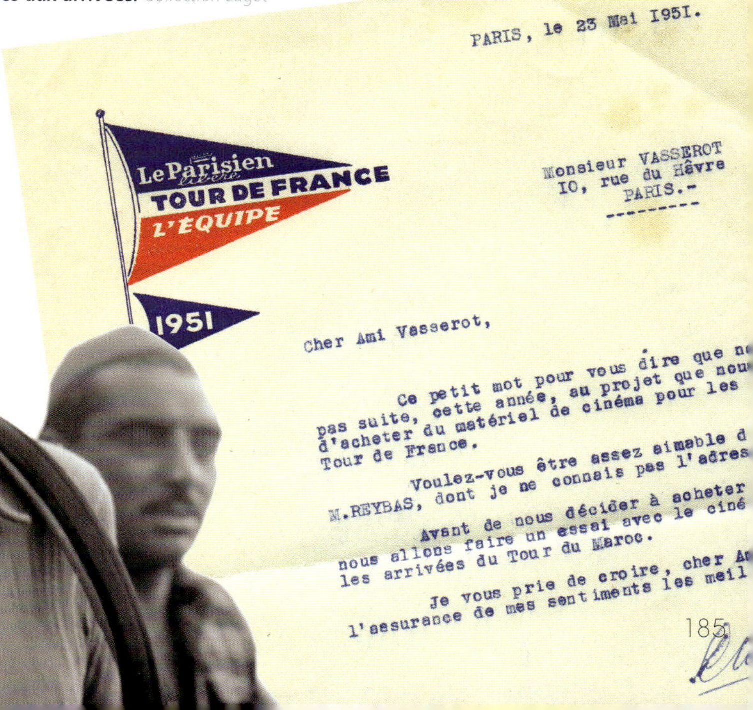

PARIS, le 23 Mai 1951.

Le Parisien libéré
TOUR DE FRANCE
L'ÉQUIPE
1951

Monsieur VASSEROT
10, rue du Hâvre
PARIS.-

Cher Ami Vasserot,

Ce petit mot pour vous dire que n
pas suite, cette année, au projet que nou
d'acheter du matériel de cinéma pour les
Tour de France.

Voulez-vous être assez aimable d
M.REYBAS, dont je ne connais pas l'adres

Avant de nous décider à acheter
nous allons faire un essai avec le ciné
les arrivées du Tour du Maroc.

Je vous prie de croire, cher A
l'assurance de mes sentiments les meil

Quand Line Renaud jouait les Miss. Rue des Archives/Agip

FAUSTO COPIE HUGO...

1952
1er : Fausto Coppi
Équipe d'Italie

Ce trente-neuvième Tour de France, qui part de Brest dans le sens des aiguilles d'une montre, aurait pu être celui du Breton Louison Bobet, mais après cinq échecs, il a choisi de faire l'impasse. Il l'écoutera sur cinq transistors en sirotant du Coca-Cola. Il est remplacé en équipe de France par Jean Robic, un autre Breton, et Jean Dotto. Quant à l'équipe de Bretagne, celle de l'Ouest–Sud-Ouest, avec Lapébie, Malléjac et Le Guilly, elle paraît capable de limiter les dégâts face à une monstrueuse équipe d'Italie, avec Bartali, Coppi et Magni. La Suisse est solide, au niveau du Luxembourg, mais sans Kübler et Koblet, et plus faible que la Belgique ou les Pays-Bas. Coppi laissera d'abord filer bouquets et maillot jaune sur les épaules de Van Steenbergen, Lauredi ou de son compatriote Fiorenzo Magni. Lui ne prend aucun ombrage du fait que ce soit son équipier Fiorenzo, ou son porteur d'eau personnel, Andrea Carrea, qui portent le maillot symbolique, au contraire. Après avoir marqué son territoire dans le contre-la-montre de Nancy (60 km), il affiche ses ambitions dans la première des trois arrivées au sommet, celle de l'Alpe-d'Huez. Robic le chatouille, il prend le maillot jaune. Le lendemain, à Sestrières, deuxième arrivée au sommet, il remet ça. Le Guilly est en tête au Télégraphe, Coppi partout ailleurs. Ses dauphins sont désormais à vingt minutes, et après le Ventoux, où Robic s'impose et Bartali brille, Coppi consolide sa main mise. Ses suivants, Ockers et Bartali, sont désormais à plus de vingt-cinq minutes. Dans les Pyrénées, l'Italien redevenu lui-même tutoie les anges à l'Aubisque et au Tourmalet. Bartali est passé par la fenêtre, mais pour entretenir un semblant de suspense derrière l'intouchable, Jacques Goddet double la prime du deuxième. Le Belge Stan Ockers, que le Suisse Alex Burtin qualifie de suceur de roue, s'accroche, cependant que Close, Bartali ou Robic lui mordent les jarrets. Finalement, ce n'est pas dans la troisième arrivée au sommet, celle du puy de Dôme (franchi pour la première fois par le Tour), qu'il y a du changement, puisque Coppi transforme son trône en fauteuil et que ses deux dauphins dévissent un peu plus, mais dans le contre-la-montre de Vichy (63 km). Magni ajoute une nouvelle victoire à la moisson italienne, mais surtout l'Espagnol Ruiz souffle la troisième place de Robic. Ce dernier roule même jusqu'à la cinquième, car Bartali, qui a joué le jeu, est encore quatrième à 38 ans. Et il a passé une roue à Coppi ! Ockers reste le dauphin de Fausto qui, à 32 ans, est tellement au sommet de son art que le chanteur Tino Rossi, émerveillé, écrit qu'il « est tout en haut de la gamme des champions ».

EN HAUT DE LA GAMME DES CHAMPIONS

Non valable pour l'arrivé
au Parc des Princes

Le Parisien libéré
TOUR DE FRANCE 52
L'ÉQUIPE

vous prient de leur faire l'honneur d'assister à l'arrivée
de la 6e Etape, à METZ

Le Comité de Direction,

CARTE D'INVITATION
donnant accès
à l'Enceinte Réservée
ou Tribune

Contre la canicule, le redoutable arrosoir breveté Fausto Coppi. Keystone France

Alpe-d'Huez, Sestrières, Puy de Dôme –
Coppi sur les trois plus hautes marches.
Collection Laget / DR

LA DOMENICA DEL CORRIERE

Supplemento settimanale illustrato del nuovo CORRIERE DELLA SERA - Abbonamenti: Italia, anno L. 1400, sem. L. 750 - Estero, anno L. 2000, sem. L. 105

Anno 54 — N. 29 20 Luglio 1952 L. 30.-

Il re del Tour. Fausto Coppi, capitano della squadra italiana al Giro di Francia, ha ancora una volta sbalordito il mondo sportivo per la facilità con cui ha sbaragliato tutti gli avversari nella durissima tappa delle Alpi che comprendeva le aspre scalate della Croce di Ferro, del Galibier, del Monginevro, e del Sestrière. Dopo l'eccezionale impresa, i competenti lo hanno riconfermato il più forte atleta che il ciclismo abbia mai avuto. (Disegno di Walter Molino)

Il pittore A. Patitucci illustra la più grande impresa di Fausto Coppi: la strapotente vittoria o

1952 – Étape Le Bourg-d'Oisans - Sestrières – **La chevauchée fantastique du campionissimo.** Collection Laget / DR

Affiche Collection Laget, photo Rue des Archives/SPPS

1952 – **Des pavés du Nord au béton ondulé du Ventoux, les coureurs tricotent d'autant mieux que la laine Sofil offre une rente quotidienne. Mais le plus audacieux reste encore Robic qui, dans le « géant de Provence », attaque à l'endroit le plus dur. Un coup gagnant pour « la mésange de Radenac ».**
Rue des Archives/SPPS

BOBET, VAINQUEUR IDÉAL DU TOUR DU CINQUANTENAIRE

Collection Laget

1953

1er : Louison Bobet

Équipe de France

La sixième tentative est la bonne. La consécration est partagée en famille.
Roger-Viollet

Ce quarantième Tour est aussi celui du cinquantenaire (1903-1953). Il ne saurait être tout à fait comme les autres. Il part donc de Strasbourg dans le sens inverse des aiguilles d'une montre, avec Bobet, Koblet, Bartali, Magni, et une équipe de l'Ouest avec Robic et Malléjac. Darrigade débute dans l'équipe du Sud-Ouest, et Gaul dans celle du Luxembourg. Parmi les absents : Coppi, Ockers et Ruiz, les trois premiers de 1952, sont blessés ou fatigués. Un Tour d'autant plus ouvert qu'un nouveau maillot distinctif, le vert, joliment parrainé par La Belle Jardinière, est destiné à récompenser le coureur le plus régulier aux arrivées.

Le premier en action est le Suisse Fritz Schaer, qui enlève les deux premières étapes et endosse le maillot jaune jusqu'à Caen. Le hic, c'est que sa fougue est telle qu'il fait écrire à Marcel Hansenne : « Chaque fois qu'un Suisse enlève une étape, il y a un Suisse d'éliminé. Un Suisse en tête, un Suisse en queue, c'est ce qui s'appelle contrôler la course. » La rigolade durera le temps que l'Alsacien Hassenforder honore le départ de Strasbourg en endossant le maillot jaune. Schaer le retrouvera dans les Pyrénées, où Hugo Koblet, son leader, chute et doit abandonner après avoir été asphyxié par des patchs anti-froid, alors qu'il fait très chaud. Deuxième à Cauterets, premier à Luchon, Robic endosse son premier maillot jaune en course. L'aventure durera une journée, le temps que son équipier François Mahé le lui souffle à Albi, avant qu'un autre Breton, Jean Malléjac, n'en devienne dépositaire jusqu'à Briançon. C'est là que Bobet, omniprésent dans les Pyrénées, fait de terribles écarts dans l'Izoard, et lui reprend plus de onze

LA GRIFFE BRETONNE, C'EST BOBET, PLUS ROBIC, MAHÉ ET MALLÉJAC

minutes. Le vainqueur est là. La course s'est pourtant jouée en partie à Béziers, où Robic, blessé, a abandonné, et où Bobet a montré à Géminiani et aux Tricolores qu'il avait la trempe d'un patron. À sa sixième tentative, il concrétise donc, et enfonce le clou dans le contre-la-montre entre Lyon et Saint-Étienne (70 km). Le Hollandais Wagtmans et l'Italien Magni se rapprochent un peu dans les deux dernières étapes, mais ils sont à des années-lumière du fringant maillot jaune breton de 28 ans. À sa sixième tentative, le boulanger de Saint-Méen décroche justement le gros lot, celui du plus beau

Les Alpes vont consacrer le champion breton, en particulier l'Izoard, où, comme le dit joliment son frère Jean, « il tissait son maillot jaune ». Keystone France

Tour. Au Parc, il est fêté par quinze anciens vainqueurs. Ses dauphins, le Breton Malléjac et l'Italien Astrua, sont à un quart d'heure. Le Suisse Schaer se hisse au sixième rang, avec l'honneur d'être le premier maillot vert. Bartali est encore onzième, et deuxième Italien ; il précède toujours Magni (quinzième). La moyenne record est quasiment de 34,600 km/h. Gaul a renoncé au Mans et Darrigade est devenu un « géant » de la route en terminant trente-septième. En prime, il a décroché sa première étape à Albi.

Un timbre officiel, vendu aussitôt à plus de quatre-vingt mille exemplaires, et une reconstitution historique du départ du Tour 1903 à Montgeron encadrent ce mémorable cinquantenaire.

« La chute de Koblet dans l'étape Pau-Cauterets m'enleva un dieu vivant. » déplore l'écrivain Yves Berger. Collection Laget

1953 – **Sur le plat (Tino Sabbadini en haut Roger Pontet avec le policier) ; comme en descente (Jean Robic, en bas ; Guy Buchaille en haut à droite, dans le talus), on tombe beaucoup, et l'on ne repart pas souvent. Les spectateurs du Tourmalet ne sont heureusement pas confrontés à ces drames. Pour eux, l'ennemi, c'est le froid et le brouillard, car les coureurs ne vont pas tarder, ils vont même passer au compte-gouttes. On tombe rarement en montée…** Keystone

Collection Laget

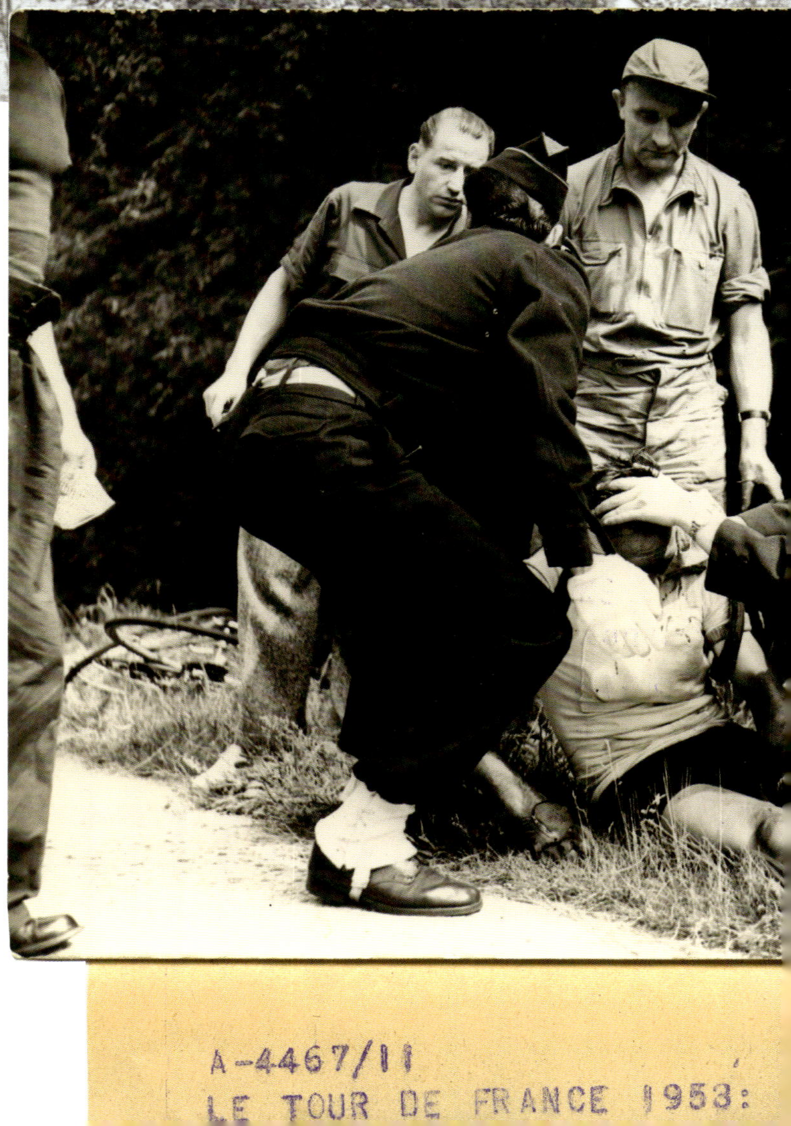

Rue des Archives/ Agip

Keystone

BOBET, DEUXIÈME SACRE DANS L'IZOARD

Et de deux pour Louison, qui fait aussi bien que son compatriote Petit-Breton. Rue des Archives/Agip

1954

1er : Louison Bobet

Équipe de France

À 51 ans, le Tour, pour sa quarante et unième édition, part de l'étranger pour la première fois. Ce sera Amsterdam aux Pays-Bas, le pays des tulipes. Les poètes y verront un lien avec La Belle Jardinière. Les prix ont augmenté de neuf millions par rapport à 1953, passant de vingt-neuf à trente-huit millions, un record. Par exemple, le vainqueur final aura deux millions, chaque vainqueur d'étape deux cent mille francs, la meilleure équipe trois millions, le maillot vert un million, le meilleur grimpeur cinq cent mille francs, comme le plus combatif. Ces primes feront-elles oublier la lourde absence des Italiens, Coppi et Magni en tête, jugés indésirables à cause de leur choix pour la publicité extra sportive ? Bobet, le vainqueur sortant, est bien partant à la tête d'une belle équipe de France, et favori malgré une équipe de Suisse constellée de Kübler-Koblet-Schaer et Clerici. Les Belges retrouvent Ockers, et les Hollandais sont impressionnants. Pas un trompe-l'œil, puisque avec Wout Wagtmans, ils enlèvent la première étape, et tiendront en partie le maillot jaune jusqu'aux Pyrénées. En partie seulement, car Bobet a aussi montré qu'il faudrait encore compter avec lui. Les Suisses, vainqueurs du contre-la-montre par équipes à Rouen, ne donnent pas non plus leur langue au chat, surtout avec Schaer, omniprésent, et Kübler, vainqueur à Saint-Brieuc et Millau. Heureusement d'ailleurs, car leur compatriote Koblet, malade, est tombé et a abandonné dans les Pyrénées. Dans la montagne, le petit Gilbert Bauvin, de l'équipe Nord-Est–Centre, a semé le doute chez les plus grands, en s'imposant à Luchon devant un débutant espagnol nommé Bahamontes. En prime, il a soufflé le maillot jaune à Wagtmans, et il faudra une échappée royale de Bobet, Kübler, Ockers, Schaer et Wagtmans pour le déposséder du maillot symbolique à Millau. Bobet retrouve son bien et ne le perdra plus, car le Tour arrive enfin dans son jardin, les Alpes, l'Izoard. Là, encore en état de grâce, il s'envole. Derrière lui, les Suisses Schaer et Kübler se disputent les accessits, et Ferdi, l'ancien vainqueur du Tour, en profite pour devenir le dauphin du Breton à presque treize minutes. Au passage, le Breton lui rend la monnaie de sa pièce de 1950, avant de charger un peu plus la barque dans le contre-la-montre de Nancy (72 km). Au Parc, où Louison le Breton connaît une apothéose méritée, les Suisses se partagent les autres marches du podium, Kübler à 15 min 40 s, Schaer à presque 22 min. Les Suisses sont heureux car, avec le maillot vert de Ferdi et le classement par équipes, leur caisse est pleine. Pour la petite histoire, le premier régional est quatrième, il s'appelle Jean Dotto, il est du Sud-Est. Robic de l'Ouest, qui s'est empalé dans un photographe, a abandonné comme Marinelli, mais avec Forlini, Bauvin, François Mahé, Vivier, Lucien Lazaridès ou Varnajo au Parc, les régionaux ont été d'irremplaçables animateurs. Une lacune à déplorer : l'absence de photo de l'Espagnol Bahamontes chipant une glace à un spectateur dans le col de Romeyere. Heureusement, on a celle le montrant vainqueur du Grand Prix de la montagne. Avec ce deuxième Tour, Bobet devient Louison et Bahamontes sent pousser ses plumes d'aigle de Tolède.

VOUS AVEZ DIT IZOARD, COMME C'EST IZOARD

Gilbert Caucanas lui consacre même un film. Collection Laget

Avec le maillot arc-en-ciel, le chevalier Bobet est invincible, même s'il a de sacrés bobos. Roger-Viollet

1955

1er : Louison Bobet

Équipe de France

BOBET, CHEVAL DE TROIS ET D'ORGUEIL

Cent trente coureurs (vingt de plus qu'en 1954) répartis en treize équipes prennent au Havre le départ de cette quarante-deuxième édition. Parmi les anciens vainqueurs, Bobet est bien là, Kübler et Robic aussi, mais on a connu leurs équipes respectives, la Suisse et l'Ouest, plus reluisantes. Quant aux Italiens, toujours en proie à la révolution extra sportive, ils sont présents avec une équipe B. Les organisateurs comptent donc sur leurs cinq formations régionales, la Grande-Bretagne – une première – et surtout la Belgique et les Pays-Bas. Et de fait, même si c'est l'Espagnol Miguel Poblet qui met le feu aux poudres en triomphant à Dieppe et en devenant le premier Ibérique à porter le maillot jaune, ce sont bien les Hollandais les plus costauds : ils triomphent par équipe en contre-la-montre à Dieppe et s'emparent du maillot jaune avec Wagtmans, puis Van Est. Quant au Tricolore Antonin Rolland, surprenant vainqueur à Roubaix, il le leur reprend durablement avant de le céder dans les Pyrénées à son patron, Louison Bobet.

Le Tour a bien emprunté les Alpes, mais sans Bahamontes, et sans Izoard pour un Louison patraque. C'est le petit Luxembourgeois Charly Gaul qu'on a vu s'envoler dans le Galibier, comme dans Vars ou le Télégraphe. Bobet est resté sur la défensive, là où il attaquait. Louison souffre beaucoup de la selle, et on peut se demander s'il aurait persévéré sans son frère Jean, sans une grosse équipe de France autour de lui – à ce titre Antonin Rolland le décharge un peu du poids de la course – et sans ce maillot de champion du monde qu'il porte sur les épaules après sa course magique de Solingen. Toujours est-il qu'il va prouver dans le Ventoux qu'il est un champion. Il s'envole, au courage, tient jusqu'à Avignon et fait basculer le Tour ! Faute d'Izoard, l'épouvantail provençal lui sert d'assommoir. Il reprend sept minutes à Rolland, son équipier, et à Gaul, et fait perdre les pédales à Ferdi Kübler qui abandonnera. Malléjac, autre équipier, faillit y laisser sa peau, victime du dopage.

«LA VICTOIRE À VENTOUX» A. BLONDIN

Son tour de vis, Bobet le prolongera dans les Pyrénées, où souvent en danseuse avec Géminiani, il accompagne Gaul et Brankart dans leurs numéros. Moyennant quoi, il retrouve son cher maillot jaune à Saint-Gaudens. Rolland est à six minutes, Charly Gaul et Jean Brankart encore plus loin. Heureusement car, dans le contre-la-montre de Tours, ils reviennent un peu. Pas assez. Bobet conserve presque cinq minutes sur Brankart, l'étonnant champion belge, et plus de onze sur Gaul, le prometteur Luxembourgeois, sacré roi de la montagne. Avec Bobet, qui malgré ses pépins de santé améliore la moyenne record (34,5 km/h), l'équipe de France place quatre coureurs dans les dix premiers, dont le méritant Rolland, cinquième, et s'impose par équipes. Le Belge Philippe Thys, qui avait aussi gagné trois fois en 1913, 1914 et 1920, fait au Parc des Princes un tour d'honneur avec le champion français, qui dépasse son record avec trois victoires consécutives. Attention, on ne dit plus « Hurrah ! », mais « Pschitt ! Pschitt ! Pschitt ! Hurrah ! », puisque Bobet est la vedette de la publicité de ce pétillant soda.

Corbis

Cette année-là, il faut demander Walko dans la famille Nord-Est-Centre (NEC). Collection Laget

Bien que moins batailleur et moins grimpeur que Robic, Walko, omniprésent dans toutes les échappées au long cours, passe bien la montagne et fournit le second vainqueur régional. Un exploit indiscutable. Une leçon pour les grosses équipes. Roger-Viollet

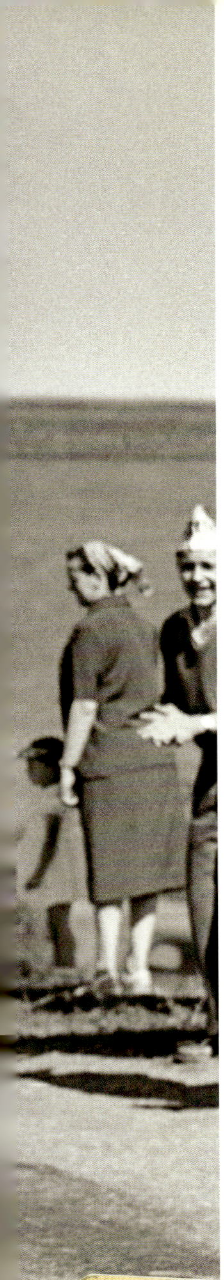

WALKOWIAK, L'ÉCHAPPÉE BELLE

1956

1er : Roger Walkowiak

Équipe du Nord-Est-Centre

Un Tour qui part de Reims peut-il être ordinaire ? Ce quarante-troisième Tour de France sera un Tour champagne, un Tour pétillant, un Tour surprise. Peut-être parce que Bobet, qui en aurait été le favori, n'est pas au départ pour cause de convalescence ? Et donc, faute d'un leader, l'équipe de France en a trop avec Bauvin, Darrigade, Géminiani, Rolland ou Malléjac. Les Suisses ont bien Schaer, mais on connaît ses limites ; en revanche, côté espagnol ou luxembourgeois, on se demande toujours jusqu'où peuvent aller Bahamontes et Gaul. Bref, les équipes les plus redoutables pourraient bien être la hollandaise avec Wagtmans, les Belges avec Close, Ockers ou Brankart. Les Italiens sont encore amoindris et l'on se dit que les cinq équipes régionales, avec Dotto, Lauredi, Hassenforder ou Walkowiak, pourraient bien ajouter des bulles à cette cuvée incertaine. D'emblée, sur la route de Liège (la route du champagne), la course est folle, et c'est logiquement un Basque bondissant qui a le dernier mot sur un peloton éparpillé : Darrigade triomphe et prend le maillot jaune. Il va le passer à Desmet, puis le reprendre, après que, dans le contre-la-montre de Rouen, Gaul, Brankart et Bahamontes ont montré qu'ils étaient les hommes forts.

Mais un Tour, c'est de la force, et aussi de l'opportunisme à concrétiser dans des échappées qui fusent comme jamais. À Caen (quatrième étape), ils sont une dizaine à avoir pris les devants ; le lendemain à Saint-Malo, ils sont onze. Le surlendemain à Lorient, ils sont dix-huit. Et le mercredi 11 juillet, entre Lorient et Angers (septième étape, 244 km), ils sont encore trente et un à fausser compagnie au peloton réglé au sprint par Darrigade, dix-neuf minutes plus tard. Roger Walkowiak du Nord-Est-Centre, qui était dans ces quatre coups, endosse le maillot jaune. Sur ses talons, il a Fernand Picot de l'Ouest, qui était avec lui. Picot est peu dangereux, Walko en est à son quatrième Tour, il en a terminé deux, et progresse : deuxième de Paris-Nice et du Dauphiné, il vient d'abandonner à la Vuelta après avoir gagné deux étapes. Il est en forme et grimpe. Ce maillot imprévu, il le perdra à Bayonne, puis Voorting, Darrigade, Adriaensens et Wagtmans se le repasseront jusqu'aux Alpes. Là, Walko est à nouveau dans les bonnes échappées, avec les meilleurs dans Gap-Turin (cinquième) et Turin-Grenoble (cinquième), où il retrouve le maillot sacré. Dans Grenoble – Saint-Étienne, il est sixième, et reprend du terrain à la majorité du peloton, sauf au Tricolore Gilbert Bauvin, qui était avec lui dans l'échappée mais est pénalisé de trente secondes pour poussettes. Pourtant, le « petit régional » de 29 ans garde plus de trois minutes d'avance sur le leader de l'équipe de France, et ce sera suffisant pour terminer en vainqueur surprise à Paris, où Bauvin (deuxième) et l'équipe de France sont sifflés. Bahamontes, quatrième, est dominé par Gaul pour la montagne, et Ockers, huitième, souffle le maillot vert à Picot. Walko, compagnon de fugue de ce même Picot, a tenu bon, pour le plus grand bonheur de Jacques Goddet, qui considère avoir suivi son meilleur Tour, avec un vainqueur idéal. Walkowiak, le modeste du Nord-Est-Centre, peut sourire et boire sa coupe de champagne, il ne l'a pas volée. La preuve, son Tour est le plus rapide de tous les temps : 36,368 km/h.

Walko, l'impromptu de Montluçon. J.de Potier/Paris-Match/Scoop

LE MEILLEUR DES TOURS, SELON JACQUES GODDET

Imago / Panoramic

ANQUETIL : COUP D'ESSAI, COUP DE MAÎTRE

1957

1er : Jacques Anquetil

Équipe de France

Tourmalet – **Anquetil, le rouleur, tire la langue, et le gros lot. Il ne passera peut-être jamais en tête d'un col, mais s'y accrochera tellement bien qu'il finira par gagner.** AFP

Ce quarante-quatrième Tour de France part magiquement de Nantes, de Loire-Atlantique (code minéralogique : 44). Question : une telle coïncidence peut-elle avoir une signification ? Un Breton peut-il gagner ? Bobet a déclaré forfait et, dans l'équipe de l'Ouest, on a du mal à voir un Robic en herbe. Alors que peut-il se passer ? Une victoire du dossard 44 ? C'est un Espagnol, Antonio Ferraz, et il est loin d'avoir les qualités d'un Walkowiak. D'ailleurs, ce dernier a rejoint l'équipe de France où, avec Bauvin, il épaulera un débutant prometteur, un Normand blond de 23 ans, un certain Jacques Anquetil. Marcel Bidot, le directeur sportif des Tricolores, compte bien sur eux pour ne pas connaître les lazzis du Parc. Il compte, mais il sait que les six équipes étrangères sont plus homogènes que jamais et que les cinq régionales ne demandent qu'à lui faire perdre son latin. Heureusement pour lui, ça part idéalement : Darrigade s'impose

UN NORMAND GAGNANT À ROUEN NE PEUT PLUS PERDRE.

à Granville, Privat prend le relais à Caen, et Anquetil lui succède chez lui à Rouen, après avoir fait une démonstration avec l'équipe de France. Privat tient le maillot jaune au chaud pour le passer à Anquetil à Charleroi. La course est échevelée jusqu'aux Alpes, les régionaux Trochut et Hassenforder disputent les bouquets au Belge Janssens et à l'Italien Baffi, Baudin montre qu'il a toujours du flair et brille à Charleroi. L'équipe de France est bien la meilleure, même si le Francilien Barone assure un intermède maillot jaune entre Anquetil et Forestier, avant que le Normand n'empoche sa deuxième étape individuelle à Thonon. Il est encore dans le coup à Briançon, où en terminant à une minute de l'Italien Nencini, il retrouve le maillot fameux. Au sortir des Alpes, après deux nouveaux bouquets pour les Tricolores, Anquetil est maître de la course, et son dauphin est un pilier tricolore, Forestier. Il y a déjà eu cinquante abandons sur cent vingt partants, dont ceux de Clerici, Astrua, Bahamontes, De Bruyne, Wagtmans, Gaul ou Close. Le danger est maintenant circonscrit à l'Espagnol Lorono, aux Italiens Defilippis et Nencini, aux Belges Janssens et Adriaensens, au Hollandais Wim Van Est et à l'Autrichien Christian. Dans les Pyrénées, dans l'Aubisque et jusqu'à Bordeaux, ce sont surtout les Italiens qui feront la langue à Anquetil. Mais Forestier, Bergaud et Darrigade veillent au grain, en attendant la mise au point que maître Jacques ne manquera pas

Avec André Darrigade et Jacques Anquetil, on renouera un peu avec le beau temps des copains. Collection Laget

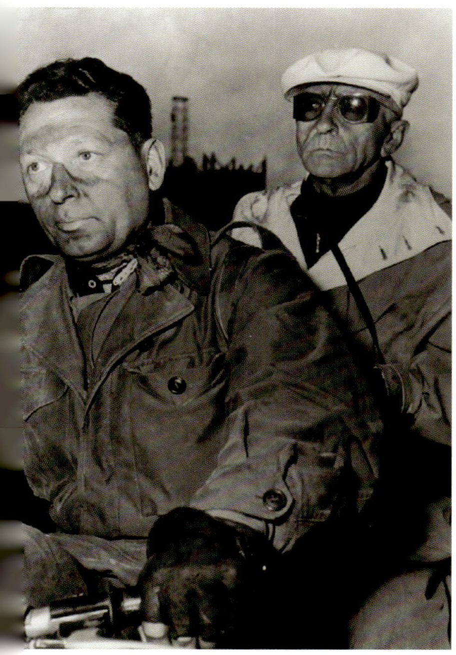

Alex Virot et René Wagner de RTL tomberont au service de leur passion. Keystone-France

de faire dans le contre-la-montre de Libourne. Sur soixante-six kilomètres, il rejette à plus d'un quart d'heure ses dauphins Janssens et Christian. Darrigade conclut l'épopée en beauté en triomphant à Tours et à Paris dans un Parc en délire pour fêter le maillot vert de Forestier (quatrième au final), le succès collectif des Tricolores assorti de treize bouquets, et un flamboyant maillot jaune avec Jacques Anquetil. L'Italien Nencini, sixième, est sacré meilleur grimpeur devant le Tricolore Bergaud. Le premier régional est encore Jean Dotto du Sud-Est : dixième. Anquetil triomphe en beauté à son coup d'essai, comme Coppi ou Koblet. Une ombre passe pourtant sur le Parc, celle d'Alex Virot, le journaliste de RTL, et de son motard René Wagner. Le 14 juillet, le jour où Jean Bourlès menait à bien à Ax-les-Thermes une échappée solitaire de deux cent vingt kilomètres, ils faisaient une chute mortelle.

La canicule, Magni, bidon, jet de pompier, pompe, le Tour est en feu. Keystone

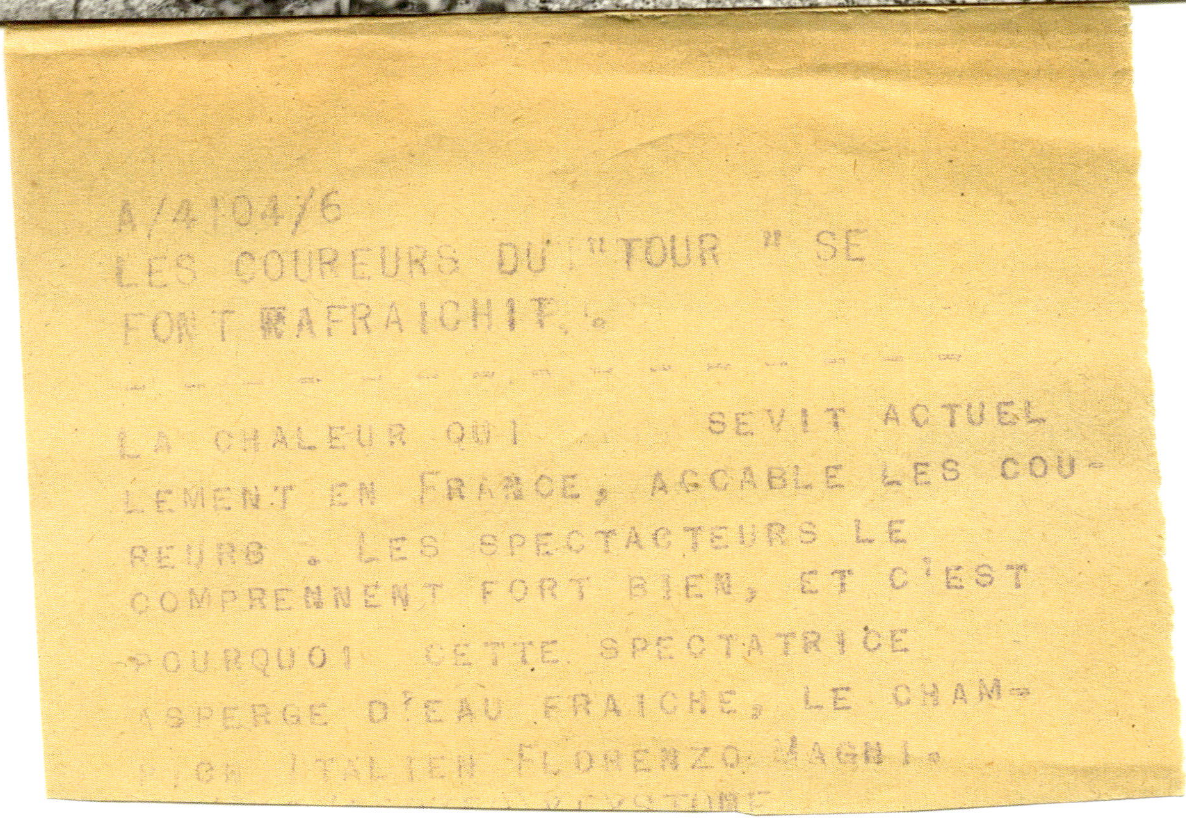

A/4104/6
LES COUREURS DU "TOUR " SE
FONT RAFRAICHIT.

- - - - - - - - - - - - - - - -

LA CHALEUR QUI SEVIT ACTUEL-
LEMENT EN FRANCE, ACCABLE LES COU-
REURS . LES SPECTACTEURS LE
COMPRENNENT FORT BIEN, ET C'EST
POURQUOI CETTE SPECTATRICE
ASPERGE D'EAU FRAICHE, LE CHAM-
PION ITALIEN FLORENZO MAGNI.

Universal/TempSport/Corbis

Keystone

GAUL, LE CHAMPION AMPHIBIE

1958

1er : Charly Gaul

Équipe mixte Pays-Bas - Luxembourg

Le quarante-cinquième Tour de France part de Bruxelles, de l'Exposition universelle. Mais Bruxelles, deuxième départ de l'étranger, c'est aussi la Belgique écartelée entre Flamands et Wallons. L'équipe de France se met au diapason, en s'offrant deux leaders : Anquetil, vainqueur sortant, et Bobet, vainqueur de 1953 à 1955, mais absent en 1956 et 1957. Après avoir expédié Géminiani, un autre leader potentiel, dans les rangs du Centre-Midi, déjà riche d'Anglade, Rolland et Rohrbach. Une situation bien compliquée alors que les Belges Janssens (deuxième du Tour 57) et Brankart (deuxième du Giro 58) sont là, comme le Luxembourgeois Charly Gaul (troisième du Tour 1955 et du Giro 58, et double vainqueur du Grand Prix de la montagne), l'Autrichien Adolf Christian, l'Espagnol Federico Bahamontes ou l'Italien Gastone Nencini.

Charly, l'Ange de la montagne, ne touche pas terre. Fonds Eyssalet

Qu'importe, on se bercera d'illusions pendant dix-huit étapes, jusqu'au Ventoux à gravir contre la montre. Il faut dire que ce Tour est un drôle de Tour : vainqueur à Bruxelles, le Tricolore André Darrigade nous fait rêver en jaune jusqu'à Pau. Certes, il y a eu des intermèdes avec les Hollandais Wim Van Est et Voorting, mais Bauvin, autre Tricolore, a pris un bouquet et endossé le maillot jaune. On se dit que même si Gaul a battu Anquetil (deuxième) et Bobet (huitième) dans le contre-la-montre de Châteaulin (46 km), ce n'est que le premier exercice du genre, que c'était de peu, que, sur le Ventoux et à Dijon (74 km), ce sera différent. Bref, après le récital des Tricolores en 1957, on rêve. Géminiani, Bahamontes et Favero nous ont bien interpellés dans les Pyrénées, mais bon, le Ventoux et l'Izoard. Ce sont les chasses gardées de Louison. Il est peut-être loin au classement, mais il va retrouver ses ailes. Après tout, au dernier Giro, il était quatrième. On oublie que le troisième, c'était Gaul. Et justement, dans le Ventoux où Louison l'a châtié en 1955, Charly lui colle cinq minutes

CHARLY GAUL CHARME LA CHARTREUSE

dans la vue, et remonte sur un podium où Géminiani retrouve le maillot jaune. Avec deux minutes sur l'Italien Favero et presque quatre sur Gaul, à 33 ans, le leader du Centre-Midi s'offre une louche de caviar. D'autant que le lendemain, du côté de Gap, défaillance ou sabotage, le Luxembourgeois perd dix minutes. Du côté de Briançon, déception : Bobet ne revenant pas, et Gaul à peine, Gém consolide son paletot magique. Avec quatre minutes sur Favero et presque huit sur Anquetil, c'est dans la musette. Ne reste plus que le massif de la Chartreuse à traverser. Le hic, c'est que quand il pleut, avec le col de Porte, où Bartali a arraché le Tour 1948, la Chartreuse peut devenir une hécatombe. Ce sera le cas. Gaul rejoint Favero et il finit à Aix-les-Bains avec sept minutes d'avance sur Adriaensens, deuxième, et quatorze sur Géminiani ! Pour trente-neuf secondes, Favero devient maillot jaune. Pénalisé pour avoir reçu un bidon, Gaul surgit pourtant sur le podium, à une minute et des poussières. Le paradis entrevu par Gém se transforme en enfer, les copains de l'équipe de France deviennent des « Judas » et il pleure. Il sait que dans le contre-la-montre, Gaul le crucifiera, et Favero aussi. Il ne se trompe pas.

Le Luxembourgeois est bien l'homme fort du Tour : il a dominé les trois exercices de vérité, il a triomphé en altitude, sur le plat, sous la pluie, la canicule ou le froid. Malade, Anquetil a renoncé. À Paris, Bobet finit septième. À trois minutes, les dauphins du nouvel « Ange de la montagne » restent Favero et Gém, inconsolable troisième.

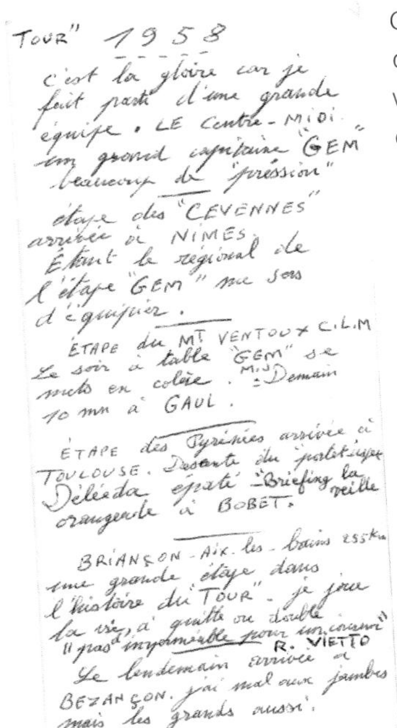

TOUR" 1958

c'est la gloire car je fait part d'une grande équipe. LE Centre-MIDI un grand capitaine "GEM" beaucoup de "pression"

étape des "CEVENNES" arrivée à NIMES. Étant le régional de l'étape "GEM" me sors d'équipier.

ÉTAPE du Mt VENTOUX C.L.M Le soir à table "GEM" se mets en colère. M.J. : Demain 10 mn à GAUL.

ÉTAPE des Pyrénées arrivée à TOULOUSE. Descente du "politique" Délécda épaté "Briefing la veille" orangeade à BOBET.

BRIANÇON - AIX-les-bains 255 km une grande étape dans l'histoire du "TOUR". je joue la vie, à quitte ou double "pas d'imperméable pour un coureur" R. VIETTO

Le lendemain arrivée à BEZANÇON. j'ai mal aux jambes mais les grands aussi.

Mémo de Chaussabel du Centre-Midi.
Col. Laget

Les plus belles photos sont dans Radar : mains sur les cocottes, Charly s'envole. Collection Laget

**Les Italiens comme Ernesto Bono ne chatouillent même pas l'aigle de Tolède.
À sa cinquième tentative, il maîtrise la course. Par exemple dans le contre-la-montre du Puy de Dôme
où, sur 12,5 km, il prend plus d'une minute à Gaul, deux à Anglade,
plus de 2 minutes 30 à Rivière ou Anquetil. Et treize à Meneghini, le dernier.** Photo Roger-Viollet, magazine Collection Laget

BAHAMONTES, AIGLE DU PUY DE DÔME ET DE TOLÈDE

Sacré tour d'honneur : Coppi félicite son successeur. Rue des Archives/Agip

1959

1er : Federico Bahamontes

Équipe d'Espagne

Pour ce quarante-sixième Tour de France partant de Mulhouse dans le sens inverse des aiguilles d'une montre, l'équipe de France a fait semblant de tirer les leçons du dramatique Tour de 1958, où elle a perdu à cause d'un trop-plein de leaders. Il y a donc eu un pacte à Poigny, puisque à Anquetil et Bobet sont venus se rajouter Rivière et Géminiani. Ca pourrait ressembler à l'invincible armada, mais comme (exception faite de Nencini) les neuf premiers de 1958 sont au départ, on se demande qui, cette fois, pourra bien jouer le rôle de Charly Gaul. D'autant plus que ce coup-ci, c'est le puy de Dôme qui est à escalader contre la montre.

À 31 ans, Federico est au sommet de son art : il voltige dans les cols, ne s'arrête plus pour prendre une glace, et remporte un troisième Grand Prix de la montagne. Corbis

Comme ça part bien pour les Tricolores, avec d'emblée une nouvelle victoire de Darrigade suivie d'une autre de Cazala, autre routier sprinter maison qui enfile à son tour le maillot jaune chauffé par le Basque, on se pince. On s'est trompé. À Nantes, la réconfortante victoire de Roger Rivière dans le contre-la-montre de quarante-cinq kilomètres semble aller dans le même sens, d'autant qu'Anquetil n'est pas loin. Comme en 1958, on se bercera d'illusions jusqu'à l'épreuve de vérité plantée dans la quinzième étape. Cazala n'a perdu le maillot jaune qu'à Bayonne, sous les coups de boutoir du régional Queheille. Il est passé sur les épaules du Belge Pauwels, puis sur celles du Francilien Michel Vermeulin, qui traverse en jaune les Pyrénées jusqu'à Aurillac, où c'est un autre régional (du Centre-Midi celui-là), un certain Anglade, qui s'échappe avec Anquetil, Bahamontes, Adriaensens et Hoevenaers, deux Belges. Les régionaux sont bien là et les Belges de retour. Ils confirment à Clermont, puis Saint-Étienne, où Pauwels se replace et prend le maillot jaune d'Hoevenaers, même si la grande vedette est Bahamontes qui, sur les pentes du vieux volcan auvergnat, montre qu'il est au-dessus de la mêlée. Gaul se réveille aussi, trop tard, même si à Grenoble il fait exploser la course avec Bahamontes qui prend enfin le maillot jaune, loin devant ses rivaux belges, plus soudés que les Français en pleine zizanie. D'ailleurs, l'équipe de France touche le fond à Saint-Vincent, *via* l'Iseran, où Bobet jette l'éponge et où Anglade se replace dans le sillage de l'intouchable Espagnol. La débandade tricolore s'accentue à Annecy, où Graf, Gaul et Bahamontes secouent encore le tapis.

ZIZANIE PUIS DÉBANDADE POUR L'INVINCIBLE ARMADA TRICOLORE

Terrible : les dauphins du grimpeur espagnol sont deux régionaux, Anglade et François Mahé. Robic (durement éliminé la veille) n'assiste pas au contre-la-montre de Dijon, un triste baroud tricolore : victoire de Rivière devant Anquetil pour chasser Mahé du podium. Anquetil prend la troisième marche devant le Stéphanois (quatrième) et le Breton (cinquième). Au Parc, la première victoire d'un Espagnol, Federico Bahamontes, est indiscutable. C'est, en prime, le meilleur grimpeur. Son dauphin Henry Anglade aurait pu faire mieux si les Tricolores n'avaient pas couru contre lui, le régional. Anquetil, troisième, se console donc en devançant Rivière, sous des sifflets que le maillot vert de Darrigade estompe mal. L'invincible armada a coulé. Consolation, l'Espagne encore très divisée se rassemble pour fêter son beau champion.

Graczyk et Nencini, les maillots vert et jaune, se congratulent. Rue des Archives/Agip

APRÈS LES CAMPIONISSIMI, NENCINI

1960

1er : Gastone Nencini

Équipe d'Italie

Avec ce quarante-septième Tour de France partant de Lille sans Robic, Bobet, Gaul, Géminiani ni Anquetil, sans Coppi foudroyé par le paludisme, c'est une sacrée page de la « Grande Boucle » qui se tourne. Pourtant, on devrait avoir un beau Tour, avec Bahamontes, les Allemands, les Anglais, les Hollandais, les Italiens, une grosse équipe belge lauréate du classement collectif en 1958 et 1959, les régionaux, et des Français recadrés autour du seul Roger Rivière, même si Henry Anglade est mieux qu'une doublure. Dès le premier jour, dans le contre-la-montre de Bruxelles sur vingt-huit kilomètres, on a une idée des acteurs majeurs : Rivière domine Nencini et Anglade.

Nencini va prendre le maillot jaune le passer à Groussard, puis surtout à Anglade, paraphant à Caen une belle échappée avec son équipier Graczyk, et Baldini, Wim Van Est et Pauwels. On a l'impression de se retrouver en 1956, où ça partait de tous les côtés. Et donc Darrigade et Graczyk s'en vont encore le lendemain, preuve que l'équipe de France est bien là. Le hic, c'est qu'entre Saint-Malo et Lorient (sixième étape) se développe une grosse échappée à quatre, avec Roger Rivière qui oublie qu'Anglade a le maillot jaune, l'Italien Nencini, heureux de déborder Baldini, le Belge Adriaensens et l'Allemand Junkermann. Ils s'assurent quinze minutes sur le peloton, les quatre premières places et le maillot jaune pour Adriaensens. En 1956, ils étaient trente et un, et le vainqueur du Tour était du lot. Ici, l'écart est à peu près le même, et ils ne sont que quatre. Le vainqueur est-il là ? On le suppose, d'autant qu'à Pau, flanqués de Battistini, Rivière et Nencini font un nouveau numéro. Ils confirment à Luchon, où l'on attendait un Bahamontes qui a abandonné à Dunkerque, en rase campagne ! Nencini se retrouve en jaune, avec Rivière à une petite minute trente-huit.

« ROGER A TOMBÉ, ROGER A TOMBÉ... »

L'Italien Gastone Nencini mène devant le Français Roger Rivière, la course n'a pas encore basculé. Anglade ou Adriaensens porte encore le maillot jaune. Collection Laget / DR

On estime que le dénouement interviendra dans les Alpes, où Vars, Izoard et Lautaret sont à nouveau au programme. C'est oublier qu'après la journée de repos, on doit traverser les Cévennes (Millau-Avignon, le dimanche 10 juillet). Pas de Ventoux en vue, simplement le Perjuret (1 028 m). Nencini, qui a été ouvertement transfusé la veille par son docteur venu d'Italie, se sent des ailes, et « fait » la descente pourtant couverte de gravillons. Derrière le maillot jaune, Rivière relève le défi, alors que

ANNO 62 - N. 30 DOMENICA DEL CORRIERE 24 LUGLIO 1960 - L. 40 LA COPIA

Il dramma di un campione. Uno dei più forti corridori del Tour, il francese Roger Rivière, mentre scendeva vel per una strada di montagna, perso il controllo della bicicletta, urtò contro il muretto di protezione, lo scavalcò i fini, dopo un salto di 25 metri, in un burrone. Rivière, che solo per un miracolo è uscito vivo dalla paurosa caduta, tato fratture alla colonna vertebrale per cui, quasi certamente, dovrà abbandonare l'attività ciclistica. (Disegno di Wa

L'artiste italien exagère la chute de Rivière, et en même temps, Roger va tomber en enfer. Alors ? Collection Laget

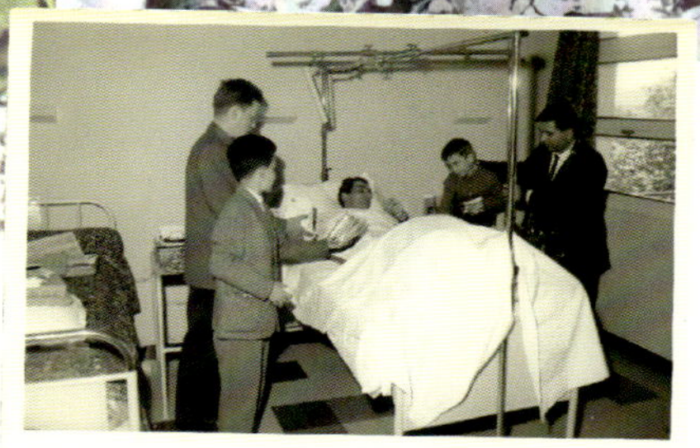

Du fond du ravin au lit de convalescence, la vie du champion est brisée, même si l'animateur Jean Dongues et des auditeurs de RTL le réconfortent. Illustration Collection Laget, photo Rue des Archives/Collection Grégoire

c'est un pistard et qu'il est plutôt instable sur route. Il dérape. Plonge dans le ravin. Rostollan, qui l'a vu, hurle, désemparé : « Roger a tombé, Roger a tombé. » Le Stéphanois est bien là, brisé vingt mètres plus bas. La colonne vertébrale est touchée, le Tour est fini, sa carrière aussi, même si dans l'hélicoptère qui l'évacue, l'espoir est de mise. Nencini a désormais les coudées franches, et ses compatriotes Battistini (deuxième) et Massignan viendront dans les Alpes compléter son succès, même si Adriaensens et Junkermann s'accrochent à leurs troisième et quatrième places. À Colombey-les-Deux-Églises, le Tour s'arrête soudain pour saluer le général de Gaulle qui, tout président de la République qu'il soit, attendait la course en simple spectateur. Avant l'apothéose du Parc des Princes, il félicite ainsi Gastone Nencini, le maillot jaune, Anglade, le champion de France, et Graczyk, le maillot vert. La moyenne s'envole à plus de 37 km/h. Vainqueur par équipes, les Tricolores essaient d'oublier drame et défaite.

CINZANO
CINZANO
CINZANO

Début des années 1950 – **Le Tour traverse les Pyrénées à la bonne franquette. Qu'il fasse beau ou mauvais. Ici, en ville, bannières et chapeaux Cinzano au vent, on attend la course, et on annonce le spectacle du soir. Là, en montagne, un grain oblige les tenanciers de la buvette improvisée à se mettre aux abris.** Fonds Eyssalet

Pique-nique, distribution de drapeaux de papier de L'Équipe, attente du Grand Prix de la montagne, un coureur échappé ou lâché… on est là en tenue légère. Keystone-France

Fonds Eyssalet

Fonds Eyssalet

1953 – **Louison Bobet a mis pied à terre après avoir crevé. Avant de repartir, il recentre sa roue.** Keystone

1953 – **Le Cadet italien Umberto Drei a fait une chute tellement sévère qu'il ne repartira pas.** Keystone

LES CARICATURISTES CHATOUILLENT LES GÉANTS

Texte de Norbert CASTERET
Illustrations de M. de la Pintière

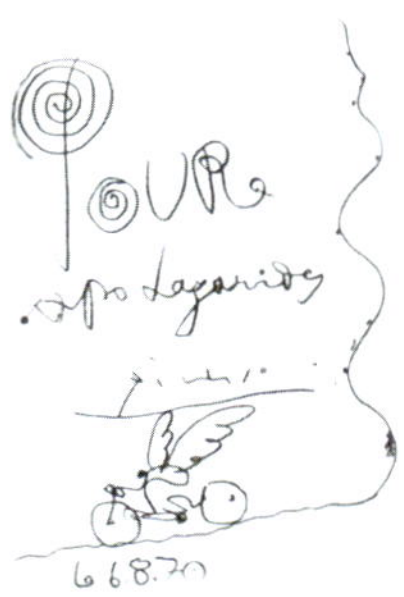

Quand des artistes aussi talentueux que Bill-Billaud, Robert Déro ou Picasso se penchent sur le Tour, Jacques Goddet avec son petit carnet, Fausto Coppi, Roger Rivière ou Apo Lazaridès, le grimpeur ailé, en sortent grandis. Pour leur part, Maurice de La Pintière, en BD, et Albert Dubout à la une, s'attaquent directement aux « géants de la route ». Collection Laget - DR

La photo a beau monter en puissance, les illustrateurs-caricaturistes comptent toujours sur la route du Tour et ses environs. Et ils comptent même beaucoup quand on découvre les chefs-d'œuvre de Pellos et Paul Ordner. Ce sont eux les premiers géants du crayon, et leur match est épique par pleines pages ou bandes dessinées interposées. Pour Pellos, qui suivait déjà le Tour avant -guerre, c'est *Miroir-Sprint*, *Record*, *Sport Sélection* ou *Sport-Mondial*, pour Ordner, c'est Le *Miroir des sports*, *L'Équipe Junior*, ou Le Chasseur français. L'imagination et le délire sont débordants chez Pellos, tandis qu'Ordner est plus classique, plus illustrateur, avec la chance d'avoir de la couleur dans *L'Équipe Junior* en 1951-52. Pellos, c'est l'inventeur d'une mythologie du Tour – sorcière aux dents vertes, homme au marteau, cols juges de paix – qui se déploie tout entière dans un pur chef-d'œuvre : « Le Tour a 50 ans » (*L'Équipe*, 1953). Un gagnant ? Le Tour.

Un petit cran au-dessous, les autres bons caricaturistes s'appellent Albert Uderzo, qui « raconte » sur une pleine page du *Journal du dimanche* le Tour 1951, Déro, qui va monter en puissance, Siro, Lem, Bill, qui excellent aussi dans les collages, le spirituel Daniel Laborne, ou l'éclectique funambule Oberlé, qui tient plume et crayon avec un égal talent. Un autre acteur de l'époque excelle comme lui sur plusieurs registres, c'est Alex Virot, qui avant d'être l'envoyé spécial de RTL sur la route du Tour a été un brillant illustrateur, couvert de lauriers olympiques lors des Jeux d'Amsterdam. Cette carrière hors du commun se brisera sur le Tour 1957, quand le 14 juillet, avec son motard Wagner, il s'écrasera dans le lit d'une rivière. Ce jour-là, même Albert Dubout, dont les grosses dames et les petits messieurs sont sous le charme du Tour, sera très triste ; et Rad, Gébé ou Laplace perdront un peu plus les pédales dans *Sport et Vie* et ailleurs. Comme Géo Ham, Raymond Queneau lui-même sera touché par le souffle du Tour, mais avec, autour de son Bartali, le rugissement des voitures en moins. Les voitures sont également rares dans *La Longue Course* qui paraît en 1950 en feuilleton chez Bayard ; Maurice de La Pintière y illustre sobrement le joli texte de Norbert Casteret.

Albert Decaris, médaillé olympique comme Virot, signera en 1953 le beau timbre officiel et classique (12 francs) du cinquantenaire de la course. Une belle image qui s'envolera à quatre-vingt mille exemplaires en quelques heures. Dire que le Tour est populaire est peu dire, même Picasso suit les exploits de ses voisins provençaux Apo Lazaridès et René Vietto. Il avait déjà divagué en 1923 sur la une de *L'Excelsior*, claironnant la victoire d' Henri Pélissier. Puis en 1942, il avait forgé le taureau que l'on sait avec une selle et un guidon, et là, il transforme en grimpeurs ailés les deux rois de la montagne. Il veut leur offrir des œuvres, quand ils rentrent d'entraînement, mais René décline l'offre : « C'est gentil, mais j'y comprends rien. » Heureusement pour lui, Apo acceptera en 1970. L'autre bonne surprise de l'époque, c'est un certain Sépia. Il sévit avec malice dans les programmes officiels du Tour des années 1954, ou en illustrant le livre *Le Tour de France* de Cavanna (Librairie Charpentier, 1960). Curiosité : Sépia et Cavanna sont une seule et même personne !

LE TOUR S'ENVOLE QUAND IL INSPIRE LES PLUS BELLES PLUMES

L'âge d'or, c'est toujours avant. Reste que celui du Tour en matière de littérature, si l'on en juge par la quantité et la qualité des journalistes et écrivains inspirés par la « Grande Boucle », se situe bien ici, entre 1947 et 1960. Les lendemains de guerre font-ils chanter plus facilement les plumes ? Le Tour, n'est-ce pas une croisade du temps de paix ? Et la chanson de geste qu'est le Tour ne passe-t-elle pas par la plume et le papier ? Ce qui est sûr, c'est que la presse connaît une floraison de titres sans précédent, qui coïncide avec l'émergence de nouveaux champions et de nouveaux chroniqueurs. Le peloton n'a peut-être jamais été aussi riche, le Tour jamais aussi intéressant, et tout cela débouche sur une production sans précédent. La preuve : l'apparition en 1958 du premier prix littéraire du Tour de France décerné par l'Union syndicale des journalistes sportifs français, patronné par la direction du Tourisme et doté par *Le Guide de l'auto*, et du premier prix Martini distinguant le meilleur article sportif. Les jurys sont chaque fois prestigieux, les lauréats ne le sont pas moins. Sur le Tour, sont distingués René Mauriès de *La Dépêche du Midi* et Fernand Pette de l'Agence Belga ; chez Martini, c'est Michel Clare et Roger Bastide pour des papiers sur le Tour.

Le Tour surgit donc partout, dans la presse comme dans les livres, et impossible d'établir une hiérarchie, même si les chroniqueurs des journaux, les plus proches de l'effort des coureurs, ont notre préférence. *L'Équipe*, confronté au problème du renouvellement de ses propres journalistes, fournit un premier peloton, qui va d'Antoine Blondin (1922-1991), qui y débute en 1954, à Max Favalelli, en passant par Jacques Grello (Koblet : « le pédaleur de charme »), Jacques Perret, Yves Gibeau, Jean Portelle, Albert Simonin. Chaque jour, c'est une plongée décalée au cœur du Tour ou dans ses marges ; il y a de la malice, du génie, des fulgurances, de la joyeuseté. Le grain de folie du Tour, un grain sans prix, c'est eux, les relais de la course hors de l'univers clos du peloton. Le cercle, ils vont l'élargir avec Kléber Haedens, qui « couvre » pour *Paris-Presse* le Tour 1948 et l'ascension du Galibier comme personne. Armand Lanoux et Bernard Dimey nous régalent dans un *Crapouillot* spécial de 1956, Pierre Benoit, de l'Académie française, nous surprend dans *L'Équipe* en 1955, et encore annonçait-il un roman sur la course dont son décès nous priva. Dans *L'Humanité*, c'est rien moins que Jean-Pierre Chabrol et Hélène Parmelin qui parlent à l'oreille des coureurs. En 1954, le Tour interrompt même la circulation du major Thompson, dans les savoureux *Carnets* (éd.Hachette) que lui consacre Pierre Daninos : « Les coureurs doivent gagner Paris le plus vite possible par les voies les moins rapides. » À la même époque, Roland Barthes décortique aussi « l'épopée » dans ses *Mythologies* (éd.du Seuil, 1957) : « Le Tour est un conflit incertain d'essences certaines. » Ses coups de sonde et sa perspicacité font qu'il est un des très rares à se rendre compte que, plus qu'un « dopé », Ferdi Kübler est avant tout un « *tragediante-comediante* ». La preuve, l'homme qui était censé se doper à en baver est toujours en vie, et le doyen des vainqueurs !

QUENEAU, GIONO, GRELLO, GIBEAU, MÊME COMBAT

D'autres écrivains ne se contenteront pas de jouer les spectateurs émerveillés comme Louise de Vilmorin, Simone de Beauvoir ou Jean-Paul Sartre, ils récupèreront le Tour pour en faire la toile de fond d'un de leurs romans. Dans *La Longue Course* de Norbert Casteret (Librairie Didier, 1946), le héros grimpe de nuit au sommet d'un col pour voir passer les champions des premiers Tours. La petite musique du Tour ajoute en 1947 au tangage de *L'Homme au marteau* (éd. Gallimard) de Jean Meckert. Quant à Pierre Naudin dans *Les Mauvaises Routes* (éd. Gallimard, 1959), il nous fait assister au passage de Speicher, comme au pathétique Tour 1935 de son héros Jean Fage, qui se grise de sa victoire dans la dernière étape pendant que s'éteint son épouse.

Le Tour est tellement attractif que Roland Petit et Zizi Jeanmaire lui consacrent même un ballet en 1956, *Le Vélo magique*. Ils ont suivi une étape, sont sous le charme des maillots multicolores et de Louison Bobet… Les textes ont beau être de Raymond Queneau, ce sera quand même un flop. Ce qui, en revanche, sera un succès, c'est en 1960 un petit livre illustré pour enfants, une pure merveille de fraîcheur sobrement intitulée *Le Tour de France* (Librairie Charpentier). Ces cent quatre-vingt-dix pages sont signées François Cavanna et Paul Massonnet. En réalité, c'est le futur prix Interallié qui a commis « ce péché de jeunesse » tout seul et de tout son cœur. Les écrivains aiment donc le Tour, mais celui-ci le leur rend bien. La preuve en 1952, c'est sur un plaidoyer de Jean Giono auprès de Maurice Goddet, le frère de Jacques qui vit à Monaco, que le coureur Édouard Fachleitner, l'ami et le voisin de l'écrivain à Manosque, est repêché *in extremis* dans l'équipe du Sud-Est. Forcément.

Entre Roland Barthes, le major Thomson ou Cavanna-Sépia, un point commun parfaitement improbable : la Grande Boucle !
Collection Laget

IL VENDAIT DES CARTES POSTALES…

Joseph Foret (1901-1991), champion du VCL, et la caravane des œuvres sur le Tour commandées à ses amis : Domergue et Delanglade s'occupent des Miss, Trémois et Buffet croquent Anquetil, Foujita prend la route des grimpeurs et Van Dongen remonte déjà les Champs-Élysées. Collection Laget /DR

L'histoire de Joseph Foret (1901-1991), c'est l'histoire d'un autodidacte auvergnat, orphelin, monté à Paris à bicyclette, qui après avoir été un beau coureur du Vélo-Club de Levallois (sa fierté), exercé trente-six métiers (bronzier, voyant, négociant en timbres, éditeur£), donna ses lettres de noblesse artistique au Tour de France. Pourquoi lui ? Parce que c'était un amoureux du Tour, des artistes et de la vie d'artiste.

Il habitait près de *L'Équipe* , et quoique d'une timidité maladive, sa passion lui avait fait nouer des relations avec les meilleurs artistes. Le prix de la survie. Moyennant quoi, en 1948, il prit son courage à deux mains et proposa au patron du Tour, son voisin, Jacques Goddet, dont le frère Maurice était un éminent philatéliste, de commémorer l'épreuve et ses étapes par le biais de cartes postales originales affranchies par des cachets illustrés. Une nouveauté, une petite aventure dans la grande. Avec la bénédiction du patron, rien de plus, il s'appliqua donc à suivre la course, à être là à chaque étape, avec sa tablette, ses cartes, ses cachets. Chaque fois, il fallait trouver une voiture accueillante, puis s'installer, affranchir les cartes vierges avec le concours des PTT, puis picorer et dormir. Quand le Tour était en bord de mer, il couchait sur le sable ; en montagne, il cherchait le foin d'une grange. Autrement, c'était une caserne, ou une chambre partagée avec un journaliste. Desgrange avait jadis qualifié le Tour de croisade, or ce que faisait modestement Joseph en était une autre. En 1948, il confectionna donc vingt et une cartes signées Maurice Tranchant ; assemblées, elles reconstituaient la France et le parcours, étape par étape. Il y avait chaque fois une vignette assortie, le cachet commémoratif illustré, et les cinq cent S cartes étaient toutes expédiées au Comité d'organisation du Tour de France basé à *L'Équipe*, 10 Faubourg-Montmartre, Paris. Cette série puzzle était de toute beauté, il la compléta par une série d'enveloppes grand format intitulée « Première liaison postale, Paris à Paris par le Tour de France cycliste ». Tirée à seulement trente exemplaires signés par Bobet et Bartali, chaque enveloppe offrait vingt et un cachets sur vingt et un timbres différents. Ça marcha un peu, puis de mieux en mieux ; par exemple en 1949, la Loterie nationale lui commandait cinquante mille exemplaires de la série signée Claude Hertenberger. Moyennant quoi des artistes de plus en plus cotés étaient tentés par le challenge. Après Barbeyron et Tranchant en 1950, Cello en 1953 et 1954, il y eut Van Dongen en 1955, Jean-Gabriel Domergue et Maurice Utrillo en 1956, Charles Blanc en 1957, Frédéric Delanglade et Bernard Buffet en 1958, L. G. Keller et Salvador Dali en 1969, Foujita en 1960, et Trémois en 1961. La ferveur de M. Joseph avait su convaincre les plus grands. Buffet et Trémois représentaient Anquetil, Van Dongen la course sur les Champs-Élysées, et Dali, qui disait de Forêt, un flamboyant coureur météorite, « il est plus fou que moi ». À l'époque, tous ces génies suivaient le Tour à la radio, à la TSF, en particulier Dali, qui sous le charme de la voix de Georges Briquet, ne loupait aucune étape car, disait-il en substance, « en songeant aux coureurs qui en bavent sur les pentes des Pyrénées, je crée mes meilleurs chefs-d'œuvre ». À ce moment-là, il salivait tellement, le maître de Cadaqués, qu'une sorte de perle se formait au coin de sa bouche.

DALI DISAIT DE FORÊT « IL EST PLUS FOU QUE MOI »

En 1958, la situation de Joseph Forêt, qui avait par ailleurs édité des merveilles de livres rares (*Don Quichotte* par Dali), s'était heureusement améliorée, et il pouvait suivre la course au volant d'une Thunderbird bleu pastel, en compagnie de Renée, son épouse et collaboratrice. En 1961, *L'Apocalypse*, le livre le plus beau et le plus rare jamais réalisé, était publié par ses soins ! Un exploit. Joseph Forêt quittera alors la route du Tour pour présenter sa merveille dans le monde entier. Une autre épopée, qui n'empêchera pas cet homme de haute passion d'aimer le Tour jusqu'au bout.

Inspiré par Briquet et les « forçats », Dali fait merveille.

Canicule. Chasse à la canette. Keystone

LA SOUPE AUX CHOUX

Dans ces temps d'équipes nationales et régionales, le coureur signe avec l'organisateur de droit divin *L'Équipe-Le Parisien* une double feuille d'engagement très contraignante. Le coureur, venu avec son guidon, sa selle et ses effets personnels (dans une seule valise de 25 kg) est totalement sous la coupe du « patron ». Tout est encadré : il doit mesurer collaborations, rencontres, repas, et veiller à bien restituer tout le matériel fourni (pompe, vélo, etc.) sous peine d'amende. En fait, il n'a presque qu'un seul droit, qu'on appellera, pour plaisanter, la soupe aux choux. Les sommets de la soupe aux choux sont d'ailleurs atteints en 1951, quand Robert Lamoureux lance son inoubliable *Chasse au canard*. Étonnant, car le « canard » et la canette entrent dans notre soupe aux choux, et leur chasse est en fait la seule marge des coureurs. Par la force des choses, car il faut que l'organisateur soit dépassé, donc que les extrêmes se touchent : canicule, froid.

En effet, choux et canette sont traqués uniquement par temps de canicule (ex : 1947, 1957) et en plaine. Le « canard », lui, se trouve aux sommets des cols. C'est là qu'une âme charitable tend aux coureurs en nage un journal, un « canard », qu'il glisse vite sous son maillot avant de plonger dans la descente glaciale. Sans cette protection, il pourrait attraper congestion, pneumonie ou refroidissement. La légende veut qu'Albert Bourlon, champion au communisme affiché, ait demandé *L'Humanité* au sommet de l'Izoard en 1947 ! Les plus belles soupes aux choux sont réussies dans des étapes avec difficultés majeures, comme le Ventoux. Le hic, c'est que les feuilles de chou courent les champs en Bretagne, comme le souligne Chaussabel, lanterne rouge 1956, mais sont parfois difficiles à trouver ailleurs, même quand on est un chasseur comme Stablinski, qui passa deux heures à Reims pour en trouver sur un marché. La feuille de chou glissée à l'arrière de la casquette ou du casque (Robic était le maître) protège parfaitement la nuque. *Exit* l'insolation. Quelques exceptions : Gaul dans le Ventoux en 1958, où il « explose » quand même, Kübler au même endroit et Zaaf en Languedoc.

LA RECETTE : UN CANARD, UN CHOU ET DES CANETTES

La feuille de chou, c'est la panacée pour Piet Van Est. Presse Sports

chasse au canard. Presse Sports

Chasser la canette avec une feuille de chou sur la tête, et un « canard » sur la poitrine est le *nec plus ultra* (nec étaient les initiales de l'équipe de Walkowiak en 1956, Nord-Est–Centre), le sommet pour un porteur d'eau. Là, le coureur ressemble à Tartarin. Un rôle dévolu à l'équipier roublard et efficace, car il s'agit d'entrer dans les bistrots, de prélever astucieusement, d'acheter (malgré les problèmes de temps et d'argent), voire de rafler des flacons de Coca, de bière ou de Perrier, de préférence frais. Le porteur d'eau les glissera dans les poches du maillot pour aller rafraîchir au plus vite son leader. La chasse à la canette donne lieu à mille spectacles invraisemblables : coureur enfermé dans la cave, comme Paul Giguet ; coureur provoquant la chute de Coppi, comme Marinelli en 1949 ; coureur perdant les dents pour décapsuler une bouteille, comme Marcel Queheille. Heureusement qu'entre deux chasses, les spectateurs compatissants prennent la peine d'arroser le peloton à grand jet. Dans ce domaine, le sommet sera atteint en 1950, lors du grand bain de pied du peloton à Saint-Raphaël. Les rescapés se marrent encore en se souvenant de la tête de Jacques Goddet. D'ailleurs son père spirituel, Henri Desgrange, « sciait » les spécialistes des fontaines, abreuvoirs ou cafés, en les excluant l'année suivante. Un impôt sur l'eau !

Donc, n'oubliez pas : cinq-six feuilles de chou, une petite canette et un canard bien frais, vous faites chauffer à feu vif pendant trois heures, vous mettez au frigo pendant vingt minutes, et vous servez pour avoir une étape inoubliable.

Pour finir sur une petite histoire, qui aurait plu à René Fallet, à qui est vivement dédiée cette recette, écoutez la bonne surprise qui arriva à Maurice Mollin en 1947. Il était en pleine chasse à la canette, quand un spectateur lui tendit un flacon providentiel. Ils se reconnurent, c'était un ancien copain de stalag.

ILS ÉTAIENT FOUS DU TOUR

Tour de France bocycliste, 1949 – **Mine de plomb et gouache sur papier d'emballage, 142 x 117 cm. Une fantastique carte du Tendre.** Photo : Sarah Baehler. Collection de l'Art brut, Lausanne.

De Gerrit Schulte, on disait qu'il était un fou pédalant. À leur niveau, certains suiveurs portent au Tour une passion aussi forte. Nous voudrions esquisser le portrait de deux d'entre eux. Deux mordus que le Tour aida à vivre beaucoup, ou un peu.

LE PETIT VÉLO DE SYLVAIN. La vie pleine d'orages de Sylvain Lec, qui était interné dans un hôpital psychiatrique, le Tour ne la prolongea que quelques mois. Il était né à Boulogne-sur-Mer en 1900. C'était un écorché vif, et son petit commerce, sa femme et trois enfants ne l'empêchèrent pas de craquer en 1947. Il était différent, peut-être un peu schizophrène, en tout cas épris d'absolu et de solitude. Il griffonnait, écrivait beaucoup, sans arrêt, en remplissant tous les espaces. Il s'échappait, il souffrait, revenait, jusqu'à ce jour de juillet 1949 où il tomba sous le charme d'un petit cycliste en plomb !

LA MAGIE ABSOLUE DU TOUR : LA PLUS BELLE DES CARTES DU TENDRE

« Il s'en amusa comme d'un gabarit », précise Claude Edelmann dans sa touchante étude (*L'Art brut*, 5, 1965). Et Sylvain se débrouilla pour suivre alors le Tour à la radio, dans les journaux. Il avait trouvé une grande feuille de papier d'emballage, il la remplit à ras bord de la plus touchante image jamais inspirée par le Tour. En effet, *La Carte de France historiée, avec roses des vents, anges et dragons* fut complétée par trente coureurs en fresque haute, et par une dizaine d'autres, disputant les étapes entre Luchon, Nîmes ou Briançon. Ils sont habillés comme des anges, clowns ou paysans. Dans leurs dos, dans les roues, les rayons, il plaque la langue brisée qu'il a inventée. Il a prévu des classements pour quinze ans, mais il ne donnera que le premier : premier Coppi, deuxième Bartali ; de la troisième place, il chasse Marinelli pour installer Robic. Il parle de quatre-vingt-dix-neuf coureurs, avance en juin la quatorzième étape, qu'importe. On le devine appliqué, écoutant, retranscrivant après passage dans son décodeur. C'est un pur chef-d'œuvre. Une émotion de 1,42 m x 1,17 m. Comme si un Bosch de 1950 plongeait dans les rouages de l'épreuve. Au même moment, en écoutant lui aussi Georges Briquet, Salvador Dali créait, là-bas à Cadaqués, au paradis. Dans sa cellule, Sylvain ajouta : « Copie reproduction et photographie inter DITES sous peine d'être brûlé vif. » Il continua de farcir son œuvre. Son travail insensé ne le retint que jusqu'au 18 janvier 1950. Pardon, cette merveille s'appelle *Tour de France bocycliste* et, en plus petit, *Le Tour d'Amour*.

LES 400 COUPS DE CŒUR DE JEAN

Quand il ne suivait pas le Tour, Jean le revivait. Collection privée

Le Tour fut la passion absolue de Jean Traclet (1928-2000). Un Bordelais, qui pédala à bon niveau, et fut représentant en vin au lieu d'être journaliste à *L'Équipe*. Et le Tour qu'il ne suivrait pas professionnellement, il le suivit donc comme « mordu ». Pas facile, à cause des contraintes familiales, du travail, du budget, et de l'absence de permis de conduire. Le coup de foudre, il l'avait eu en 1938, à 10 ans, quand Bartali, son idole, triompha. Jusqu'à sa disparition, il suivit avec ferveur cinquante Tours, et se posta plus de quatre cents fois sur le passage des coureurs. Un exploit, car vous devinez les acrobaties et les sacrifices qu'il devait faire en train, en vélo ou à pied pour être six, huit ou douze fois sur chaque Tour. Crinière au vent, transistor à l'oreille, prenant à témoin ses voisins de l'Aubisque ou de la Colombière, il vivait la course comme personne.

Il a connu la pluie, la neige au Galibier (qu'il avait monté en espadrilles en 1948). « Là-haut, écrit-il, des gars se chauffant à un feu de bois avaient écrit sur le mur d'une baraque : "Gelés, mais contents." À partir de 1970, il entraîna son jeune fils dans ses aventures, mais ses meilleures années courent de 1947 à 1961. C'est à cette époque qu'il vient aux départs d'étape : d'émotion, il laisse tomber le vélo que Thuayre lui a confié, ou il devient fou de joie quand Jomaux s'appuie sur son épaule. Les champions, il les côtoie comme ses frères et les vénère comme des chevaliers, s'indignant quand ils sont poussés. Et il parle espagnol, italien, rentre dans la chambre de Bahamontes, de Coppi et, devant dix journalistes, obtient toujours un autographe en douceur avant de leur serrer la main. Aux Sables-d'Olonne, en permission, il couche deux nuits sur le sable. Quand les Italiens abandonnent en 1950, il a 22 ans, et pleure trois jours, comme Poulidor à la mort de Cerdan. Bartali a jeté l'éponge à l'Hôtel de France à Loures-Barousse, Jean ira se recueillir sous ses magnolias. Ses champions, dont il suit la pédalée au transistor, à la télévision puis dans *L'Équipe*, ses collections de journaux et ses fiches, il les accompagne jusqu'à la mort. De Vietto, il recueille en 1988 les cendres au sommet du col de Braus. Il est avec Coppi quand il s'envole en 1960 dans la neige ; et il reviendra deux fois visiter la mamma, il verra le frigo offert par Fausto dans lequel elle rangeait les chemises. Ayant laissé sa carte de visite sur le caveau, il recevra un message de la dame blanche. Il est en Belgique au milieu des deux cent mille personnes qui accompagnent Stan Ockers à sa dernière demeure. Il touche discrètement les cordons du poêle tenus par Kübler, Van Steenbergen ou Bobet. Jean, ta tendresse nous manque.

Gibanel, ce fut d'abord la tête et les jambes. Collection Gibanelt

GIBANEL : LE SOULAGES DE JURANÇON

Dans le peloton du Tour 1956, le Tour le plus fou de l'histoire, il y avait dans l'équipe du Sud-Ouest un vaillant de 24 ans, un nommé Robert Gibanel, natif de Jurançon. C'était son premier Tour, il le termina pourtant au soixante-treizième rang, honorablement. Chez lui, à Luchon, dans la montagne, il avait fini seizième, et à Toulouse, le lendemain, huitième. Est-ce la folie de ce Tour, ou le fait de vouloir se singulariser dans un pays où l'on produit le plus beau vin blanc du monde... Après dix ans de carrière et cent vingt victoires, il bascula en 1962 dans le noir le plus pur, le plus absolu, le chocolat. Il devint donc confiseur-chocolatier, chez Josuat, une belle maison de Pau. Cette nouvelle aventure dura trente-trois ans. Et puis, il y a huit ans de cela, ses mains se mirent à le démanger : il se mit à sculpter. Il était doué. De l'argile, il a depuis fait surgir plus de cent cinquante têtes, toutes plus épatantes les unes que les autres. Un invraisemblable peloton où figurent Édith Piaf, l'abbé Pierre ou Jean-Paul Ollivier. Il n'a bien sûr pas oublié le Tour puisque à ce jour, il a modelé vingt-cinq têtes de champions. Si Anquetil et Merckx sont les vedettes de la fête, c'est Coppi qui est en tête. C'est l'idole de Robert. Il a couru avec lui trois fois, et il l'a curieusement représenté trois fois ! Et les trois têtes sont parfaitement différentes. Le Soulages de Jurançon (comme l'a joliment baptisé Francis Lafargue, l'ancien conseiller d'Indurain) travaille d'après photos. Il lui faut en moyenne huit jours pour réussir un sujet.

TROIS COURSES AVEC COPPI ÉGALENT TROIS BUSTES !

Ensuite, c'est la cuisson, pour narguer la postérité. La cuisson, c'est l'affaire de Ginette, son épouse. C'est vingt-quatre heures de four, où par paliers lents, il faut monter à mille degrés puis en descendre. Les œuvres de Robert se trouvent déjà dans des musées et des collections privées. À ce jour, il déplore un seul échec : Poulidor. Quand il débutait, il avait commencé par lui, et ne l'a pas réussi comme il l'espérait. Les prochains visiteurs de ce musée Grévin du Béarn devraient bien finir par retrouver le Limousin souriant dans la roue d'Anquetil.

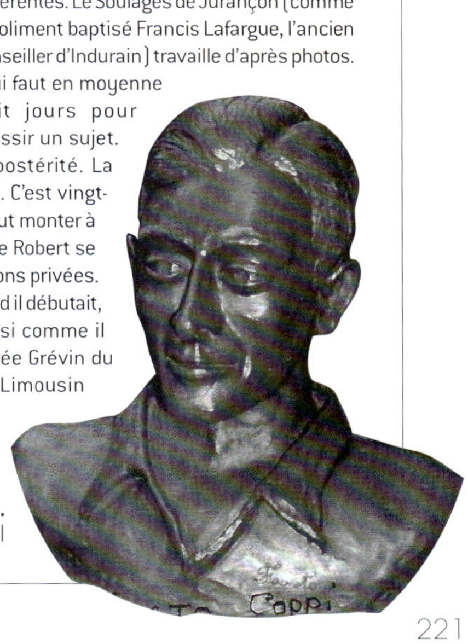

Coppi, le champion vénéré. Collection Gibanel

SOBRIQUETS...

Il a 27 ans, le Breton André Le Dissez, qui dispute en 1957 son premier Tour de France dans l'équipe d'Île-de-France, et tout poursuiteur qu'il soit, il va le terminer. À une belle trente-quatrième place. Son équipier Guy Million est lanterne rouge et cinquante-sixième. Sur la piste du Parc des Princes, c'est l'euphorie pour la petite équipe parisienne, qui place aussi Jean Bobet, Hoorelbeke et Barone. Les amis sont là, et l'un d'eux a même apporté la casquette de facteur du Breton, car il a bel et bien été facteur. Et l'inspiré Dédé prend au vol son ancien couvre-chef pour un tour d'honneur sous des applaudissements nourris et des éclats de rire.

« Le Facteur » est né. Il alimente le plus riche et le plus joyeux peloton de sobriquets de l'histoire. Le hic, c'est que Félix Lévitan, codirecteur de l'épreuve, prendra ensuite notre champion entre quatre yeux, et lui glissera un cinglant : « Monsieur Le Dissez, le Tour, ce n'est pas le cirque. » Comme Goddet et Lévitan avaient la haute main sur la constitution des équipes nationales ou régionales, « le Facteur » sera comme par hasard privé de Tour 1958. Quand le sens de l'humour n'est pas partagé, le sobriquet grince, et la lettre que porte « le Facteur » n'est pas une lettre d'amour. Monsieur Lévitan aimait bien Le Dissez en coureur, pas en « homme de lettres ». Dommage. Heureusement, un sémiologue et écrivain de première force, comme Roland Barthes (1915-1980) tomba lui aussi sous le charme du Tour et de ses sobriquets. C'est ainsi que dans ses *Mythologies* parues chez Gallimard la même année que la mésaventure de Le Dissez, donc en 1957, il envisage le Tour « comme épopée », l'analyse très subtilement, se pique au jeu, et alimente ainsi la machine à sobriquets jubilatoires. Un sobriquet, ça tient toujours à un tic, une attitude, et ça procède du bestiaire, de la chevalerie, et des accroches de baraque de foire. Le Tour, c'est la cour des Miracles. Le Dissez-Barthes, même combat. Bonjour, M. Lévitan.

Dans la liste qui suit, les sobriquets marqués (RB) sont de Roland Barthes.

Anglade (Henry) : Napoléon.
Bahamontes (Federico) : l'aigle de Tolède.
Baldini (Ercole) : la Locomotive.
Bartali (Gino) : *il vecchio*, le *campionissimo*, Gino le pieux, le Dromadaire.
Bergaud (Louis) : la puce du Cantal.
Bobet (Louis) : Louison, le boulanger de Saint-Méen. Son équipier Raphaël Géminiani le baptisera aussi Zonzon, la Babette, ou la Pleureuse. Son rival Jean Robic ira jusqu'à Louisette Bonbon !
Bouvet (Albert) : le Granitier.
Chapatte (Robert) : Chapatte de velours.
Chaussabel (Roger) : mon collègue.
Cloarec (Pierre) : Cloclo.
Coppi (Fausto) : le *campionissimo*, le Héron, l'Albatros, l'Échassier.
Darrigade (André) : le blond Landais, le Basque bondissant, le lévrier des Landes.
Diot (Maurice) : Mézigue.
Dotto (Jean) : le vigneron de Cabasse.
Fachleitner (Édouard) : le berger de Manosque.
Gainche (Jean) : le Valseur.
Gaul (Charly) : l'Ange de la montagne, Cherri-Pipi, le Chérubin.
Géminiani (Raphaël) : le Grand Fusil, Ralph ou Gém *(RB)*.
Goasmat (Jean-Marie) : le Farfadet, Adémaï.
Graczyk (Jean) : Popoff.
Groussard (Georges) : le coq de Fougères.
Hassenforder (Roger) : Hassen le magnifique, Hassen le corsaire *(RB)*.
Koblet (Hugo) : le Pédaleur de charme.
Kübler (Ferdi) : l'aigle d'Adliswil *(RB)*, le Cheval.
Lazaridès (Apo) : l'Enfant grec.
Le Dissez (René) : le Facteur.
Lintilhac (Guy) : la Lentille.
Mallet (Auguste) : Trompe la mort.
Marinelli (Jacques) : la Perruche.
Mastrotto (Raymond) : le taureau de Nay.
Molineris (Pierre) : maigre Pierre, l'Homme du dernier kilomètre *(RB)*.
Muller (Édouard) : le colosse de Pontoise.
Nencini (Gastone) : le lion de Mugello.
Occhini (Giulia) : la Dame blanche, la maîtresse de Coppi.
Poblet (Miguel) : le Divin Chauve, Sancho Pança.
Privat (René) : le Gaulois, l'Ardéchois, la Châtaigne.
Queheille (Marcel) : le Diable rouge.
Robic (Jean) : Tête de cuir, la mésange de Radenac, Trompe la mort, le Coq.
Schotte (Alberic) : Brik, le dernier des Flandriens.
Schulte (Gerry) : le Fou pédalant.
Siguenza (Francis) : Zigzag.
Van Aerde (Michel) : le Frisé.
Vietto (René) : le roi René, le Groom.
Zaaf (Abd-el-Kader) : le Casseur de baraques.

1959 – **Le chansonnier Jacques Grello, qui en 1951 avait baptisé Hugo Koblet « le Pédaleur de charme », aurait aimé les quatre échappés de cette photo du Tour 1959. Nous les avons retrouvés, et ils ont signés pour vous, en mentionnant leur sobriquet. Car tous avaient un sobriquet digne de Jacques Grello. De gauche à droite, on reconnaît : Lily Bergaud, « la puce du Cantal », Michel Van Aerde, « le Frisé », André Le Dissez, « le Facteur », Marcel Queheille, « le Diable rouge ».**
Collection Laget - DR

HENRI PERSIN, PROFESSION CAMERAMAN...

En 1948-1949, les premières images pour la télévision sont signées de deux cameramen : Henri Persin et Michel Whakhevitch. Tous les deux les tournent sur une moto, l'un à l'avant de la course, l'autre à l'arrière. Leur patron est Pierre Sabbagh. Chaque image est un exploit, mais en 1951, celle de la chute de Wim Van Est dans la descente du Tourmalet est bien plus que cela. Sur la moto de tête, Persin voit le maillot jaune tomber une première fois sur la route, et se souvenant de ses précédents ennuis dans Bordeaux-Paris, il indique à son motard : « Il ne sait pas descendre, il ne faut plus le lâcher. » À peine a-t-il eu le temps de glisser dans sa caméra un nouveau film de trente mètres que le Hollandais retombe. Sans perdre le nord, il se dit : « J'aurai la troisième. » En fait, elle est tellement sérieuse cette troisième que sans un paysan faisant de grands gestes au bord de la route, il l'aurait loupée. D'ailleurs, il l'a ratée. Wim est au fond du trou, « quarante mètres en dessous », « non, soixante-quinze... » Persin devine en se penchant sur une tache jaune. Est-il vivant ? Caméra d'une main, cherchant des appuis de l'autre, il dégringole. Des pierres roulent, il frise la chute, le bris de matériel, la cata, et tombe enfin sur le kamikaze. Il est vivant, entier, sonné. Henri a déjà déclenché son moteur, et ça tourne. Le grand scoop. Henri tend la main à Wim, il aide « le Hollandais volant » à se relever. Là-haut d'autres suiveurs font une corde avec des boyaux. Persin filme et refilme ce miraculé qui se tâte et s'ébroue. Il est amoché Van Est, mais il réussit à prendre les boyaux et à s'extraire lentement. Persin ne loupe pas une miette du sauvetage. Les seules images sont les siennes. Arrivé sur la route en geignant, le maillot jaune abandonne. Une bombe pour la télé. Persin filme toujours. Sabbagh va en avaler sa pipe, non ?

1951 – **Zaaf peut casser la baraque, Persin filme toujours.**
Presse Sports

La joie est vite éclipsée par la nécessité de repartir, de faire encore des dizaines de kilomètres pour trouver l'avion ou le train qui emportera la bobine, les bobines à Paris. Pas d'argent, pas d'organisation, Persin et Whak jonglent, improvisent. Le contre-la-montre permanent. Après de nouveaux miracles avec des copains, avec de la passion, les bobines arriveront le lendemain matin à 9 heures. Développé, monté, ce film 16 mm de quatre cents mètres passera à l'antenne à midi trente ... Georges de Caunes n'aura pas le temps de le visionner, en improvisant ; il collera à l'épopée. À la même heure, Persin sera sur sa moto. Il y restera quelques années. Renforts et moyens arriveront doucement. Quand il quittera la moto, la télé, les directs, et Sabbagh, ce sera pour le cinéma, où il deviendra directeur de la photo de toute la série *Angélique, marquise des Anges*, comme sur *Le jour le plus long* (1962). Les grands moyens seront là, les dernières caméras, et la couleur aussi. Avec Robert Hossein et d'autres, il filmera les plus grands acteurs pendant une décennie. Pourtant, Henri Persin n'oubliera jamais que son jour le plus long, il le tourna le 17 juillet 1951, quand un maillot jaune passa par-dessus bord, et qu'il le suivit.

N° 22 — 10 JUILLET 1949
Hebdomadaire

RADAR

LE TOUR DU MONDE

16 PAGES — 25 Fr.
5 francs 75 belges

EN 150 IMAGES

COPPI : LA POIGNEE DE MAIN DU "PREMIER" DE PARIS VAUT BIEN LA BENEDICTION DU PAPE

1949 –
Un premier de Gaulle sur le Tour. Pierre, un neveu, serre la main de Coppi.
Collection Laget

LA POLITIQUE SE MÊLE AUSSI DU TOUR

Les hommes politiques de tous bords ont toujours apprécié ou aimé le Tour de France. Cette période n'échappe pas à la règle. Dès 1947, dès la renaissance du Tour, Paul Ramadier, président du Conseil, déclare : « Faites des économies sur tout, sauf sur le Tour de France. » Quant au général de Gaulle, Antoine Blondin dira plus tard : « Il est président des Français onze mois sur douze, mais en juillet, c'est Jacques Goddet. » En 1947, il compare la distance séparant la frontière de l'URSS de la France, soit cinq cents kilomètres, à l'aune du Tour de France : « À peine la longueur de deux étapes. »

On retrouvera le grand Charles au bord de la route en 1960 quand, président de la République, il est venu à Colombey, « incognito », pour voir passer la course qu'il aime. Ce que l'on sait moins, c'est qu'il n'est que le deuxième de Gaulle à honorer ainsi l'épreuve. En effet, en 1949, à Paris, lors du grand départ, c'est déjà un autre de Gaulle, Pierre, président du conseil municipal de Paris, qui est venu serrer la main de Fausto Coppi, le favori. Et on dit alors que cette poignée de main vaut bien la bénédiction du pape reçue par Gino Bartali, son rival.

« UN COUTEAU MAIN DROITE, UN SAUCISSON MAIN GAUCHE... »

Ce que l'on oublie aussi, c'est que Gino le pieux s'est retrouvé confronté, en 1948 et 1950, à deux histoires qui firent du bruit en politique et dans le Tour. En effet, dans le Tour 1948, le 18 juillet, du côté de Lausanne, il aurait reçu un coup de fil du Premier ministre italien Alcide De Gasperi, lui demandant « de faire honneur au pays », car le député communiste Palmiro Togliatti venait d'être victime d'un attentat, « et en gagnant des étapes » Gino pouvait estomper un peu le drame. Il triompherait à Lausanne, consoliderait son maillot jaune et triompherait encore à Liège, cependant que son équipier Giovanni Corrieri corsait également l'addition. Le second triomphe final de Gino au Parc, dix ans après sa première victoire en 1938, capterait tout l'intérêt des Italiens car c'était un exploit dans tous les sens du terme. Et donc, en prime, un précieux bol d'air pour le Premier ministre.

En 1950, hélas, Gino allait jouer un rôle moins positif : leader d'une *squadra azura* qui verrouillait la course à en indisposer les supporters français, il provoqua leur colère, et quelques regrettables débordements de chauvinisme. Au sommet des cols pyrénéens, d'Aspin en particulier, il y avait un peu de bousculade, et Robic gêné par une voiture faisait tomber Bartali, qui bien que s'étant senti menacé, s'imposait à Saint-Gaudens. Son « jeune équipier » Fiorenzo Magni endossait alors le maillot jaune, et au fond, c'est ça que le *campionissimo* admettait le moins. Être éclipsé par un équipier plus jeune ! Il prenait alors prétexte des bousculades pour provoquer l'abandon des deux équipes italiennes. Une catastrophe pour le Tour, qui sur le plan diplomatique, voyait le Quai d'Orsay présenter des excuses à l'Italie après une intervention à la Chambre des députés de Me Moro-Giafferi, député de la Seine et président des Amitiés franco-italiennes. Une version plus romantique, attestée par plusieurs journalistes, voulait que Bartali n'ait retenu que la vision d'un supporter français tenant un couteau dans la main droite, ignorant que dans la gauche, il brandissait un saucisson qu'il allait couper !

Pour éviter d'envenimer la situation, l'étape prévue en Italie à San Remo fut déplacée à Menton. Bartali, qui dans la foulée avait déclaré qu'il ne courrait plus en France, disputa ensuite les Tours 1951, 1952 et 1953.

APRÈS LA CARAVANE ET LA COURSE, LE SPECTACLE CONTINUAIT...

Le Tour, c'est un spectacle total et gratuit, avec caravane, coureurs, jeux puis divertissements. Chez Catox, on élit la reine du Tour ; Tino Rossi chante Petit Papa Noël ; les sœurs Étienne, dont une épousera Jacques Goddet, chauffent la route puis brûlent les planches, comme Charles Trenet. « L'Ange blanc », catcheur vedette, survole la montagne, avant de s'envoler sur le ring à 23 heures. Quant à Yvette Horner, elle fait semblant de jouer à quatre mains avec son sosie. Fonds Eyssalet

En ce temps-là, le Tour ne comporte pas deux volets, comme aujourd'hui, avec la caravane et la course, mais trois. Trois, car le soir, dans chaque ville -étape, un spectacle clôt la journée en apothéose. À cette époque, on n'a pas la télévision, la France sort, va au cinéma, au spectacle. Et avec le Tour, les habitants des villes-étapes sont gâtés car les annonceurs (Loveline, Suze, Pernod, Ricard, Europe 1, Butagaz, Sofil, Noveltex, Cinzano, Byrrh, St Raphaël, Coca-Cola, Bendix, La Belle Jardinière, Seb, Perrier, etc.), avec des cars astucieusement aménagés, déploient des scènes invraisemblables pour des spectacles gratuits de haut vol. Des praticables à géométrie variable (car-théâtre Pernod, car-spectacle Ricard) où se produisent les plus grandes vedettes du moment. C'est la grande parade, ou Musicorama. Chez les dames, Line Renaud (dès 1949), Annie Cordy (1952-55), Édith Piaf (1953), Yvette Horner (onzeTours), Marie Dubas ou Gloria Lasso font reprendre leurs succès en chœur. Sans parler des sœurs Étienne (dès 1948) ou Bordeau. Chez les hommes, les meilleurs sont également là avec Charles Trenet, Tino Rossi, André Dassary, Eddie Constantine, Yann Brieux. Il y a des humoristes (Henri Genès, Francis Meno, Darcelys, Jacques Bodoin) et même la famille Duraton, des magiciens-fakirs-caricaturistes-clowns (Jean Valton, Ben Bouli, Pastelli et Gomina, Bot, Jean-Marie Proslier en « soigneur farfelu »), les Frères Jacques, ou les Compagnons de la chanson. En matière d'ensembles, on trouve les orchestres d'André Thivet, Serge Bessières ou Robert Trabucco. Il y a même des marionnettistes, les Sylvares, qui évoluent sur le plancher de La Vache qui rit. C'est inimaginable. La toile de fond reste l'accordéon, avec Yvette, mais aussi Émile Prud'homme ou Raymond Boisserie... C'est surtout le match entre Rossi et Trenet qui est épique. En 1952, dans certaines grandes villes, comme à Brest, Roubaix ou Toulouse, ce sont trente mille spectateurs qui cernent un Trenet parrainé par Pernod, ou un Rossi par Ricard.

Charles Trenet, «le Fou chantant», le fou du Tour. Fonds Eyssalet

LE TOUR OFFRE MÊME UN MATCH IMPROBABLE ENTRE ROSSI ET TRENET

Concurrence, émulation, en tout cas bonheur garanti des auditeurs et du Tour.

Des jeux régalaient les jeunes de 17 h 15 à 19 heures, ensuite les adultes avaient droit au « plus grand musical roulant du monde », puis à 22 h 45, les sportifs retrouvaient le résumé filmé de l'étape offert sur écran géant par les montres Judex, le chocolat Kohler, puis Nescafé. À partir de 23 h 15, les couche-tard se régalaient avec des catcheurs comme l'Ange blanc, grâce à Persavon. Les animateurs avaient commencé par être des journalistes sportifs-bateleurs comme Georges Briquet ou Jean Quittard, mais la profession les obligera à passer le relais à de vrais spécialistes comme Harold Kay d'Europe 1.

Avec Tino Rossi, le Tour, c'est Noël en juillet. Fonds Eyssalet

Loulou Gasté, le mari de Line Rinaud, lui avait conseillé de faire le Tour plutôt que l'Olympia ! Quant à Annie Cordy en 1955, elle refusait un contrat de cinq millions à New York pour chanter sur le Tour ses douze chansons par soir. Mais si Tino Rossi était déjà sur le Tour avant-guerre, et s'il suivit une étape en 1948, le fou du Tour était bien Charles Trenet. « Un Fou chantant », qui « n'avait jamais été aussi heureux que sur le Tour », nous confie Guy Benamou, l'ancien journaliste de *France-Soir* : « La passion qui entourait la course, la ferveur des spectateurs, le transcendaient. » À un point tel qu'il composa plusieurs œuvres importantes pendant qu'il était sur la course, y compris une chanson inédite sur le Tour 1952. « On était même arrivé à le faire chanter en direct sur l'antenne de RMC, tellement il était en confiance », ajoute, ému, notre témoin.

Roger Rocher, le futur président de l'ASSE, celui des Verts au toit de l'Europe, pilote comme en 1954 la voiture de *La Dépêche de Saint-Étienne*, et témoigne : « Si Gilbert Bauvin et les autres n'ont pas attaqué Walko dans les dernières étapes, c'est tout simplement parce qu'étant cuits, ils avaient peur d'un contre, qui leur ferait perdre leurs places d'honneur. »

1956. À tout pique. Au départ de l'étape à Turin, l'Italien Baffi sort un petit flacon soigneusement bouché de sa poche arrière, verse quelques comprimés blancs dans le creux de sa main, et en donne avec forces grimaces à ses meilleurs amis de la *squadra*. Comme quelqu'un parmi les coureurs s'étonnait de ce manège, Géminiani s'exclama : « Oh, c'est rien de terrible, de simples cachous contre la toux. » Mais comme les Italiens n'avaient pas l'air enrhumés, Gém a précisé : « C'est à titre préventif... » Bourlon, lui, se contentait en 1947 d'une topette avec du Sancerre et deux aspirines. Il est toujours en vie.

1959. Les quatre roues du Tour. Après les Jeep et Dyna-Panhard de la reprise, après les 4 CV, les 203 sont accompagnées par des Dauphine équipées du stabilisateur 77.

LES ZIGZAGS DU TOUR.

Dans le Zig comme dans le Zag, du bonheur. AFP

C'est une histoire que raconte Janine Siguenza. Elle est née le 11 juillet 1932, le jour où son père, François Moreels (1903-1980), escaladait le Tourmalet. C'était un champion belge alors naturalisé français qui participa à quatre Tours. Fille de « géant de la route », Janine se mariera à un autre « géant de la route », un certain Francis Siguenza (né en 1930). Lui aussi était d'origine étrangère, espagnole.
Lui aussi sera naturalisé et lui aussi participera à quatre Tours de 1954 à 1957.
Son sobriquet résume cette petite histoire familiale : Zigzag.

WERMELINGER : SIROCCO SUR LE TOUR

1949. Briançon – **La ligne d'arrivée franchie, l'immense journaliste Gaston Bénac se précipite sur Bartali, vainqueur et maillot jaune. Ce n'est pas l'instant. Élie Wermelinger lui montre la sortie.** Collection Laget-DR

Élie Wermelinger (1906-1993), de Tonnerre (Yonne), avait peut-être du sang suisse dans les veines, pourtant ce fut tout sauf un tiède ou un neutre. D'ailleurs, cet historien hors pair, même s'il était licencié en lettres et en droit, aurait pu et dû s'appeler Wermelinger de Tonnerre de Brest. C'est facile, pourtant c'est tout lui : une sorte de capitaine Haddock du Tour, qui aurait eu des lettres, le cœur sur la main, une érudition mirandolienne, et un sens de l'organisation inné.

Organiser, c'était son truc. Il était fait pour bâtir. Toujours « ès qualités » disait-il, car cette boule de muscles et de volonté était avant tout un serviteur, un serviteur de la France, puis du Tour. C'est d'ailleurs cet idéal, ce désintéressement qui lui donnait conviction et panache. Car comme Jeanne d'Arc, son idole, qu'il faisait toujours miraculeusement débarquer à la fin des déjeuners, il fut toujours en mission. Dans l'armée, d'abord. En Afrique, comme lieutenant méhariste, où il servit Lyautey, avant de faire des miracles à l'Exposition coloniale de 1931, puis comme héros de la Résistance, sous le nom de code de Sirocco. Capitaine, puis lieutenant-colonel lors de la Libération de la France, il se retrouve dans le civil à la tête des casinos de Biarritz et Hossegor. Là, l'ancien acteur de cinéma et sprinter universitaire fait de telles prouesses lors du passage du Tour 1948 que Goddet le débauche *manu militari*. Il a besoin de ce bouillant touche-à-tout aux mille talents et relations pour caler son Tour en mal de reprise. Avec Élie, la course va trouver une nouvelle dimension humaine

« ÉLIE, C'ÉTAIT 200 MÈTRES DE BARRIÈRE ET BIEN DAVANTAGE »

(bonjour le chablis), explorer de nouveaux sommets, se retrouver, sans le savoir, à la crête de la vague des Trente Glorieuses. Il a la fièvre du Tour, Élie, et elle est contagieuse, car avec ses équipes restreintes, il renverse des montagnes.

Il organise toutes les arrivées et veille à leur bon déroulement, à remplacer selon la légende « 200 mètres de barrière », virant préfet ou journaliste comme n'importe quel intrus. Vous l'avez vu sur les photos, en short kaki et chemisette. C'est le pendant de Goddet et de son casque colonial sur le terrain. À eux deux, ou presque, ils tiennent la baraque. Pour la bonne raison qu'ils connaissent aussi tous les rouages de la course, car avant d'être sur la ligne, Élie, en bon commissaire général adjoint qu'il est devenu, sillonne toute la France avec son chauffeur et manager, André Renard, un ancien coureur-masseur normand de la Belle Époque. Donc, de 1949 jusqu'en 1972, de février à mai, il arpentera, ciselera, fignolera le tracé du Tour à venir. C'est-à-dire que, dormant quatre heures par nuit, visitant huit cents maires et trente préfets, couvrant douze mille kilomètres, envoyant de chaque étape explorée et tracée, arrivée comprise, un minutieux rapport d'un kilo à Paris, il deviendra dans *L'Exposition coloniale* (prix Goncourt 1988) celui qu'Erik Orsenna baptise « le mécano de la générale », le défricheur.

Privé de terrain, Élie se consolera en mettant deux fois plus de feu encore dans son *Guide historique et touristique du Tour*. La mort le brisera en plein vol, alors qu'il préparait l'édition 1994. Très ému, Jacques Goddet, plus complice que patron, dira justement : « Il restera parfaitement irremplaçable. »

1952. Cauterets – **En reconnaissance, Sirocco rencontre les élus.** Collection Laget-DR

LA LUCARNE MAGIQUE

1948 On évoque souvent la retransmission en direct de l'arrivée du Tour au Parc des Princes, mais quelques étapes ont été couvertes grâce aux caméras de Henri Persin et Michel Whakhévitch. Pierre Sabbagh et ses deux envoyés spéciaux se mettaient alors en douze pour diffuser les images le lendemain.

Les premiers reportages étaient une pure folie, dont les pionniers s'appelaient Pierre Sabbagh et Georges de Caunes. Fonds Eyssalet

1950 Le 30 juin, *L'Équipe* annonce que pour la première fois, le Tour, source de progrès, sera télévisé de bout en bout. Chaque jour à 12 h 30, les spectateurs pourront voir à la télévision l'étape de la veille, durant sept à quinze minutes. Pierre Sabbagh sera aux manettes et Georges de Caunes au commentaire.

1955 Après six mois de préparatifs, Jacques Anjubault à Paris et Gilbert Larriaga sur le terrain pilotent une équipe d'une quinzaine d'hommes. Deux cameramen sur moto, un à l'avant, un à l'arrière. Une Jeep relais porte les films au camion développement, on alterne avec les montages. L'eau des casernes de pompiers est mise à contribution pour les développements. Pasquette et Larriaga finalisent. 18 heures, la bobine de quinze minutes prend un avion spécial qui se pose au Bourget. 21 heures, un hélico prend le relais et se pose quai de l'Alma, près des studios de la rue Cognac-Jay, où un coursier l'attend. 21 h 30, les commentateurs visionnent et ajoutent les voix en français (Jacques Perrot) pour la France et la Belgique. 22 h 45. L'épopée du jour défile pour la première fois le soir même de l'étApe, comme disent les réclames. Dans la nuit, cinq copies partent pour l'Angleterre, l'Allemagne, la Suisse et l'Italie où elles sont diffusées le lendemain midi.

1956 Le 25 juillet, une accroche dans *L'Équipe* : « Aujourd'hui à 12 h 30, grimpez la Croix-de-Fer avec Marigil (étape de la veille) devant votre poste de télévision, et suivez à 22 h 15, l'étape Grenoble–Saint-Étienne (étape du jour), toujours avec la télévision française ». Ce résumé est « l'émission la plus suivie de la télévision ». Le camion-labo avec Jacques Anjubault précède la course d'une demi-heure. Jean Quittard, accidenté gravement dans les Pyrénées, est remplacé au pied levé par un certain Robert Chapatte.

1957 « Avec la télévision, vous escaladerez le Galibier avec les coureurs du Tour. Achetez donc sans tarder votre poste de télévision pour quelques milliers de francs par mois seulement. » La location, c'est cinq mille francs par mois. *L'Équipe* du lundi est passé à vingt francs.

1958 En direct, le 8 juillet, le passage à l'Aubisque (de 14 h 45 à 15 h 45), et le 9 à Peyresourde avec l'arrivée à Luchon. Film de l'étape à 22 h 30. Retransmis le lendemain à 12 h 35. Le 13, le même dispositif est sur le Ventoux, avec six caméras, trente tonnes de matériel et quarante techniciens. Les commentaires sont de Robert Chapatte et Léon Zitrone. Sabbagh est toujours à la baguette.

1959 Le 5 juillet, c'est le passage du Tourmalet et l'arrivée à Bagnères-de-Bigorre en direct. Lors des reconnaissances, Pierre Sabbagh a fait peindre des croix sur les rochers à l'endroit des meilleurs emplacements pour les caméras. Il y aura dix- neuf tonnes de matériel et neuf relais mobiles, pour une minute de spectacle, le temps que le brouillard laisse percer Bahamontes. À 20 h 30, la RTF propose tous les jours le film de l'étape du jour. Sont mobilisés : cent personnes, cinquante-cinq véhicules, un hélicoptère, un avion. Le 10 juillet, le puy de Dôme contre la montre est retransmis en Eurovision.

1958 – **Sur les meilleurs emplacements balisés par Pierre Sabbagh, on monte les caméras.** Keystone

1958 – Après les résultats sur la vitrine des cafés, c'est dans la vitrine des magasins d'électroménager qu'on suit la course en différé, puis en direct. R.A./Gamma

1947

Bonifications. En passant en tête des trois grands cols (Croix-de-Fer, Télégraphe, Galibier) de la huitième étape et en la gagnant à Briançon, Fermo Camellini totalise, s'il vous plaît, quatre minutes de bonification (trois fois une, plus une).

La faucille (col non emprunté cette fois) **et le marteau.** Les communistes qui ont raté, il faut le dire, leur tentative de récupération de la Grande Boucle, y sont très présents. En effet, *L'Humanité* dote le Grand Prix de la montagne, et le 24 juin, au départ, Louis Aragon écrit dans *Ce Soir*, journal sympathisant : « Le Tour... c'est la fête d'un été d'hommes, et c'est aussi la fête de tout notre pays, d'une passion singulièrement française »
La fête, ils la prolongeront de manière parfaitement inattendue en 1957, avec une chanson, et pas n'importe laquelle : *Vas-y, papa*, un succès des Frères Jacques.
En effet, très entraînantes, les paroles sont du député communiste Florimond Bonte (1890-1977).

Soulagement. Les sténos de 15 pays européens respirent quand, à la septième étape, le Hollandais Bouk Schellingerhoudt abandonne.

1948

L'art d'être grimpeur, c'est simple pour Guy Lapébie (troisième du Tour) : « Mon fils venait de naître le 9 juin 1948. Après la bénédiction de l'évêque au départ de l'étape de Lourdes, j'ai fait vœu de réussir pour lui un truc dans l'étape qui nous menait à Toulouse, *via* les cols du Tourmalet, d'Aspin et de Peyresourde. C'est grâce à mon fils que j'ai terminé second de l'étape. Par la pensée, je le mettais en haut de chaque col, et je me disais, il faut que tu ailles le chercher. Je me suis accroché tant et si bien que... »

UN ROMAN POLICIER
DANS LE
TOUR DE FRANCE
ECRIT AU JOUR LE JOUR DANS LE CADRE DE CHAQUE ETAPE PAR DEUX MAITRES DE LA SERIE NOIRE
André DUQUESNE et Ange BASTIANI
l'auteur de « Freudaines » — auteur de « Polka dans le champ de tir » et « Arrête ton char, Ben Hur »
paraîtra chaque jour
à partir du VENDREDI 8 JUILLET
dans
France-soir
où le compte rendu illustré et détaillé du Tour est assuré par Gaston BENAC, André et Michel COSTES, Jean COUSSY, René MELLIX, René DUNAN, avec le concours de Georges BRIQUET, Jean ESKENAZI
et la célèbre bande dessinée de Cello « En un clin d'œil »
et à partir du 14 juillet
LES JEUX DE VACANCES
de
France-soir

Le Napoléon du Tour méritait bien lui aussi un arc de triomphe. Collection Laget

1949

Desgrange pour l'éternité. Après s'être battu comme un lion contre la maladie, Desgrange (1865-1940) s'est envolé vers le Galibier, son col préféré en 1940. Mais Jacques Goddet, son fils spirituel, qui lui a succédé, ne saurait l'oublier et va lui rendre symboliquement un double hommage absolu. D'abord, avec les amis de HD, il décide de lui dédier un monument considérable sur les flancs du cher Galibier, sur souscription des lecteurs de *L'Équipe*. Comme la grande opération traîne forcément un peu en ces lendemains de guerre, il va faire dès le départ du Tour 1948 quelque chose d'aussi fort et qu'il peut maîtriser : rajouter HD, les initiales bien connues du patron, à hauteur du cœur du maillot jaune. Vainqueur du Tour 1947, Jean Robic est le premier porteur de la « Toison d'or » glorieusement estampillée. Cette délicate attention, qui deviendra une composante vive du Tour, griffera tous les maillots de leader jusqu'en 1983... À ce moment-là, elle sera tristement évacuée par les soi-disant contraintes de la course moderne ; heureusement, elle reviendra en 2003 pour le centenaire.

En revanche, ce qui n'a pas bougé depuis le 18 juillet 1949, c'est le deuxième symbole, le plus problématique. Il faut dire qu'il fait huit mètres de haut, pèse cent soixante tonnes, et qu'on aurait eu du mal à le raser ou à le détourner. Vous l'avez compris, c'est un authentique monument en pierres de taille, et il est perché tout là-haut au sommet du Galibier. Là, sobrement, ce phare de pierre rend un hommage éternel à Henri Desgrange. Certes, il est inachevé, car il devait être couronné par la tête du père du Tour. Qu'importe, il est là.

1955

Avec ses **trahisons,** sabotages ou empoisonnements, le Tour ne pouvait pas ne pas tenter les auteurs de polar. Plus de vingt ont été ainsi inspirés par la Grande Boucle. Albert Simonin, qui rêvait d'assister au passage du Tour dans les Pyrénées, n'y parviendra qu'en 1956, un an après la parution en feuilleton dans *France-Soir* d'« un roman policier dans le Tour de France écrit au jour le jour dans le cadre de chaque étape par deux maîtres de la série noire, André Duquesne et Ange Bastiani. » Une première mondiale dans un journal d'informations générales.

1950

Transfert accéléré. Quand le Tour part, le 13 juillet 1950, Gino Sciardis, qui porte le maillot de l'équipe de l'Ouest, est un Italien de France ! Mais ayant obtenu la nationalité française le 28 juillet, quand, le 6 août, il enlève l'avant-dernière étape, il est bel et bien devenu français.

1955

Des lunettes comme des roues de bicyclette. Devenu directeur sportif, Francis Pélissier considérait qu'un coureur portant des lunettes ne serait jamais un bon coureur, qu'il serait toujours trop gêné en descente ou sous la pluie. Moyennant quoi, il avait eu une passe d'armes sévère avec Jean Bobet, frère de Louison, quand il devint professionnel. Le hic, c'est que Jean, tout lunetté qu'il soit, gagna Paris-Nice en 1955, et surtout termina quatorzième du Tour la même année, après avoir considérablement aidé son frère à gagner. Dans ce quarante-deuxième Tour, le peloton comporte quatre autres porteurs de lunettes : les Anglais Mitchell et Steel, et les Australiens Beasley et Mockridge. Et Bolle d'Oyonnax est fournisseur officiel des lunettes de soleil. Certes, il faudra attendre 1968 pour trouver un vainqueur à lunettes avec le Hollandais Jan Janssen. Laurent Fignon suivra en 1983 et 1984, mais la brèche fut probablement ouverte en 1955.

Faux-filet. Pour protéger coureurs et spectateurs lors des sprints houleux, où les sprinters sont parfois trop « saignants », l'organisateur installe des filets de tennis. Une innovation qui restera un coup d'essai.

Poussette. « Ne mettez pas trop de pêches dans vos poches arrière, on vous les écraserait dans les cols en poussant. » Hassenforder à ses équipiers au départ de Turin en 1956.

La Vecchia Corsa. Après le Tour 1956, *La Gazzetta Dello Sport*, emballée par le déroulement de la course, écrit : « La Vecchia Corsa (le Tour) n'a jamais connu d'édition semblable ! Nous n'avions jamais enregistré dans la longue histoire du Tour une telle rapidité, un tel mouvement et de tels renversements de situation. Cette édition a prouvé que l'on pouvait construire la victoire dans les étapes plates. »

RELIGIONS, SUPERSTITIONS : LA GROTTE, LE FAKIR ET LE CORBEAU…

On peut s'en douter ou avoir du mal à le croire, mais ces champions qui descendent les cols à 100 km/h, bravent fringales, chutes ou insolations, sont souvent superstitieux, parfois croyants, parfois les deux. Plus que des marins. Les doutes de ces géants aux pieds d'argile peuvent ainsi ressembler à une fable.

encontre et de créer un climat moral peu encourageant.
Puis ce fut cette lettre reçue à Pau, au cours de la jour-
née de repos, et dont je vais simplement vous soumettre
le texte intégralement :

Monsieur, *Mézières, le* 22-7-1950.

J'ai hésité quelques heures avant de vous écrire cette
lettre et finalement je me suis décidé car j'estime que
c'est un devoir. Vous ferez ce que vous voudrez mais au
moins vous serez averti. Je suis guérisseur et depuis dix
ans je travaille la question astrale. J'ai prévu à vingt-
quatre heures près la guerre de Corée. J'ai prévu la mort
de Danguillaume (vous n'avez qu'à demander à Mme Idée
qui ne m'a pas cru sur le moment). Il est des lois contre
lesquelles l'homme est impuissant mais il faut s'y sou-
mettre.

Votre trigonoriforme (indication exacte de votre des-
tinée) indique que vous devez tomber très dangereuse-
ment dans l'étape Pau-Saint-Gaudens. Il est à prévoir
une grave blessure à la tête et à la colonne vertébrale.
Prenez, si vous le voulez, le départ de cette étape mais
souvenez-vous de ma prédiction. D'ailleurs, si vous en
revenez vivant vous viendrez me consulter car je puis
vous être utile. Je soigne par imposition des mains
MM. Paul Raynaud, Daladier, etc.

Par magnétisme je suis en train de faire un grand
champion de Laurent Dauthuille, malheureusement il ne
sera jamais champion du monde, les astres l'affirment.

Résumons donc : Votre horoscope vous donne cin-
quante à cinquante et un ans à vivre, mais si vous
prenez le départ de Pau-Saint-Gaudens, vous avez 95
chances sur 100 d'y laisser votre vie et de toute manière
vous resterez infirme.

Au plaisir de vous saluer, ... cevez toute ma sympathie.

... d'un certain docteur Du-
...res, qu'aujourd'hui encore
... la peine de vérifier.
...elle put être la réaction,
...ne déjà tendu, préoccupé

Robic dans les faits-divers et Bartali au mont-de-piété… avec sa médaille. Collection Laget

Il y a d'abord la grotte de Lourdes, et Notre Dame, à qui le *campionissimo* italien Gino Bartali voue un culte sans faille. Il invoque la Madone, au départ à Paris, en allant chaque fois implorer la protection de Notre-Dame-des-Victoires ; en route, il fait acte de piété à Reims, Metz ou Lourdes. Lourdes lui tient particulièrement à cœur, il y triomphe en 1948 et y regarde vers le ciel, quand dans son homélie Mgr Théas exhorte les fidèles à s'élever. Dans le peloton, les plus doués pour cet exercice sont les grimpeurs et Bartali en est un. Ce sermon est pour lui. Il va gagner ce Tour, ce second Tour, dix ans après son premier, en 1938. Un miracle dont à l'arrivée, il rendra encore grâce à Notre-Dame-des-Victoires, comme il l'avait déjà fait en 1938, en la remerciant d'avoir « amorti » la chute, qui en 1937 le fit abandonner mais aurait pu le tuer. Béni par le pape, les évêques, Gino portait toujours des médailles sur lui, sur son maillot ou sa casquette. C'est ainsi qu'en 1938, dans les Pyrénées, il en offrit une à Dante Gianello, un adversaire, frappé qu'il était par la beauté de sa résistance. Toujours sur ce Tour 1948, Louison Bobet reçut à Biarritz une médaille bénite offerte par l'actrice Cécile Sorel, dont il était le champion. Rival de Bobet, le Breton Jean Robic, vainqueur du Tour 1947, portait cette année-là une médaille de Saint Christophe sur son cadre.

C'était le temps où René Vietto montait son vélo dans sa chambre, et où Apo Lazaridès nettoyait le sien avec le soutien-gorge de sa femme ! C'était le temps où Antonin Magne, qui avait jadis gagné deux Tours avec un collier magique autour du cou, recrutait ses coureurs en les testant au pendule. Tous n'étaient pas aussi croyants que Gino, devenu Gino le pieux, mais tous étaient à l'écoute. Par exemple d'un certain fakir, qui en 1950 avait envoyé une lettre anonyme à Robic, lui annonçant qu'il tomberait dans les Pyrénées. En 1955, toujours dans les Pyrénées, le fakir signait le Corbeau et prévoyait une chute mortelle des frères Bobet dans la descente de l'Aubisque. Le magazine *Détective* se fit même l'écho de l'histoire. Redoublant de prudence, Jean Bobet échappa ainsi à une chute sur crevaison qui aurait pu être mortelle à pleine vitesse. Koblet avait aussi sur le cadre une poupée de pacotille comme porte-bonheur, elle ne l'empêcha pas de tomber souvent. Quant à Jean Graczyck, un sorcier berrichon lui avait prescrit un bain de pied avec des plantes qu'il avait cueillies. Popoff décrocha-t-il le maillot vert en 1958 et 1960 grâce à ces médications ? On ne saura jamais, comme on ignorera probablement toujours la part de vérité dans l'histoire de la pomme de terre que Robic avait baptisé Bobet, et qu'il aurait piqué au départ de Monaco en 1955 pour envoûter son grand rival breton. Antoine Blondin aurait été témoin de la scène !

C'était aussi le temps où le journal *L'Équipe* s'offrit le caprice d'un voyant. Chaque jour, Marcel Belline donnait les initiales des coureurs qui allaient avoir la victoire ou la poisse avec eux : « Demain, les J, K, W, brilleront, et les C, O, M devront redoubler de vigilance. » Walkowiak créa la surprise en 1956, sauf pour notre voyant qui avait, il est vrai, brassé large. Il avait aussi annoncé que les Tours 1958 et 1959 seraient échevelés et l'équipe de France en pleine zizanie. C'était un temps béni, où les coureurs croyaient encore en La Fontaine et où Koblet ne récupérait qu'en écoutant des disques et la TSF…

« Ma pomme » croque le Tour 48. Étonnante confidence de Maurice Chevalier (1888-1972) à Max Favalelli (1905-1989) après l'étape Cannes-Briançon qu'il a suivie avec ferveur : « Il y a de tout dans cette éjaculation naturelle. De la tournée artistique avec du cirque ambulant, de l'athlétisme dans sa plus émouvante pureté, et encore, le danger de chaque seconde, imminent, grave, mortel. Et le tout additionné devient la plus intolérable bataille de muscles, de cœurs et de racines humaines. »

Une recette. « Pendant l'Occupation, tous les matins avec mon vélo, je tirais une petite charrette remplie de cent kilos de café. Le meilleur entraînement du monde. C'est à ce moment-là que j'étais en train de bâtir ma victoire dans le Tour 1947. » *Jean Robic.*

Relativité. Le champion belge Philippe Thys, triple vainqueur du Tour aux temps héroïques, était contre le dérailleur et contre le dopage. « Ils faussent tout, disait-il en 1958, on voit des gens de 35 ans meilleurs qu'ils ne l'étaient à 25. Impossible. »

Incassable, l'homme-sandwich : « Je suis tombé à soixante-dix mètres de profondeur, mon cœur s'est arrêté de battre, mais ma montre Pontiac fonctionnait toujours », dit Wim Van Est. Il vient de tomber dans la descente de l'Aubisque en 1951 ; porteur du maillot jaune, il va abandonner. Et son annonceur lui fait dire ça.

Le poids, l'ennemi. « Un grimpeur est toujours trop lourd quand il monte, et trop léger quand il descend. C'est ainsi que Vietto s'était fait couper un orteil qui le gênait pour perdre du poids. » *Henri Boudard.*

DR.

Hygiène. Une légende disait qu'on ne pouvait pas gagner le Tour si on ne savait pas pisser en course. Louison Bobet, qui lui descendait de machine, prouvera le contraire.

ET ORSON WELLES DEVINT CITIZEN BÉCANE

Ironie du sort. Roger Rivière, favori du Tour 1960, où une chute brisa hélas sa carrière, faisait de la publicité pour des produits qui, s'il les avait utilisés, auraient peut-être évité la catastrophe : « Tonimalt » (le roi du petit déjeuner), « Doucho » (le pyjama des champions) et « Adremad » (un produit idéal contre les douleurs musculaires).

Désormais, les champions, comme Rivière, ne se servent plus de Banania ou d'Ovomaltine au petit déjeuner, mais de Tonimalt. Collection Laget

Trahison. Après avoir gagné le Tour 1959, l'Espagnol Federico Bahamontes est un des favoris logiques du Tour 1960. Le hic, c'est qu'il abandonne à Dunkerque, dès la deuxième étape, après avoir été attendu par une bonne partie de son équipe qui perd quinze minutes. Une désillusion telle qu'à l'arrivée, son équipier José Berrendero a failli l'étrangler.

DANS LE TOURMALET, ROBIC TAILLE UN FREIN DANS UN BOUCHON...

Des lendemains pas faciles. Après la Seconde Guerre mondiale, il faudra du temps pour que les choses rentrent dans l'ordre. Par exemple, en 1947, il y a pénurie alimentaire et d'essence, donc les organisateurs achètent sur le parcours même les bananes, gâteaux ou confitures pour les ravitaillements. Inimaginable aujourd'hui. Le téléphone est lui aussi une denrée très rare. On s'en rend compte en 1949, quand à Luchon M. Vidal attend trois heures pour téléphoner son compte-rendu. À Aoste, ce sera pire, il y a un seul circuit téléphonique ! Toujours cette année-là, on déplore aussi de nombreux bris de pédales ou de cadres (pour L. Lazaridès, J.-L. Danguillaume, etc.) provoqués autant par le mauvais état des routes et les ponts « provisoires » qui durent toujours que la déficience des aciers. Les freins s'usent aussi très vite et dans les descentes, les coureurs les suppléent en freinant avec les semelles qui partent en fumée. C'est dans ces conditions qu'en 1949, Robic fera un des miracles dont il a le secret : ayant perdu un de ses patins de freins dans la descente de l'Aubisque, il le remplacera par un bouchon trouvé dans un bistrot au pied du Tourmalet, et taillé à la va-vite.

Des révolutions dans la révolution à pédales. Si la plus grosse innovation est l'apparition de la télévision dès 1948, la course voit aussi dans cette période l'arrivée en 1952 d'un impressionnant service médical Aspro ainsi que d'une remorque-laverie automatique Bendix, sans parler ensuite de la Banque du Tour et de Radio-Tour. En prime, la pointe Bic, surgie en 1951, permet en 1952 des corrections sur le journal *Suze Sprint*, qui donne tous les classements dans ses éditions spéciales. À noter que la pointe Bic, dont l'affichiste Savignac dit « elle court, elle court », éclipse ainsi le stylo Vaillant, qui était dès 1949 « le crayon à bille du Tour de France ». Autre chambardement : la fin en 1953 du bidon alu gris et l'apparition en 1954 du bidon plastique blanc ne pesant que cinquante grammes.

Amour aveugle. Le Tour 1949 est suivi par deux aveugles de guerre belges et leur chien Pic. Une voiture officielle avec fanions et plaques 431 leur permet de tailler la route. Le Tour, un bon moyen de renaître à la vie, de montrer la triste banalité du handicap. Trois ans plus tard, toujours sur la route du Tour, le disque de *La Chanson du Tour* est vendu par une association désireuse de créer une Cité internationale des aveugles.

1958

Les extrêmes se touchent. Dans Briançon–Aix-les-Bains, c'est Walkowiak, maillot jaune 1956, qui sauve Anquetil, maillot jaune 1957, de l'abandon. Echéance retardée, car Anquetil ne prendra pas le départ de Besançon, où Walko terminera dernier comme à Paris. Pas lanterne rouge après avoir été maillot jaune, mais presque. En tout cas dignement, après avoir été un équipier dévoué. Également du paradoxal côté bidons : Gaul refuse celui du coureur Forestier, transformé en simple spectateur, et Nencini accepte, lui, celui rempli de champagne offert par un spectateur.

Le Tourmalet piège aussi les avions. En effet, on y déplore au moins deux accidents en 1947 et 1949. Dans le Tour de reprise, quasiment avant le passage de la course, l'avion de presse « L'Équipe-But et Club » s'écrase juste au bord de la route, à trois kilomètres du sommet. Une aile donne l'impression de caresser Vietto quand il passe. Heureusement, il n'y a que deux blessés légers, seul le pilote Georges de Seversky sera hospitalisé. Deux ans plus tard, c'est un avion local qui veut faire des photos, presque au même endroit. Pris dans les courants d'air, il s'écrase. Le bilan est terrible, les deux passagers tués.

Les parrains 1950 – **Après Douglas Fairbanks, Mary Pickford, Cécile Sorel, Fernandel, Jean Gabin, Jean Marais, Albert Préjean ou Bourvil, c'est au tour d'Orson Welles de tomber sous le charme du Tour...** Rue des Archives/Agip

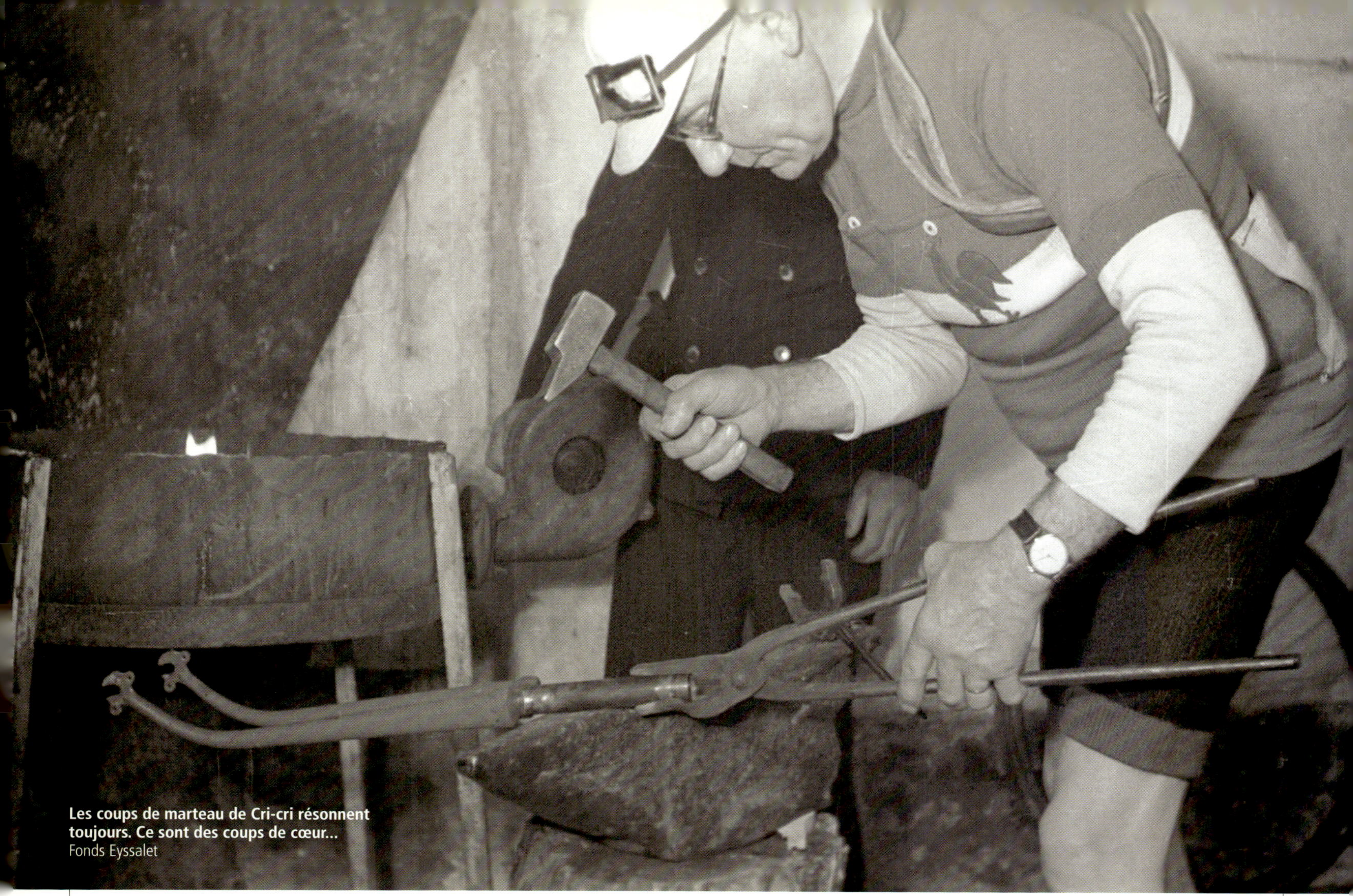

Les coups de marteau de Cri-cri résonnent toujours. Ce sont des coups de cœur... Fonds Eyssalet

ET V'LÀ ENFIN LA PHOTO DE CHRISTOPHE FORGEANT...

La légende du Tour repose sur des exploits, des épopées et des drames. Des bris de fourche, il y en a eu sur le Tour, car à la Belle Époque ou pendant les Années folles, les machines encore imparfaites étaient confrontées à des routes parfaitement infernales, mais un seul homme, Eugène Christophe, *alias* Cri-cri, *alias* le vieux Gaulois, a été frappé deux fois par un bris de fourche, alors même qu'il était en passe de gagner le Tour.

La première fois, en 1913, à Sainte-Marie-de-Campan, quand il brise sa fourche avant à l'amorce de la descente du Tourmalet, il est leader virtuel, et son équipier Philippe Thys, le Belge, en profite pour le devancer logiquement. La seconde, en 1919, il porte bel et bien le maillot jaune du côté de Dunkerque, à une étape de l'arrivée.

La première fois, lui, l'ancien serrurier, met plus de deux heures pour réparer dans la forge de fortune qu'il a trouvée, encore sera-t-il pénalisé parce qu'on lui a actionné un instant le soufflet. Dans ces temps héroïques, les coureurs étaient complètement livrés à eux-mêmes, pas d'assistance, rien. Le Tour était un banc d'essai pour les hommes et le matériel. Six ans plus tard, ce sont les pavés du Nord qui provoquent la même cassure. Heureusement, une usine est là, avec l'atelier. Il mettra à peine une heure pour réparer, le Vieux Gaulois, mais le Belge Firmin Lambot, qui le talonnait, est passé. La victoire s'envole encore.

Ce qui était terrible, c'est qu'il n'existait aucune trace authentique de ces deux drames devenus des épopées. On avait de rares photos aux arrivées, rien du travail du forgeron improvisé. Un manque qui, paradoxalement, a contribué à alimenter la légende. Si, pardon, existait une image, un remarquable dessin fait par Paul Ordner, très longtemps après. En fait, une reconstitution historique devenue une image d'Épinal. Il faudra attendre le 3 juin 1951 pour qu'invité par la mairie de Sainte-Marie- de-Campan et l'organisation du Tour, Eugène Christophe revive la scène de 1913, en se prêtant carrément au jeu.

Sous l'œil de Marie Despiau, qui avait 49 ans le 9 juillet 1913, quand, la première, elle avait crié : « Le v'là », et qui à 84 ans, revivait elle aussi la scène comme si c'était hier. Le jeune Tornay, qui avait indiqué la forge à Eugène puis l'avait aidé, avait maintenant 49 ans, et le commissaire intraitable Henri Lecomte, « le vengeur démasqué », blanchi comme le Tourmalet, pleurait en regardant le Vieux Gaulois mimer et s'appliquer. Regrettait-il sa sévérité ? Christophe, lui, tapait, tapait encore et toujours, opiniâtrement. Hier, il avait 28 ans, aujourd'hui 66 ans.

« AU MOINS J'AI GAGNÉ LE TOUR DE VOS CŒURS »

Le photographe ne pouvait pas rater cette photo historique, car elle faisait plus que combler une lacune sans précédent. Très ému, Christophe aurait le dernier mot : « Au moins j'ai gagné le Tour de France de vos cœurs, vive Desgrange... ». On pouvait visser la plaque offerte par la FFC et *L'Équipe*, mais Cri-cri était déjà immortel.

1951 – Eugène Christophe retrouve Marie Despiau et le jeune Tornay, ses bienfaiteurs en 1913. Fonds Eyssalet

Quand on a un pépin comme jadis Christophe, pour ne plus perdre son sourire : La Paix. Collection Laget

1961-1977

LA CINQUIÈME DIMENSION

LA CINQUIÈME DIMENSION, LE TOUR Y ENTRE EN FANFARE DOUBLEMENT. D'ABORD AVEC LA TÉLÉVISION QUI DÉSORMAIS LE RETRANSMET INTÉGRALEMENT EN DIRECT. ENSUITE AVEC DEUX CHAMPIONS D'EXCEPTION, JACQUES ANQUETIL ET EDDY MERCKX, QUI SONT LES PREMIERS À PARAPHER CINQ VICTOIRES DE RANG. DE L'INÉDIT. PROCÈDENT AUSSI DE LA CINQUIÈME DIMENSION L'ARRIVÉE TRIOMPHALE SUR LES CHAMPS-ELYSÉES, L'APPARITION DU MAILLOT À POIS DE MEILLEUR GRIMPEUR ET LE PASSAGE DÉFINITIF AUX ÉQUIPES DE MARQUES. UN PHÉNOMÈNE QUE LES DUELS ANQUETIL-POULIDOR, MERCKX-OCANA OU THÉVENET-MERCKX ILLUSTRENT À L'ENVI.

quin quina
Voiture
BALAI
BALAI 357 RM 75
Le Parisien
L'ÉQUIPE

ANQUETIL, COMME UNE CARAVELLE.

1961, 62, 63, 64

1er : Jacques Anquetil

1961 – **Au Parc des Princes, c'est le monde à l'envers pour le dernier tour de piste : Anquetil, le maillot jaune, emmène le sprint pour son équipier Cazala.**
Keystone

En 1961, Anquetil a vingt-sept ans, c'est la période où le géant de la route entre dans la maturité. Il tiendra toutes ses promesses. Avec trois Tours de France au compteur, le Normand aux cheveux blonds a déjà tout connu – la victoire d'emblée en 1957, l'abandon suite à un problème de santé en 1958, et la troisième place en 1959 dans une équipe de France écartelée. Il est donc armé pour prendre enfin les choses en main. D'autant, qu'en 1960, il a fait l'impasse sur le Tour, et pris de l'assurance avec une victoire dans le Giro, où il a dominé l'Italien Gastone Nencini. Celui-ci gagnera le Tour après avoir poussé Rivière à la faute. Gastone craint- il Anquetil ? Toujours est-il qu'en 1961 il est absent, Bahamontes également. Seul ancien vainqueur, le Luxembourgeois Charly Gaul est là, mais, face à une équipe de France très soudée, il se fait déborder d'entrée car Anquetil est très en forme et peut s'appuyer sur Darrigade, Privat, Stablinski, Cazala, F. Mahé, ou Mastrotto. Comme en 1956, 57, 58 et 59, Darrigade gagne la première étape et endosse le premier maillot jaune à Versailles. C'est une demi-étape, mais sur ces 136 km, entre Rouen, la ville dont Anquetil est l'enfant, et la cité du Roi-Soleil, la course bascule déjà. Dans le sillage de son ami Darrigade, Anquetil prend cinq minutes à tous les favoris. Et dans le contre-la-montre de l'après-midi, où il triomphe, il s'assure presque trois nouvelles minutes sur Gaul. Il prend le maillot jaune. Inespéré après une première journée. Ce maillot, il ne le perdra plus, tant il est fort, et tant ses adversaires se cassent les dents sur une équipe de France d'airain. Gaul revient un peu dans les Alpes, mais il est malchanceux. L'Italien Carlesi, qui était dans la bonne échappée initiale, fait de même dans les Pyrénées. Ce sont les seuls adversaires du Maillot jaune, et à une distance telle que Jacques Goddet, patron de *L'Équipe* (et du Tour), irrité, les traite de « nains de la route » dans un de ces éditoriaux dont il a le secret. Un camouflet nuancé, qui est censé épargner Anquetil, mais le blesse pourtant. La bataille la plus farouche sera celle pour le maillot vert, entre Darrigade et Gainche de l'équipe de l'Ouest. Finalement, l'équipier d'Anquetil, qui avait lancé ce Tour de folie, aura le dernier mot et contribuera au succès absolu de l'équipe de France, qui s'impose également par équipes, avec neuf étapes à la clef. Selon Pierre Chany, le pape des journalistes sportifs et l'ami du champion normand, ce Tour fracassant résume tout entier Anquetil : « une volonté permanente de provocation. » Une volonté qui s'était manifestée dès son premier Tour en 1957 : gagner pour son coup d'essai, faire mieux que Bobet, que l'on considérait alors comme le maître et qui avait dû s'y prendre à six fois pour s'imposer enfin en 1953.

« UN PHÉNOMÈNE, UNE VOLONTÉ PERMANENTE DE PROVOCATION »

Anquetil, c'était autre chose, « un phénomène » comme titrait un livre qui lui était consacré début 1961. Lui n'avancerait qu'en allant plus loin que tout le monde ; ainsi en 1961, il avait relevé un challenge insensé : celui de porter le maillot jaune de bout en bout, du jamais vu dans les temps modernes, de l'inédit depuis 1935. Il y est parvenu. En 1962, il s'agirait avec une troisième victoire de faire aussi bien que Bobet et de gagner le premier Tour alignant les équipes de marques. Un nouveau venu du Limousin, un certain Raymond Poulidor, trublion brun de vingt-six ans, allait contester son emprise ; qu'à cela ne tienne, Anquetil en ferait son adversaire privilégié, mieux : sa tête de Turc, un leurre pour se surpasser. Le débutant parti avec un doigt cassé reçoit sa première leçon dès la première étape, comme Gaul en 1961 : il perd huit minutes et le Tour, comme Bahamontes, qui se consolera avec un nouveau récital en montagne. Après avoir laissé le maillot jaune à ses équipiers Altig ou Geldermans, puis à Planckaert, qui porte ainsi le poids de la course dans les Alpes (où Poulidor retrouvé s'impose brillamment à Aix-les-Bains), Anquetil sort du bois au moment décisif pour le contre-la-montre Bourgoin-Lyon (68 km) à deux jours de l'arrivée. Là, il est éblouissant, et confirme le propos de Darrigade : « c'est bien le meilleur rouleur du monde ». Il colle

« Le meilleur rouleur du monde », selon Darrigade, dans son exercice favori : le contre-la-montre. Blondin va plus loin : « Beau comme un dieu sur sa machine, Anquetil était le plus bel astiqueur de rivets (de selle) de sa génération. C'était sa fortune, son argenterie, son coup d'éclat, sa façon à lui, de faire la Une Mirror Sprint. »
Paris Match

1963 – **Dans les Alpes, le 50ᵉ Tour royal, Anquetil ne passera peut-être jamais en tête d'un col, mais il ne sera jamais loin.** Rue des Archives/Agip

1964 – **Le podium du plus beau des Tours : Anquetil, rayonnant, est sur la plus haute marche du podium pour la cinquième fois. Du jamais vu. Poulidor, son dauphin, a poussé Bahamontes vers la troisième marche .** Rue des Archives/Agip

Des véhicules, camions ou autos tentent de se glisser dans la caravane contraignant la direction du Tour a leur faire la chasse. Collection Laget

cinq minutes à Planckaert qui le devançait d'une minute et autant à Poulidor qui le suivait à cinq minutes. L'addition est lourde : Planckaert, qui était dans l'échappée de la première étape, est à cinq minutes et Poulidor à plus de dix. Ce jour-là, Antonin Magne, qui suit Poulidor, lui crie quand Anquetil s'apprête à le doubler : « Rangez-vous Raymond, une Caravelle passe… » Au Parc-des-Princes, la Caravelle est sur la plus haute marche pour la troisième fois, et Poulidor sur la troisième pour son baptême du feu. Un terrible duel commence. Anquetil va s'en servir pour " exploser " les records du Tour, tout en lâchant du lest sur ses dauphins - le souci de durer oblige. Pour le Normand, il s'agit en 1963, d'être le premier à gagner quatre Tours (pour la cinquantième édition ce serait marquant) et de dompter Poulidor. Ce coup-ci, il va le châtier : non content de le bousculer dans les deux contre-la-montre, il lui fait la leçon en montagne, où à Chamonix, il s'offre le luxe de battre Bahamontes, le dépouillant du maillot jaune. Au Parc, Anquetil fait retentir une nouvelle *Marseillaise* tandis que, Bahamontes, son dauphin espagnol et le meilleur grimpeur, est à trois minutes et des poussières, et pendant que Poulidor, sifflé, regarde la cérémonie de loin - de la huitième place, où il a sombré à plus de seize minutes du Normand. On disait que Poulidor était un grimpeur ; qu'à cela ne tienne, Anquetil n'est peut-être jamais passé en tête d'un col, mais cette fois, il a également gagné deux des plus belles étapes de montagne, dans les Pyrénées comme dans les Alpes.

« RANGEZ-VOUS RAYMOND, UNE CARAVELLE PASSE... »

En 1964, la troisième manche entre les deux champions s'annonce d'autant plus belle qu'Anquetil vient de remporter son second Giro, et que Poulidor a décroché sa première Vuelta. Il y va entre eux de la suprématie mondiale. Poulidor est-il capable d'enlever son premier Tour ? La moitié de la France, qui a pris le Limousin en affection, y croit. Pour l'autre moitié, Anquetil est invincible, et à trente ans, au sommet de son art. L'intéressé, lui, outre battre encore Poulidor, vise en prime un cinquième Tour (le record des records) et le doublé Giro-Tour, seulement réussi en 1949 par le grand Coppi. Mais qui dit Fausto Coppi, le *campionissimo*, dit aussi commedia dell'arte et ce Tour sera un sommet inégalé en ce domaine. Un Tour on ne peut plus populaire, et on ne peut plus riche en rebondissements. Anquetil tient d'Arlequin, Poulidor de Polichinelle, il y a du Mascarille dans Géminiani (le coach d'Anquetil) et du Pantalone chez Magne (le mentor de Poulidor). Colombine apparaîtra sous les traits de Janine. L'aubergiste Brighella sera à Andorre, le jour de repos, Altig sera Scaramouche, et Cassandre, Georges Groussard, maillot jaune de diversion pendant dix jours. En prime, il y aura même des zanni pousseurs, souffleurs ou porteurs d'eau et, un mage qui dans la presse a prévu le pire pour Anquetil lors de la quatorzième étape. Quand on sait que le champion normand, qui taquine l'astronomie, est très superstitieux…

Bref, le spectacle (4504 km, vingt-deux étapes) s'annonce total (règle des trois unités respectée), et l'affiche « épastrouillante » permettra au théâtre d'afficher complet. Les chronométreurs commencent par se tromper en défaveur de Poulidor (15" sur cassure du peloton), qui reprend 50" sur Anquetil quand celui-ci « *perforata la gomma* » dans les Alpes. La cendrée de Monaco devient une roulette-pirouette où Anquetil-Arlequin, maillot St-Raphaël, souffle une minute de bonification à Poulidor-Polichinelle, maillot Mercier, qui bêtement aurait sprinté un tour trop tôt. Et les Anquetillistes ajoutent : « Il a même levé les bras sur la ligne», ce qui est faux. Au seuil des Pyrénées, derrière le petit Breton Georges Groussard-Cassandre de chez Pelforth, qui porte le maillot jaune depuis Briançon. Il a plus peur d'être ridicule que de tomber et se répète : « Quand on est un nain, on ne peut pas être un géant ». Anquetil,

1962 – **Dans le contre-la-montre Bourgoin – Lyon (20e étape), sur 68 km, Anquetil rejoint un débutant nommé Poulidor, à qui il colle cinq minutes. En prime, il prend le maillot jaune.** AFP

1962 - **«Anquetil était au cyclisme ce que Mozart était à la musique», écrira Diario, surtout quand il portait son maillot St Raphaël, le plus beau des maillots.** Panoramic

deuxième, a 31" d'avance sur Poulidor, troisième. À Andorre, jour de repos, il y a le fameux méchoui. Anquetil, bon vivant dévoré par le trac à la veille de la fatidique quatorzième étape, fait semblant de lui faire honneur. Et le 6 juillet, les quatre-vingt six rescapés attaquent donc la montée d'Envalira, le Golgotha pour Anquetil. À l'avant, Bahamontes, Jimenez et Poulidor se sont envolés, et lui coince, rame, pioche. Il est décomposé. Défaillance. Mais deux bons larrons, Rostollan et Zilverberg, le poussent, le relancent, et il arrive au sommet avec quasiment cinq minutes de retard. La course est perdue, et le magnum de champagne passé par Gem inutile. Non. Dans la descente, dans le brouillard, il fait son effet. Les Pelforth sont avec Anquetil ; avec Groussard, ils négocient tous à vitesse folle la pente vertigineuse en calquant leur trajectoire sur les phares et les feux des voitures qui les précèdent.

Et ils recollent ! Un miracle, non, un double miracle pour Anquetil, une double tuile pour Poulidor et même une triple. Pour ne pas en pleurer, il en rira presque. Après avoir été en tête, il crève ; le temps d'être mal dépanné, un trou se fait à l'avant et les voitures suiveuses l'amplifient. À Toulouse, il perd 2'36" sur Anquetil, qui n'écopera que de 15" secondes de pénalité pour les poussettes répétées qui lui ont sauvé la mise. Arlequin sourit, Polichinelle, qui a du ressort, de la classe et de l'amour-propre, contre-attaque le lendemain 7 juillet, passe en tête au Portillon, gagne à Luchon et reprend plus de 2'. L'écart entre les deux champions n'est plus que de 9". À Bayonne, après le contre-la-montre de 42,6 km, il regrimpe à 56", car en tête, Poulidor crève ; il est catastrophiquement dépanné par Magne et son mécano, qui se partagent les bévues. Poupou perd plus de trente secondes, la première place et sa bonification de 20" en faveur d'Anquetil et de Mascarille-Géminiani, son coach, plus adroit. Rageant. À en pleurer. On n'a jamais vu ça. La chance du Normand, désormais en jaune, la malchance du Limousin toujours en violine, écartèlent la France. Des familles se déchirent, pendant que les ventes des journaux s'envolent. Le Puy-de-Dôme, sa pente et ses bonifications seront donc le juge de paix suprême. Les Poulidoristes pensent que leur champion va remettre les pendules à l'heure sur son terrain. Il ne le fera qu'en partie, pas assez. Selon Jacques Goddet, il fallait qu'il reprenne 1'30" pour avoir une chance de gagner, or, il ne reprendra que 42".

Pour Banania, ou pour Esso, le maître Pellos ne rate jamais Anquetil. Collection Laget

« SI J'AVAIS PERDU LE MAILLOT, J'ABANDONNAIS »

Par sa faute, car il n'a pas reconnu la difficulté comme convenu avec M. Magne, et par celle d'Anquetil, qui connait les lieux depuis le Tour 1959 et s'accroche comme une sangsue au Limousin et aux deux grimpeurs espagnols Jimenez et Bahamontes, qui ont pris les devants et les bonifications. Après un sublime coude-à-coude qui rend M.Goddet épique : « Leur souffle, leur sueur se mêlaient comme la laine de leurs maillots », Poulidor décroche enfin Anquetil, mais à seulement 900 mètres du sommet. Là-haut, exténué, le Normand conserve 14" et le maillot jaune. Assez pour partir en dernier du contre-la-montre Versailles - Paris. Poulidor l'a poussé au-delà de ses limites, déjà entamées par son Giro victorieux. Dans la voiture de Gem où il récupère, Anquetil peut se laisser aller : « Si j'avais perdu le maillot, j'abandonnais. » Poulidor est simplement déçu et la moitié de la France avec lui. Déçue, mais fière malgré tout. On a prétendu que si Poulidor avait été aussi généreux que savait l'être Anquetil, la victoire aurait pu lui sourire plus facilement. Sur les ultimes 27,5 km séparant Versailles de Paris, dans les côtes, Poulidor prendra un léger avantage, qu'il perdra dans le final, se faisant même coiffer par Altig (équipier d'Anquetil) vainqueur, pour la deuxième place. Au Parc-des-Princes, l'écart entre Arlequin et Polichinelle, entre Anquetil et Poulidor, grimpe à 55'' ; c'est le plus mince jamais enregistré, le temps prévu dans la commedia dell'arte pour renverser les sacs de farine ! Les deux champions se partagent les acclamations. La Caravelle n'a plus qu'une aile d'avance sur Polichinelle. Le journaliste Raymond Huttier, qui suit le Tour depuis les années folles, peut écrire : « Jacques vient de remporter son dernier Tour, l'an prochain, il sera battu par Poulidor. »

1964 - **Même si toute l'équipe St Raphaël (Stablinski et Anquetil en tête) prend la peine d'envoyer une carte postal à M. et Mme Charles, la tension est là. Un voyant a prévu pour Anquetil une catastrophe entre Andorre et Toulouse, et le champion est sur le qui-vive depuis le départ. Poulidor, lui, est concentré.**
Photo Roger-Viollet, cartes postales Collection Charles

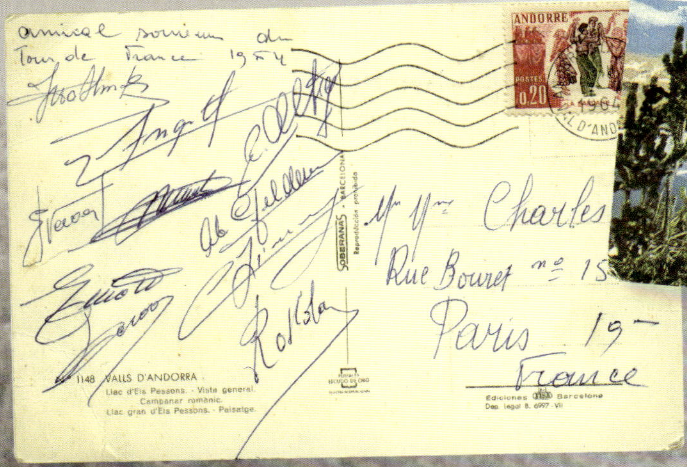

Dimanche 12 juillet 1964 - **Poulidor joue sa dernière carte sur le Puy-de-Dôme. Le duel se transforme en corps à corps. Michel Winock écrit : « Les deux adversaires paraissent liés l'un à l'autre comme deux fagots d'épines. » Jacques Goddet, au cœur du combat sur sa moto, va plus loin : « Leur souffle, leur sueur, et la laine de leur maillot se mélangeaient. » Poulidor revient à 14 secondes. Pas assez pour gagner son premier Tour.**
Photos PARIS MATCH, AFP

BP

BP

GIMONDI, AIMAR, CONTRAT REMPLI...

Poulidor, sifflé, est battu par un Gimondi triste pour lui.
Rue des Archives/ Agip

1965
1er : Felice Gimondi

1966
1er : Lucien Aimar

Géminiani, son directeur sportif, a compté dans la victoire d'Aimar.
Roger-Viollet, Carte Collection Laget

Ces deux Tours présentent plusieurs points communs : ils sont respectivement gagnés par Felice Gimondi et Lucien Aimar, amis d'Anquetil, et brillants transfuges du Tour de l'Avenir 1964 et surtout perdus par Raymond Poulidor.

En 1965, Anquetil n'est pas là. Il savoure son difficile (55" d'écart sur Poulidor) et historique (inédite cinquième victoire) Tour 1964 avant d'accomplir le doublé Dauphiné-Bordeaux-Paris ; la course est donc promise à Poulidor. Comme en 1966 d'ailleurs, car si Anquetil est de retour, on le sent déclinant après un Paris-Nice où il a certes battu in extremis son rival, mais après avoir perdu contre-la-montre et dû s'employer copieusement. Le recordman du Tour croit pouvoir réussir en 1966 la passe de six, mais il assuré ses arrières en ayant dans sa garde rapprochée le jeune Lucien Aimar, et surtout le grimpeur espagnol Julio Jimenez, qui a soufflé à Poulidor une des deux bonifications décisives du Puy-de-Dôme en 1964.

Reprenons le fil des évènements qui vont faire dun Poulidor favori du Tour 1965 un battu sifflé au Parc-des-Princes. Ils procèdent autant de l'imprévu que de la négligence. En effet, c'est au dernier moment que dans l'équipe italienne Salvarani, Felice Gimondi remplace Bruno Fantinato, quarante-huitième du Tour 1964 et forfait. On sait qu'il a dominé Aimar dans le Tour de l'Avenir 1964, qu'il n'a pas vingt-trois ans, et qu'il est ambitieux. Il le prouve d'emblée en s'échappant joliment à Roubaix (deuxième étape), prenant assez de marge pour endosser son premier maillot jaune le lendemain à Rouen. Ville où il sera invité à dîner chez Anquetil, qui lui aurait dit qu'il avait tout pour gagner et en prime… battre Poupou, son rival. Ce dernier a bien un sursaut dans le contre-la-montre de Châteaulin, en attendant le Ventoux et le Revard, où il compte se refaire mais d'aucuns se demandent si Raymond n'a pas trop négligé le débutant qui se rapproche à 3'12 dans les Pyrénées, et même à 34" après une ascension du « Géant de Provence » dans laquelle le Limousin tient ses promesses malgré le soutien qu'Anglade apporte à l'Italien. Pourtant, dans le Revard (qu'il n'a pas plus « reconnu » que le Puy-de-Dôme en 1964) il perd 23 nouvelles secondes. Ses supporters s'inquiètent, tout en lui conservant leur confiance pour effacer 1'12 dans l'ultime contre-la-montre Versailles - Paris. Or, Poupou va concéder 1'08, plus 20 secondes de bonification ! Il finit troisième comme en 1964, et, comme en 1964, deuxième sur le podium à 2'40" du débutant italien, qui triomphe à son coup d'essai comme Anquetil en 1957. Sifflé, Raymond reconnait tristement la supériorité de Felice Gimondi. Les méchantes langues disent qu'Anquetil a sablé le champagne ce jour-là, tout en pensant au Tour 1966.

L'IMPORTANT : QUE POULIDOR PERDE ENCORE

Il va y retrouver un Poulidor plus fort et plus motivé que jamais, même si l'Allemand Altig enlève la première étape et porte le maillot jaune pendant dix jours. L'évènement est à Bordeaux : le premier contrôle anti-dopage de l'histoire du Tour. Une surprise, dont Poulidor est le premier gagnant. Le peloton ébauche une mini-grève de protestation, juste avant qu'une échappée entre Bayonne et Pau ne fasse changer le maillot d'épaules à la faveur d'une échappée qui s'est assurée plus de sept minutes sur le gros du peloton – Poulidor s'est fait piéger dans la roue d'Anquetil, dont le jeune lieutenant, Lucien Aimar, est devant. Poulidor a beau surprendre Anquetil dans le contre-la-montre de Vals, l'Allemand Kunde conserve son maillot jaune, et Lucien Aimar s'en rapproche un peu plus. Poulidor grignote quelques grosses secondes dans la descente du col d'Ornon et à Briançon, mais il est sous contrôle d'Anquetil et Jimenez. Anquetil a compris qu'il ne pouvait plus gagner et il se saborde dans l'étape arrivant à Turin ; Aimar attaque dans la descente de la Coletta, et lui reste l'otage de Poulidor. Le peloton a perdu trente coureurs dans les Alpes

1966 - **Pris en tenaille entre Julio Jimenez, Jacques Anquetil, et quelques alliés, Poulidor laissa filer Lucien Aimar, le troisième homme de chez Ford.** Suddeutsche Zeitung/Rue des Archives

et Poulidor ses illusions. Raymond sait qu'il s'est fait avoir. Anquetil, malade, abandonne dans la côte de Serrières du côté de Saint-Étienne – son contrat est rempli, à Aimar de remplir le sien. Malgré un baroud d'honneur de Raymond à Chamonix, et un bon contre-la-montre final où il est encore troisième, comme en 1964 et 65, Aimar décroche le pompon. Raymond l'effleure depuis sa troisième place. Il est encore, encore battu. Pouvait-il faire mieux ? Dans la côte de Montaigu où il s'était échappé, Altig avait ramené Aimar ; par ailleurs, Darrigade, qui disputait là son quatorzième et dernier Tour, et qui aurait bien aimé enlever une vingt-troisième étape, avait déploré la collusion « d'au moins six équipes ». Son ami Anquetil pourra encore sabler le champagne.

1965 - **Felice Gimondi, remplaçant au pied levé, mais de luxe, après sa victoire dans le Tour de l'Avenir 1964, surprendra Poulidor.** Photo AFP, Carte postale Collection Laget

À vingt-cinq ans, sans avoir gagné une seule étape, comme Walkowiak en 1956, Lulu de Hyères gagne le Tour. Les mauvaises langues ont dit que ce Tour avait trouvé son épilogue quelques semaines plus tard, au championnat du monde du Nurburgring, quand Aimar avait ramené Altig, qui courait à la maison, sur Anquetil et Poulidor échappés…

Poulidor, équipier n°1 de Pingeon. Janssen bat Van Springel in extremis.
Rue des Archives/AGIP

PINGEON ET JANSSEN FERMENT LE BAN

1967

1er : Roger Pingeon

1968

1er : Jan Janssen

Les coureurs préfèrent la clarté des équipes de marques, mais les spectateurs et organisateurs penchent souvent pour les équipes nationales. Les péripéties du Tour 1966 ne seront ainsi pas étrangères à un bref retour aux équipes nationales. L'aventure ne durera que deux ans, deux Tours difficiles car les marques ont tellement pris le dessus que des problèmes aigus se poseront vite. Deux exemples : le premier autour du désintérêt. Il est tel dans le final du Tour 1968 qu'un troisième couteau comme le Belge Poppe aurait pu gagner si les organisateurs eux-mêmes n'avaient pas vigoureusement fustigé le peloton. Le second autour des personnes. Anquetil admet difficilement en 1967 qu'Aimar, Novak, ou Stablinski, ses équipiers de chez Ford, aient pu permettre à Roger Pingeon de chez Peugeot de s'imposer, lors d'un déjeuner au « Perroquet vert », ils en viennent presque aux mains .

ANQUETIL N'EST PLUS LÀ, LA POISSE SI

Bref, ces deux Tours semblent eux aussi promis à Poulidor, même si en 1967, il doit partager le leadership avec Lucien Aimar, vainqueur du Tour sortant, et en 1968, avec Pingeon, logé à la même enseigne. Que va-t-il donc se passer ? Cette fois, il n'y a pas d'Anquetil en embuscade, de Gimondi surprise, ou d'Aimar masqué. Non, en 1967, comme en 1968, Raymond connaîtra hélas la chute. La première fois dans le Ballon d'Alsace : elle provoquera changement de machine inapproprié, poursuite, puis défaillance, donc mise hors course pour la victoire finale et exemplaire mise au service de Pingeon, équipier le mieux placé, qui finira par triompher. Lors du premier prologue de l'histoire, couru à Angers sur 6 km, on avait vu comme un signe du destin que l'Espagnol Errandonea, parti dans les derniers, ait battu sur le fil, de moins de six secondes, Poulidor, qui allait passer son premier maillot jaune… Fatalitas !

1968 - **Le Tour arrive à la Cipale dans le bois de Vincennes pour la première victoire d'un Hollandais. Vainqueur surprise, Jan Janssen, le champion à lunettes, est justement porté en triomphe. Poulidor, dont on prévoyait enfin la victoire, est tombé.**
Rue des Archives/SPPS

1967 - **Entre Roubaix et Jambes, au prix d'une échappée au long cours magique, Roger Pingeon coupe court (comme Pellos le montre avec humour) aux ambitions d'Aimar, Janssen, Gimondi et Poulidor.** Pellos

En 1968, alors qu'il a toutes les cartes en main, Raymond tombe dans l'étape Font-Romeu-Albi (la quinzième), au moment où Pingeon, son équipier, a déclenché une grande offensive. Il est renversé par un motard et attaqué alors qu'il est à terre. Il abandonnera deux jours après, à Aurillac.

En 1967, il se met au service de Roger Pingeon dès la cinquième étape entre Roubaix et Jambes dans le Nord, celui-ci a mené à bien une fabuleuse échappée solitaire de 170 km, ce qui lui permet d'endosser le maillot jaune. Ensuite, l'équipe de France, avec Poulidor en épatant capitaine de route, verrouille tellement bien la course qu'elle enlève six étapes. Elle ne perdra plus le maillot jaune, si ce n'est pour le faire glisser un jour sur les épaules de Riotte, un pilier du bloc France. Les adversaires seront l'Italien Gimondi, l'Espagnol Jimenez, et le Hollandais Janssen, mais Poulidor et Aimar seront toujours aux côtés de Pinpin dans le Galibier, comme dans le Ventoux, et ne laisseront pas filer la victoire finale. C'est la dernière arrivée au vélodrome du Parc-des-Princes, et Poulidor met un point d'honneur à y triompher contre-la-montre. Il n'est que neuvième au final, mais il paraphe la victoire d'une équipe de France bien soudée autour de Roger Pingeon, son leader victorieux. Une ombre plombe pourtant cette cinquante-quatrième édition, la mort de l'Anglais Tom Simpson sur les flancs du Ventoux. Insolation ? Dopage ? Alcool ? Mélange des trois ? Qu'importe ! Un champion, le premier maillot jaune britannique, « est mort d'un coup de ce soleil où il s'est fait une place » écrira dignement Antoine Blondin.

JANSSEN SANS AVOIR PORTÉ LE MAILLOT JAUNE

En 1968, partant de Vittel, le Tour était censé être à l'eau pure, surtout après le drame Simpson. Il n'en sera rien. José Samyn, puis Jean Stablinski, tous deux de l'équipe de France, seront les premières victimes des contrôles antidopage. Ils sont exclus d'un peloton qui perd Poulidor (une chute) et où Pingeon et Aimar sauvent tant bien que mal l'honneur des tricolores. André Poppe, qui s'était assuré une demi-heure d'avance, contemple un final dans un mouchoir de poche après avoir failli faire sombrer le Tour dans le ridicule. Au seuil du contre-la-montre entre Melun et Paris (55 km), derrière le maillot jaune Herman Van Springel, ils sont en effet neuf à se tenir en moins de deux minutes trente. Et là, le recordman de l'heure Ferdinand Bracke (sixième à 1'56) perd sa place tandis que Jan Janssen (troisième au départ à 16''), réussit l'exploit de retourner la situation en sa faveur. Il devient le premier Hollandais à remporter le Tour, le premier vainqueur à lunettes, le premier couronné sur le vélodrome de Vincennes. On a parlé d'intox à propos du contrôle antidopage final. Reste que Janssen, qui avait gagné deux étapes sans porter le maillot jaune (comme Robic en 1947) reste un beau vainqueur, même avec la plus faible marge de tous les temps : 38 secondes.

Paris Match

FEP

Poulidor, longévité et « poupoularité »

Entre 1962 et 1976, le Limousin Raymond Poulidor sera une des grandes figures du Tour. Certes, il ne le gagnera pas, mais, à force de vaillance et de panache, il réussira à l'ennoblir et à jeter une belle passerelle de constance entre Anquetil et Merckx, les deux géants de la période. L'éternel second pour Déro, le caricaturiste de L'Équipe, sera en réalité plus souvent troisième (cinq fois) que deuxième (trois fois). En quatorze Tours, il termina huit fois sur le podium (un record), et n'abandonna que deux fois sur chute (1968, 1973) ; deux fois où il aurait peut-être pu gagner. Ce qui est fascinant dans cette trajectoire reste la constance : Poupou est 3e derrière Anquetil, quand il débute dans le Tour 1962 et encore 3e, derrière Van Impe, quand il fait ses adieux au Tour en 1976, à 40 ans.

Esteve

Fonds
MOLTENI
MIKO
ALIMENTARI
MOLTENI
HUTCHINSON
FEP

FEP
gan
MERCIER
HUTCHINSON
gan
assurances
MERCIER
HUTCHINSON
PEUGEOT
MICHELIN

Dans les Pyrénées, Merckx s’envole pour une échappée de 120 km.
Ca ressemble tellement à du Coppi que Jacques Goddet titre «Merckissimo ».
Paris Match

MERCKX, UN EXTRA-TERRESTRE

Merckx, le cosmonaute, fait des tours d’honneur à la Cipale AFP

Sous le maillot Molteni, trois Tours. FEP

1969, 70, 71, 72, 74

1er : Eddy Merckx

Les victoires de Pingeon et Janssen, pour sympathiques et méritoires qu'elles soient, ont montré les limites et l'usure des équipes nationales ponctuelles, confrontées à l'extra-sportif le reste de l'année. À l'issue du Tour 1967, Anquetil s'est chamaillé avec ses propres équipiers au « Perroquet vert ». Encore un signe. Sur le Tour, la vérité est toujours sortie du bec des volatiles, qu'ils s'appellent le Héron, l'Aigle de Tolède ou d'Adliswill, la Mésange, la Perruche ou l'Ange de la montagne. Ce message, les spectateurs qui sont aussi des lecteurs de *L'Équipe* ou de *Miroir-Sprint* vont le faire passer à la faveur de plusieurs sondages.

On revient donc aux équipes de marques, avec un jeune champion comme la Belgique et le peloton n'en ont pas eu depuis longtemps. Avant d'attaquer le Tour, il a fait ses preuves chez les amateurs comme chez les pros à vingt-cinq ans et possède déjà un palmarès long comme le bras d'Elie Wermelinger, vous le connaissez ce bras télescopique valant 200m de barrière.

Eddy, ce sera donc sept Tours de France, cinq victoires (1969, 1970, 1971, 1972, 1974), puis deux échecs avec une deuxième (1975) et une sixième (1977) place. Pas un seul abandon ! Ce sera encore cent onze maillots jaunes portés pendant quatre-vingt seize jours, trente-quatre victoires étapes, trois maillots verts (1969, 70, 71), deux Grands Prix de la montagne (1969, 70), un classement par équipes et trois combinés (1969, 70, 74). Deux précisions permettent d'installer indiscutablement Merckx au sommet de la hiérarchie : Lance Armstrong avec ses sept Tours ne peut se targuer que de quatre-vingt trois jours en jaune, et de vingt-quatre étapes. Quant au *campionissimo* Fausto Coppi, dont la guerre cassera la carrière, s'il gagne deux Tours, il est en jaune dix-neuf jours, avec huit étapes, et il commence sa cueillette à trente et un ans, au moment où Merckx a déjà fini la sienne. Donc Eddy numéro un du Tour sans conteste, et sans même parler de ses centaines d'autres victoires dans le Giro ou la Vuelta (5+1), l'arc-en-ciel (4) ou les classiques (31). Eddy, ce n'est ni le boss américain, ni le héron italien, mais bel et bien « le Cannibale » comme le surnomme Christian Raymond. Autre chose : un extra-terrestre. D'ailleurs, il paraphe son premier succès dans le Tour l'année où Neil Armstrong, l'astronaute, marche sur la Lune. Un hasard ? Non, les grandes dates du Tour sont curieusement liées à l'astre lunaire : il naît en 1903, juste après que Charles Méliès lui ait expédié sa fusée dans l'œil ; en 1969, avec Eddy, il entre dans une nouvelle ère. Il faut dire qu'à la date du 21 juillet (où Neil Armstrong, etc.), après le "Merckxissimo" de Jacques Godet, *L'Équipe* titre (tant le récital de Merckx a été total) : « Merckx a trusté le Tour », « Le roi absolu ». Ce 21 juillet, le débutant vainqueur, comme Coppi ou Anquetil, sera reçu en grande pompe par le roi Baudouin, car c'est aussi le jour de la fête nationale belge ! Depuis Sylvère Maës en 1939, la Belgique attendait une victoire. Là voilà. Eddy a tout raflé : sept étapes, le maillot jaune, le maillot vert, meilleur grimpeur, classement par équipes, combiné… Du jamais vu. Du jamais vu non plus quant à la manière ; passe pour les quatre contre-la-montre, en prime, il a ajouté trois étapes de montagne, et non des moindres. Une par massif. Pourtant, au départ de Roubaix, il y avait quatre anciens vainqueurs, avec Aimar, Gimondi, Janssen ou Pingeon. Sans parler de Poulidor, Van Impe ou Van Looy. Merckx lamine dans le Ballon d'Alsace (onze abandons), broie à Briançon, malaxe à Digne, et dans les Pyrénées, sur la route de Mourenx, il éparpille : après 140 km d'une échappée solitaire amorcée au Tourmalet, où il passe en tête, comme au Galibier, il enclenche avec le Soulor (4'55" d'avance), et l'Aubisque (7'). À l'arrivée, dans la cité du gaz, il a doublé son avantage sur Pingeon, son dauphin : 16'18. Il l'améliorera encore à la piste municipale de Vincennes, où il colle une minute de plus à Pingeon, le vainqueur de 1967. Personne n'avait jamais réussi pareil carton plein. Le Manneken pis de Bruxelles est bien parti pour garder longtemps le maillot jaune.

AVEC EDDY, L'INÉDIT DEVIENT QUOTIDIEN

En 1970, Eddy confirme dans une édition qui part de Limoges et passe par la Belgique et l'Allemagne. Ce coup-ci, il dominera aussi quatre futurs

Merckx, le cannibale, attaque sans arrêt et partout. Denis Esteve

1970 - **Sans la victoire à Angers de son équipier italien Italo Zilioli, Eddy Merckx aurait porté le maillot jaune de bout en bout, et Luis Ocana n'aurait pas été dérouté par son maillot de champion de Belgique.**
Photonews

vainqueurs (Zoetemelk, Ocana, Thévenet, Van Impe), et il aurait bien pu porter le maillot jaune de bout en bout (ce dont il rêvait peut-être secrètement) mais à Angers – où la douceur angevine n'est jamais ce qu'elle promet, Koblet, Darrigade ou Poulidor, en savent quelque chose – Eddy se fait piéger par son lieutenant l'Italien Italo Zilioli, qui le dépossède du maillot jaune. Il le lui rendra à Valenciennes, mais le pari, qui lui aurait permis de rejoindre Bottecchia, Frantz, Romain Maës et Anquetil, dans les porteurs de bout en bout, est désormais impossible. Il se vengera donc sur les étapes, égalant avec huit bouquets individuels le record historique de Charles Pélissier en 1930. Sa bannière claque victorieusement au vent des Alpes, et même du Ventoux. Sur les pentes sèches du Géant de Provence, il se découvre devant le mémorial Simpson, oubliant qu'il a déjà un Giro victorieux dans les jambes. Merckx cherche le sacre absolu alors qu'il a déjà lâché tous ses adversaires ; à l'arrivée il est pris d'une défaillance. L'avertissement sera pris en compte, et le maillot jaune, fort de ses neuf minutes d'avance sur Zoetemelk, mettra la pédale douce pour traverser les Pyrénées. Ce dont profiteront les jeunes loups, Ocana et Thévenet. À Bordeaux, comme à Paris, Eddy bousculera Zoetemelk, contre-la-montre, juste ce qu'il faut pour l'exiler à plus de douze minutes ; Gösta Pettersson, le Suédois, est troisième et hiberne à un quart d'heure.

Il boit du Vittel, mais il marche au panache
Collection Laget

Le panache de Merckx, c'est en fait le point d'interrogation du Tour. Et au seuil de son troisième Tour de rang, ses adversaires se demandent si avec les classiques de printemps, Paris-Nice, le Dauphiné, ou le Midi Libre, il n'a pas déjà « tapé » dans ses réserves, même s'il a fait l'impasse sur le Giro. Eddy les désamorce d'entrée en gagnant le prologue. Et l'on pourrait penser que l'on va vers un nouveau match Merckx contre Merckx, quand, sur les pentes du Puy-de-Dôme, Ocana et Zoetemelk, jusque-là, à l'affût, réveillent le vieux volcan et lâchent Merckx, pas de beaucoup, mais assez pour mettre à jour la paille dans l'acier belge. Dans Saint-Étienne-Grenoble, c'est plus sérieux : Thévenet, Zoetemelk, Pettersson, Ocana et Guimard enfoncent le coin. Eddy perd 2'30" et le maillot passe pour la première fois sur les épaules de Zoetemelk. Merckx a un genou à terre, qui va oser l'attaquer ? Ce sera Ocana, qui s'envole seul dans le col du Noyer au km 74. Pendant 60 km, l'Espagnol de Mont-de-Marsan tient tête à la meute et en particulier à Eddy, qui est revenu sur elle. À l'arrivée, à Orcières-Merlette, Louison Bobet, qui a assisté à la bataille, s'extasie : « Formidable ! » *L'Équipe* du lendemain entérine : « Ocana souverain, Merckx héroïque, restituent sa légende au Tour. » Ocana a relégué Merckx à 8'42, endossé son premier maillot jaune, et rendu fou le reporter belge Luc Varennes, qui sur sa moto rebrousse chemin pour encourager son compatriote. Le règlement est enfreint, qu'importe, c'est un coup d'État dont on se souviendra. Le lendemain, Merckx, en champion meurtri, attaque au drapeau et reprend une minute après une guérilla de 250 km ! À Albi, dans le contre-la-montre, le guidon entre les dents, Eddy reprend 11" sur 16 km. On peut admirer le panache, mais on ne voit pas Merckx batailler ainsi une semaine entière jusqu'à Paris, alors qu'Ocana possède 7'23" d'avance. À l'entrée des Pyrénées, dans une montagne que Luis connait comme sa poche, beaucoup anticipent sa victoire. C'est compter sans la tempête, les aléas, et la malchance. Et dans la descente du petit col de Mente, qui a déjà été fatal à Aimar, c'est le déluge et le drame : Ocana dérape, Zoetemelk le percute. Groggy, Ocana est évacué à l'hôpital. La course continue jusqu'à Luchon, comme un canard sans tête. Là, Fuente gagne et Merckx est censé reprendre le maillot jaune. Pas si simple. Eddy abandonnerait

AVEC LUI, LA MEILLEURE DÉFENSE, C'EST L'ATTAQUE

1969 - **On avait reproché à Anquetil de n'avoir jamais passé un col en tête. Le débutant Merckx met un point d'honneur à dominer les étapes d'Aubisque, du Tourmalet, ou du Galibier, sous le regard de Vianelli, Gimondi ou Pingeon.**
Roger-Viollet

Collection Laget

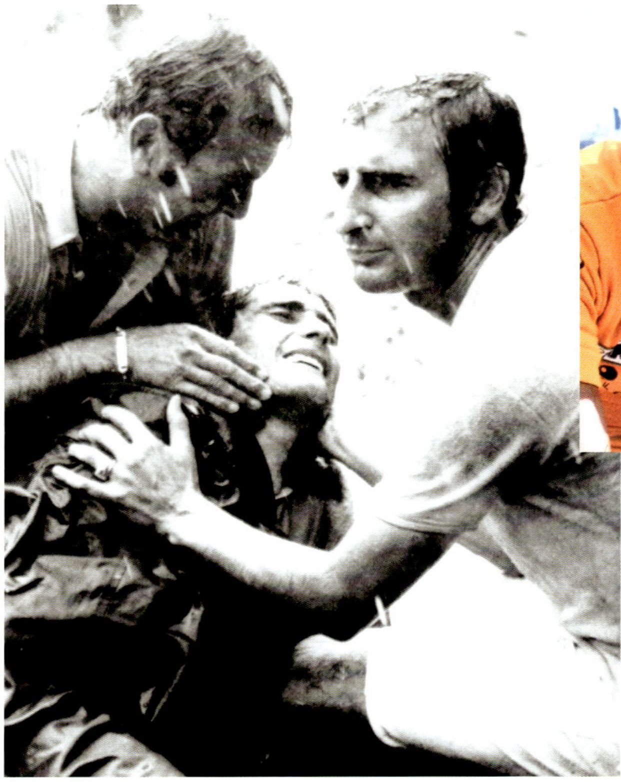

Ocana tombé, Merckx hésite à continuer. Et s'il reprend le maillot jaune, c'est seulement deux jours plus tard, car le lendemain, en hommage à son adversaire, il refuse de le porter.
Presse Sports, FEP et Panoramic

s'il on ne lui faisait pas remarquer qu'ainsi « il abandonnerait le Tour à des gens qui n'attaquent jamais, comme Zoetemelk et Van Impe ». Il repartira donc de Luchon, mais sans porter le maillot jaune (en hommage à Ocana). Kübler avait fait pareil en 1950 pour saluer le renoncement de Magni. Orphelin d'Ocana, le Tour se traînera jusqu'à Paris, où un Merckx mi-figue, mi-raisin triomphera pour la troisième fois en ayant vraiment senti le vent du boulet. Le maillot vert, le combiné, et de nouveaux bouquets ne lui rendront pas le sourire. Cette victoire n'est pas de celles qu'il aime, elle manque de plénitude, il y a un doute. Il figure bien au palmarès et il est fêté comme tel, même si, du côté de Mont-de-Marsan, motivé par une soif de revanche inextinguible, le maillot jaune blessé refait surface. Mais Eddy, c'est Eddy, même si Ocana appelle son chien Merckx.

Eddy a la continuité du grand champion pour lui. Dans la foulée de ce Tour en demi-teinte, il devient encore champion du monde. Certes, cela n'efface pas tous les doutes, mais le maillot arc-en-ciel, c'est quelque chose.Remonté comme un coucou, il gagne un nouveau Giro et attaque un nouveau Tour de France. Après tout, il n'a que 27 ans, et déjà trois Tours dans la musette ; Ocana, qui a le même âge, n'en a remporté aucun. Le match Molteni-Bic, Merckx-Ocana, qui se dessine, va se transformer en corps à corps Molteni-Gan-Mercier, Merckx-Guimard, même si à Vesoul, à deux jours de l'arrivée, Cyrille Guimard, qui a donc pris la suite d'Ocana, doit renoncer pour cause de tendinite. Le Nantais a beau avoir deux ans de plus que Merckx, c'est lui qui, avec le « vieux » Poulidor, son équipier chez Gan-Mercier, vont donner du piment à cette édition. Voulant trop bien faire, Ocana tombe ; malade, il se fait châtier par Merckx, pas très loin d'Orcières-Merlette, avant d'abandonner, victime d'une congestion pulmonaire. Eddy l'a eu à l'usure, comme il aura Guimard, même si ce dernier portera le maillot jaune et le sautera sur la ligne au Revard. Reste que cette quatrième victoire est encore assortie de chevalerie, la griffe de Merckx, qui est là aussi au cœur du Tour. Que l'écart sur le dauphin, en l'occurrence Gimondi, se réduise à 10', c'est un détail, ce qui est beau, c'est que son troisième maillot vert, Merckx l'offre à Guimard, qui, convalescent, vient le féliciter à l'arrivée à la Cipale. Dans la foulée ou presque, Eddy améliorera le record de l'heure à Mexico.

Après avoir fait l'impasse sur le Tour 1973, ce qui ne l'a pas empêché de gagner le Giro, Eddy reprend le collier en 1974, après un nouvel échauffement victorieux au Giro. C'est sérieux. Il s'agit de faire aussi bien qu'Anquetil : cinq victoires, il frappe d'entrée.

VAN IMPE ET ZOETEMELK N'ATTAQUENT JAMAIS

Comme en 1970, 71, ou 72, c'est un signe. Son maillot jaune, il ne le perdra que quelques jours au profit de Joseph Bruyère, son lieutenant, ou de Karstens et Sercu, des sprinters. Le reste du temps, il contrôle, enlevant huit nouvelles étapes – comme en 1970. Son plus dangereux adversaire est encore Poulidor (38 ans), qui lâche Eddy, dans le col du Chat, le Ventoux, et au Pla d'Adet où il triomphe. Le Limousin finit tellement fort qu'il vient sur le fil souffler la deuxième place à l'Espagnol Lopez-Carril. Étrangement, Anquetil et Merckx enlèvent leur cinquième Tour historique chaque fois devant Poulidor. Dix ans séparent les deux exploits, mais pour les deux champions, c'est chaque fois l'écart le plus faible qu'ils ont creusé : 55 secondes en faveur d'Anquetil, qui courait au millimètre, 8 minutes 4 en faveur de Merckx, qui courait avec panache. Comme Anquetil, Merckx échouera deux fois dans la conquête d'un sixième Tour. Sans abandonner. Une constance qui ne sera pas étrangère à sa troisième place au grand concours du « Champion du siècle » organisé par *L'Équipe Magazine* en 1980. Pelé et Owens occupent les deux premières places, Nurmi, Spitz, Borg, Zatopek, Coppi et Ali les places suivantes.

Les routes de montagne, même en mauvais état, ne dérangent pas Eddy qui ne pense qu'à la victoire finale, à la Cipale, où sur le capot d'une voiture il fait un second tour d'honneur en 1970.
Gilbert Uzan/Gamma

Rue des Archives/Agip

Michel Laurent/Gamma

Collection Laget

Paris Match

Eddy Merckx, c'est un rouleau compresseur, un « cannibale » qui règne sans partage, qui écrase la course dans tous les domaines, mais avec le sourire, avec panache. Il inspire les caricaturistes et les journalistes, il entre dans la légende comme un seigneur. Sa prodigalité lui fera probablement perdre un Tour. Qu'importe ! Pour, Antoine Blondin : « Quand Merckx a tout donné, cela veut dire qu'il a tout pris. »
FEP et Panoramic

AFP

Le Tour, c'est aussi ça

La course, c'est une chose, mais dans la vie d'un coureur, il n'y a pas que ça. Il y a un avant et un après l'étape. Van Impe y jouera de l'accordéon, Guimard, mouillé, bougonnera, en attendant d'aller se réchauffer avec une boisson chaude comme les motards. Le plus heureux, c'est encore Rudi Altig, qui apprend à un jeune collectionneur de musettes comment on compte en allemand.

Michel laurent/gamma

Keystone

Même avec K-Way et parapluie, la pluie, la flotte, c'est depuis toujours le crève-coeur du coureur cycliste. Le Hollandais Gerben Karstens le prend un peu plus avec le sourire qu'Eddy Merckx, car lui ne court que pour un bouquet, le gain d'une étape. En revanche, si c'est Eddy qui glisse, qui tombe, c'est un maillot jaune qui risque de s'envoler…
Michel Laurent/Gamma

L'Espagnol Luis Ocana, comme le Belge Lucien Van Impe, iront chercher leur maillot jaune en montagne, comme des champions. Luis y dominera son compatriote Fuente et Thévenet. Van Impe y prendra le meilleur sur Zoetemelk ou Lopez-Carril, un autre Kas. Ensuite, ce sera la consécration avec les motardes « Boule d'Or ».
FEP

AFP

OCANA ET VAN IMPE, LES SOURIS DANSENT

AFP

1973

1er : Luis Ocana

1976

1er : Lucien Van Impe

Quand Merckx n'est pas sur le Tour en 1973 et 1976, que se passe-t-il ? Peut-on dire que les souris dansent ? En tout cas, Luis Ocana, que l'on surnomme aussi le Perroquet, et Lucien Van Impe, qui a décroché le sobriquet de Ouistiti, respirent. En effet, avant de courir loin d'Eddy, Luis a beaucoup souffert de son joug en 1969, 1970, et 1972, où il a même été réprimandé par le commandeur pour avoir fait méchamment fait chanceler sa statue en 1971. Avec Van Impe, qui a débuté dans le Tour en 1969, comme Eddy et Luis, la rivalité est peut-être moins apparente, belgitude partagée oblige, mais elle est là. Par exemple en 1969, 1970, où le Cannibale tire sur tout ce qui bouge, y compris le maillot à pois, longtemps l'unique trophée convoité par Van Impe. Quand Luis triomphera en 1973, Lucien sera cinquième et quand ce dernier décrochera la timbale, Luis pointera au quatorzième rang, après avoir joué dans les Pyrénées un rôle décisif dans la victoire du grimpeur belge, alias le Jacques Brel du vélo. Une sympathie entre les deux champions dont Zoetemelk fera les frais.

Ocana, Van Impe, le sourire de la victoire. FEP

QUAND LE CANNIBALE N'EST PAS LÀ

1973. Merckx, qui, en 1972, en a bavé des ronds de chapeau avec Guimard est allé se changer les idées sur le Giro, qu'il enlève pour la quatrième fois. Luis a été privé de la consécration suprême en 1971 par une chute dans la descente du col de Mente ; il rêve de réhabilitation. En grande forme après avoir survolé le Dauphiné, il est épaulé par une grosse équipe Bic, qui se montre vite avec Catieau prenant le maillot jaune à Reims, à la faveur d'une belle échappée où Ocana, son leader, s'est glissé. À Aspro-Gaillard, celui-ci s'empare du maillot jaune, « chauffé » par son équipier. Il le consolide, aux Orres après un récital en altitude avec son compatriote Fuente – à Luis le Galibier, à Jose-Manuel l'Izoard. Au seuil des Pyrénées, Fuente est à neuf minutes et Thévenet à dix ; à Pau, ils sont tous les deux à quinze. L'Espagnol de Mont-de-Marsan triomphe à Thuir et Luchon, puis au Puy-de-Dôme et à Versailles, le temps de gonfler un peu plus les écarts sur ses dauphins, dont le meilleur est Thévenet après le contre-la-montre de Bordeaux. Un accessit qui donne au Français des idées pour l'avenir, cependant que Luis Ocana savoure enfin une probante victoire étayée par six étapes et le classement par équipes de sa formation Bic. Zoetemelk, qui avait enlevé le prologue chez lui en Hollande, est quatrième et Van Impe, cinquième. Ce seront encore les protagonistes d'un Tour 1976, dans lequel Poulidor retrouvera ses ailes, après avoir dû abandonner sur chute dans le Portet-d'Aspet.

1976. Thévenet, de chez Peugeot, vainqueur sortant, a le dossard 1. Poulidor est bien là, avec Zoetemelk, comme pilier de l'équipe Gan-Mercier. Kuiper est toujours chez Ti-Raleigh, et Van Impe chez Gitane, mais avec Cyrille Guimard, qui est passé de l'autre côté de la barrière comme directeur sportif. Eddy Merckx, après son difficile Tour 1975, fait l'impasse sur ce Tour où débute son compatriote Freddy Maertens. celui-ci va égaler le record d'étapes victorieuses (huit) de Merckx, en décrochant le maillot vert après avoir porté le jaune jusqu'à la neuvième étape, où dans les Alpes, les choses sérieuses commencent. Lucien Van Impe prend le relais et le maillot jaune à l'Alpe-d'Huez où triomphe Zoetemelk, son plus redoutable adversaire, même si c'est Delisle qui lui chipe le maillot à Pyrénées 2 000 – où il supplée son équipier Thévenet dans un Tour « sans ». Téléguidé par Guimard, Van Impe déclenche la grande offensive entre Saint-Gaudens et Saint-Lary-Soulan, il attaque dans le Portillon, lâche Zoetemelk, prolonge dans Peyresourde, et là, avant le Pla d'Adet, il est épaulé par un Ocana de retour. Au sommet, il relègue Zoetemelk à plus de trois minutes et Delisle à douze. Le maillot jaune est à lui, il le consolide à Auch contre-la-montre et Zoetemelk a beau lui reprendre quelques secondes au sommet du Puy-de-Dôme ou sur les Champs, l'affaire est dans le sac. Merckx n'est pas là, mais c'est un Belge qui triomphe. Lucien Van Impe a 29 ans ; il n'a jamais abandonné et s'impose à sa huitième tentative. Il a la chance d'être conseillé par Guimard. À 40 ans, Poulidor fait ses adieux au Tour depuis la troisième marche du podium, comme en 1962, pour ses débuts.

MERCKX CHUTE, THÉVENET FRAPPE LES DEUX COUPS

Thévenet. Il ne prend que deux fois le maillot jaune, mais il le garde. Paris Match

1975, 77

1er : Bernard Thévenet

Meurtri dans le Puy-de-Dôme, défaillant vers Pra-Loup, Eddy Merckx a laissé le maillot jaune à Thévenet et retrouvé celui de champion du monde. Malgré un nouveau coup dur (fracture de la pommette), il met un point d'honneur à attaquer son successeur. Paris Match

Les Tours 1975 et 1977 ont de nombreux points communs : ils sont les premiers à arriver sur les Champs-Elysées, ils devaient être ceux d'une sixième victoire historique pour Eddy Merckx, et ils seront ceux d'un doublé inattendu du Français Bernard Thévenet. Seul vainqueur sur le Tour du Cannibale, et ce lors de ses deux dernières apparitions, Bernard précipitera donc l'adieu aux armes du grand champion belge. Des Tours charnières donc, qui voient chaque fois Thévenet – qui avait abandonné dans le Tour précédent, donc en 1974 et 1976 – prendre le maillot jaune dans les Alpes. Tour charnière aussi parce que l'édition 1977 sous le sigle de l'homéopathie, après un départ de chez Mességué, le maître phytothérapeute de Fleurance (Gers), ne sera pas épargnée par les contrôles positifs. Bref, on a l'impression d'être dans une fin de cycle et les journalistes parlent d'un Tour « mal fagoté », même s'il s'est attaqué aux Pyrénées dès le deuxième jour.

LE TRUC LE PLUS FOU DE SA CARRIÈRE

C'est le septièmeTour d'Eddy, il est temps d'arrêter même si, dans son match avec Thévenet, il mène par quatre grandes victoires (1970, 71, 72, 74) à deux (1975, 77). Luis Ocana, autre grand adversaire d'Eddy (et c'est peu dire), termine vingt-cinquième. Il quittera lui aussi le Tour pour se lancer dans la production d'Armagnac. À 32 ans, deux géants s'en vont donc sur la pointe des pieds, ils avaient débuté ensemble en 1969. Bernard, lui, n'a que 29 ans.

C'est un Tour où l'on s'ennuie, car, n'en déplaise au jeune allemand Dietrich Thurau, qui a pris le maillot jaune d'emblée et le gardera pendant deux semaines , la course ne s'emballera vraiment qu'à la quinzième étape, à Avoriaz, – Zoetemelk vainqueur, prend dix minutes de pénalité, après avoir été reconnu positif. Thévenet, va préserver son maillot jaune dans l'Alpe-d'Huez : dans les lacets, derrière Kuiper, en faisant : « le truc le plus fou de sa carrière », il garde huit petites secondes d'avance. Van Impe, qui a attaqué de trop loin, renversé par une voiture dans la même ascension, perd plus d'une minute. Un accident passe par profits, pertes et parce qu'à ce moment-là, « il avait, paraît-il, déjà perdu le Tour » ; de plus, Henry Anglade, son directeur sportif, n'a pas le même poids que Cyrille Guimard, son prédécesseur. À Dijon, contre-la-montre, Thévenet se donne un bol d'air supplémentaire, mais, sur les Champs, l'écart entre lui et le Hollandais Hennie Kuiper, son dauphin, est un des deux plus faibles jamais enregistrés : 48 secondes. Merckx, qui rêvait d'un sixième Tour, n'est que sixième.

Bien que porteur du maillot jaune, Eddy est plus souvent à l'attaque qu'au contrôle.
Il voudrait être le premier à réussir la passe de six et avec panache. Sa générosité lui sera fatale. FEP

1977 – **Touché ou gêné par un spectateur ? En tout cas, Merckx accuse le coup.** AFP

Sa chance, Eddy l'a laissé passer en 1975. Ce soixante-deuxième Tour qui partait de chez lui, à Charleroi, devait être celui de l'apothéose, d'une sixième victoire historique à 30 ans, mais l'Italien Francesco Moser a jeté une ombre sur la fête en lui soufflant le prologue – cela ne lui était arrivé qu'une seule fois lors de ses cinq Tours victorieux, en 1969. Froissé, Eddy, qui porte le maillot arc-en-ciel comme en 1972, se ressaisit à Merlin-Plage, où il redevient le patron des magiciens et dépouille Moser du maillot jaune. Dans les Pyrénées, il donne un peu de fil à retordre à Gimondi, Thévenet et Zoetemelk, avant de mettre à genoux Ocana et Battaglin à Albi. Quelques supporters acariâtres ne supportent pas sa domination sur le peloton et au sommet du Puy-de-Dome, l'un d'eux se met en tête de « démerckxisez le Tour » (comme le proclament d'ignobles calicots, à deux cents mètres de la ligne). Il colle un coup de poing au foie à Eddy en plein effort. La surprise, la déception sont aussi violentes que le coup. Van Impe et Thévenet lui chipent quelques précieuses secondes et surtout sa belle assurance.

Ca devait arriver, les lionceaux de Peugeot ont croqué le Cannibale. Collection Laget

Après repos et transfert, c'est les Alpes et quatre belles étapes. Eddy, qui a gardé cet âme de cadet dont parle Pierre Chany, ne peut se contenter d'un sixième maillot jaune accroché à un fil de moins d'une minute sur Thévenet. C'est le sixième, c'est historique, il veut y ajouter du doré, et il attaque dans le col d'Allos, après avoir contré six attaques de Thévenet dans le col de Champs franchi pour la première fois. Mais le Cannibale a présumé de ses forces et il coince : Gimondi, qui n'en revient pas, le passe, puis c'est au tour de Thévenet, qui finit en boulet de canon et gagne à Pra-Loup avec presque deux minutes d'avance sur Eddy. À lui le maillot jaune, son premier à son sixième Tour. Bernard, qui porte le dossard 51, comme Merckx en 1969 et Ocana en 1973, se sent pousser des ailes, au point d'attaquer le lendemain dans l'Izoard, comme un grand. À Serre-Chevalier, où il bat Merckx de plus de deux minutes, il décroche un deuxième bouquet de rang. Il a trois minutes vingt d'avance sur Merckx qui retrouve son maillot arc-en-ciel et lui fait honneur. En effet, cette avance sera maximale pour Bernard, car Eddy, pourtant handicapé par une fracture ouverte de la mâchoire – provoquée sans le vouloir par Ritter au départ de Valloire – n'aura de cesse de réduire l'écart sur son tombeur. Il va ainsi grignoter des secondes jusqu'aux Champs-Elysées, abordés pour la première fois, où il s'incline de deux minutes quarante-sept secondes. Thévenet est un beau vainqueur, qui doit un peu à la chance, beaucoup à son talent et à Eddy qui a en a trop fait. Un vainqueur qui a aussi la chance d'avoir, avec Eddy Merckx, le plus grand et le plus digne des dauphins. À la place d'Eddy, qui n'aurait pas abandonné ? Également malade, Poulidor a mis un point d'honneur à terminer dix-neuvième, mais il n'a pas dit son dernier mot. Il n'a que 39 ans. On sait qu'il s'éclipsera par la grande porte un an plus tard, terminant troisième. Celui qui en revanche pète le feu, sous le tout nouveau maillot à pois distinguant enfin le meilleur grimpeur, c'est le Belge Lucien Van Impe.

SIX VICTOIRES, CA DONNE LE VERTIGE

1977 – **La grande bagarre est commencée, Kuiper, Van Impe, Galdos et Delisle se dressent sur les pédales. Ils n'auront pourtant que des lots de consolation, Thévenet est intouchable. Kuiper finira sur ses talons, Van Impe, renversé par une voiture, se consolera avec le maillot à pois, et Merckx lâché avec la sixième place.**
Photonews, FEP et Collection Laget

4EME ETAPE DU TOUR DE FRANCE REMPORTE PAR JOOP ZOETEMELK, JOSE CATIEAU CONSERVE LE MAILLOT JAUNE DE LEADER.

Le hollandais Joop ZOETEMELK a remporté hier la quatirieme étape du Tour de France Reims - Nancy. José

Cérémonie protocolaire. Pour regonfler Eddy Merckx, les majorettes Fumagou sont plus efficaces que le Bibendum Michelin.

Mais la palme revient aux misses de chez Boule d'or, qui en 1973 donnent à Joop Zoetemelk meilleur moral que l'Alsacienne à José Catieau, le maillot jaune.

Michel Laurent/Gamma
Collection Laget/DR

VIRLU
FUMAGOU
VIRLUX
nego
FRANCE
FUMAGOU

BIC
BIC
maillot
jaune
MIKO
BIC

CLAVERIE : MONSEIGNEUR PERRIER
PORTEUR D'EAU PROFESSIONNEL

Depuis 1920, bon an, mal an, les géants de la route ressuscitent en avalant leur quart Perrier à l'arrivée. Le pilier du « bon an » s'appelait Gabriel Claverie (1915-2002). On le surnommait Cla-Cla, l'abbé Perrier, ou le bonhomme Perrier. Entré dans la petite bouteille verte en 1954, alors que sa carrière de stayer professionnel indépendant n'était pas terminée, il y est resté jusqu'en 1981. Pour Perrier durant toute cette période, et pendant vingt-sept Tours de France, il a été la providence des coureurs aux arrivées et même pendant les étapes. Tout le monde le connaissait, tout le monde le cherchait du regard. Avec sa casquette à carreaux ou à large visière frappée Perrier, avec son tee-shirt au nom de la marque, il est sur toutes les photos d'arrivée. Le saint-bernard débrouillard apportant son tonnelet vert à Bobet ou à Hinault, c'est lui. Un quart Perrier pour un quart de siècle.

Avec une trogne qui aurait fait dire à Frédéric Dard : « Béru, c'est lui », il se faufilait comme une anguille dans la foule folle des arrivées, bouteille fraîche et décapsulée à la main. Le vainqueur n'avait pas franchi la ligne depuis trente secondes que Cla-Cla lui avait passé son quart. Darrigade, Thévenet, Anquetil, Poulidor, Merckx ou Thurau l'ont béni plus d'une fois. Et ne parlons pas des journalistes qu'il sauva de la pépie, même s'il mit vingt ans à faire accepter un Perrier nature à Roger Bastide, plume chatoyante du peloton et ami d'Antoine Blondin. Cla-Cla, un des meilleurs stayers français sur piste et sur route - où il avait même établi plusieurs records du monde - avait appris à s'abriter derrière une moto pendant quinze ans (1942-1956).Ce sens unique de l'abri comme de la trajectoire, doublé de mille relations dans le peloton et son entourage, avait fait de ce Méridional malicieux un personnage incontournable ; une sorte d'abbé Perrier, qui sur chaque étape distribuait deux mille canettes entre 10 heures et 17 heures, quand son Saviem frigorifique de 16 CV, son Berliet ou sa 504 « séchaient » sous les assauts, il faisait encore surgir des flacons.

Frans Melkenbeeck l'a-t-il bien descendu ?
Béru contrôle jusqu'à la dernière goutte. Collection Laget

On a dit qu'il recevait un petit fixe, et qu'il était surtout payé aux parutions dans la presse des photos du vainqueur avec la petite bouteille magique. Une légende. En réalité, il avait un beau fixe, justifié par son engagement sans failleauprès de la marque. Sa force était d'être du bâtiment ; outre sa convivialité, l'ancien pistard était devenu le premier porteur d'eau professionnel. Le seul.

CLA-CLA HOMME DE QUART PENDANT UN QUART DE SIÈCLE.

Mais, même quand on distribue « le champagne des eaux de table », on n'échappe pas à la retraite. Claverie ne l'avait pas volée après avoir parcouru un million de kilomètres et arrosé 2 700 vainqueurs. Son plus beau souvenir ? Un record, celui des douze bouteilles que siffla le Portugais Joaquim Agostinho après sa victoire à l'Alpe-d'Huez en 1979. Aujourd'hui, au musée Perrier de Vergèze (30), une fresque de quatre mètres rend un juste hommage au providentiel Cla-Cla.

Claverie est un ancien champion derrière moto, un stayer.

Bahamontes ne répond aux questions qu'après son quart Perrier. Collection Laget

SOBRIQUETS....

La ronde des sobriquets continue inévitablement au fil de ces dix-sept éditions ; les coureurs sont les premiers à l'entretenir, mais avec le speaker Mario Cotti, ils reçoivent un renfort de poids. Le sobriquet séduit toujours : comme un dessin, il en dit plus long qu'un discours sur l'intéressé. Au grand dam de leurs épouses, nos regrettés amis Louis Nucéra et Max Urbini se téléphonaient toujours à des heures indues lorsque la mémoire leur faisait défaut : « C'était quoi, déjà, le sobriquet de... Il n'y a que toi qui peut le savoir... » Un passage chez Bernard Pivot pour la sortie d'un livre sur le Tour débouchait inévitablement sur ce jeu infernal.

Rudi Altig, l'or du Rhin, mène devant Jan Janssen, le Hollandais à lunettes, et l'Alsacien André Zimmermann, alias Zim-Boumboum. Imago / Panoramic

Rick Van Looy, l'empereur d'Herenthals, roi du spiromètre. Collection Laget

Altig (Rudi) : l'or du Rhin
Bal (Cees) : la fusée de Baasrode
Berland (Roland) : le curé
Bitossi (Franco) : *il cuore matto*, le cœur fou
Bouvet (Albert) : le granitier
Coquery (François) : le matheux
De Vlaeminck (Roger) : le gitan
Gainche (Jean) : le valseur
Groussard (Georges) : le coq de Fougères
Jimenez (Julio) : l'horloger d'Avila
Kunde (Karl-Heinz) : le nain jaune
Lebaube (Jean-Claude) : Firmin
Leblanc (Jean-Marie) : l'intellectuel du peloton
Le Greves (Alain) : Zen-Zen ; Prout-Prout
Letort (Désiré) : Plancoët
Merckx (Eddy) : le cannibale (invention de Christian Raymond), l'ogre de Tervueren.
Ocana (Luis) : l'Espagnol de Mont-de-Marsan, le perroquet
Pingeon (Roger) : Pinpin, le Bugiste
Poulidor (Raymond) : le Limousin, l'éternel second, Poupou (invention d'Emile Besson dans *Le Midi Libre*)
Schutz (Eddy) : le dromadaire.
Simpson (Tom) : le major Simpson
Swerts (Roger) : Dolf
Thaler (Klaus-Peter) : le boulanger
Thévenet (Bernard) : Nanard
Thurau (Dietrich) : Didi
Van Impe (Lucien) : le Jacques Brel du vélo, ouistiti
Van Looy (Rick) : l'empereur d'Herentals
Verbeeck (Franz) : le laitier de Wilsele
Zoetemelk (Joop) : Zozo

SUPERSTITION :

Merckx touche du bois. Merckx a gagné tant que le Tour est arrivé à la piste municipale du bois de Vincennes à Paris. Quand l'apothéose s'est déplacée sur les Champs-Elysées en 1975, il a commencé à perdre. Dès lors n'aurait-il pas également mérité le surnom d'« homme du bois ».

RÉFÉRENDUM.

Le retour aux équipes nationales. En 1973 un référendum du Miroir du Cyclisme auprès de ses lecteurs provoque 8 375 réponses. Résultat : 96,73 % des lecteurs sont pour un retour aux équipes nationales et régionales.

DESTINS CROISÉS.

Le Stéphanois Roger Rivière, qui était dramatiquement tombé lors du Tour 1960 (qu'il aurait pu gagner) était né en 1936 comme Poulidor. Il est mort en 1976, l'année où Raymond terminait troisième de son dernier Tour.

POULIDOR PREMIER.

Le premier contrôle anti-dopage sur le Tour a lieu en 1966 à Bordeaux, et le premier coureur contrôlé est Raymond Poulidor. Pour protester contre ce contrôle surprise, les coureurs, Anquetil en tête, ébauchent une grève de quelques minutes au départ de l'étape Gradignan-Bayonne.

LA TRUITE DE DUMAS.

Trente ans après, ça ne s'invente pas : les truites entrevues dans les Pyrénées les jours de repos, reviennent grâce au docteur Dumas. Ou plus exactement à cause des abus en matière de « soins » de certaines équipes. Un retour peu glorieux puisque le plat de poisson proposé par un hôtel servira de prétexte pour expliquer plusieurs malaises ou abandons, si inexplicables que le bon docteur faillit jeter l'éponge. Une plainte contre X devait clôturer ce triste épisode.

VRAI OU FAUX ?

La photo de Merckx à quatre bras prise au sommet du Tourmalet en 1969, distinguée par un prix de la meilleure photo, aurait été prise par un motard-photographe amateur. Celui-ci, d'ailleurs ancien coureur du Tour, se serait vu confier l'appareil du camarade photographe. Pendant ce temps, celui-ci se consacrait à son appareil couleur. Autre légende ou vérité, on dit qu'au début des années 1960, et cela a même été écrit dans « le dictionnaire des bizarres », un coureur un peu illuminé aurait été un abominable voyeur. Peu fatigué par l'étape, le soir dans les hôtels où il était censé récupérer, il s'accrochait au balcon avec des boyaux pour « zieuter » dans les chambres de jeunes mariés aux étages inférieurs.

POULIDOR EN JAUNE.

Le maillot jaune, c'est tellement fort qu'on peut aussi acquérir la gloire justement parce que l'on ne l'a pas porté. Encore faut-il être aussi vaillant, bon et malchanceux que Poupou. DR

Poulidor n'a jamais été premier sur le Tour et n'a jamais porté le maillot jaune. Si l'on a un peu d'humour, on peut considérer que rien n'est plus faux. En effet, en 1973, dans un sondage pour l'Ifop, il est bien premier, puisque 48 % des Français considèrent qu'il est le champion le plus connu et le plus apprécié. Quant au maillot jaune, il l'a eu au moins trois fois. Une fois sur la course en 1974, quand après avoir dominé Merckx dans la montée de Saint-Lary-Soulan, on lui offre un maillot jaune d'honneur. Une deuxième fois en 1969, quand, lors d'une soirée chez Anquetil, il s'en voit remettre un. Ce sont de grandioses retrouvailles auxquelles participent aussi Gimondi et Aimar. Et dans le cadre du film publicitaire « On trouve tout à la Samaritaine », dont il est la vedette, l'éternel second dégotte forcément un maillot jaune dans la vénérable maison. Ce maillot qui s'est refusé à lui de justesse lors de deux prologues (1967, 1973). Le Limousin le voulait-il vraiment ? On peut en douter quand on découvre qu'il répond au questionnaire de Proust que sa couleur préférée est bleu-blanc-rouge. Seulement quelques instants, car il ne faut pas oublier qu'en 1968 et en 1973, sans ses chutes, il aurait pu, il aurait dû. Consolation, il est avec Platini le champion le plus souvent caricaturé par Déro, l'épatant artiste de *L'Équipe* : plus de trois cents fois.

ON TROUVE TOUT À LA SAMARITAINE...

La poisse, sa gentillesse, des alliances malheureuses et quelques négligences ont toujours privé Poupou du maillot Jaune. DR

LE MERCKXIUM...

Parce qu'ils n'arrivaient pas à battre Merckx, Ocana et Van Impe essayèrent de fourbir de nouvelles armes, alléger par exemple leur machine. Ainsi Luis innova en 1973 avec un cadre du vélo en titane, Lucien adoptant pour sa part la fibre de carbone.

Ils gagnèrent un Tour, mais ne battirent jamais Merckx, dont le cadre était en Merckxium, un alliage proche de l'airain. Seul Thévenet parvint à le tordre en deux occasions, et encore l'alliage avait plus de trente ans...

Carbone pour Van Impe et titane pour Ocana ne peuvent rien contre le Merckxium. FEP

COCO SUPPORTE POUPOU, UN DRÔLE D'OISEAU

La popularité de Raymond Poulidor fut telle dans les années soixante, les années de Gaulle et Pompidou, qu'elle toucha même Orthez, belle petite cité pyrénéenne à mille kilomètres de Paris. Là, chez les Page, des artistes dont le papa était sculpteur, il y avait un merveilleux perroquet gris du Gabon, qui ne perdait pas une miette de ce qui se passait, et qui s'était glissé dans la vie de la famille, mieux qu'un chien. D'ailleurs quand quelqu'un tapait à la porte, Coco aboyait comme un chien. Un phénomène. Il était tellement de la famille, que le soir, il imitait le père, balançant à une certaine heure, en imitant parfaitement sa voix : « Bon, je vais me coucher ! ». Mais le morceau de bravoure de ce touche-à-tout, c'était quand il hurlait un inattendu : « Allez Poupou, allez Poulidor !!! » Du pur bonheur, car dans la famille on était des poulidoristes tellement acharnés qu'on avait même reçu le champion, dont le papa avait ciselé le buste. Il se trouvait à côté de celui de Marcel Cerdan, quand le drame se produisit : Coco se cassa le bec. Presqu'aussi malchanceux que son champion, « Coco s'éteignit jeune, sans pouvoir encourager le quadragénaire Poupou jusqu'au bout de ses exploits » déplorait Roger Page. Ce dont ce dernier ne pouvait pas se douter, c'est qu'en 1973, dans un livre aussi bien illustré que spirituel, signé par MM. Adler, Mallat et Redon, et intitulé : « De drôles d'oiseaux » (Ed.Robert Laffont), Coco-Poulidor se retrouverait dans une volière aux côtés d'Aznavour, Zitrone ou Spanghero. Réincarné en un « coureur de routes ou *Rollulus roulroul*. Un oiseau migrateur qui chaque été fait le Tour de France en procédant par étapes successives. Doté de boyaux très fragiles et d'ailes courtes ne lui permettant de s'envoler que dans les côtes, le Poulidor présente la particularité de faire la roue lorsqu'il se déplace. Il émet parfois un cri assez étrange qui rappelle le roucoulement du Pingeon voyageur. Le Poulidor a souvent la surprise de trouver son nid occupé lorsqu'il arrive à l'étape qu'il s'était fixée. Ce qui lui vaut de subir les sarcasmes des railleurs cyclothymiques en mal de Coppi. »

LE POULIDOR EST UN ROLLULUS ROULROUL

Illustration Jacky Redon/DR

BRUYÈRE AUX CHAMPS

Le champion belge Joseph Bruyère boucle en 1977 son cinquième Tour de France. Aux côtés de Merckx, le leader, il est en train de réussir chez Fiat, son meilleur Tour après avoir été 50e en 1970, 60e en 1971, 26e en 1972 et 21e en 1974. Dans l'avant-dernière étape sur les Champs-Elysées, il a même terminé 5e à 11 secondes de Thurau, et à 2 seulement de Merckx. Il est donc bien, le Liégeois, dans l'ultime étape de l'après-midi, un petit critérium de 90 km sur les Champs, une apothéose qui ressemble à une formalité. Tout va bien, il est même dans le coup, quand à trois tours de l'arrivée, à dix kilomètres de la ligne finale, après avoir couvert 4 080 km sans trop de casse, il tombe et doit abandonner. La seconde voiture d'assistance est en panne... Une chute dans le dernier tour, et il aurait été classé.

Les coureurs remontent l'avenue des Champs-Elysées sous la pluie.
AFP

EN CIRE,

La vie du Tour est étonnante. On sait qu'il a vu le jour au Madrid, aujourd'hui le Café d'Oz, 8 boulevard Montmartre, à Paris. Le Café n'a plus aucun rapport avec la brasserie historique, où l'on trouvait la table de Baudelaire et l'affiche proclamant la naissance du Tour. En fait, l'histoire du Tour est toujours là, mais elle s'est déplacée de quelques mètres, au musée Grévin, mitoyen. Suivant les époques, on y rend hommage aux champions les plus emblématiques de « la Grande Boucle »... Il y a eu Antonin Magne, puis Merckx et Hinault et Indurain. Entrer au musée Grévin est synonyme de reconnaissance populaire indiscutable, une sorte de bonus pour le maillot jaune. En général, le champion est convié à l'inauguration de sa statue de cire à la faveur d'une belle cérémonie qui prolonge le bonheur du Tour...

SUPERSTITION.

Louis Rostollan, qui était là quand Roger Rivière est tombé, qui était là quand il s'est agi d'épauler Anquetil au col d'Envalira, était au moins aussi superstitieux que le grand champion normand. La preuve, il avait noté qu'en 1960, la veille du drame du Perjuret, ils étaient treize à table, et qu'en 1963, à Saint-Étienne où ils étaient encore treize. Le lendemain, il se fracturait le bassin.

11 960 000 SPECTATEURS...

Deux sondages de 1973 nous éclairent particulièrement sur les spectateurs du Tour : le premier, fait par la Sepprac en juin auprès de 3 000 personnes, permet de dire que sur les 11 960 000 spectateurs qui garnissent les 3 600 km du parcours : 45,6 % sont des hommes, 26,7% des femmes et 27,6 % des enfants. Autre précision d'importance : 66,2% viennent de villes de plus de 60 000 habitants et 14,3% de communes de moins de 8 000 habitants. L'analyse du second sondage fait en juillet auprès de 1 200 femmes, il permet de dire que sur les 3 200 000 présentes au bord de la route, 42% ont entre 21 et 35 ans, que 42,3% sont cadres moyens et commerçants, que 47% sont actives. Pour 50,6%, elles sont en vacances ou sur place quand elles applaudissent les coureurs. 83,3% sont accompagnée et 51,3 viennent régulièrement. Pour 72% d'entre elles, le Tour est la première manifestation sportive de France.

UNE FEMME DANS LA CARAVANE

Une « femme dans la caravane », c'était interdit, ça portait malheur. En 1964, la chanteuse Dalida, qui est alors très proche d'Antoine Blondin, ce qui ne l'empêche pas de se plonger dans les œuvres de Teilhard de Chardin, accompagne le Tour clandestinement. Elle sait bien que ça ne se fait pas : un an plus tôt elle était sur le podium d'Europe 1 avec Aznavour, Brel, Hallyday ou Vartan. Mais bon, elle a voulu voir ce qu'était en course la vie à l'intérieur de la fameuse voiture 101, aux côtés d'Antoine et de Pierre Chany.

Le subterfuge pour échapper à l'œil d'aigle de Jacques Goddet ? Des cheveux ramassés et surtout une fausse moustache. Parce que, Antoine Blondin, son copain, collectionnait les bouchons, on a prétendu qu'elle s'était servie d'un bouchon brûlé pour se mettre du noir sous le nez. L'aventure sera amusante jusqu'au Puy-de-Dôme ; en effet, ce jour du duel Anquetil-Poulidor, il y aura un terrible accident de la circulation. À Port-de-Couze, le camion citerne qui ravitaille l'hélicoptère de la gendarmerie rentre dans la foule, faisant huit morts. La grande chanteuse, bouleversée, quitte aussitôt la course.

Pour suivre le Tour, Dalida n'hésite pas à se masculiniser en arborant une moustache à la Charlot. DR

LA REVANCHE DE L'HOMME-SANDWICH

Il s'appelait Jean-Claude Daunat. Pendant sept ans, il fut homme-sandwich, autant dire coureur cycliste professionnel. Durant cette période, il est sélectionné deux fois pour disputer le Tour en 1971, par l'équipe Hoover-de Gribaldy, il termine 46e ; en 1972, chez Gitane, à la 72e place. Deux Tours terminés en font un indiscutable « géant de la route ». Natif de Dordogne, il s'était posé en Bretagne pour mieux courir, pour être au cœur de l'activité cycliste. C'est là qu'après avoir mis un terme à sa carrière, il initiera son projet de sandwiches pré-emballés. Un concept original qui connait aujourd'hui un un succès retentissant, puisqu'à Saint-Agathon (Côtes-d'Armor), la société qui porte son nom emploie 500 personnes et produit 200 000 sandwiches par jour ! Ces triangles de pain de mie, que nous trouvons partout. Tout est fabriqué maison, et il y a 70 recettes de référence.

Jean-Claude Daunat a-t-il eu cette idée en vidant ses musettes de ravitaillement, en se « battant » avec les sandwiches ? Pas impossible. Victime, hélas, d'un malaise cardiaque, en faisant du vélo pour le plaisir, il est décédé en 1999. Il n'avait que cinquante-quatre ans. Daunat qui s'était fait un petit nom dans le peloton, n'a pas eu la chance de voir son produit sur cette route du Tour, et à présent son nom en grand, partout dans le monde. Mais au fait, s'agit-il bien d'une revanche ?

LE TRÉSORIER ET LE CHRONOMÉTREUR...

Pierre Verdier vérifie que le chronomètre n'est pas en bois...
Collection Laget-DR

Avec 36 Tours de France à son actif, le Limousin Pierre Verdier en a vu du pays et des hommes. D'autant plus qu'il a été trésorier, puis fondé de pouvoir, puis directeur du personnel de la Société du Tour qui voit le jour en 1982, quand il devient nécessaire de séparer les hommes de *L'Équipe* de ceux qui gèrent la grande course. De 1959 à 1995, Pierre sera l'homme pivot de l'organisation. À ce titre, il s'occupera aussi des chronométreurs. À l'époque, il y avait Lucien Robrieux, « Monsieur Longines », et son second Jean Lheullier. Robrieux travaillait à EDF et prenait ses congés pendant le Tour, où ce dingue de vélo, président du Club de Montrouge, officiait comme maître chronométreur. « À ce moment-là, précise Pierre, c'était au 10e de seconde. » C'est lui, qui en sa qualité de « fondé de pouvoir » a signé cet engagement qui montre comment on rétribuait le préposé au chrono, étant entendu que le numéro de *L'Équipe* du lundi était à 70 centimes. Et cette année-là, avec une arrivée finale dans un mouchoir, et huit coureurs en moins de deux minutes avant la dernière étape, les chronométreurs étaient les rois du pétrole.

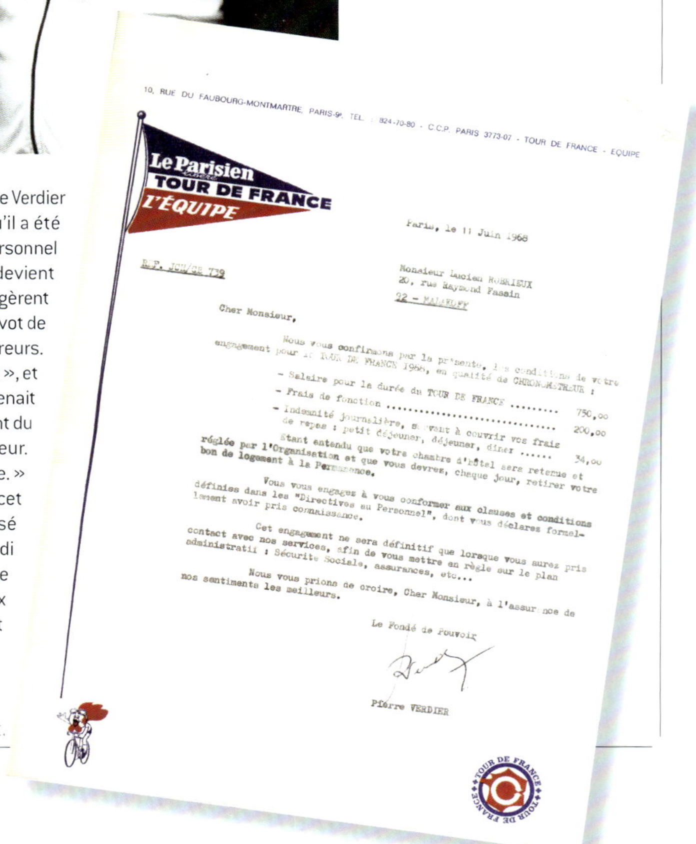

10, RUE DU FAUBOURG-MONTMARTRE, PARIS-9e. TEL. : 824-70-80 - C.C.P. PARIS 3773-07 - TOUR DE FRANCE - EQUIPE

Le Parisien libéré – TOUR DE FRANCE – L'ÉQUIPE

Paris, le 11 Juin 1968

REF. JCH/CE 739

Monsieur Lucien ROBRIEUX
20, rue Raymond Fassin
92 - MALAKOFF

Cher Monsieur,

Nous vous confirmons par la présente, les conditions de votre engagement pour le TOUR DE FRANCE 1968, en qualité de CHRONOMETREUR :

- Salaire pour la durée du TOUR DE FRANCE 750,00
- Frais de fonction 200,00
- Indemnité journalière, servant à couvrir vos frais de repas : petit déjeuner, déjeuner, diner 34,00

Etant entendu que votre chambre d'hôtel sera retenue et réglée par l'Organisation et que vous devrez, chaque jour, retirer votre bon de logement à la Permanence.

Vous vous engagez à vous conformer aux clauses et conditions définies dans les "Directives au Personnel", dont vous déclarez formellement avoir pris connaissance.

Cet engagement ne sera définitif que lorsque vous aurez pris contact avec nos services, afin de vous mettre en règle sur le plan administratif : Sécurité Sociale, assurances, etc...

Nous vous prions de croire, Cher Monsieur, à l'assurance de nos sentiments les meilleurs.

Le Fondé de Pouvoir

Pierre VERDIER

TOUR DE FRANCE

Collection Laget.

1971 – **Le maillot rouge a disparu, mais aux côtés d'Agostinho et Merckx, Zoetemelk porte bien le maillot Poulain, du meilleur grimpeur.** Collection Laget-DR

1968 : LA RÉVOLUTION.

LE MAILLOT ROUGE FLOTTE SUR LE PELOTON

Ce cinquante-cinquième Tour est marqué par plusieurs curiosités et nouveautés. Que Hugues Auffray et Jacques Martin se produisent sur le podium électronique d'Europe n°1 animé par Harold Kay, rien d'étonnant. Que Maurice Biraud emballe la grande fête du Tour pour Butagaz, c'est aussi banal que l'enregistrement de l'émission de Pierre Bonte, « Bonjour monsieur le Maire. » Plus original, le maillot vert devient rouge, une rareté que décroche Bitossi, qui domine Godefroot et Janssen. Il est parrainé par les jus de fruits Sic. Quant au Grand Prix de la montagne, pour la première fois, son leader porte sur le maillot une « reproduction graphique du populaire Poulain du chocolat Poulain, le parrain du prix ». Le combiné n'est pas en reste puisque son dépositaire a sur le maillot un écusson marqué Gan. Quant au gagnant du super-combiné, il reçoit tout simplement « le Killy du Tour ». Un autre champion est dans la course, le nageur Alain Gottvallès, qui s'occupe du programme officiel.

Van Impe, Thurau, Agostinho, trois des héros heureux ou malheureux de ce drôle de Tour. Photonews

DRÔLE DE TOUR.

Pour beaucoup, le Tour 1977 était mal « fagoté ». Ce qui est sûr, c'est qu'il comporte au moins quatre histoires hors du commun. Nous les livrons sans jugement : dans l'ascension de l'Alpe-d'Huez, alors qu'il est en tête, le Belge Lucien Van Impe est renversé par une voiture suiveuse, il termine à 2'06, alors qu'il aurait dû gagner l'étape et peut-être le Tour. À l'arrivée de cette même étape, trente coureurs hors délais sont éliminés de la course ! À l'étape suivante, à Saint-Étienne, Agostinho et Mendez, les deux premiers, sont déclassés pour contrôle positif, Merckx est troisième, mais personne ne sera déclaré vainqueur. Enfin, Dietrich Thurau est le premier Allemand à porter le maillot jaune aussi longtemps : dix-huit jours.

FEP

LOUISON, TOUJOURS À LA HAUTEUR.

Louison Bobet n'avait de cesse de s'améliorer et d'être informé des nouveautés. Homme pressé et moderne comme Petit-Breton et Lapize, il apprit ainsi naturellement à voler. Au départ, ses connaissances étaient un peu sommaire et il volait en se guidant sur les rails de chemin de fer. Une technique qu'on appelle la ferrodromie. Son frère Jean et son ami Raphaël Géminiani furent ainsi les acteurs de quelques aventures savoureuses (rencontre avec un tunnel, un cimetière, ou une escadrille de chasse) qui auraient pu mal se terminer, mais firent le bonheur du merveilleux humoriste Fernand Raynaud. Louison avait fini par passer les brevets qui lui faisaient tellement défaut. Au moment où il lançait sa reconversion dans la très hasardeuse thalassothérapie, il arriva à imposer son idée d'un nouveau Tour de France en avion, qui déclencha dans les années 1962, un enthousiasme qui l'épata lui-même. Il devait voler mais dans l'avion de RTL, comme consultant. Son frère Jean, devenu chef du service des sports de la grande station, avait eu la belle idée de l'impliquer, mais comme il n'avait pas de carte de presse, il ne pouvait être directement sur la course ! Du coup, il la dominait, comme jadis dans l'Izoard.

Après son envolée dans le col de l'Izoard, Bobet survole le Tour. Collection Laget.

LE RETOUR DE MANIVELLE.

Le Tour, c'est magique. Nouvelle preuve, en 1975 : Jean-Louis Noyès, magnétiseur du général de Gaulle, de Maurice Chevalier et de Jacques Anquetil, reçoit un client dans son cabinet de la cité Bergère, tout près du faubourg-Montmartre et donc de *L'Équipe*. En lui imposant les mains, ils parlent, forcément. Au fil de la conversation, Noyès découvre que son client est un mordu du Tour. Cheminot, il se trouvait sur le bord de la route dans les Alpes en 1930 lorsque Pierre Magne a prélevé sur son vélo la pédale devant dépanner la machine brisée de Leducq. Ça ne s'invente pas. Quelques jours plus tard, lors d'un dîner joyeux et arrosé, Leducq fera enfin la connaissance de son bienfaiteur et le remerciera comme il se doit.

L'ORGANISATION MONTE EN PUISSANCE

Parfaitement balisé, le ravitaillement - assuré par Una, dont les musettes portent la griffe - garantit une belle animation dans la France profonde. Roger-Viollet

1970

Les chiffres donnent 150 coureurs, 1 104 organisateurs et journalistes, 486 publicitaires-caravaniers. En fait il y a 253 journalistes accrédités plus 48 partiels. Le parc automobile comporte 214 véhicules publicitaires, 367 de presse, et 129 voitures officielles. 42 motos dont 31 de police se faufilent tant bien que mal.

1974

Plusieurs voitures de la caravane sont détruites à Saint-Lary, par, dit-on, des autonomistes basques.

1977

On dénombre en tout 1 874 personnes. À savoir 610 personnes pour la caravane et 1 264 comme suiveurs, coureurs, officiels, journalistes. Tout ce beau monde utilise 562 autos et motos.

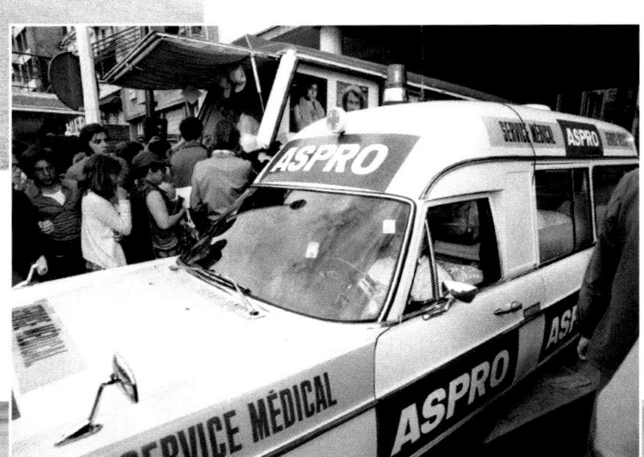

La voiture Aspro est là pour assurer la sécurité des coureurs, comme des spectateurs. Gamma-Rapho

1967

La course rassemble 1 663 individus, dont 130 coureurs intégrés dans les 1050 suiveurs et 613 caravaniers qui se partagent 686 véhicules. S'il y a 68 journalistes français et 28 photographes, les Hollandais sont 16, les Espagnols 28, les Britanniques 5, les Allemands 24, comme les Italiens, les Suisses seulement 4, et les Belges, 31 plus 7 photographes.

1968

Question matériel, ce Tour c'est 11 000 bidons d'Evian (dont 500 sont servis quotidiennement par le camion froid Bedford), 6 000 musettes Una, 6 000 blasons de marques et groupes sportifs cousus et recousus à chaque étape par 6 couturières, 6 000 affiches et flèches, 200 banderoles, 4 jeux de dossards, 4 sortes de musettes (départ, route, route deuxième ravitaillement, montagne). Marcel Dernoncourt, qui s'occupe de la logistique, a parcouru 13 764 km pour sélectionner 614 hôtels et trouver 14 051 lits.

HÉBERGEMENT.

En 1968, à Saint-Gaudens, les coureurs sont hébergés au Lycée de jeunes-filles, mais des prises de courant ont été rajoutées pour que les champions puissent se raser.

En 1977, à Thonon-les-Bains, les coureurs sont logés sur place grâce aux collectivités, y compris à l'Institution Saint-Joseph et à l'Ecole hôtelière, où sont servis les repas.

Sous l'œil de son directeur sportif Antonin Magne (béret et blouse blanche) Raymond Poulidor se ravitaille avant le départ. Rue des Archives/Agip

DU PARC DES PRINCES AUX CHAMPS-ELYSÉES...

Jacques Anquetil et Raymond Poulidor sur la piste du vélodrome du Parc-des-Princes.
Roger-Viollet, document Collection Laget

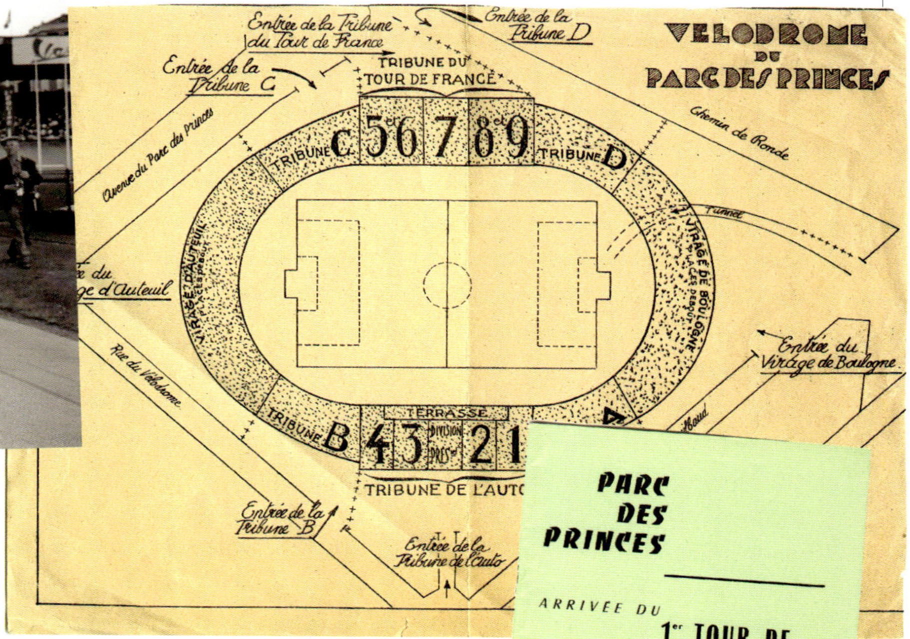

Tour d'honneur de Luis Ocana sur la piste municipale de Vincennes. AFP

La plus belle des avenues pour le plus beau des Tours. Gamma-Rapho

Le Tour transforme la France en plus grand stade du monde, mais il finit toujours à Paris. L'apothéose, ce fut d'abord l'immense piste rose du stade-vélodrome du Parc-des-Princes (666, 66 m réduite à 454 m en 1932), car le Parc (Paris 16e) fut d'abord et avant tout un vélodrome de 1897 à 1967. Raymond Poulidor fut le dernier à y triompher, avant qu'on ne le transforme en stade de football et de rugby.

La Grande Boucle déménagea dans le bois de Vincennes (Paris 12e), où elle trouva un vélodrome accueillant : la piste municipale, la Cipale, devenue vélodrome Jacques-Anquetil. Là, sur le vieil anneau en ciment de 500 mètres façonné pour les Jeux Olympiques de Paris en 1900, Eddy Merckx s'imposa quatre fois entre 1968 et 1974, un record. Enfin, sur une idée du journaliste Yves Mourousi, le Tour s'arrêtera aux Champs-Élysées en 1975. La plus belle avenue du monde serait l'écrin idéal pour le tomber de rideau de la plus grande épreuve sportive du monde. Alors qu'ils n'étaient que quelques milliers de spectateurs dans les vélodromes payants, ils sont maintenant des centaines de milliers à assister au feu d'artifice final des « géants de la route » dans des tribunes spacieuses, confortables et gratuites. La fête.

DARRIGADE : TOUT UN TOUR AU SPRINT...

Un routier complet qui gagne le Tour, c'est la règle. A un grimpeur, c'est possible, c'est même souvent arrivé. Pour un sprinter, en revanche, c'est exclu, même si en 1956, avec un peu de chance André Darrigade aurait peut-être pu. Reste qu'il s'est consolé, comme dit Jacques Augendre, un des derniers papes du cyclisme, en gagnant un Tour « à sa manière ». En effet, si on met bout à bout les 22 étapes en ligne, svp, qu'il a enlevé, ça fait de fait un vrai Tour complet. D'autant, qu'il a même gagné une étape de montagne en 1959 à Saint-Gaudens ! Cette prodigieuse moisson, « le Basque bondissant », l'a réussie entre 1953 et 1966, au fil de quatorze Tours, avec un seul abandon. Son premier bouquet, c'était en 1953, à son Tour de chauffe à Albi, son dernier en 1964, à Bordeaux, chez lui, où il avait toujours échoué. Il a triomphé vingt-deux fois, certaines années à cinq reprises, comme en 1958, d'autres quatre, comme en 1961, voire seulement deux comme en 1959. Ce qui ne l'a empêché d'enfiler le maillot vert de meilleur sprinteur. Vif, et vite en action, Dédé s'était aussi fait une spécialité de prendre tout le monde de vitesse. C'est ainsi que d'emblée, il a décroché cinq fois la première étape, dont quatre de rang entre 1956 et 1959.

« La flèche blonde », comme on l'appelait encore, conserve à 82 ans une mémoire d'enfer et son éternelle allure de seigneur, ce qui fait de lui un témoin unique pour survoler au sprint les deux périodes où il a réussi ses plus beaux emballages : celle des équipes nationales, puis celle des équipes de marques. Ainsi, il se souvient comme si c'était hier de son premier Tour par équipes de marques ; c'était à Nancy en 1962, d'où s'ébranlait la 42e édition : « C'était terrible. Quel changement ! L'année d'avant encore, avec les maillots tricolores, hollandais, belges, ça avait une de ces gueules ! Là, plus rien, le train-train, nos maillots habituels, c'était comme un départ d'une classique. J'avais l'impression qu'on perdait une dimension importante. Les équipes nationales, ça m'a manqué. »

Si on l'interroge ensuite sur ses gains d'étape, les réponses de l'expert fusent, étonnantes, précises, nuancées.

L'étape la plus facile ? :

« Il y en a au moins deux. La première, c'était en 1955, dans Colmar-Zurich. J'étais échappé avec Ferdi Kübler, Fornara et Giudici. Je ne menais pas puisque Bobet et Rolland étaient derrière et Ferdi m'exhortait à rouler. « Formidable ». Je ne bougeais pas, d'autant plus qu'à 50 km de l'arrivée, Bidot vint me rappeler à l'ordre. Après être resté 100 km dans les roues, je décrochais à Zurich, une victoire sans grand mérite, même si, à l'arrivée, Bobet, nerveux et mal renseigné, m'interpellait d'un « T'as roulé ? ». Curieusement, quarante-cinq plus tard, je vis à Varèse à une réunion d'anciens champions du monde, Ferdi, que j'avais battu ce jour-là, était au bar. Je le saluais. Il parut chercher mon nom. Puis, soudain, il explosa joyeusement : « Salaud, tu m'as battu à Zurich. » Petite victoire pour moi, mais visiblement grande défaite pour lui, chez lui. Mon autre victoire, la plus facile, fut celle de Saint-Gaudens. Le " facile " est relatif, car ce jour-là, il fallut s'accrocher pour passer les cols. Ensuite, au sprint, ce ne fut pas très compliqué de battre Saint, Bobet ou Anquetil. »

L'étape la plus difficile ? :

« C'était en 1964, dans Lisieux-Amiens. J'étais dans une belle échappée à sept-huit quand nous avons été repris à la flamme rouge. Je suis reparti tout seul sur la gauche, au ras du public. J'étais sur le 54x14, et j'ai même mis le 13 à 100 mètres. Une erreur, j'ai eu du mal à finir. J'ai été proclamé vainqueur de justesse devant Jan Janssen. Maurice de Muer avait même demandé une explication à M. Halna, juge à l'arrivée, qui lui a répondu après vérification de photo : « Darrigade, d'une potence ! » Peut-être le plus mince écart dans un Tour.

La plus mouvementée ?

« En 1962, ma victoire à Herentals, en Belgique, chez Rik Van Looy. En effet, la veille, à Spa, il y avait eu un sprint très serré entre Altig, Van Looy et moi. Rudi avait gagné et à l'arrivée, André Dassary, le chanteur, mon copain, m'avait porté l'habituelle bouteille d'eau, que j'avais d'ailleurs partagée avec Van Looy. Dans la fièvre de l'arrivée (ça m'est arrivé aussi) il a déclaré à la radio belge, que je l'avais gêné. Moyennant quoi, le lendemain matin, au départ de Spa, j'étais tellement sifflé par le public, que Jacques Goddet me fit avancer vers le départ réel.
Et à l'arrivée au sprint, chez Rik, je gagnais en battant Melckenbeeck, Vannitsen et Van Looy. »

La plus belle ?

« C'est la dernière, à Bordeaux en 1964. Ce jour-là, j'ai réussi un sprint parfait, comme au Tour de Lombardie, même s'il était complètement différent. À Milan, j'avais sauté Coppi sur la ligne. Là, à un tour, j'étais 25e, quand j'avais attaqué. J'avais Hoban en point de mire, je l'ai passé dans un fauteuil. »

1964 – **La plus belle victoire : Dédé triomphe enfin chez lui à Bordeaux. C'est la 22e. Elle lui vaut trois tours d'honneur !!!** AFP

Collection Laget.

LES ÉQUIPES NATIONALES, ÇA M'A MANQUÉ

La plus terrible ?

« Ce n'est pas une étape. C'est un sprint, celui du final à Paris au Parc-des-Princes en 1958. J'étais à la corde, lancé tête baissée pour la gagne, quand j'ai percuté M.Wouters, le secrétaire-général du Parc, qui se trouvait de 70 cm sur la piste, comme le prouve le film fait par la télévision luxembourgeoise pour la victoire de Gaul. Nous l'avons visionné avec Jean-Paul Ollivier, qui me l'a offert. On y découvre M. Wauters hésitant. Il recule, il avance. On a dit qu'il voulait faire reculer des photographes. Ce qui est sûr, c'est qu'il ne regarde pas, il se trouve sur la piste et sur ma trajectoire. On se percute, tête contre tête. Je me retrouve quelques minutes dans le coma. Je crois qu'il est tué sur le coup. Je resterai quelques jours en observation à Boucicaut, et le dimanche d'après, je recourrai au Parc, malgré quelques vertiges. Si je n'avais pas recouru aussi vite, je ne sais pas ce qui aurait pu se passer... »

Et Dédé le Dacquois, qui, après le vélo, avait magistralement tenu la Maison de la presse de Biarritz, nous quitte pour aller au Stade Aguilera encourager le Biarritz Olympique, dont il est un inconditionnel. Jusqu'à la porte, il se souvient. Par exemple, en 1964, d'un contre-la-montre entre Hyères et Toulon. Il y avait été suivi par la voiture accompagnatrice d'André Herrero, l'international toulonnais. À l'époque, c'était possible. Curiosité absolue. Herrero, lui, aurait 22 sélections !

Cette victoire de Bordeaux, c'est celle qui tient le plus à cœur à Dédé. Quand on voit comment il est fêté, on comprend pourquoi. Ici, c'est le régional de l'étape, le Dacquois, le Landais volant, que l'on fête. On l'a fait grimper sur un escabeau. C'est le temps des Tours à la bonne franquette. AFP

LES AMIS DU
TOUR DE FRANCE
25 L'EQUIPE 25
OCEANIC
10

1978-1990

À L'OUEST, DU RENOUVEAU

LE RENOUVEAU COMMENCE AVEC UN TERRIBLE BRETON, BERNARD HINAULT, QUI RENOUE LE FIL AVEC SES GRANDS DEVANCIERS DE L'OUEST, PETIT-BRETON, ROBIC ET BOBET. À LUI SEUL, AVEC CINQ VICTOIRES, IL FAIT AUSSI BIEN QU'EUX. LE RENOUVEAU, C'EST L'IRLANDAIS STEPHEN ROCHE, ET UNE APOTHÉOSE IMPRÉVUE AVEC LE TRIPLÉ DE L'AMÉRICAIN GREG LEMOND. LE RENOUVEAU, C'EST ENCORE L'ARRIVÉE DES COLOMBIENS. ÇA S'APPELLE AUSSI MONDIALISATION, ET ÇA S'ACCOMPAGNE, GRÂCE AUX NOUVEAUX DROITS DE TÉLÉVISION, D'UNE FORMIDABLE « DÉRINGARDISATION ». LE RENOUVEAU, C'EST AUSSI, POUR L'AUSTRALIE, LE CANADA OU LA POLOGNE, UN PREMIER MAILLOT JAUNE.

1978-1979 - **Les deux extrêmes du Tour : un débutant nommé Hinault, fringant champion de France au regard d'acier, et Zoetemelk, un trentenaire fatigué, collectionneur de place d'honneur depuis Merckx.** Photonews

HINAULT, UN BLAIREAU À CINQ BANDES

1978, 79, 81, 82, 85

1er : Bernard Hinault

Comme Coppi, Anquetil, ou Merckx, Bernard Hinault triomphe à son Tour d'essai. Il est né fin 1954. Le Blaireau a 23 ans. FEP/Panoramic

Le 9 novembre 1986, à l'issue d'un grandiose cyclo-cross au Quessoy, chez lui en Bretagne, Bernard Hinault fait ses adieux au cyclisme. À 32 ans, comme il l'avait toujours dit. Déro, le caricaturiste de *L'Équipe*, peut le représenter en menhir arborant tout son palmarès. Parole d'Hinault, c'est du granit, ou du « Blaireau », puisque c'est ainsi que l'ont affectueusement surnommé ses compatriotes Maurice Le Guilloux et Georges Talbourdet.

Après cinq victoires dans le Tour, il reste au sommet de son art, puisqu'il arrête avec une deuxième place dans le Tour 1986, qui vaut peut-être mieux que les tombers de rideaux des autres grands champions vainqueurs de cinq Tours. Qu'on se souvienne : en 1966, Anquetil avait abandonné autant parce qu'il était malade que parce qu'il ne voulait pas terminer loin de son équipier Aimar, dont il avait facilité la victoire. Quant à Merckx dans le Tour 1977, qui aurait également pu être celui d'une sixième victoire, il l'avait bouclé à la sixième place. Le « Blaireau » avait donc mis un point d'honneur à éviter ces deux extrêmes, et il avait réussi à boucler un parcours exemplaire, accessoirement celui du dernier vainqueur français, assorti de 28 succès d'étape et de 78 jours en jaune.

L'OUEST, C'ÉTAIT ROBIC, BOBET, ET MAINTENANT HINAULT

Un bilan qui le place justement entre Anquetil et Merckx, les autres champions entrés dans la cinquième dimension. Entre eux, les points communs ne manquent pas, à commencer par le fait qu'ils débutent dans le Tour en gagnant, et quasiment au même âge : 23 ans et demi, 24 ans. Les trois caractères sont bien trempés, même si les temps et les équipes sont différents, et le granit breton a un joli grain ; surtout qu'en 1978, au sortir d'une première Vuelta victorieuse, il doit s'imposer dans une course désormais orpheline de Merckx, Ocaña ou Poulidor. Heureusement, demeurent d'anciens vainqueurs comme Van Impe, Thévenet, ou des piliers comme Kuiper, Agostinho, Bruyère ou Mariano Martinez. Des gaillards, que le vent nouveau venu de l'Ouest va emporter, mais n'anticipons pas.

Le Tour part donc de Leyde, aux Pays-Bas, et comme souvent les champions locaux y posent leur griffe ; avec neuf victoires d'étape et trois prises vraiment provisoires du maillot jaune, les Hollandais faciliteront bien la tâche du prétendant numéro 1, transcendé dans son ambition naturelle par Cyrille Guimard, son coach au sein de l'équipe Renault Gitane, et un dossard 51 qui par le passé a porté chance autant à Merckx, Ocaña que Thévenet. Pour « le Blaireau » qui veille au grain, la course ne débute vraiment que dans le contre-la-montre de Sainte-Foy-la-Grande, où sur 59,3 km, il affirme ses ambitions, éparpillant des adversaires, dont Joseph Bruyère, l'ancien lieutenant de Merckx qui endosse malgré tout le maillot jaune. Les Pyrénées voient l'abandon de Thévenet et permettent au Breton de se hisser sur la deuxième marche du podium, avec Zoetemelk sur les talons. Le petit chassé-croisé entre Bruyère-Hinault-Zoetemelk durera jusqu'à l'Alpe-d'Huez, où après la grève de Valence-d'Agen pour protester contre les transferts matinaux, une victoire de Zoetemelk au puy de Dôme et une d'Hinault au sprint à Saint-Étienne, la course bascule de manière imprévisible. En effet, Michel Pollentier, un Belge aussi peu académique qu'efficace, qui a gagné l'étape et pris le maillot jaune, est mis hors course pour tricherie avérée lors du contrôle antidopage. Dès lors, le nouveau vainqueur est le Hollandais Kuiper, déjà lauréat ici un an plus tôt, et le nouveau maillot jaune Zoetemelk. Un leader fragile, qui ne possède que quatorze secondes d'avance sur Hinault. Les deux leaders passeront ainsi les Alpes pour se disputer la suprématie dans un contre-la-montre royal entre Metz et Nancy. Déchaîné, Hinault colle quatre minutes dix au « vieux » Joop, et s'assure facilement un premier maillot jaune, celui de la victoire finale. Nous ne

1981 – **Pour ce Tour de la revanche, Hinault ne portera pas le maillot jaune de bout en bout, mais presque, se montrant intraitable en contre-la-montre et impérial en montagne, comme ici avec Jean-René Bernaudeau et Alfons De Wolf. C'est la griffe du Blaireau.** Photonews

sommes qu'à deux jours des Champs-Élysées, où Paris se met en fête pour le Breton, et où la Bretagne est venue le fêter.

Le Tour 1979, le 66e, qui part de Fleurance, ne sera qu'une formalité pour Hinault, ses deux plus difficiles adversaires restant les vieux Zoetemelk et Agostinho, les vainqueurs de l'Alpe-d'Huez. Certes, la course, qui entre d'emblée dans les Pyrénées, sera animée grâce aux Hollandais de Ti-Raleigh et en particulier Knetemann, Raas et Van Vliet, mais Hinault a montré qu'il était le plus fort en contre-la-montre solo et en montagne. Dès lors, Zoetemelk peut promener un peu le maillot dans le Nord, Hinault le lui reprend dans les Alpes, et voltige encore dans le contre-la-montre de Dijon, avant de mettre à genoux tout le peloton dans les deux derniers secteurs. En particulier les Champs-Élysées, où il lève une seconde fois les bras, après une échappée royale avec Zoetemelk, son vieux dauphin. Un doublé dont se réjouit l'acteur Lino Ventura, même s'il déplore la modification de la griffe Henri Desgrange sur le maillot jaune. Désormais, elle est enfermée dans une carte de France.

ON A LIMÉ LES INITIALES DE DESGRANGE

En 1980, le Tour part de Francfort, et on ne voit pas très bien ce qui pourrait priver le Breton et sa solide garde personnelle d'un triplé. En fait, en s'en rend compte en un peu moins d'une semaine, et ce même si « le Blaireau » a pris le maillot, et déjà gagné trois étapes. Sous la pluie, sur les pavés du Nord, « une cochonnerie » dit-il, face à une terrible offensive permanente de l'équipe hollandaise Ti-Raleigh, dont le leader est désormais Zoetemelk, le Hollandais le plus complet, même à 33 ans, les choses sont plus compliquées que prévu. Hinault pioche, Hinault tombe et a mal à un genou que ses adversaires ne ménagent pas. Il reprend son maillot jaune à Laplume où triomphe Zoetemelk, on l'ignore, pourtant c'est son chant du cygne. À Pau, où l'on pense que tout est rentré dans l'ordre pour une grande offensive dans les Pyrénées, le Breton jette l'éponge sans crier gare en fin de soirée. Avec une tendinite au genou, impossible de pédaler, même pour lui. Il faut du repos. Après avoir bien récupéré, il prendra sa revanche dans un fabuleux championnat du monde à Sallanches. C'est donc sous le maillot arc-en-ciel qu'il attaque le Tour 1981, son quatrième. Il part de Nice, et pour lui, ce ne sera pas une promenade sur la Croisette, mais presque, tant il est revanchard, et en forme pour que cette riposte sur le mauvais sort de 1980 soit totale. Il gagne encore le prologue comme en 1980, mais ce coup-là, il ne laissera que des miettes à ses adversaires, quelques bouquets et jours en jaune aux Ti-Raleigh et à Knetemann, Van der Velde ou Wijnands. Les autres étapes, il les partage avec le véloce Freddy Maertens (cinq chacun). Bernard triomphe en particulier dans le contre-la-montre de Pau, où il avait abandonné un an plus tôt. Quant à Van Impe, roi de la montagne, il enfile son… cinquième maillot à pois. Hinault n'a jamais été en jaune aussi longtemps (vingt jours), et son dauphin est le Belge Van Impe, ancien lauréat du Tour 1976.

En 1982, le 69e Tour de France a beau partir de Bâle en Suisse, c'est toujours le match France–Pays-Bas, ou si on préfère Renault-Gitane-Elf contre Ti-Raleigh, qui continue. Heureusement, sous son bandana Renault, le Blaireau est toujours impérial. Ce coup-ci, il tiendra le maillot jaune les douze derniers jours, après l'avoir porté d'emblée, car malgré Knetemann, il arrache son troisième prologue. Trois étapes suivront, dont le final contre-la-montre sur les Champs. Avant, on l'a dit, les Ti-Raleigh se partageront une nouvelle fois les bouquets, et l'Australien Phil Anderson de chez Peugeot, qui avait été le premier Australien à porter le maillot jaune en 1981, en fera connaître les charmes aux antipodes en l'arborant dix jours. À l'arrivée, pour un quatrième sacre qui lui permet de dépasser Bobet, l'autre grand champion de l'Ouest, Hinault domine pour la troisième fois un Zoetemelk qui n'en finit pas de rajeunir. Ce Hollandais volant est suivi par deux compatriotes, et Kuiper, le quatrième mousquetaire, est encore neuvième. Le Belge Devos est lanterne rouge, et pourtant à Fontaine-au-Pire on ne s'est pas beaucoup marré, car une grève d'ouvriers a provoqué l'annulation du contre-la-montre sur lequel la cité avait travaillé plusieurs mois.

Hinault ne rejoindra Anquetil et Merckx ni en 1983, où son mal au genou et une opération l'obligent à renoncer, ni en 1984. Cette année-là, il « chatouille et gratouille » Fignon, qui le lui rend bien, mais il n'est pas encore suffisamment rétabli pour la gagne, et malgré une quatrième victoire dans le prologue et des raids insensés, y compris dans l'Alpe-d'Huez, qui lui valent une sympathie que son quadruplé n'avait pas su lui attirer, il termine deuxième derrière Fignon, sur un petit nuage. Son équipe La Vie Claire-Terraillon, financée par Bernard Tapie et qui

1978-1981 – Contre Joop Zoetemelk, ou contre lui-même dans un contre-la-montre, Hinault donne toujours le meilleur, va toujours au bout. En 1978, et 1979, le Hollandais de France le privera un moment du maillot jaune, avant de devenir un inamovible dauphin. Photonews

FEP

Panoramic

a fait entrer le Tour et le cyclisme dans une nouvelle dimension, monte en puissance, même si Renault-Guimard-Fignon garde encore la pole position. On remarque sur le maillot jaune de Fignon que la griffe HD a définitivement disparu et qu'elle est remplacée par deux grands grains de café bleu, blanc, rouge. Ce virage, pour ne pas dire cette révolution, ne va plus cesser de s'amplifier, en particulier en 1987, sous l'impulsion de Jean-François Naquet-Radiguet, un directeur général qui, malgré un passage éclair, fera faire au Tour son entrée dans les temps modernes.

Dans l'instant, sous son maillot « vitrail à la Mondrian », Bernard Hinault, qui à 30 ans retrouve moyens, condition, confiance, commence une nouvelle vie, une seconde carrière. Sous l'influence de Paul Koechli, le très méthodique directeur sportif suisse, qui a également recruté l'Américain Greg LeMond, l'ancien équipier de Fignon, La Vie Claire prend des allures de « dream team ». C'est aussi dans ce 72e Tour partant de Plumelec en Bretagne, qu'apparaissent roues lenticulaires, casques Cinelli et pédales automatiques Look de chez Tapie. Elles équipent les Hinault's boys transformés en cobayes de haut vol. On renoue ainsi avec la tradition du Tour comme banc d'essai. On renouera aussi avec le duel confraternel comme jadis avec les équipes Alcyon ou Automoto. En effet, il va vite s'avérer que le plus redoutable adversaire de Hinault, le favori, est son lieutenant Greg LeMond. Si Hinault gagne bien son cinquième prologue, un signe, l'Américain n'est pas loin. Le contre-la-montre par équipes de Fougères, et surtout l'individuel de Strasbourg confirment si bien ce canevas que les deux champions y prennent les deux premières places du classement général, Hinault plus puissant et plus aguerri s'assurant deux minutes trente sur son cadet. Les Alpes, leurs sommets et le contre-la-montre, confirmeront le grand retour du Blaireau, qui entre Avoriaz et Villard-de-Lans pousse son avantage à plus de cinq minutes. Mais il y a Saint-Étienne, la vieille capitale du cycle. Comme pour se venger de tous ces progrès techniques qui la font chanceler, on croirait qu'elle jette un sort : Hinault le maillot jaune chute au sprint, rendu fébrile par la fugue de son équipier. Avec une fracture du nez et deux minutes dans la vue, il est touché et accuse le coup. L'Américain est tellement fringant dans les Pyrénées que le Blaireau, qui a du mal à respirer, souffre et préserve son avantage réduit non sans mal. Et si Bernard Tapie n'amorçait pas un dialogue entre les deux champions, promettant au jeune le concours du vieux en 1986 pour peu qu'il ne le contrarie pas trop dans la conquête de son cinquième Tour, on peut se demander si, après sa victoire dans le contre-la-montre du lac de Vassivière et un écart ramené à moins de deux minutes, LeMond n'aurait pas tenté sa chance. Mais cinq Tours, c'est un record égalé aussi important pour Hinault que pour le groupe La Vie Claire, donc la raison, la sagesse et le tempérament du « Blaireau » auront le dernier mot. Un peu comme en 1925, quand Bottecchia avait gagné un Tour qui semblait devoir sourire à Lucien Buysse. C'est la course. Ce Tour, qui chagrine un LeMond qui se console avec le combiné, Hinault ne l'a volé en aucun cas. Aurait-il été incapable de répondre à une attaque franche du

LA VIE CLAIRE ET EN JAUNE 78 JOURS

1979, 1981, 1985 – **Quel que soit le Tour ou les adversaires, le « Blaireau » est le plus souvent en jaune, mais il porte aussi les maillots vert (1979) et à pois (1986).** FEP

prétendant ? Rien n'est moins sûr, car blessé, un champion comme lui peut être terrible. Certitude : le Breton rejoint Anquetil et Merckx dans la cinquième dimension. Un « Blaireau » à cinq bandes, aux côtés de Maître Jacques et du Cannibale, sacrée photo de famille.

Mais la nature du Blaireau, ce n'est pas d'être insatiable, mais de ne jamais renoncer ; et s'il prend le départ du Tour 1986, la perspective d'une sixième victoire historique doit malgré tout être plus forte qu'une vague promesse arrachée, voulue et formalisée par Tapie. Bref, la selle de requin avec appui dorsal dont se sert Thierry Marie pour gagner planera sur la course, même si elle est bientôt interdite. En tout cas, Bernard Hinault à deux dixièmes est bien là. Fignon, qui est de retour, est à quatre dixièmes, comme LeMond. Hinault confirme dans le long contre-la-montre de Nantes, en devançant son leader présumé de quarante-quatre secondes. La course tangue ainsi jusqu'aux Pyrénées où, dans une étape tracée par Jean Bobet avec un nouveau col au menu, le Burdincurutcheta, la croix de fer en basque, Delgado et Hinault font un tel numéro que LeMond est rejeté à plus de quatre minutes, et au classement général à cinq minutes et des poussières. Mais l'Américain, qui a du talent et du caractère, réagit dès le lendemain entre Pau et Bagnères en contrant une attaque de trop du Blaireau. Il refait tout le terrain perdu ou presque. Hinault gardera donc son maillot jaune jusqu'aux Alpes, où il tente bien, mais son dauphin est le plus fort : entre Gap et Serre-Chevalier, il lui reprend trois minutes et le maillot jaune. On se souvient tous de la grande offensive entre Briançon et l'Alpe-d'Huez : Hinault amorce un baroud d'honneur, mais la raison, la fatigue et la fougue du nouveau maillot jaune reprennent le dessus, et ensemble ils nous réservent, au sommet des vingt et un lacets, une de ces apothéoses partagées qu'aime le Tour. Ils terminent avec le sourire et main dans la main. Hinault prendra le bouquet d'un cheveu, et montrera que ce Tour aurait pu être le sien, en enlevant le contre-la-montre de Saint-Étienne, où il était tombé un an plus tôt. Comme à Pau, en 1981, il conjure les malheurs. Et sur les Champs-Élysées, avec Tapie, il salue en LeMond l'arrivée du Nouveau Monde sur le Tour. Il n'est qu'à trois minutes, et met un point d'honneur à défiler avec un maillot distinctif, le très convoité maillot à pois, récompensant le meilleur grimpeur. Une sortie par le haut, Hinault ne pouvait pas faire autre chose. Avec cinq victoires, deux places de deuxième, un maillot vert en 1979, et un abandon sur blessure en 1980, à mi-parcours, après avoir porté le maillot jaune, il ne dépare pas au Panthéon. Oui, au Panthéon, car comme il l'avait dit, il arrête. Il a 32 ans, et une nouvelle vie d'entrepreneur et de formidable ambassadeur du Tour s'ouvre à lui.

FEP

FEP

Panoramic

Hinault la bataille

Sans l'avoir cherché, grâce à des adversaires comme Herrera, Pollentier, Agostinho, Zoetemelk ou Fignon, Hinault collectionnera quelques performances dignes du livre d'or du Tour : 78 jours en jaune, 28 étapes, un seul abandon en huit Tours, pour cinq premières places et deux deuxièmes. Mais il détient un record exceptionnel dans chacun de ses huit Tours, il a chaque fois porté le maillot jaune et chaque fois gagné au moins une étape. FEP

Le maillot à pois distingue le meilleur grimpeur depuis 1975. Il complète l'arsenal des grands maillots officiels, ouvert avec le maillot jaune en 1919 et le maillot vert en 1953.

Le premier vainqueur en a été le Belge Lucien Van Impe. Mais il avait déjà été lauréat de la spécialité en 1971 et 1972. Petit survol d'une confrérie haute en couleur, celle de jongleurs de cimes, et de petits pois.

1978– **Le Français Mariano Martinez.** FEP

1971 et 1977– **Le Belge Lucien Van Impe, lauréat à six reprises.** FEP

1978– **Michel Pollentier, l'éphémère.** Photonews

1982– **Le Français Bernard Vallet.** FEP

AFP

1979– **L'Italien Giovanni Battaglin.** FEP

1985 et 1987– **L'équipe du Café de Colombie et Luis Herrera, son roi de la montagne.** Collection Laget

FIGNON, LE DOUBLE TURBO

Après Janssen, un second vainqueur à lunettes, et lui voit double.
Panoramic et Collection Laget

1983, 1984
1er : Laurent Fignon

Ce Tour 1983 ressemble comme un frère au Tour 1973 : Hinault, le vainqueur sortant, n'y défend pas ses chances, comme Merckx s'effaçant jadis devant Ocaña. Eddy avait fait l'impasse après quatre victoires ; Bernard, qui se targue du même tableau de chasse, souffre d'un genou depuis 1980, et va se faire opérer. Bref, la course est ouverte, et révolution, elle le devient encore plus en accueillant les amateurs colombiens (de l'équipe Varta). Une formule « open » qui intrigue quelques pointures comme Van Impe et Zoetemelk, deux anciens vainqueurs qui ne se contenteraient pas forcément du prix de la longévité, ainsi qu'Agostinho, Kuiper ou Kelly. Et il y a toujours la rivalité entre les équipes Renault-Elf-Gitane et Peugeot-Shell-Michelin que demandent à arbitrer Coop-Mercier, Ti-Raleigh, ou Sem. Avec Gauthier et Andersen, Coop amusera la galerie jusqu'à Pau, où l'Irlandais Kelly prend le maillot jaune au seuil des Pyrénées. Là, Peugeot montre ses ambitions avec son grimpeur écossais Robert Millar, qui s'impose à Luchon devant le débutant espagnol Pedro Delgado (Reynolds) et son équipier Pascal Simon qui, à son troisième Tour, prend le maillot jaune. L'étape a été terrible avec seize abandons et des écarts conséquents, Kelly et Zoetemelk prenant des éclats de dix minutes. Seul Laurent Fignon, un débutant à lunettes de chez Renault, limite la casse à 4 minutes 22 et devient dauphin. Le lendemain, dans la 11e étape entre Bagnères et Fleurance, ce qui aurait dû être une étape de récupération se transforme en catastrophe. En effet, dans la traversée de Montrejeau, pour éviter son équipier Bernard Bourreau, Simon, le maillot jaune, tombe sur l'épaule gauche. Les Renault drivés par Cyrille Guimard attaquent. La chasse entre les Peugeot du maillot jaune et les Renault de Fignon dure 40 km. La bataille a estompé la douleur qui maintenant envahit Pascal Simon. Il a beau être entouré, l'étape a beau se terminer sans que son avance soit entamée, la douleur persiste et le doute grandit. Une radio confirme : trait de fracture. Et maintenant, il faut traverser les montagnes russes du Massif central, et le moindre dos d'âne le fait grimacer malgré tous les soins, calmants et pansements. En s'accrochant aux rideaux, Pascal Simon ne laisse échapper que huit secondes, mais dans le puy de Dôme (15e étape, 15,6 km) contre la montre, livré à lui-même, il craque. Derrière les Espagnols Arroyo-Delgado de la Reynolds qui font le doublé, après une invraisemblable reconnaissance nocturne, il est 55e et perd cinq minutes. Fignon, qui a laissé moins de deux minutes dans la galère, est à ses basques, à 52 secondes. Entre Issoire et Saint-Étienne (16e étape), le calvaire continue et le déclassement de Lubberding, vainqueur après avoir bousculé Laurent, septième, ne le concerne pas. Que Fignon se soit rapproché à quarante secondes devient une péripétie, car Simon ne peut plus se battre et tenir son guidon. Le lendemain, dans l'étape conduisant à l'Alpe-d'Huez (17e étape), il jette l'éponge dans la côte de La Table. À l'avant, la course s'est emballée, et Fignon, dixième au puy de Dôme, se rapproche, à la cinquième place, du diablotin hollandais Peter Winnen, qui a le mieux distillé les vingt et un lacets. Le débutant à lunettes prend donc son premier maillot jaune. Ce sera le bon, car il le consolide dans le contre-la-montre de Dijon. Il débouche sur les Champs-Élysées pour un premier sacre avec quatre minutes d'avance sur Angel Arroyo, l'Espagnol aux chaussures blanches, et

COMME LE BLAIREAU : À SON COUP D'ESSAI !

1984 – **La razzia des Renault. Cette année-là, l'équipe de Guimard est parfaitement intouchable. A la nouvelle victoire de Fignon, elle ajoute, le maillot blanc de LeMond, le classement par équipes, dix étapes, et l'opération Barteau, qui a vu le Normand porter le maillot jaune douze jours avant de le passer à Laurent.** FEP

1984 – **Le deuxième Tour de Laurent Fignon est, pour lui et son équipe Renault, celui d'un sacre absolu. Avec son bandana, Laurent ne touche pas les pédales, vole en montagne et plane en contre-la-montre. C'est Hinault, revenant après une opération au genou, qui fait les frais de cet état de grâce.** PANORAMIC

Peter Winnen, l'écureuil hollandais. Laurent Fignon, le vainqueur débutant de Tournan-en-Brie, va pouvoir fêter ses 23 ans aussi joyeusement que Coppi, Koblet, Anquetil, Merckx ou Hinault, qui avaient également triomphé dans le Tour à leur coup d'essai. Pour fixer les idées, Laurent avait 8 ans quand le Belge Lucien Van Impe, 4e, débutait dans le Tour en 1969.

Même s'il porte le maillot de champion de France et le bandana Renault, le plus dur pour Laurent Fignon sera bien de confirmer en 1984, où Bernard Hinault et Pascal Simon, guéris, sont de retour, où les amateurs colombiens ont musclé leur sélection, et où les Irlandais Roche et Kelly vont assurément progresser, comme les Espagnols Arroyo et Delgado. Les Renault de Fignon et Guimard vont-ils tenir tête à des Peugeot revanchards, à La Vie Claire, la nouvelle équipe des Bernard Tapie et Hinault ? Ce qui est sûr, c'est qu'on n'a jamais vu autant de coureurs au départ : 170, répartis en 17 équipes.

Qu'importe, d'emblée, « le Blaireau » tient à montrer qu'il est toujours là, et que le Breton est toujours le plus vite, qu'il y ait ou pas des Australiens ou des Américains. Il prend donc le premier maillot jaune à Noisy-le-Sec. D'un souffle sur Fignon, mais il le prend. Ce sera la seule fois où il aura le maillot jaune, car le « gavroche à lunettes » est cette année-là dans une équipe Renault qui trouve la haute carburation d'emblée : victoire de Marc Madiot, impressionnant succès collectif dans le contre-la-montre de Valenciennes, prise du maillot jaune par Vincent Barteau dès la 5e étape, avec une marge de 17 minutes ! Dans ce fauteuil ménagé par le coach Guimard, Fignon et les siens vont alterner voltige et maîtrise. Contre la montre au Mans, sur 67 km, Fignon donne une première leçon à Hinault (à 49 secondes), Pascal Jules pointera le premier sur les ponts de Nantes, comme Menthéour à Rodez. Fignon, qui avait profité des Pyrénées pour se rapprocher de son équipier Barteau, met les bouchées doubles dans les Alpes, seul contre la montre (La Ruchère) et dans des arrivées au sommet (La Plagne, Crans-Montana), ou dans le sillage du Colombien Herrera, historique vainqueur à l'Alpe, et de l'Espagnol Arroyo. Le maillot jaune chauffé pendant douze jours par son équipier Barteau, Laurent l'enfile enfin à l'Alpe comme en 1983. Hinault n'est pas à 100 % de ses moyens, et Fignon en état de grâce ; au sortir des Alpes, le Francilien corse l'addition sur le Breton, en le mettant à plus de dix minutes à l'issue du contre-la-montre en Beaujolais. Reste que « le Blaireau » a eu du panache, a attaqué dans l'Alpe et a rehaussé la victoire de Fignon, comme Merckx l'avait fait pour Thévenet en 1975. Hinault est certes battu (2e), sa popularité est pourtant en hausse. Avec ce Fignon toujours d'attaque émerge ainsi un champion nouveau, bousculant principes et hiérarchie. Il est au-dessus d'un joli lot où surnage son nouvel équipier américain Greg LeMond (3e). Pascal Simon, le maillot jaune malheureux de 1983, est septième. Les Colombiens ont donné de l'exotisme et du piquant à la course… « Avec leurs piles Varta, ils ont fait ce qu'ils ont pu, mais, comme dit l'humoriste Jean Amadou, ils ne pouvaient rien contre les Turbo Renault. » Justement, l'équipe Renault, qui a maîtrisé ce Tour de la tête et des jambes, triomphe sur tous les tableaux.

L'EQUIPE
TOUR DE FRANCE
RENAULT
elf

Laurent Fignon, Laurent le magnifique, un puncheur hors norme
qui enchantera la course pendant une décennie et bien davantage. Panoramic

ZOETEMELK, ROCHE ET DELGADO, DES FRANCS-TIREURS À UN COUP...

1980
1er : Joop Zoetemelk

1987
1er : Stephen Roche

1988
1er : Pedro Delgado

FEP

Photonews

Panoramic

De gauche à droite : Zoetemelk, Roche et Delgado.

On a beau essayer de leur trouver des points communs à ces trois vainqueurs, on a du mal à en avoir pour les trois ensembles. Certes, ce sont trois étrangers qui grimpent bien, et qui sont tous montés au moins une fois sur le podium, mais à part ça et le fait qu'ils aient un petit accent, deux d'entre eux vivant d'ailleurs en France, on ne voit pas grand-chose. Si, une : qu'ils aient gagné entre des séries victorieuses de grands champions du calibre de Bernard Hinault (5 victoires) ou de Greg LeMond (3 victoires). Mieux que des opportunistes, ce sont des francs-tireurs à un coup, puisqu'ils n'ont gagné qu'une fois chacun, ce qui ne les empêche pas d'être aussi des champions. Ici, en 1980, Zoetemelk bénéficiera de l'abandon de Bernard Hinault sur mal au genou ; là, en 1987 et 1988, Roche et Delgado profiteront quand même de l'absence de LeMond se remettant d'un accident de chasse. La chance passait, ils ont su la saisir diversement mais à bras-le-corps. À 33 ans, et donc à un âge respectable, le Hollandais de France Joop Zoetemelk se voyait de moins en moins gagner après avoir collectionné cinq places de second. Pour l'Irlandais Stephen Roche, en fait, on attendait plutôt le sacre de son compatriote Sean Kelly, déjà 7e, 5e et 4e, qui abandonna cette fois. Quant à l'Espagnol Pedro Delgado, il paraissait moins fort que son compatriote Angel Arroyo quand, en 1987, il prit confiance dans le sillage de Roche, alors qu'il était désavantagé par un Tour pluvieux.

HINAULT ET LEMOND ABSENTS, EUX SONT BIEN LÀ

Bref, en 1980, même si Hinault, vainqueur en 1978 et 1979, paraît intouchable avec son équipe Renault coachée par Guimard, Zoetemelk a quand même fait l'effort de rejoindre l'équipe Ti-Raleigh. Pour la première fois, il est dans une équipe 100 % hollandaise, très forte, complètement à sa dévotion et dirigée par un stratège pragmatique, son compatriote Peter Post. En quelque sorte, le Tour de la dernière chance pour Joop et celui de la première chance pour son équipe, qui a tout gagné sauf le Tour. Hinault n'est pas mal, mais la pluie, une chute, le pilonnage et la cadence imposés par les Hollandais vont finir par ébranler un genou récalcitrant. Certes, le Breton a bien gagné le prologue, le contre-la-montre de Spa et à Lille, mais il a dû forcer, et le marteau-pilon hollandais est impitoyable. Les hommes de Zoetemelk écrasent les deux contre-la-montre par équipes, moissonnent les étapes avec Raas (3), Lubberding, Priem, Oosterbosch, et enfoncent le clou avec Knetemann à Pau, et la veille à Laplume, Zoetemelk lui-même, qui cette fois triomphe en reléguant Hinault à une minute trente-neuf. Le Breton (5e) reprend malgré tout le maillot jaune à Pevenage, et on pense que dans les Pyrénées, il va se retrouver. La cérémonie protocolaire de Pau a bien eu lieu, le Breton paraît avoir la situation bien en main même si Zoetemelk, à 21 secondes, n'a jamais été aussi près d'un nouveau maillot jaune. Coup de théâtre. Vers 22 h 30, alors que tous les journaux ont bouclé, on apprend que le mal de genou est trop fort et que « le Blaireau » renonce. Il ira prendre un bol d'air à Lourdes chez son ami et équipier Hubert Arbès, avant d'aller retrouver ses marques à Yffiniac. Le lendemain, entre Pau et Bagnères, Zoetemelk, le successeur logique, ne porte pas le maillot jaune en hommage à l'absent, comme l'avaient déjà fait Kübler ou Merckx. Cela ne l'empêchera pas de défendre bec et ongles son précieux bien. Car Raymond Martin, Mariano Martinez, Sean Kelly, Robert Alban et même son compatriote Hennie Kuiper ne le ménageront pas. À 33 ans, il fléchira un peu dans les Alpes, mais dans l'étape clef aux Sept-Laux, il assurera et fera quand même passer à plus de cinq minutes l'écart sur ses plus dangereux adversaires. À Paris, après un dernier contre-la-montre victorieux à Saint-Étienne, il décroche enfin le pompon avec quasiment sept minutes de marge sur Kuiper et huit sur Raymond Martin. Hinault finit de récupérer chez lui, en Bretagne, quand Zoetemelk boucle un tour d'honneur peut-être inespéré, mais en aucun cas usurpé. « Patience et longueur de temps font plus que force ni que rage », disait Jean de La Fontaine. Joop le sait bien qui vit à Meaux, pas très loin de Château-Thierry, pays du fabuliste.

1987. L'Irlandais Stephen Roche a été 48e en 1986, son plus mauvais Tour, et en 1987 pour son employeur, Carrera Jeans, cette contre-performance s'explique par la fameuse première année d'adaptation. La preuve, il vient de gagner le Giro, et pour son cinquième Tour, en l'absence de Hinault, de LeMond, on se dit que s'il est aussi bien qu'en 1985, où sous les couleurs de La Redoute il avait terminé troisième derrière eux, il ne devrait pas être loin de la première place, même s'il y a 206 partants. Logique, non ? Maintenant, est-ce que Pedro Delgado, Jean-François Bernard, Pascal Simon ou Luis Herrera prendront en compte cette hypothèse ? En fait, ils s'en moquent complètement, accaparés qu'ils sont par la visite au

Bon grimpeur, bon rouleur, le Hollandais Joop Zoetemelk décroche le gros lot en 1980. Certes, Hinault a dû jeter l'éponge, mais il lui faudra encore battre son compatriote Hennie Kuiper et le Belge Johan De Muynck, qui le cernent ici. Une tâche que compliquera encore le petit grimpeur français Raymond Martin. Photonews

Avec Hinault, le chassé-croisé fut épatant. Ils se passèrent même les maillots, avant que le Hollandais, qui avait été deux fois son dauphin, ne lui succède.
Panoramic

FEP

C'est l'année Roche. Il survole le Giro. Puis il est irrésistible dans le Tour de France, où routes infernales et adversaires comme, Dag Otto Lauritzen, J.-F. Bernard et Moncada (96), ne lui résistent pas. Ensuite, cerise sur le gâteau, il pose un maillot arc-en-ciel sur ses maillots rose et jaune. Photonews

fameux mur de Berlin, car le Tour n'est jamais parti d'aussi loin pour s'associer aux fêtes du 750e anniversaire de la ville. Et le Tour va donc connaître ses bonnes et mauvaises surprises habituelles. Les bonnes : Lech Piasecki, premier Polonais en jaune, Martial Gayant et Charly Mottet, également en jaune, Laurent Fignon, vainqueur à La Plagne. Les mauvaises : les contrôles antidopage positifs de Bontempi et Thurau, la fracture de la clavicule et l'abandon de Kelly, la crevaison de Bernard. Pendant ce temps, la course trace ses pleins et ses déliés, et très vite on réalise qu'une équipe est vraiment en forme et soudée, la Carrera Jeans de Roche, qui s'impose dans le contre-la-montre de Berlin, avant que son leader n'affiche ses prétentions dans le même exercice au Futuroscope, creusant au passage des écarts sensibles. La course ne commencera vraiment que vers Millau et le Ventoux, même si à Karlsruhe, l'hommage à Drais de Sauerbrun, l'inventeur de la bicyclette, a été très émouvant. Jean-François Bernard, l'héritier de Bernard Hinault et le fer de lance de l'équipe Toshiba-Look-La Vie Claire de Bernard Tapie, gravit de fait le Ventoux comme un avion, bat tous les records et éparpille le peloton autour du maillot jaune qu'il endosse pour la première fois, avec plus de deux minutes d'avance sur Roche et Mottet. La chance compte dans le Tour, on le sait, à plus forte raison quand on traverse le massif du Vercors propice aux embuscades ; qui plus est, c'est le coin de Mottet. Que le maillot jaune crève et c'est l'hallali. C'est le Tour, c'est la course. À Villard-de-Lans où triomphe Delgado devant Roche, et où Bernard concède plus de quatre minutes, la course bascule. En prime, il y a douze abandons, et un nouveau maillot jaune, Stephen Roche. Il n'a que quarante secondes d'avance sur Delgado. Pedro, le Ségovien, qui est très à l'aise dans les Alpes, lui chipe le maillot à l'Alpe-d'Huez, et le garde jusqu'à la sortie du massif, mais il ne tient qu'à un fil, vingt et une petites secondes. Ce n'est pas assez pour se mettre à l'abri d'un exploit de l'Irlandais dans le contre-la-montre de Dijon. Bernard gagne, mais Roche, deuxième, reprend plus d'une minute à l'Espagnol. L'Irlandais retrouve donc le maillot jaune avec quarante secondes d'avance, et comme il n'y a plus de difficultés jusqu'aux Champs-Élysées, ça suffira. Delgado est un beau deuxième et Jean-François Bernard, un méritoire troisième. Parti d'Allemagne, un pays coupé en deux et recollé un moment par la passion du vélo, le Tour sera gagné par le citoyen d'un pays également écartelé, l'Irlande, et joliment réconcilié par cette victoire. Chatouillant les pédales, après le maillot rose du Giro et le jaune du Tour, Stephen Roche décrochera aussi l'arc-en-ciel. Un triplé aussi rare qu'un oranger sur le sol irlandais.

Périco, le coup gagnant, le sixième, le temps de devenir une icône. Panoramic

DELGADO, C'EST DON QUICHOTTE SUR LE TOUR

1988. C'est le sixième Tour de l'Espagnol Pedro Delgado qui, après avoir échoué de justesse en 1987 alors qu'il portait les couleurs de l'équipe hollandaise PDM, revient à ses premières amours, l'équipe espagnole Reynolds. Il y retrouve ses amis Dominique Arnaud, Angel Arroyo, Miguel Indurain, et dans l'encadrement, l'irremplaçable Francis Lafargue. Avec ce Tour, qui contrairement à ceux de Zoetemelk et Roche commence par ses Alpes de prédilection, va-t-il connaître la consécration ? Il en rêve, et son ami Francis, qui se souvient aussi de l'épisode du Tour 1986, où après avoir survolé avec Hinault l'étape du Burdincurutcheta, il avait abandonné à la suite du décès de sa maman, y croit dur comme fer. Si le Tour part de Pornichet-La Baule, autant dire de chez Petit-Breton, il ne commence donc pas vraiment avant la douzième étape à l'Alpe-d'Huez. Jusque-là, le Canadien Steve Bauer a promené le maillot jaune pendant quatre jours, ce qui lui permet de battre le record de son compatriote Alex Stieda, qui en 1986 avait été le premier Canadien à avoir ce privilège. Bref, sur la montagne des Hollandais, Rooks et Theunisse font leur numéro, mais juste derrière eux, et juste devant les Colombiens Parra et Herrera, Delgado se faufile assez joliment pour retrouver avec éclat le maillot jaune

porté en 1987. Fignon et huit autres coureurs ont abandonné ce jour-là. Dans le contre-la-montre de Villard-de-Lans, mais surtout dans la montée de Luz-Ardiden, Pedro, qui est tellement populaire outre-Pyrénées qu'il est devenu Perico, c'est-à-dire Pierrot, confirme sa suprématie, s'assurant plus de quatre et cinq minutes sur Rooks et Parra, ses plus menaçants adversaires. Il n'a plus qu'à attendre l'arrivée au puy de Dôme (19e étape) pour succéder enfin à Ocaña. C'est alors qu'éclate à Bordeaux un déballage pour le moins incongru. D'après une indiscrétion, qui aurait volontairement filtré, on apprend que le maillot jaune serait positif à la probénécide, un produit masquant les anabolisants. Un choc, qui ressemble à une injustice. La course continue dans la confusion, mais une chape de plomb s'est abattue sur le peloton, en particulier sur le leader et son équipe. En Espagne, où l'on attendait un vainqueur depuis 1973, c'est la consternation générale. Quand il y a ce genre de pépin, on invoque forcément un complot. Les 20 et 21 juillet, un vent de panique souffle donc sur la course, où malgré tout Delgado a assez de ressources pour consolider son siège éjectable. La délivrance arrivera heureusement ce soir-là sous forme d'un communiqué de l'UCI : en effet, si le produit incriminé figure sur la liste des produits interdits du Comité international olympique, il n'est pas encore sur celle de l'Union cycliste internationale. On parlera d'artifice subtil permettant de préserver les apparences et la crédibilité d'une course qui aurait pu être décapitée si son leader avait écopé d'une pénalité de dix minutes. Dans l'ultime contre-la-montre à Santenay, le pays de Lucien Jacquelin, le sprinter de la Belle Époque, Pedro prendra un peu plus ses distances avec ses poursuivants Rooks et Parra, désormais à sept et dix minutes. C'est bien lui le meilleur sur les Champs-Élysées, où il sourit enfin sous le bandana. Comme Bobet, il s'impose à sa sixième tentative, et à 28 ans. Dans les coulisses du Lido, où il a été fêté par les danseuses, un admirateur lui chipe son fameux « maillot yaune ». Qu'importe, lui, ne l'a pas volé, et chez lui, à Ségovie, il est fêté comme un héros. Avec Bartali et Gimondi, il est un des rares à avoir terminé dix-huit grands Tours dans les dix premiers. Francis Lafargue, qui était son mentor avant de devenir celui d'Indurain, vénère ce polyglotte, joyeux et bon vivant, comme toute l'Espagne qu'il n'a jamais laissé indifférente : joie folle pour ses exploits, pleurs pour ses déroutes. À nous de le faire aimer. Aujourd'hui, devenu homme de radio et de télévision, on peut dire qu'il a indiscutablement contribué à la renaissance du cyclisme espagnol. C'est bien lui le père des « matadors des cimes » dont on parlera dans les années 2000.

LE PÈRE DES MATADORS DES CIMES, C'EST LUI

Delgado enlève un Tour dans des conditions difficiles, mais il aime bien être bousculé. Panoramic

UN LEMOND, TROIS ÉTOILES

1986, 89, 90

1er : Greg LeMond

Le Tour a vu le jour en 1903, comme le western, mais il faudra attendre 83 ans pour qu'un cow-boy lui passe le lasso au cou. Collection Laget

L'histoire du Tour est unique. Les Américains rêvaient de tourner un grand film sur le Tour, *Le Maillot jaune*, et dans cette optique, quasiment en reconnaissance, l'acteur Dustin Hoffman avait même suivi plusieurs étapes du Tour 1984 au cœur de la course. Impressionnés par la qualité de l'organisation, les difficultés d'un tel tournage, on a cru un instant qu'ils avaient renoncé, mais c'était mal connaître nos amis d'outre-Atlantique. Cette année-là, en effet, un autre Américain, justement originaire de Californie, du pays du cinéma, faisait son apprentissage sur la course même, dans l'équipe de Laurent Fignon. Il s'appelait Gregory James LeMond, dit Greg. Il venait d'avoir 23 ans, et portait déjà le maillot de champion du monde. Donc pas un figurant. La doublure de Fignon était même tellement bonne qu'elle terminait ce bout d'essai à la troisième place derrière les deux monstres sacrés français : Laurent Fignon, le Samouraï, et Bernard Hinault, le Blaireau. En fait, cet audacieux pédaleur au physique de jeune premier allait faire sans le savoir ce grand film auquel ses compatriotes avaient renoncé à cause de la complexité de la course. Ce serait une superproduction en trois volets, avec de la pub, du suspense, du drame et forcément de l'amour, de la haine et de la jalousie. On aurait pu croire les scenarii écrits par les meilleurs spécialistes de Hollywood, ils étaient sim-

1986 – **Hinault et LeMond sont encore équipiers. LeMond ayant aidé Hinault à gagner son cinquième Tour en 1985, celui-ci doit lui renvoyer l'ascenseur. Il ne le fera que dans les Alpes, après une belle explication de texte dans les Pyrénées.** Photonews

1986 – **Hinault a rêvé d'un sixième Tour, mais il a une promesse à tenir. Cela tombe d'autant mieux que LeMond est aussi très fort. Le panache et la course d'équipe l'emporteront, pour une immense première américaine.** AFP

plement dictés par le terrain, la course et ses aléas, et quelques champions au caractère bien trempé. Le premier scénario en deux volets, en 1985-1986, s'articulait autour du thème du faux-vrai / vrai-faux vainqueur Bernard Tapie ; en avait troussé quelques répliques. Le deuxième canevas, en 1989, aurait pu être d'Alfred Hitchcock, car le champion ayant surmonté un terrible accident s'imposait *in extremis* après un suspense d'enfer ; et le troisième enfin tenait beaucoup de Zorro, et pas seulement parce que Greg courait pour Z, une ligne de vêtements pour enfants. En fait, il passait tout le film à laisser s'épuiser les quatre auteurs d'un hold-up, car les dix minutes et le maillot jaune volés dès le premier coup de manivelle au Futuroscope, il les grignotait imparablement. Entre ces trois épisodes, l'acteur avait forcément changé cinq fois de marque et d'entraîneur, passant de Renault-Elf à La Vie Claire et Toshiba, puis Z, *via* PDM et ADR-Agrigel, et eut normalement trois enfants avec Cathy, celui du milieu s'appelant même Scott, comme son dernier guidon révolutionnaire. Le tout étant même corsé par un terrible accident de chasse, on le répète, qui le larda de plomb et le priva de Tour en 1987 et 1988. Ça ne s'invente pas. Un Nouveau Monde que la France découvrait en même temps que Greg découvrait le Vieux Continent et ses rouages et roueries. C'est ainsi que s'il gagne bien en 1986, c'est parce qu'il aurait déjà dû gagner en 1985 et avait dû perdre pour permettre à son leader, Bernard Hinault, de décrocher un cinquième succès historique bien qu'éprouvé par une chute sérieuse. Avec la bénédiction de Bernard Tapie, patron de La Vie Claire, Greg avait donc ravalé ses légitimes prétentions et s'était donc consolé avec la deuxième place et surtout la promesse d'un retour d'ascenseur en 1986. À deux doigts près, cela faillit être un « ascenseur pour

LE COUDE À COUDE APRÈS LE CORPS À CORPS.

l'échafaud », car Hinault, son leader, eut d'autant plus de mal à endosser la livrée de second que pour lui, ce Tour pouvait être synonyme de sixième victoire parfaitement historique. Et donc, sa nature d'attaquant naturel reprit le dessus et, dans la première étape des Pyrénées, il fit basculer la course en sa faveur, reléguant à Pau son équipier et le reste de la troupe à plus de cinq minutes. Le maillot jaune grisait le Breton, qui dès le lendemain attaquait encore, à la Merckx, pour enfoncer le clou, et comme toujours il finissait par se taper sur les doigts : impérial dans la descente du Tourmalet, il caracolait dans Aspin, avant d'imploser dans la montée vers Superbagnères où l'Américain revenait et lui mettait à son tour plus de 4 minutes, se replaçant dans son sillage à 40 secondes. Les Alpes seraient décisives ; dans le col de Granon, Greg retrouverait enfin le maillot jaune. Et dans l'Alpe-d'Huez, après une dernière fausse-vraie fugue du Blaireau dans la descente du Galibier, ils finiraient main dans la main. L'étape au Breton, le Tour à l'Américain. Tapie avait recollé les morceaux, le Breton formidablement joué son nouveau rôle de lieutenant, et donc tenu promesse. Mais sa joie de premier Américain vainqueur de la Grande Boucle serait gâchée par le fait qu'il avait « soi-disant gagné grâce à Hinault ». Tellement que presque déçu, il confierait à son équipier Barteau : « C'est ça gagner le Tour ? » Les Américains goûtent mal aux faux-semblants « à la Française ». L'accident de chasse survenu en 1987, et les opérations qui suivirent, estomperaient cet arrière-goût de victoire, qu'un changement d'équipe effacerait davantage. En 1989, quand il retrouve miraculeusement le Tour dans la petite équipe ADR, Hinault n'est plus là, et les favoris sont Fignon, Delgado ou Roche. Greg va simplement essayer de tenir son rang. Mais pendant ces deux ans d'absence forcée, il a aussi

1989 – **Le renouveau venu de l'Ouest, c'est aussi ce guidon de triathlète que Greg LeMond impose dans le contre-la-montre, et qui va l'imposer.**
Imago / Panoramic

1989 – **Fignon a beau réussir son meilleur contre-la-montre, se servir du nouveau guidon, il est pénalisé par une induration et la fraîcheur de son adversaire.**
Panoramic

Collection Laget

travaillé un foncier hors du commun, et on s'aperçoit dès le prologue à Luxembourg, où Delgado s'est oublié, que lui a veillé au grain, et qu'à 28 ans, il a mieux que des beaux restes. Il fait aussi bien que Breukink, Fignon ou Kelly. Le retour du miraculé se confirme curieusement dans le grand contre-la-montre de Rennes (75 km), où en utilisant un guidon de triathlète, que les règlements n'interdisent pas vraiment, il améliore son efficacité, gagne en confiance et l'étape en prime. Il met Fignon à cinquante-six secondes et prend le maillot jaune. Commence dès lors un duel, renouant avec les Lapize-Faber et Anquetil-Poulidor d'antan. Même le boxeur Mike Tyson, plus jeune champion du monde poids lourds l'année précédente, jette un œil sur la télé pour voir le jeu de jambes de son compatriote. À Rennes (5e étape), il a donc cinq secondes d'avance. Au sommet de Superbagnères (10e étape), où il avait secoué Hinault en 1986, il perd le maillot pour sept secondes. À Orcières-Merlette (15e étape), la station des coups de théâtre, contre-la-montre, Greg n'est que cinquième, mais reprend quarante-sept secondes à Fignon et le maillot. Hitchcock n'en finit pas de se retourner dans sa tombe, et Tyson a la migraine. À Briançon (16e étape), le surlendemain, après une journée de repos, l'Américain consolide ; maintenant, il a cinquante-trois secondes de marge. À l'Alpe-d'Huez, le lendemain (17e étape), Fignon retourne la situation et reprend le maillot avec vingt-six secondes d'avance. À Villard-de-Lans (18e étape), il gagne même, et porte son avantage à cinquante secondes, après avoir failli faire plus. Les écarts ne bougeront plus jusqu'au tomber de rideau du contre-la-montre entre Versailles et Paris (24,5 km). Fignon, qui a le maillot jaune bien accroché,

LA RÉVOLUTION, C'EST LE GUIDON DE TRIATHLÈTE

1989 – **Le plus grand coup de théâtre de l'histoire du Tour, nettement devant les coups fumants de Robic en 1947 ou de Janssen en 1968, c'est forcément un Américain, un roi du suspense, qui devait le réussir. Il s'appelle Greg LeMond, et pour huit petites secondes, soit 82 mètres, il souffle la victoire à Laurent Fignon. Qui en est abasourdi.** Panoramic

1990 – **Le Canadien Steve Bauer, puissant acteur de la grande échappée initiale avec Maassen, Chiappucci et Pensec, sera celui qui en tirera le meilleur bénéfice : neuf jours en jaune. C'est sa deuxième épopée en jaune.** Imago/Panoramic

1990 – **Ce coup-ci, Greg ne court pas tout seul. Chez Z, il peut compter sur l'Écossais Robert Millar, et sur Ronan Pensec, échappé de la première heure, qui lui chauffe le maillot jaune.** Imago/Panoramic

1990 – **Encadré par l'Allemand Olaf Ludwig et le Français Thierry Claveyrolat, Greg LeMond rayonne enfin.** Photonews

partira donc dernier avec cinquante secondes d'avance, et lui aussi a son guidon de triathlon. Le hic, c'est qu'il le maîtrise moins bien que son rival, qu'il a un Giro victorieux dans les jambes, et surtout une induration à la selle. Greg est plus frais, il se sert de son guidon comme jadis Garin, et il peut enrouler un monumental braquet de 54 x 12. Fignon se bat comme un beau diable, réalise son meilleur contre-la-montre, mais va en enfer. Pour huit petites secondes, le dossard 141 bat le 41 sur la ligne. Ça représente 82 petits mètres des Champs-Élysées, même pas la hauteur et la largeur de l'Arc de triomphe voisin ! Une paille après 3 285 km de course. Avec 54, 545 km/h, Greg pulvérise la meilleure moyenne de la spécialité et son rival, allongé sur le bitume. Avec cette deuxième victoire, l'Américain rejoint aussi le Français sur les tablettes. Un suspense affreux que Laurent aura du mal à digérer, mais qui passe comme une lettre à la poste pour Greg, qui change encore son fusil d'épaule en 1990. Après avoir gagné avec une grosse équipe divisée, puis quasiment tout seul, le cow-boy va nous la jouer à la Buffalo Bill en passant chez Z, comme Zorro. Ce coup-ci, l'équipe est solide, Fignon absent, est-ce à dire que ce sera une formalité ? Non. N'oublions pas que nous sommes dans une série américaine. La nouveauté, on l'a dit, ce sera le hold-up. Au départ, au Futuroscope, on néglige quatre garçons inoffensifs ; ils font une échappée au long cours, et engrangent plus de dix minutes. Dans les quatre, le moins dangereux est le sprinter hollandais Maassen, qui se contente du bouquet de l'étape, mais les trois autres, Pensec, Chiappucci et Bauer, sont beaucoup plus costauds et ambitieux. Ils se passeront et repasseront le maillot jaune pendant trois semaines, le temps de parader dans les Alpes et les Pyrénées et de se griller à tour de rôle. Pendant ce temps, LeMond se replace, et resserre la boucle du lasso. Pourtant, il faudra arriver jusqu'à Luz-Ardiden pour que l'Italien Chiappucci, le plus coriace, qui a tenté un dernier quitte ou double, craque. Il n'a plus que cinq secondes d'avance sur l'Américain, à qui la première victoire russe, celle de Konyshev à Pau, ne fait ni chaud ni froid. LeMond a donné rendez-vous au fugitif au lac de Vassivière, et il y sera. Il reprend même plus de deux minutes au petit Italien, qui a vraiment donné le meilleur de lui-même. Zorro-LeMond est arrivé à ses fins, de manière quasi scientifique, à l'américaine. Certes, il avait un maillot arc-en-ciel, comme Bobet en 1955 ou Merckx en 1972, mais lui, c'est Superman… Superman sur la tour Eiffel d'ailleurs puisque avec trois Tours, il rejoint au deuxième étage Thys et Bobet. Qui aurait pu penser ça en 1903, au moment où naissaient en même temps le Tour et le western ? À l'ouest, il y a bien du renouveau.

APOTHÉOSE POUR UN AMÉRICAIN, UN TRIOMPHE À LA ZORRO

1990 – **Comme un trappeur. Bien coulé dans le sillage du Hollandais Erik Breukink, l'Américain et champion du monde Greg LeMond reprend petit à petit les minutes laissées aux premiers échappés.** Imago/Panoramic

1977 – **Entre 1976 et 1981, le roi des arrivées, celui qui lève le plus souvent les bras sur le fil, c'est le Belge Freddy Maertens. A quinze reprises, c'est lui le plus véloce. Il déborde ainsi Gavazzi, Esclassan, Thurau, Villemiane, Gauthier, Kelly ou Hinault. Cela lui vaut trois maillots verts (1976, 78, 81), un passage en jaune, et le record égalé des étapes (8 en 1976) !**
Photonews, maillot Collection Laget

sunair
sport 80
BNP

1985 – **Le potentiel de l'Irlandais Stephen Roche éclate vraiment dans ce Tour mouvementé. Le troisième homme derrière Hinault et LeMond, c'est bien lui. Lui qui dans les Pyrénées, déclenche l'enthousiasme dans l'Aubisque.** FEP

1989 – **Le Tour a rarement connu pareille valse de maillot jaune. Entre le Français Laurent Fignon et l'Américain Geg LeMond, ce sera en effet à toi, à moi. LeMond le prendra à Rennes contre-la-montre, Fignon le lui chipera à Superbagnères. L'Américain, le reprendra à Orcières-Merlette. Fignon le lui soufflera à l'Alpe-d'Huez, avant de se le voir souffler à Paris. Ici, c'est Laurent qui a la situation bien en main...** AFP

LES MYSTÈRES DU TOUR, GRANDS, PETITS, VRAIS, FAUX...

Depuis sa création, le Tour n'en finit pas de susciter des mystères. Pourquoi certains veulent-ils que le premier col franchi soit en 1903 le Pin-Bouchain, alors que Géo Lefèvre n'en fait aucune mention ? Pourquoi Desgrange ne parle-t-il des tricheries de Garin en 1903 que trente ans après ? Pourquoi le même Desgrange est-il injuste avec Dewaele et tolérant avec Charles Pélissier et André Leducq, dont il dit lui-même qu'il les a vus plusieurs fois accrochés à des voitures ? Le Tour est une entreprise humaine et même si nous l'aimons, nous savons bien, hélas, qu'elle est imparfaite, et les mystères s'ajoutent donc aux mystères. Nous voudrions en soumettre quatre à votre perspicacité.

Début janvier 1979, Bernard Dolet, envoyé spécial de *L'Équipe* au Trophée des champions à l'Alpe-d'Huez, risque en partant un œil sur l'Hôtel Castillan. L'Hôtel Castillan, chambre 32, c'est là que le 16 juillet précédent, un vilain pédaleur belge, Michel Pollentier, qui venait de gagner l'étape et de prendre le maillot jaune, avait passé la soirée enfermé après avoir été pris en flagrant délit de tricherie lors du contrôle anti-dopage. C'est là aussi que, dans une chambre voisine, récupérait Bernard Hinault, le fringant champion de France, désormais prétendant numéro 1 à la victoire finale. Ce qui était de fait arrivé, car il avait battu en contre-la-montre le Hollandais Zoetemelk, qui avait hérité du maillot de Pollentier. Bref, depuis cette mésaventure, la fameuse chambre 32 était très demandée par les touristes, en particulier belges.

Le mystère de la chambre jaune commence. Dolet apprend en questionnant le fils du patron que selon lui le Tour aurait été truqué ! En effet, dit-il, « on nous avait dit depuis longtemps de faire équiper par les PTT la chambre de Hinault et celle-là seulement pour que les radioreporters puissent travailler. À croire que le Tour, c'est truqué et qu'il fallait que Hinault gagne » [*sic*]. Dolet aura beau lui dire que la pose d'une ligne directe ne veut rien dire, que Hinault était logiquement favori après avoir gagné le Tour d'Espagne, il ne le convaincra pas. Pollentier s'était bien glissé tout seul sous l'aisselle la poire pour donner le change au contrôle, preuve d'un dopage, cela ne changera rien. Pardon, petit détail, dans sa chambre, partagée avec Maertens, Pollentier avait aussi un téléphone, mais il semble que lui était obligé de passer par le standard.

Deuxième mystère. Il survient en 1987, quand le vainqueur d'étape gagne une 205 Peugeot. Le Bourguignon Régis Clère enlevant les 16ᵉ et 23ᵉ étapes, il a donc droit à deux véhicules. Comme il est paysan du côté de Langres, on peut supposer qu'il préférerait assurément un tracteur. Et là, sans qu'il ait dit le moindre mot, un journaliste lui fait dire qu'il échangerait volontiers ses engins contre un tracteur. Le hic, c'est qu'il lui aurait fallu gagner quatre étapes pour envisager pareil échange. On ne prête qu'au riche, c'est aussi un des mystères du Tour. En fait, celui que l'on surnomme aussi « Clairon », embarrassé par les deux voitures dont il doit prendre livraison sur les Champs, alors qu'il est déjà venu avec son propre véhicule, ignorant tout de l'opération, en vendra une sur place, et échangera effectivement la seconde avec un petit tracteur d'occasion, qu'il revendra ensuite. Ce qui est vrai, c'est qu'un téléspectateur agriculteur ayant entendu l'histoire avait réagi car il avait bien un tracteur à céder...

Pollentier, divin chauve puis chauve maudit, le même jour. Collection Laget

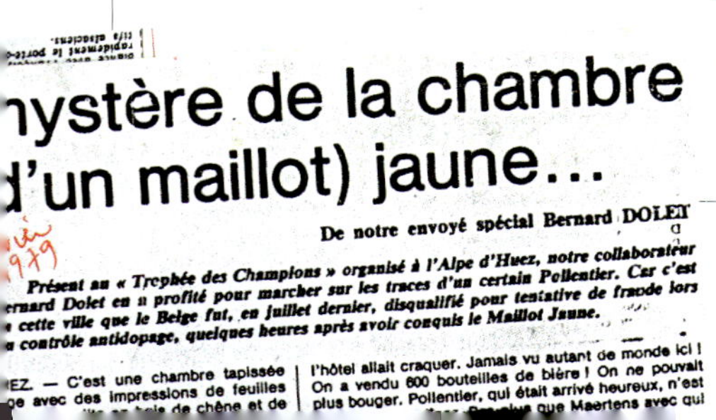
...ystère de la chambre
...d'un maillot) jaune...

De notre envoyé spécial Bernard DOLET

Présent au « Trophée des Champions » organisé à l'Alpe d'Huez, notre collaborateur ...ernard Dolet en a profité pour marcher sur les traces d'un certain Pollentier. Car c'est ... cette ville que le Belge fut, en juillet dernier, disqualifié pour tentative de fraude lors ... contrôle antidopage, quelques heures après avoir conquis le Maillot Jaune.

...EZ. — C'est une chambre tapissée ...ge avec des impressions de feuilles ...

l'hôtel allait craquer. Jamais vu autant de monde ici ! On a vendu 600 bouteilles de bière ! On ne pouvait plus bouger. Pollentier, qui était arrivé heureux, n'est ... que Maertens avec qui

OÙ EST PASSÉE LA STATUE D'ANQUETIL ?

Troisième mystère survenu en 1989 : où est passée la sublime statue de Jacques Anquetil ? Elle est inaugurée en grande pompe dans la côte de Châteaufort, dans la vallée de Chevreuse, où Anquetil tissait ses victoires dans le Grand Prix des Nations. C'est une œuvre magistrale exécutée par un grand sculpteur charentais, Milcko Stack, qui a gagné de haute lutte le concours national organisé par les Amis du Tour de France pour distinguer le grand Jacques. Il a travaillé pendant des mois et des mois, lui l'ancien champion charentais dont Anquetil était l'idole, avant de crier « Eurêka ! » La silhouette d'Anquetil dans le contre-la-montre était tellement parfaite, tellement belle qu'elle s'inscrivait parfaitement dans un œuf », témoigne, très ému, l'artiste. Ancien menuisier, il ajuste, découpe et arrive de fait à inscrire son œuvre aérienne dans une forme d'œuf. Le concours est organisé en 1988 dans les locaux de *L'Équipe* ; génial, son travail tranche, même s'il craint les « gros artistes parisiens ». La différence, il la fait en technicien et en amoureux, car il vénère Anquetil et son œuvre est au-dessus du lot. Il est plébiscité. Il a un an pour mener à bien la réalisation de l'œuvre. Il la voudrait d'une pièce, comme le Normand, mais trouver le bon fondeur n'est pas facile. Finalement, l'œuvre dont il rêvait est posée, pas dans le Puy-de-Dôme comme envisagé au départ, mais à Châteaufort. Avec son socle, elle fait plus de 2,50 m£ Le jour J, tout le monde est là, la famille, le sculpteur, qui a passé la nuit dans sa voiture à veiller sur son fabuleux bébé. La cérémonie est touchante, l'œuvre fait l'unanimité, c'est Anquetil à son meilleur. « Il donne toujours envie de pédaler », ajoute Xavier Louy. Quelques semaines après, l'œuvre disparaîtra. D'autant plus facile qu'elle était en rase campagne. Le socle est déterré, le chef-d'œuvre avec. Qui a fait ça ? Où est passé Anquetil ? Quelques années plus tard, les Amis du Tour et Albert Bouvet combleront le vide avec une belle stèle. Mais on est loin de l'Anquetil volant de Stack, qui ne demandait qu'à faire une copie. Elle existe heureusement au siège de l'UCI en Suisse. Anquetil continue donc de donner une leçon d'aérodynamisme. Saura-t-on un jour qui a volé l'œuf ? Même si sa merveille a été un moment déclinée en modèle réduit pour les vainqueurs du Tour, Stack a toujours l'histoire sur le cœur.

Merckx a quatre mains. Quelles sont les bonnes ? DR

Autre mystère, celui de la photo représentant Eddy Merckx au sommet de son art, et au sommet du Tourmalet, en 1969. Avec le commissaire qui, derrière le champion, écarte les spectateurs de la route, on pourrait penser que c'est Vishou, le nouveau dieu de la pédale. Ce bijou a valu à Bibi Besson le prix Martini 1969 de la meilleure photo. Or une légende, une rumeur lancée par qui et pour quoi, circulait dans certains milieux autorisés. Selon elle, en réalité, la merveille aurait été réussie par Victor Cosson, le 3e du Tour 1938, devenu motard de presse et parfois photographe. Bibi lui aurait confié son noir et blanc, pour tenter avec son appareil couleur un « Fragonard », un chef-d'œuvre dans le jargon. Or, Bibi, qui était avec un autre motard, n'aurait pour rien au monde confié un appareil à quelqu'un, même un ami. Alors, qui s'emmêle les pinceaux ? Croire à cette légende de l'ami, du regretté Totor réussissant la photo du siècle, n'était pas pour nous déplaire, mais Bibi, à qui nous avons posé la question, nous a confié que « c'était la première fois qu'il entendait parler de cette histoire ». Alors ?

LE TOUR DE L'ÉCUREUIL

♦

Un écureuil rêvait, prisonnier de sa vie.
Routine pesante, plus subie que choisie.
Pour garder la forme, se changer les idées,
Dans sa roue il courait, sur place et obstiné.

Il se donnait du mal et mouillait son maillot.
Toujours au même endroit, il se lassait bientôt.
« Si ma roue était libre, je pourrais m'échapper
Découvrir des pays et des gens ignorés.

Tout seul, je m'ennuierais.
Nous partirions plusieurs
Nous ferions la course pour voir
qui est vainqueur.
Des animaux amis que nous ferions rêver
Seraient au bord des routes pour nous acclamer.

On ferait la fête, la fête à l'arrivée,
La fête du premier, la fête du dernier.
La fête de l'effort et la fête du sport
Sans triche et sans arnaque,
à l'insu du veau d'or. »

Ce n'était qu'un rêve de l'écureuil sportif.
Que rêva, à son tour, le patron inventif
Du journal de l'auto qui, géniale inconscience,
Décida d'inventer, un jour, le Tour de France.

Bien sûr pour le vélo et bien sûr pour le sport,
Mais sans perdre de vue l'intérêt du support,
Dans le but de faire tourner les rotatives
Afin de raconter les folles tentatives.

Et depuis ce jour, chaque année tourne le Tour,
Fantastique épopée et fabuleux parcours.
Il est beaucoup plus grand que la médiocrité
Où trop de bricolos ont voulu l'entraîner.

Il faut qu'il évolue et qu'il se modernise
Sans pour autant devenir vile marchandise.
Si on crève le rêve, ou si on le bafoue,
Que devient l'écureuil accroché à sa roue ?

♦

Jean-François Naquet-Radiguet,

Patron éphémère,
toujours en amour du Tour.

Paris

♦

Selon Desclozeaux, l'arbre du Tour, qui déborde de nostalgie, n'en héberge pas moins un sacré écureuil.

NAQUET-RADIGUET, LE P-DG FABULISTE

Jean-François Naquet-Radiguet, c'est un ancien HEC, qui a eu des responsabilités chez Lesieur, Gervais et Martell avant d'être recruté en 1987 par Martin Desprez pour diriger la Société du Tour de France. On veut profiter du départ de Félix Lévitan « pour mondialiser sans dénaturer ». En fait, il s'agira de « déringardiser ». Le nouveau patron a compris que nous entrions dans l'ère de la télévision commerciale. Ça tombe bien, car il dispose de l'augmentation massive des droits de télévision. « Je n'y connais absolument rien, mais j'ai un peu de bon sens et de cohérence », souligne-t-il. Assez pour proposer lui-même ou faire évoluer des propositions lancées par ses collaborateurs, dont Xavier Louy. Moyennant quoi, souligne encore aujourd'hui Philippe Sudres, fils de l'immense Claude et bras droit de Christian Prudhomme, le successeur de Jean-Marie Leblanc, « c'est lui qui a le plus modernisé le Tour en un minimum de temps, car il n'est resté qu'un an ». De fait, on lui doit : le podium arrivée ultra-moderne, les tenues officielles, le village départ, l'écran géant à l'arrivée et les transports de VIP par avion et hélicoptères. Aujourd'hui retraité, JFNR s'amuse en écrivant des fables qu'il édite et monte en spectacle. Il en a créé une pour nous, et son complice et ami, Jean-Pierre Desclozeaux, le dessinateur du *Monde*, celui que Victor Cosson, 3e du Tour 1938, avait baptisé « le Lion de Sernhac » à cause de sa crinière et de son amour du Tour, a bien voulu l'illustrer.

Comme M.Naquet-Radiguet, il ne fallait pas être de la famille pour faire avancer les choses. DR

LES CAGES À LAPINS DE MONSIEUR MERLIN

Si l'on en croit Coluche, Monsieur Merlin, le promoteur immobilier des années 1970 qui offrait au vainqueur du Tour, à partir de 1976, un appartement d'une valeur de 100 000 F, faisait donc sortir des « cages à lapins » de ses chapeaux. Ces appartements ou studios destinés à faciliter les vacances du plus grand nombre étaient-ils donc si moches que ça ? Ou est-ce une image coluchienne excessive, semblable à celle qui voulait qu'au début de l'aviation, les premiers appareils soient des « cages à poules » ?
Toujours est-il que, de Van Impe en 1976 jusqu'à Delgado en 1988, le vainqueur eut droit à ce joli prix en béton avec vue sur la mer, que certains s'empressaient de négocier immédiatement pour en reverser le prix à leurs équipiers. Bernard Hinault, qui en décrocha royalement cinq, en vendit donc quatre en direct pour ses équipiers, et leur racheta le cinquième pour le garder pour lui. Il est situé à Seignosse-le-Penon, et « le Blaireau » le loue quand il ne peut y prendre quelques vacances. Une preuve que le terme de « cage à lapins » est bien obsolète.

LE « BLAIREAU » EST UN SAINT-BERNARD

On croit connaître Bernard Hinault, on se trompe. Un exemple remarquable et délicat : en 1981, il est discrètement approché sous le couvert de Maurice Champion par une maman dont le fils est très mal. Bernard s'éclipsera donc après l'arrivée à Roubaix, et tout maillot jaune qu'il soit, il ira apporter un rayon de soleil à son petit supporter cloué au lit. Un moment de bonheur, de dignité et de réconfort. Le champion avait un maillot sous le bras, et il déclencha, faut-il le préciser, une grande joie. Quelques jours plus tard, « le Blaireau » apprit avec tristesse que son jeune admirateur était hélas parti. Le silence sur ce beau geste fut respecté jusqu'à l'arrivée. Là, un journaliste de *L'Équipe*, qui est aussi le préfacier de ce livre, s'en fit dignement l'écho. Nos champions sont toujours plus grands qu'on ne le croit.

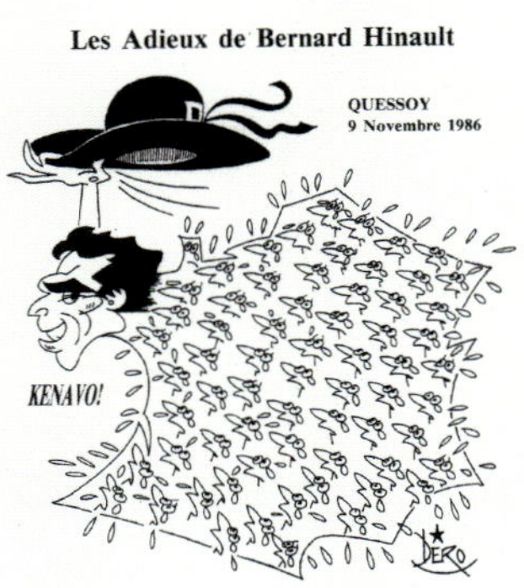

MÉTIER : CARAVANIÈRE
CLAUDY, C'ÉTAIT LA CARAVANE

Claudy Lévitan, c'était peut-être, côté maternel, la petite fille de Rosine Picquart, la première infirmière du Tour dans les années 1925, que les coureurs avaient baptisé « maman Rosine », et la fille de Félix Lévitan, mais au fil de son pilotage tous azimuts de la caravane publicitaire entre 1976 et 1987, elle est devenue Claudy. Oui, Claudy a été mine de rien la première femme à avoir des responsabilités majeures dans le Tour. À une époque, où « les bouts de ficelle, l'huile de coude et les petits serruriers » primaient, ça veut dire quelque chose. Sa mission de responsable commerciale, à 40 ans à peine, c'était de chercher des annonceurs, de les lancer dans la course, et de veiller à ce que tout se passe bien. Elle leur offrait donc son sourire et « toutes les expressions publicitaires possibles en dehors de la course proprement dite », en particulier dans la caravane. Son regard s'exerçait jusqu'au lignage donné aux annonceurs dans *L'Équipe* et *Le Parisien*, le publi-rédactionnel. La caravane, c'était devenu son truc en 1976, après qu'elle eut fait le tour des rouages de la maison *L'Équipe-Le Parisien* à partir de 1967, et qu'elle soit entrée au Tour en 1971. Avec elle, la caravane jusque-là très chaotique ramena bientôt un tiers du budget de l'organisation ! Une réussite faite de beaucoup d'énergie, de sens de la délégation, car sur le terrain les patrons successifs étaient censés être son cousin Picquart, puis l'imprimeur Duchaussoy, et d'encore plus de diplomatie. Il en fallait en effet pour que Claudy arrive à convaincre les directeurs de publicité d'Aspro ou Total, étrangers au vélo et au Tour, que la caravane, « c'était le support le plus offensif, le plus original et le plus festif. » Pas simple, car certains croyaient qu'on pouvait peindre les ambulances à leur couleur, et que les infirmiers pouvaient adopter leur rose ! Quand en plaisantant, elle avait lancé qu'on pouvait mettre de la publicité sur le porte-bagages de Bernard Hinault, d'aucuns l'avaient cru. Un instant.

Claudy et son papa, Félix Lévitan. DR

Patronne de six personnes, son service commercial se nichait au troisième étage du légendaire labyrinthe que développait *L'Équipe*, 10 rue du Faubourg-Montmartre, Paris 9e. Toute l'année, hors Tour, le grand jour, c'était le mardi où avec son adjoint Jean-Claude Hérault, elle attaquait très tôt, pour tout croiser, vérifier, recouper, compléter. Sur le terrain, il importait d'optimiser les incertitudes et aléas. Le terrain justement, elle y excellait, car celle que *Libération* présente dans un reportage de 1985, comme « une rondeur au parler franc », excelle « dans la bataille et les problèmes du mois de juillet ». Elle est partout, elle pilote, remonte, aiguille, réconforte, balaie même les clous sur la route, « règle les frictions, remonte la caravane ». « Pas assez patiente pour suivre la course », elle fonce du départ à l'arrivée en gommant au passage tous les pépins sur la route. Véritable femme-orchestre de tout ce qui n'est pas la course, elle donne l'impression d'avoir une baguette magique. Rien ne la rebute : flocage des maillots, conseils aux routiers ne pouvant déplier leurs camions, collage d'autocollants sur les maillots de la cérémonie protocolaire, changement *in extremis* de dossards illisibles...

Et le soir pour se détendre, elle s'occupe de trente annonceurs invités qu'elle présente à Jacques Goddet et à son père. Il faut que leur journée sur le Tour soit inoubliable ; grâce à Claudy, elle le sera. Chambres, repas, tout est parfait. Bref, elle sort de ces trois semaines de route, heureuse et vannée. La preuve, elle compte dix-sept Tours au compteur.

Coca-Cola prenant la suite de Perrier et le Crédit lyonnais partenaire du maillot jaune, c'est elle. La moto spéciale pour un service médical plus efficace, c'est encore elle, « et avec une femme motarde », insiste-t-elle.

LE TEMPS DES BOUTS DE FICELLE

Bref, sa griffe sur le Tour est indélébile. « On ne faisait pas tout, mais presque », murmure-t-elle. C'était un autre Tour, « avant que le Tour ne devienne démesuré, n'explose... » Les souvenirs de Claudy sont tellement forts et fragiles que depuis qu'elle s'est éclipsée, après le Tour 1987, elle n'a plus jamais regardé la course, de peur de voir s'envoler sa caravane d'or.

C'est la dernière petite merveille d'Hinault

C'EST le vélo révolutionnaire de Bernard Hinault. Dans le Tour de France, lors des étapes contre la montre, lui et ses équipiers de Renault-Gitane l'utiliseront.

Dans le domaine de l'aérodynamisme cette nouvelle machine de 8,475 kg est une petite merveille de sophistication, de légèreté et de rigidité. Tout ce qui offre une prise au vent, à l'entrée dans l'air, a été profilé : cadre (tubes oblongs pour un poids total de 2.050 grammes), fourche, guidon, tige de selle, plateaux et roues. Ces dernières composées de 24 rayons plats et non plus ronds, présentent un aspect nouveau : la jante est en effet prolongée par un dôme de renfort qui en modifie l'aspect.

Autre innovation spectaculaire : les câbles et gaines, même celles des freins, disparaissent soit dans le guidon, soit dans les tubes du cadre.

En présentant cette nouvelle bicyclette — dont un modèle sera prochainement commercialisé — M. Christian Loeillet, P.-D.G. des cycles « Gitane », a indiqué « qu'elle était l'aboutissement de longues études ayant tenu compte de la puissance globale équivalente à l'homme plus la bicyclette afin de pouvoir rouler à 50 km/heure pour un coureur du type Hinault. »

Le bilan aérodynamique de ce nouveau vélo permet une réduction de 50 % de la résistance à l'air offerte par la machine. De précieuses secondes gagnées — une dizaine — sur une course de 50 km contre la montre.

Cyrille Guimard, le directeur sportif des « Renault-Gitane » a encore joué un mauvais tour aux rivaux de son leader Hinault en présentant ce nouveau vélo
Photo FRANCE-SOIR (Serge Larasse)

LE VÉLO D'HINAULT : UN JOUJOU

Le 24 juin 1979, dans *France-Soir*, Cyrille Guimard, le directeur sportif des Renault-Gitane, joue encore un mauvais tour aux adversaires de son leader Bernard Hinault, en présentant son nouveau vélo. Ce sera aussi celui de toute l'équipe pour le contre-la-montre. Le cadre profilé ne pèse que 2 050 grammes, les rayons sont plats et non plus ronds, et la jante est prolongée par un dôme de renfort. Les câbles disparaissent dans le guidon ou le cadre, et M. Loeillet, le p-dg des cycles Gitane à Machecoul (44), précise même qu' «avec ce nouvel aérodynamisme, la résistance à l'air de la machine qui ne pèse plus que 8,475 kg sera réduite de 50 % ». Et de fait, si Hinault enlèvera tous les grands contre-la-montre individuels, et dans l'exercice collectif, les Renault ne seront plus écrabouillés par les Ti-Raleigh comme en 1978, où sur 153 km à Caen, ils avaient terminé cinquièmes à 5 min 15. En effet, dans le premier contre-la-montre en 1979, à Bordeaux sur 87,450 km, ils seront encore cinquièmes mais à seulement 2 min 29, et dans le second contre-la-montre au Havre, sur 90 km, ils feront jeu égal avec leurs bourreaux hollandais, ne s'inclinant que de six petits dixièmes.

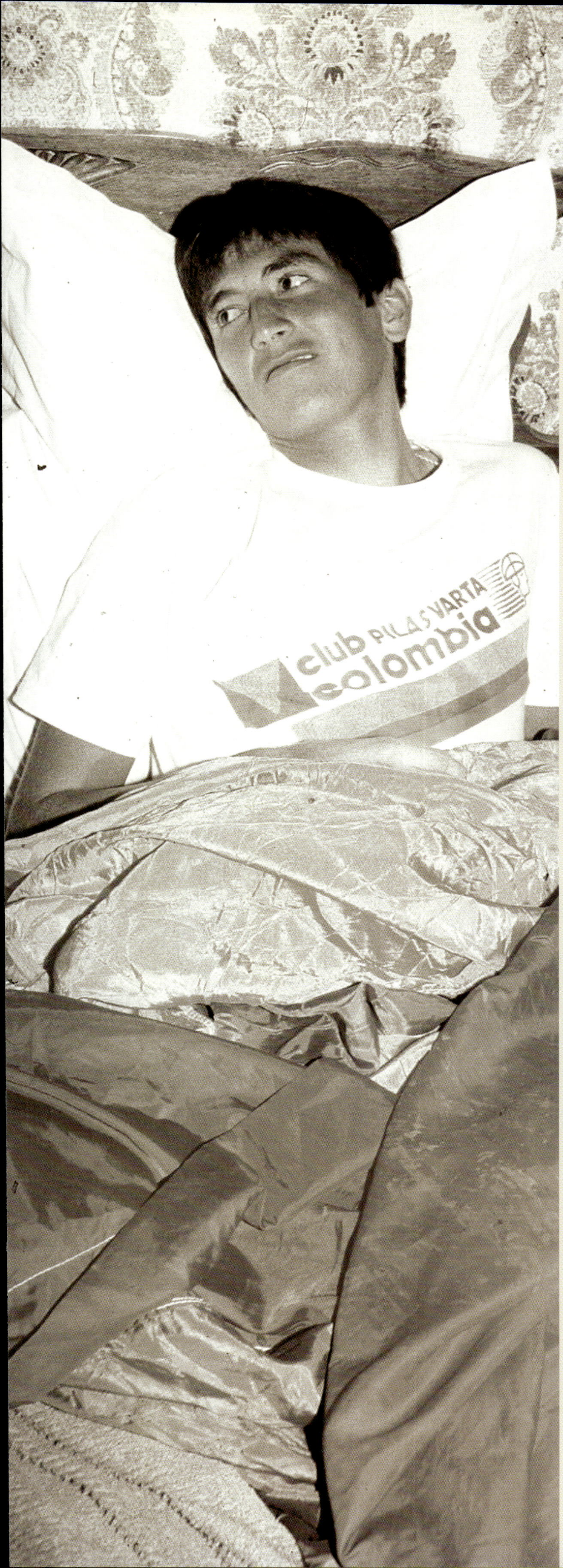

Le timide grimpeur colombien Luis Herrera reste dans les annales comme le « petit jardinier de Fusagasuga » DR

SOBRIQUETS...

Par moment, on pourrait croire que les sobriquets, surnoms ou diminutifs – on laisse aux puristes et aux esthètes le soin d'une classification plus pointue – ont été évacués par les temps modernes. Bien au contraire, ils préservent dans le peloton une forme d'esprit de famille. C'est peut-être rétro, ringard, qu'importe. Antoine Blondin disait joliment que « le zinc était le seul alliage conducteur d'amitié » ; le sobriquet procède de cette magie. D'ailleurs, les sobriquets sont nombreux à avoir pris leur envol sur un zinc. Même s'ils naissent également dans la course elle-même, des coureurs ou de leurs proches, voire des journalistes ou speakers, on en a déjà parlé. Christian Raymond pourrait avoir des droits d'auteur considérables avec « le Cannibale », et Émile Besson avec « Poupou ». L'autre grande réussite, « le Blaireau », serait une fulgurance partagée par Maurice Le Guilloux et Georges Talbourdet. Pour savoir quel est le plus beau des sobriquets, nous avons organisé un petit sondage. Nous vous en livrons le résultat. Pour Naquet-Radiguet, c'est « l'aigle de Tolède », pour Hervé Caillaud et Philippe Bordas, c'est « le grand fusil », pour Jean-Marie Leblanc, c'est « le vieux Gaulois », Jean Bobet hésite entre « Biquet » pour Robic et « la perruche » pour Marinelli. Pour Jean-Pierre Micaud, pas de doute : « Poupou » est au-dessus du lot. Quant à Jean-Pierre Desclozeaux, qui en prépare une anthologie magistrale illustrée en trois tomes, il penche pour : « Biquet », « avec son front cabossé, c'est lui. »

Bref, le sobriquet existe, et l'on « sobriquette » volontiers, précise Jean Bobet. La liste jointe, très loin d'être exhaustive, nous ramène à une force du Tour et de ses champions : le contact, la convivialité. Ici, on est de plein pied avec nos idoles, et l'on peut jouer avec, non ?

Abdoujaparov (Djamolidine) : l'express de Tachkent
Alban (Robert) : Banban
Armstrong (Lance) : le Boss
Bettini (Fabio) : le Criquet
Cavendish (Mark) : the Man of Man, L'express de Man
Chiappucci (Claudio) : il Diablo
Claveyrolat (Thierry) : l'aigle de Vizille
Clère (Régis) : Clairon
Contador (Alberto) : El Pistolero
Delgado (Pedro) : Perico
Duclos-Lassalle (Gilbert) : Gibus
Herrera (Luis) : Lucho, le petit jardinier de Fusagasuga
Hinault (Bernard) : le Blaireau
Indurain (Miguel) : le sphinx de Pampelune
Jalabert (Laurent) : Jaja
Lemarchand (François) : Mario
Merckx (Eddy) : le Cannibale, l'ogre de Tervueren
Nibali (Vincenzo) : le requin de Messine
Pantani (Marco) : le Pirate, Elefantino
Pescheux (Jean-François) : la Pêche, Pepêche.
Pinsec (Ronan) : Pinpin
Rasmussen (Michael) : le Poulet, Chiken
Ricco (Ricardo) : le Cobra
Riis (Bjarne) : Monsieur 60 %
Savoldelli (Paolo) : le Faucon
Tinazzi (Marcel) : Strapon
Ullrich (Jan) : l'ogre de Rostock
Vinokourov (Alexandre) : Vino
Voeckler (Thomas) : Ti-Blanc

Quant à Ronan Pensec, le maillot jaune de 1990, c'est Pinpin, comme Pingeon. Même s'il paraît qu'on appelait aussi ce dernier « l'échassier » et « la guigne ». Collection Laget

LE TOUR, DU MUR DE LA PAIX À CELUI DE LA HONTE

Durant cette période, le Tour est curieusement concerné par deux murs. Au premier chef, en 1988, par celui d'un immeuble se trouvant entre la tour Eiffel et le métro Bir-Hakeim. En effet, pour le réhabiliter momentanément, RTL et la ville de Paris vont le transformer en mur des personnalités qui ont « fait le xxe siècle. » Avec l'agence Avenir, M. Dominique Durand, le concepteur-réalisateur, rassemble en effet des centaines de portraits colorés des « phares » des années 1900-1988. On y reconnait Einstein, La Callas, Jean Jaurès, le président Nixon, Nasser, Mme Curie, Coubertin, Guillaume Apollinaire. Parmi ces figures percent quelques rares têtes de sportifs : Jean Bouin, Cerdan, Ladoumègue, et au moins deux « géants de la route », deux champions du Tour : Henri Pélissier au premier rang, et à côté de Proust et Pasteur, Jacques Anquetil.

L'internationale du Tour, avec ses vingt nations qui dialoguent, montre l'absurdité d'un mur. AFP ImageForum

Le second mur, c'est celui sur lequel le Tour 1987 a mis le doigt. En effet, pour le 750e anniversaire de la création de Berlin, la 74e édition du Tour s'est élancée de la capitale allemande. Le Tour n'était jamais parti d'aussi loin. Et comme toujours, avec les centaines de médias qui l'entourent désormais, lui qui rapproche peuples et pays a mis le doigt là où ça fait mal : sur le mur qui sépare les deux Allemagnes depuis la guerre froide. Des coureurs ont été poser devant ses flancs gris couverts de graffitis et de sang pour bien montrer son absurdité. Ce départ audacieux avait été initié par M. Bernard Creff, directeur des Hôtels Ibis en Allemagne. Cette idée avait séduit MM. Félix Lévitan et Naquet-Radiguet, qui ont confié le dossier à MM. Marillier et Louy. Xavier Louy, le plus politique de la bande, le seul à parler allemand, s'est alors attelé à l'opération, qui comportait un passage en Allemagne de l'Est, avec les autorités des deux Allemagnes et l'aide de MM. Marchais et Fitermann. Ce fut une réussite et pour symbolique qu'ait été ce départ, certains pensent qu'il a pesé son poids quand le Mur s'est écroulé pour de bon en 1989.

LE TOUR DONNE LE PREMIER COUP DE PIED

ERIC HEIDEN, DU PATIN AU FREIN...

Un champion olympique de cyclisme sur le Tour, c'est aussi banal qu'un médaillé olympique. On pourrait en citer un peloton doré sur tranche allant de Zoetemelk ou Kuiper aux frères Pettersson, en passant par Indurain, Anquetil, Lapize et bien sûr Jacques Dupont. Moins évident, un champion olympique de patinage sur le Tour. Ça vous dit quelque chose ? Quintuple champion olympique en 1980, ça vous éclaire ? Si on précise, de surcroît docteur en médecine, vous voyez d'autant mieux le phénomène qu'il mesure 1,85m et pèse 79 kg en forme. Oui, c'est bien de l'Américain Eric Heiden dont nous voulons parler. Ce champion des champions de *L'Équipe* en 1980 est avant tout un homme de défi. Et le Tour ne pouvait pas ne pas le tenter, une fois qu'il eut terminé le Tour d'Italie 1985 à la 131e place. Il se prépara comme seuls les athlètes américains savent le faire, et prit donc le départ du Tour 1986, au sein de l'équipe américaine Seven-Eleven, qui comprenait aussi Alexi Grewal, champion olympique sur route en 1984, Raul Alcala ou Alex Stieda. On se demandait chaque jour s'il repartirait, et puis la classe, le métier et la volonté fonctionnaient et il signa et resigna la feuille de contrôle jusqu'aux Alpes. Ça veut dire qu'après avoir terminé 25e sur 210 du prologue enlevé par Thierry Marie et devancé des Delgado, Hampsten ou Zoetemelk, il tint bon, s'accrocha et brilla dix-huit étapes, puisqu'il ne renonça que dans l'Alpe-d'Huez à cinq étapes seulement de Paris. Ce jour-là, ils étaient neuf à abandonner et il se consola un peu parce que son compatriote Greg LeMond était enfin en train de gagner le Tour. Ensuite, il reprit ses études pour devenir le praticien que l'on sait, et à l'occasion être le premier consulté par Lance Armstrong.

CHAMPION OLYMPIQUE EN 1980

1986 – **Dans le contre-la-montre de Saint-Quentin, Eric Heiden emmène son équipe Seven-Eleven. Alex Stieda, le premier maillot jaune canadien, ferme la marche.** PresseSports

Le quintuple champion olympique de patinage en 1980, qui a terminé le Giro en 1985, ne décrochera dans le Tour qu'à cinq étapes de Paris. PresseSports

LES PRÉSIDENTS QUI AIMAIENT LE TOUR...

En 1960, le Tour s'était arrêté à Colombey-les-Deux-Églises pour saluer le général de Gaulle, alors président de la République, et qui, en supporter du Tour, s'était posté anonymement au milieu de son village, quand il eut la surprise de voir la course stopper en son honneur. On sait que quand le Général remit à Jacques Anquetil sa Légion d'honneur en 1966, il l'épata, parce qu'il connaissait sa carrière et son palmarès. Un autre président de la République partage ce trait commun avec le Général, son vieux rival François Mitterrand lui-même. Avant de devenir président en 1981, il s'intéressait déjà beaucoup au vélo, au Tour et à ses champions. En particulier quand ils venaient chez lui à Château-Chinon, disputer le célèbre critérium de la ville. M. Mitterrand les suivait en connaisseur, et se piquait même aux jeux des pronostics avec bonheur. C'était aussi un lecteur de *L'Équipe*, et en particulier des chroniques de son ami Antoine Blondin et de Pierre Chany, le pape du cyclisme. Venu un jour à Château-Chinon couvrir ce critérium sur lequel le sélectionneur devait se baser pour opérer sa sélection, Pierre Chany eut la bonne surprise de trouver en François Mitterrand un hôte épatant. « Non seulement », rapporte Thierry Cazeneuve, à qui Pierre Chany avait raconté l'anecdote, « après la course, il me confia son bureau et son téléphone à la mairie pour écrire et téléphoner mon papier, mais il me demanda d'être assez chic pour lui laisser sous le téléphone la copie originale, pour avoir le plaisir de lire ma relation en direct, avant même de la découvrir le lendemain dans le journal. »

1986 – **Dans la côte de Monteau, François Mitterrand, président de la République, est venu voir passer le Tour de France, comme son prédécesseur le général de Gaulle l'avait fait chez lui à Colombey-les-Deux-Églises en 1960. Là, le Tour s'était arrêté. Éclairé par les conseils de MM. Marillier et Glavany, le président se contente de photographier les champions au vol.** Collection Laget/DR

Le président était d'ailleurs si amoureux du Tour qu'on peut même supposer que la course lui doit une fière chandelle. En effet, il venait d'accéder à la présidence en mai 1981 quand sa ministre des Sports, Mme Edwige Avice, fut invitée à suivre l'arrivée du Tour sur les Champs-Elysées. Visiblement, elle découvrait l'épreuve et elle oublia vite la remise du vase de Sèvres à Hinault, pour ne retenir que les réclames, la caravane, le tumulte de la course, fièvre de la course, et les maillots des coureurs.

CONFUSION : MERLIN PARRAINERAIT LA MARSEILLAISE

La fête païenne, populaire, nenni. L'animateur Jean Dongues faisait bouillir tout ça tellement bien que la ministre finit par comprendre que c'était Merlin qui parrainait la Marseillaise... Lors du Conseil des ministres suivant, on ne parla pas que de ça, mais presque : « Enfer et damnation, des coureurs étaient transformés en hommes-sandwichs, des hommes étaient dégradés, la Marseillaise, etc. » Que se serait-il passé si le président n'avait pas, avec la sérénité qui était la sienne, recadré, relativisé... Un instant en péril, le Tour 1982 eut lieu comme le 1981. Les hommes politiques, et le président Mitterrand le premier, savent bien que le Tour, c'est une paix garantie d'un mois. Et en plus, c'était un amoureux, connaisseur et passionné. On ne s'étonnera donc pas de le découvrir au bord de la route un beau jour de juillet 1985. C'était dans le Vercors, au sommet de la côte de Monteau, il avait son appareil photo en batterie quand Chozas, le champion espagnol, précéda le peloton. Ce furent quelques instants magiques pour ceux qui étaient là, les spectateurs, Félix Lévitan, copatron du Tour, qui avait veillé à la discrétion de cette opération initiée par Richard Marillier, autre figure du Tour et ancien héros du Vercors. M. Jean Glavany était également là. Et le président, heureux comme un enfant, rappelait qu'il était un fidèle du Vel'd'Hiv, et confiait : « Lorsque j'avais 12-13 ans, j'allais dans le nord de la France, dans les Flandres même, assister à des arrivées d'étape. J'ai vu gagner Leducq et Charles Pélissier, vous voyez que tout ça remonte à loin. »

On a essayé de retrouver les photos prises par le président, en vain. Ce qui est sûr, c'est qu'en 1987, le Tour partit de Berlin et passa à Karlsruhe, où le baron Drais de Sauerbrun inventa la draisienne. Cette année-là, notre président rencontra le maire de Karlsruhe, qui lui offrit une réplique de la draisienne sans laquelle il n'y aurait jamais eu de Tour. Elle est maintenant au musée de la Présidence, mais ce geste d'amitié inspira joliment Plantu à la une du *Monde*.

1987 – **Mme Avice, ministre des Sports, pas très à l'aise au milieu des hommes-sandwichs...**

BLONDIN-CHANY-DÉRO-GODDET-ORDNER-PELLOS : LE SIX MAJEUR…

Avec le crayon ou avec la plume, ce sont six des plus grands illustrateurs du Tour… Six sans qui le Tour ne serait pas devenu le Tour. Ils l'aimaient, le connaissaient et ont réussi comme personne à faire partager leur passion pour la grande course à plusieurs générations. Blondin-Chany-Goddet, c'est presque 130 Tours à eux trois, et surtout un regard aigu, décalé, et un style personnel. Chez Antoine Blondin (1922-1991), il y a de l'humour, du génie et le grain de folie qui manquait au Tour ; chez Pierre Chany (1922-1996), on trouve une analyse et un sens de la course jamais vus. C'est le Stendhal des temps modernes. Quant à Jacques Goddet, fils spirituel d'Henri Desgrange, il hérite aussi de sa plume lyrique, de ses envolées et de sa hauteur de vue. Les trois journalistes-écrivains travaillent essentiellement à *L'Équipe*, les trois graphistes-illustrateurs-caricaturistes en partie seulement. Pellos (1900-1998) rayonne à *Match*, puis à *Miroir Sprint* et au *Miroir du cyclisme*, tout en paraphant le sublime album rouge des 50 Ans du Tour pour *L'Équipe*. Paul Ordner (1900-1969) slalome entre *L'Équipe Junior*, *Le Miroir des sports* ou *Le Chasseur français*. Et Déro (1920-2000) est essentiellement à *L'Équipe* pendant 40 ans, mais il régale également les lecteurs de *Cyclisme Magazine* et reprend le canevas de Pellos pour les 75 ans du Tour. On voulait simplement leur dire merci et « à la santé du Tour ».

Antoine Blondin par Roger Blachon et Gilles Montgermont. Roger Blachon

Gilles Montgermont/DR

Déro croque Luis Herrera. Collection Laget/DR

Pellos sculpte Desgrange dans la montagne. DR

Jacques Goddet pose
pour l'éternité. Gamma/Rapho

Paul Ordner immortalise Christophe à la forge. DR

Pierre Chany. L'homme à la moto,
pour être au cœur de la course. Presse Sports

1991-2011

LE TEMPS DES TITANS...

LES NOUVEAUX VAINQUEURS ET CHAMPIONS DU TOUR SONT DE PLUS EN PLUS GRANDS, DE PLUS EN PLUS PUISSANTS. ILS S'APPELLENT MIGUEL INDURAIN, BJARNE RIIS, JAN ULLRICH, OU LANCE ARMSTRONG. ILS ONT CINQ TÊTES COMME MIGUEL, OU SEPT BRAS TENTACULAIRES COMME LANCE. LES COLS ET LES CHRONOMÈTRES, ILS LES GOBENT COMME PROCÉDAIENT JADIS LES AVALEURS DE SABRE. LEURS CADENCES DE PÉDALAGE PARFAITEMENT INFERNALES, LEURS CASQUES ET LEURS OREILLETTES, EFFRAIERAINT MÊME JEAN BOBET, LE PLUS SAGE DES OBSERVATEURS, SI DE TEMPS EN TEMPS, UN TRUBLION VENU DE LA PLANÈTE TERRE, COMME THOMAS VOECKLER OU PIERRE ROLLAND, N'INCITAIT À RELATIVISER. LES MATADORS DES CIMES, FILS DE DON QUICHOTTE, ONT EUX AUSSI DONNÉ UN BON COUP DE GOMME DANS LE TIBIA DES GÉANTS. À 110 ANS, LE TOUR EN A VU DES VERTES ET DES PAS MÛRES, ET IL A TOUJOURS FINI PAR REMETTRE LES CHOSES D'APLOMB. LES TITANS, REPRÉSENTENT UN CYCLE. UN AUTRE SUIVRA.

LE TOUR DE FRANCE
02
2959
0217

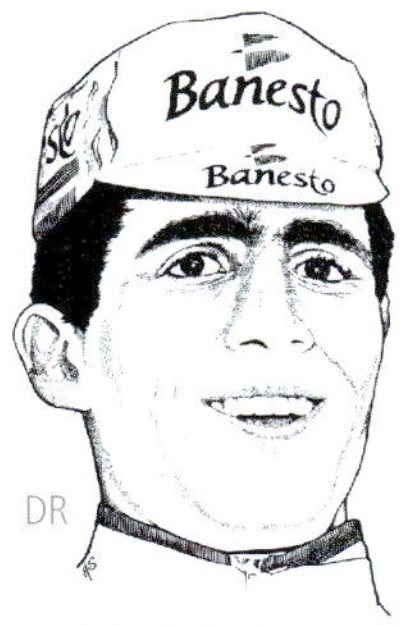

MIGUEL INDURAIN

INDURAIN, LE SPHINX DE PAMPELUNE...

1991, 1992, 1993, 1994, 1995

1er : Miguel Indurain

Avec le Navarrais espagnol Miguel Indurain, existe un immense et déplorable malentendu qu'il convient de dissiper. On en a fait un champion au rabais parce qu'il était timide et discret, un vainqueur étriqué parce qu'il ne se serait consacré qu'au Tour de France. Ceux qui écrivaient cela auraient souhaité qu'il change, que ses cinq victoires de rang en fassent un autre homme. Avec son potentiel et une puissance physique jamais vue (1,88 m, 80 kg, puissance de 450 watts), il aurait pu devenir le super-cannibale des temps modernes, gagner tout et partout, collectionner les maillots, écrabouiller ses adversaires. Or, on n'a vu un vainqueur digne, épatant, magnanime et partageur, justifiant pleinement le joli sobriquet de « sphinx de Pampelune », que lui a trouvé son mentor Francis Lafargue, qui nuance aussitôt : « Il est peut-être un peu secret, mais plutôt discret, et surtout il ne parle que quand il a quelque chose à dire, comme tous les gens de la campagne. »

1991 - Les mains en haut du guidon, le regard périphérique, Miguel Indurain est le nouveau roi du Tour. On attendait LeMond ou Delgado, il les a débordés contre-la-montre et en montagne. AFP

De fait, Miguel est bien un homme de la campagne, de Villava, près de Pampelune ; il aime les choses simples et authentiques de chez lui, n'ayant qu'une envie, y retourner le plus vite possible. Dans cette trajectoire limpide, le Tour ne peut être qu'une parenthèse, qui deviendra certes dorée à force de travail, de méthode et de sacrifices. Une parenthèse remarquablement construite et qui ressemble à un septennat d'apprentissage, suivi d'un quinquennat de pouvoir indiscutable, mais partagé. Pendant sept ans, Miguel apprend patiemment aux côtés de José Miguel Echavarri, Pedro Delgado, son leader et Francis Lafargue. Les deux premières années, en 1985 et 1986 (il a 21-22 ans), il abandonne le Tour, car son père a besoin de lui à la ferme en juillet. Il termine son premier Tour en 1987, quand Stephen Roche triomphe ; il est 97e, perdu dans le décor, croit-on. Le déclic survient en 1988, quand son leader de la Banesto, Perico Delgado, l'idole de toutes les Espagne, triomphe enfin. Miguel franchit un cran, il est 47e.

« IL PARLE S'IL A QUELQUE CHOSE À DIRE »

Il travaille beaucoup, s'affine, perd du poids, qu'il transforme en muscle, fait des reconnaissances en montagne, améliore sa pénétration dans l'air, apprend à déchiffrer la course avec Francis, à relativiser. En 1989, il est 17e derrière LeMond et Fignon, et s'impose à Cauterets. Nouvelle progression : en 1990 il est 10e derrière LeMond, et vainqueur à Luz-Ardiden, pas très loin de chez lui. En 1991, il a 27 ans, l'âge moyen des vainqueurs du Tour ; et ce sera l'année charnière, celle de la fin de l'apprentissage et de la première victoire. Tout s'enclenche sur son terrain de jeu, dans le Tourmalet, où LeMond, triple vainqueur, coince. Greg recollera dans la descente, mais il ne reverra plus Miguel qui s'est échappé avec l'Italien Claudio Chiappucci. Ce dernier triomphe à Val Louron et Miguel prend le maillot jaune. Il n'a pas gagné, il aurait pu mais la course est plus belle ainsi. Écrabouiller les adversaires, ce n'est pas son truc. Tout au long de qu'il faut appeler, bien malgré lui, un règne de cinq ans, il sera coutumier de ces arrivées intelligentes sur les sommets : avec le Suisse Toni Rominger dans les Alpes en 1993, avec Luc Leblanc à Hautacam, en 1994. Il a le « panache tranquille », comme l'écrit joliment Philippe Brunel. Là où il montre qu'il est le patron, et où il se déchaîne, c'est dans le contre-la-montre, l'épreuve de vérité, celle où l'on

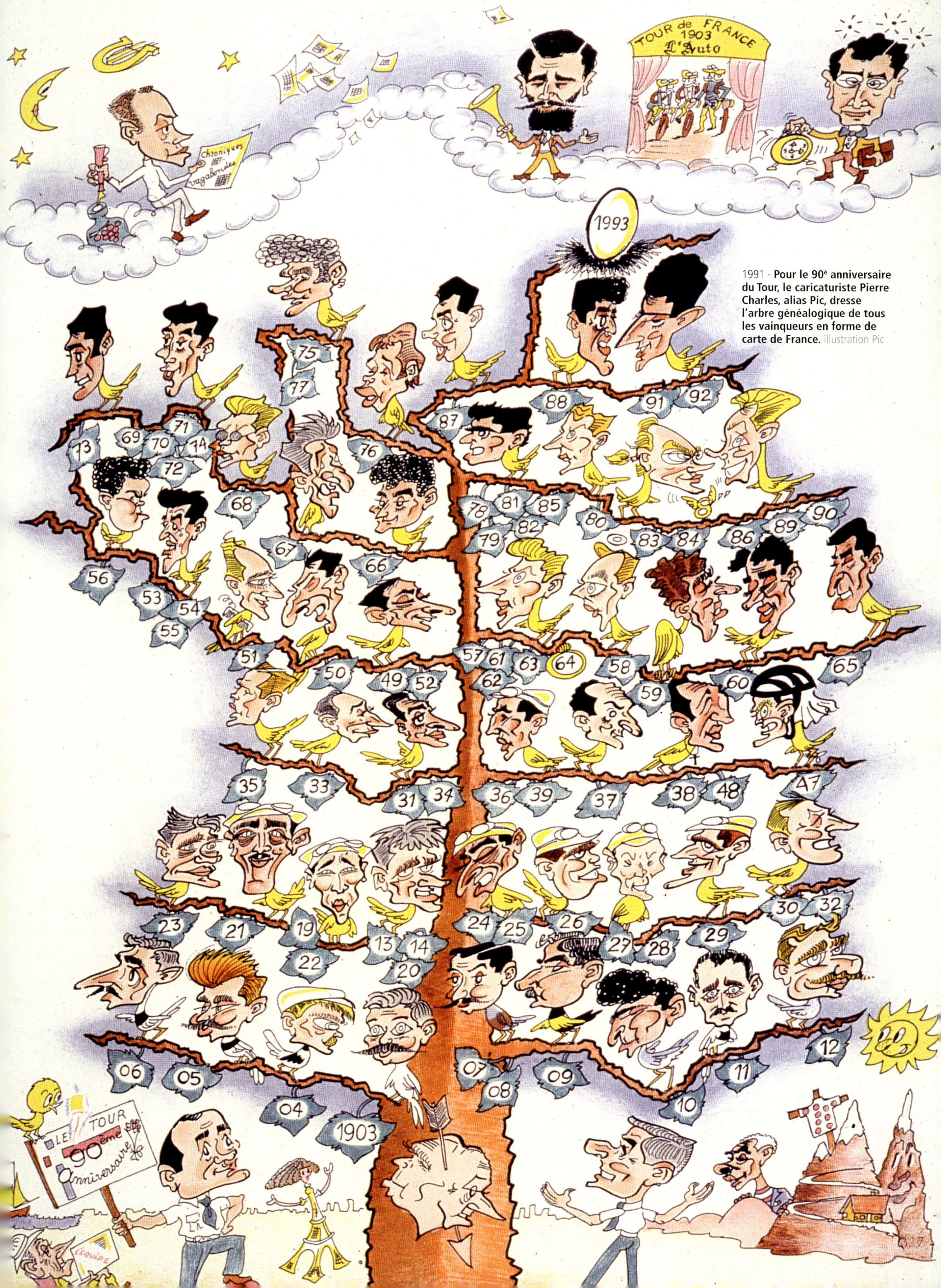

1991 - **Pour le 90ᵉ anniversaire du Tour, le caricaturiste Pierre Charles, alias Pic, dresse l'arbre généalogique de tous les vainqueurs en forme de carte de France.** illustration Pic

En montagne, sa puissance permettra à Miguel de faire jeu égal avec les meilleurs grimpeurs : Tony Rominger, Marco Pantani ou Richard Virenque. Son objectif, c'est le maillot jaune, pas celui à pois. Photonews

Imago / Panoramic

Collection Laget

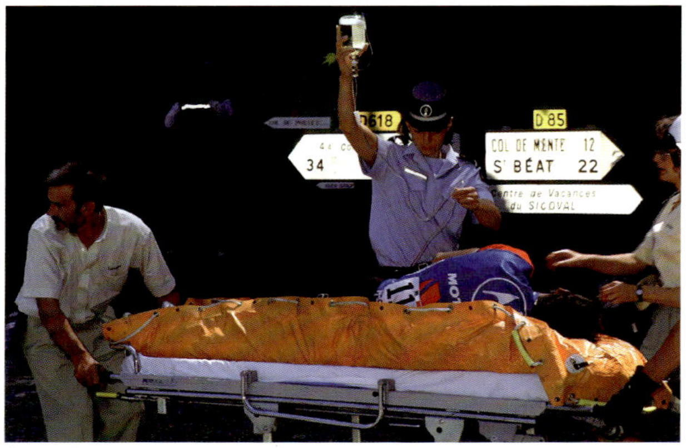

imago/B

1995 - **Un drame terrible marque les années Indurain : la chute mortelle, dans la descente du col du Portet-d'Aspet, du champion olympique italien Fabio Casartelli.** Photonews est seul contre soi-même, la route, le temps et même l'Histoire. Car il excellera tellement dans la spécialité, « le sphinx », que pendant son quinquennat, il ne s'inclinera qu'une fois, devant Rominger en 1993 à Montlhéry, paraphant dans les neuf autres exercices des performances déterminantes dans sa conquête ou consolidation du maillot jaune. Des performances de haut vol, qui le font entrer dans le Gotha des grands rouleurs : en 1991, à Macon, sur 57 km, il épate en dépassant les 47,665 km/h ; ensuite, jusqu'en 1996 et sa chute dans la conquête d'un sixième maillot jaune, il s'améliorera sans cesse. Au Luxembourg, en 1992, il est sidérant sur 65 km : il franchit la barre des 49 km/h, et colle six minutes dans la vue de Fignon, qu'il double. À Blois, dans le final de ce même Tour, c'est le mur des 52 km/h qu'il explose sur 64 km. En 1993, c'est au lac de Madine, sur 59 km, qu'il s'arrache à plus de 48,6 km. En 1994, dans Périgueux-Bergerac, il repasse largement la barre des 50 km sur 64 km. Et en 1995, il est encore plus éblouissant : après une impressionnante fugue avec Bruyneel dans les Ardennes, il frise le 50,5 km/h entre Huy et Seraing. Un Tour 1995 très maîtrisé, qu'il ponctue d'une seconde grande victoire dans le chrono du lac de Vassivière. Sa haute régularité dans la spécialité, il l'affirme encore dans le Tour tronqué de 1996, où, bien que battu par Ullrich à Libourne (63 km à 50, 443 km/h), il n'est qu'à 56 secondes. Un règne impressionnant et sans faille, maintenu avec casque de chevalier des temps modernes ou pas, guidon spécial, roues pleines ou à bâtons. Un règne à la Anquetil, qui lui vaut de conquérir ses trois derniers maillots jaunes après des chevauchées fantastiques. Les deux premiers, en 1991 et 1992, étant enfilés à la suite de raids dans les Pyrénées et les Alpes, plus ou moins partagés d'ailleurs avec Claudio Chiappucci. Justement surnommé « le diable », Claudio mérite une mention spéciale, qui va bien au-delà de ses maillots à pois de 1991 et 1992, pour toutes les passerelles insensées qu'il a préservées avec l'épopée.

Pour être discret et timide, le champion de la Banesto n'en laissera pas moins dans l'histoire du Tour une trace indélébile : cinq victoires de rang devant cinq adversaires différents, c'est du jamais vu. PHOTONEWS

Miguel, c'est le meilleur, en atteste aussi le fait que ses cinq dauphins soient tous différents : de Gianni Bugno en 1991 à Alex Zülle en 1995, en passant par Claudio Chiappucci, Tony Rominger ou Piotr Ugrumov. Le cyclisme bouge et Miguel maîtrise toujours, accompagnant dans leurs adieux aussi bien Fignon, que LeMond, Delgado ou Roche, les anciens vainqueurs. Le règne d'un monarque éclairé, puisque *L'Équipe* le compare même au Roi Soleil quand il réussit son quintuplé en 2005. « On n'égale jamais ses idoles » dit-il humblement ; reste qu'il est le premier à avoir décroché cinq Tours de rang. Reste aussi que malgré la trop grande exclusivité qu'on lui reproche pour le Tour, en 1992, et 1993, il réussit le doublé avec le Giro ; comme Coppi, Anquetil, Merckx ou Hinault, sans parler de ses titres olympiques, de son record de l'heure et de ses autres succès.

La manière aussi dont il se retire en 1996, à 32 ans, après le Tour de Riis, de « Monsieur 60% », sur une onzième place pleine de dignité, alors qu'on pouvait espérer une sixième victoire historique, fait de lui un grand Tour. Pour ne pas tomber dans le travers de ceux qui minimisent ce quinquennat très riche, il ne faudrait pas oublier qu'il a vu l'avènement de Richard Virenque

« ON N'ÉGALE JAMAIS SES IDOLES »

et de Laurent Jalabert, le premier bouquet du Brésilien Mauro Ribeiro, les premiers podiums des coureurs de l'Est, du Polonais Zenon Jaskula, 3e en 1993, et du Russe Ugrumov, 2e en 1994. C'est durant cette période ouverte, répétons-le, qu'on a vu également quelques belles épopées : celle de Chiappucci, rappelant Coppi, sur Sestrières en 1992, celle de Richard Virenque sur Luz-Ardiden en 1993, et en 1995, la chevauchée ardennaise du Sphinx avec Bruyneel, se doublant de la fugue menaçante de Laurent Jalabert à Mende, le 14 juillet. Une belle histoire dans la légende : Djamolidine Abdoujaparov triomphe sur les Champs-Elysées - où il était tombé en 1991- cette même année 1995, où Laurent Jalabert empoche le maillot vert, un an après s'être fracassé la mâchoire à Armentières. Miguel peut retourner à Villava, où ses vaches regardent parfois passer les coureurs avec des yeux de connaisseuses.

Imago / PanoramiC

Photonews

Le sphinx déchainé

Dans le contre-la-montre, son exercice de prédilection, Miguel Indurain se déchaîne et forge même l'essentiel de ses victoires. Là, il est libre et ses exploits parlent pour lui. Casque profilé, guidon de triathlète, cadre plongeant, relançant rageusement sa machine, Miguel fait des différences énormes, double ses adversaires, dépasse trois fois le 50 km/h sur des distances supérieures à 60 km, et même le seuil des 52 km à Blois en 1992. Photonews

Riis, Ullrich, Virenque ou Ullrich, Pantani, Virenque, c'est presque pareil. Imago / Panoramic Photonews

RIIS, ULLRICH, LES COUSINS GERMAINS...

1996

1er : Bjarne Riis

1997

1er : Jan Ullrich

Bjarne Riis (1,84 m, 71 kg) un Danois de Herning et Jan Ullrich (1,83 m, 73 kg) de Rostock, le voisin allemand sont presque des cousins germains. Ils sont en effet en 1996 les deux nouveaux leaders d'une équipe allemande, la Telekom, qui veut jouer avec les meilleurs. Le premier a 32 ans, le second 22, quand ils entreprennent ce 83e Tour qui part de Hollande. Le Danois filiforme au crâne dégarni en est à sa septième participation ; la Telekom l'a recruté parce qu'il a fait troisième en 1995. Dire qu'il s'est amélioré depuis ses débuts est peu dire : il avait en effet terminé 95e et 107e de deux des trois premiers Tours qu'il acheva. Là, il a 32 ans, le même âge qu'Indurain, qui lui a déjà cinq Tours à son actif, après des débuts presqu'aussi laborieux. Quant à Jan, l'autre leader, il a déjà été champion du monde ; avec le sprinter Roger Zabel, et les piliers que sont Aldag, Bölts, Henn ou Heppner, la Telekom pourra enfin se faire entendre. L'état de grâce durera deux ans, et autour de ses deux leaders, l'équipe allemande raflera tout : maillot jaune, maillot vert, meilleur jeune et même classement par équipes en 1997. Autre point commun entre Bjarne et Jan : ils triompheront en deux coups décisifs, puis contrôleront ensemble.

Outre le fait qu'ils ont le même âge, Miguel Indurain a gagné son premier Tour à sa septième tentative, justement, le septième départ du Danois. Mais le chiffre clef de ce Tour 1996 sera logiquement et curieusement le 6. Le 6, parce que l'Espagnol qui tente une sixième victoire de rang, (ce qu'Anquetil, Merckx ou Hinault, ses prédécesseurs, ont toujours raté) a encore négligé son poids - comme le fera aussi Ullrich. D'habitude, à la faveur des étapes et du beau temps, il parvenait à éliminer ces kilos avant que les choses sérieuses ne commencent. Ce Tour-ci, il en ira autrement, hélas pour lui. Il pleut, il fait froid, il y a de nombreuses chutes, Indurain reste sur la défensive, mal à l'aise avec deux kilos de trop. Le samedi 6 juillet, toujours sous la pluie, lors de Chambéry-les Arcs, avec arrivée en altitude, Miguel n'est pas bien. Une hécatombe générale voit Laurent Jalabert lâché à l'attaque de la Madeleine, Stéphane Heulot, le maillot jaune, abandonner, et Zülle ou Bruyneel glisser et tomber, aveuglés par la pluie. On croit que « le sphinx de Pampelune » est passé à travers les gouttes, quand soudain à 3 500 m du sommet, il craque. Luc Leblanc s'envole vers la victoire et Miguel perd trois minutes sur Riis. La marche arrière est bel et bien enclenchée. Elle se confirme le lendemain, dans le contre-la-montre, et le lundi 8 juillet, lors de l'arrivée à Sestrières d'une étape tronquée et réduite à 46 km à cause du vent, du froid, de la neige. Bjarne avec son maillot de champion du Danemark et un bandana noir sur les oreilles, nargue le peloton. Il prend le maillot jaune, son second, après celui endossé en 1995. Le Danois ne le perdra plus car Miguel a encore lâché 28 secondes. Que serait-il arrivé si l'Iseran et le Galibier avaient été maintenus au programme ? La réponse, on l'aura dans les Pyrénées, lors du Lourdes-Hautacam, où le 16 juillet, Riis empoche sa deuxième étape, et où Miguel perd encore 2 min 28 s. On attend un sursaut dans l'étape du lendemain, qui arrive à Pampelune. Ce sera le coup de grâce. Mortifié, Indurain passe devant, sa famille et ses supporters avec huit minutes de retard sur Laurent Dufaux et Bjarne Riis. Cette fois, c'est la chaleur qui l'accable : il coince dans le Soudet. La passation de pouvoir est très digne entre les deux champions : Miguel est désolé, et Riis s'excuse. Son baroud d'honneur aura lieu à Saint-Émilion, où il n'y a qu'Ullrich, le lieutenant de Riis, pour le battre. Le lendemain on est à

1997 - **Entre Bourg-d'Oisans et Courchevel, c'est le récital Richard Virenque et Festina. Richard ne prend pas le maillot jaune à Jan Ullrich, mais se console avec l'étape et une « Virenquemania » galopante. Derrière, c'est l'hécatombe.** Panoramic

En 1996, à droite, Bjarne Riis, champion du Danemark, prendra le Maillot Jaune au Russe Evgueni Berzin, et en 1997, à gauche, il aidera Jan Ullrich, son cousin germain grimaçant, à contrôler Richard Virenque. Imago-Sportfoto

1997 - **Avant le couronnement des Champs-Elysées, Ullrich, l'ogre de Rostock, fait le Mickey à Disneyland.** ASO.

Paris, c'est fini. Indurain termine 11e à quatorze minutes. Riis précède son dauphin et équipier Ullrich, le troisième est le Français Richard Virenque, qui décroche aussi son troisième maillot à pois. Le hic, c'est que le vainqueur, que l'on surnommait aussi « Monsieur 60 % », rapport aux rumeurs courant sur son taux d'hématocrite, avouera sa tricherie à l'EPO en 2007. Déclassé en juin 2007, son nom sera remis sur le palmarès en juillet 2008, mais avec mention de ses aveux. Miguel Indurain a-t-il été privé d'une sixième victoire ? Ce qui est sûr, c'est que la course a été faussée et que le maillot jaune de Bjarne moisit au fond d'un carton dans son garage…

« LE PROBLÈME, CE N'EST PAS ULLRICH, MAIS LE DOPAGE. »

En 1997, on ignore tout ça quand la puissante équipe Telekom se présente à Rouen pour tenter la passe de deux. Indurain n'est plus coureur, mais en civil, aux côtés de Merckx et Hinault, pour rendre hommage à Anquetil, le premier des quintuples vainqueurs. Riis va-t-il pouvoir contenir la puissance d'Ullrich, son équipier ? Virenque, le grimpeur, va-t-il se contenter du maillot à pois une quatrième fois ? Malgré Cipollini, Zabel, Minali, ou Blijlevens, qui se livrent quelques sprints d'anthologie avant la montagne, la réponse sera donnée à Andorre-Arcalis dans les Pyrénées, où, dans la montée finale, tout en puissance, Ullrich devient « l'ogre de Rostock » ; Pantani et Virenque sont à plus d'une minute et Riis à plus de trois. Comme plusieurs grands avant lui, il endosse son premier maillot jaune à 23 ans et demi. Il ne le repassera pas à Riis, qu'il expédie à trois minutes de plus dans le contre-la-montre de Saint-Étienne, ni à Virenque, qu'il s'offre le luxe de doubler. La hiérarchie est là : dans les Alpes, Pantani et Virenque feront leur numéro, mais le maillot jaune allemand ne sera pas loin ; et toujours très courtois. Il consolidera même les écarts sur ses dauphins Virenque et Pantani, le portant à neuf minutes sur le Français et plus de quatorze sur l'Italien à la faveur du dernier contre-la-montre à Disneyland. À lui la consécration des Champs. La victoire d'Ullrich est si impressionnante (même si on a cru que les Festina pouvaient la contester dans les Vosges) qu'on lui prédit une moisson délirante. On sait qu'elle se soldera en tout et pour tout par cinq places de deuxième, dont trois derrière Armstrong, ce qui n'est pas si mal. Cette même année 1997, son compatriote Erik Zabel complètera le succès de la Telekom avec le maillot vert et trois étapes. La marque s'imposera aussi par équipes, car Riis a terminé septième. En 2006, l'affaire Puerto tournant autour de soins à l'EPO prodigués par le docteur Fuentes, y compris à Ullrich, puis les aveux d'Aldag et Zabel, qui furent ses équipiers, jetteront une ombre de tristesse sur cet âge d'or des champions du Nord - qui était aussi, hélas, celui de l'EPO et des hormones de croissance. La victoire d'Ullrich en 1997 ne sera pas formellement contestée ; il sera simplement indésirable au départ du Tour 2006, et sa carrière s'arrêtera à 33 ans. Aujourd'hui, il s'occupe d'œuvres humanitaires. Il parlera quand il le jugera bon, comme il le dit : « Le problème ce n'est pas Ullrich, c'est le dopage dans le cyclisme. » Le drame Pantani l'a bien montré.

1995 - **Le Français Laurent Jalabert.** IMAGO/B

Les maillots verts, rois du coupe-fil…

Depuis 1953, et le parrainage de « La Belle Jardinière », le maillot vert distingue le champion le plus régulier et le plus rapide aux arrivées. Un roi de l'emballage, une flèche, quelqu'un capable de se faufiler, de frotter, de redémarrer, de prendre la bonne roue et de trouver un abri.

Une combinaison d'homme obus et de kamikaze, qui va parfois tellement vite et loin qu'il chute, quand un spectateur imprudent ne le fait pas tomber. Avant le sprint, le candidat au maillot vert est invisible, mais à l'arrivée, sur le fil, il est sur toutes les photos … Le plus beau des fils reste depuis 1975 celui des Champs-Elysées.

1991, 1993, 1994 - **L'Ouzbek Djamolidine Abdoujaparov** IMAGO/B

1996-2001 - **L'Allemand Erik Zabel et le Français André Darrigade, son prédécesseur en 1959 et 1961.** ASO

1995 - **Le centaure italien Mario Cipollini, maillot vert de transition.** IMAGO/B

2002, 2004, 2006 - **L'Australien Robbie Mc Ewen et son fils.** Getty Images/AFP

2002 - **Paix armée entre Erik Zabel, en vert, et Robbie McEwen, son futur successeur.** ASO

2002, 2004, 2006 - **Ça frotte, épaule contre épaule entre l'Espagnol Oscar Freire et l'Australien Robbie McEwen. A l'Espagnol l'étape, à l'Australien le maillot.** AFP

2005 - **Faire le signe de croix est souvent un signe de sagesse pour Tom Boonen.** ASO

AFP

LE TOUR ENFIN À L'HEURE ALLEMANDE...

Plus qu'une première victoire allemande et cinq places de dauphin en particulier derrière Armstrong, Jan Ullrich ouvre l'Allemagne au Tour de France. ASO

Si le Tour 1903 est international, c'est parce qu'il y a des Belges, des Italiens, des Suisses et…des Allemands. Il y en a même trois, dont le grand moustachu Joseph Fischer qui figure parmi les favoris, même s'il ne terminera que 15e. C'est le point de départ d'une longue histoire d'amour avec le Tour, qui sera scandée en 1932 par un premier gain d'étape, un premier maillot jaune et un premier podium, le tout pour Kurt Stöpel, le dauphin d'André Leducq. La deuxième grande vague allemande s'étalera dans les années 1960, où le Tour part de Cologne en 1965 (une première) après avoir fait étape à Fribourg en 1964 ; ses héros seront Hans Junkermann, qui frôle le podium en 1960 et 1961, Rudi Altig, qui porte le maillot jaune en 1962 et 1964, et conserve le vert en 1962, puis Karl-Heinz Kunde, qui enfile à son tour le maillot jaune en 1966 pour devenir un mémorable « nain jaune. »
Ensuite l'histoire s'accélère avec des grands départ à Francfort (1980) ou Berlin (1987) et des étapes à Fribourg (1971, 1977, 2000), Wiesbaden (1980), Karlsruhe et Stuttgart (1987). Côté champion, le grand déclic se produit en 1977 – dix ans après l'élargissement de la brèche par Rolf Wolfshohl (1967, 1968, 1970) – avec la bombe Dietrich Thurau, qui survole le prologue et conserve le maillot jaune pendant deux semaines, les deux tiers du Tour, avant de le passer à Thévenet, futur vainqueur. Pour finir en beauté, Dietrich met un point d'honneur à enlever aussi le contre-la-montre des Champs-Elysées. Adopté par les Français grâce à son sourire et à Léon Zitrone, Didi est épaulé par Klaus-Peter Thaler ; le Tour peut parler la langue de Goethe.

En effet, Thurau, qui finit cinquième, et meilleur jeune, à seulement 12', prouve encore mieux que Stöpel, en 1932, que le Tour peut parfaitement revenir à un Allemand. Une révélation qui explique outre-Rhin le coup de foudre pour la Grande Boucle. La graine mettra un peu de temps à prendre Rolf Golz en lauréat à Blagnac en 1987, à Nancy en 1988, Olaf Ludwig en 1990, 92 et 93, enlèveront des bouquets prémisses de grandes moissons. C'est l'équipe Télékom qui, à partir de 1996, les récoltera : à Erik Zabel, un premier maillot vert, qui sera suivi de cinq autres, à Jan Ullrich, un premier maillot blanc de meilleur jeune, qui sera suivi de deux autres. Le Tour 1997 sera celui de l'apothéose. Stöpel disparaît en juin et en juillet Ullrich atteint enfin les sommets après une place de dauphin en 1996. Jan, 23 ans, son équipe (la Télékom) et son ami Erik Zabel, dominent ce 84e Tour de France de la tête et des épaules : à Jan le maillot jaune, à la Télékom le classement par équipes, à Erik un nouveau maillot vert. L'attente a été longue, mais la patience et le travail sont récompensés par un triomphe absolu. Un triomphe que Jan Ullrich frôlera encore, puisqu'il sera à nouveau deuxième en 1998, 2000, 2001 et 2003. Il passera alors le relais à Andreas Klöden, qui deviendra à son tour le dauphin de Lance Armstrong en 2004, Jan restant au pied du podium. Consolation, son équipe, devenue la T'Mobile, complètera la razzia de Zabel (6 maillots verts, 12 étapes). Longtemps bons animateurs du Tour appréciés, les Allemands en sont désormais devenus des acteurs de premier plan.

LE TOUR PEUT AUSSI PARLER LA LANGUE DE GOETHE

Rudi Altig porte le maillot jaune en 1962, mais conserve le vert. Quant à Dietrich Thurau, en 1977, il fait les deux tiers du Tour en jaune et, consécration, le porte lorsqu'il passe Fribourg-en-Brisgau.
Keystone-France

imago/panoramic

Avec Erik Zabel et Andreas Klöden, le cyclisme allemand joue sur deux tableaux : le maillot vert et le maillot jaune. Klöden finira sur les talons d'Armstrong en 2004, plus heureux, Zabel décrochera six maillots verts consécutifs entre 1996 et 2001.
Panoramic

FEP

PANTANI, LE PIRATE DANS LA TEMPÊTE...

1998

1er : Marco Pantani

Entre Erik Zabel, et Christophe Rinero, Marco Pantani, le pirate des cimes.
IMAGO-SPORTFOTO

À cause de ses grandes oreilles décollées, on surnomme le grimpeur italien Marco Pantani, « il Elefantino » et à cause de son foulard, de sa boucle d'oreille, et de son tatouage, « le Pirate »... Il a été troisième en 1997, mais cette année-là, l'éléphant sera aérien et le pirate sera celui du roi, comme un corsaire. Pourquoi ? Tout simplement parce que le Tour essuya, en 1998, une tempête comme il n'en avait jamais connu en quatre-vingt quinze ans d'existence, et que Marco, qui était aussi un divin chauve, contribua à le sauver.

Les nuages noirs se formèrent donc dès le 8 juillet, trois jours avant le grand départ de la course depuis l'Irlande, pays de Seamus Elliott, Sean Kelly et Stephen Roche. Un départ tardif pour cause de Coupe du Monde du football. Une Coupe organisée par la France pour la seconde fois, gagnée par Zidane, Barthez et Aimé Jacquet. Une Coupe qui avait provoqué une euphorie nationale, après un éreintement particulièrement indécent d'Aimé Jacquet, l'entraîneur des Bleus. L'euphorie se reporta sur le Tour, qui devint la nouvelle tête de Turc d'une presse en mal de bouc-émissaire. Certes, il y avait trafic de drogue : la voiture de Willy Voet, le soigneur de Festina, était pleine d'EPO et de produits dopant le 8 juillet. Certes, il y avait dopage organisé, comme l'attestaient, dans la foulée les aveux de Bruno Roussel, le directeur sportif des Festina, et du médecin de l'équipe. La justice et la police devaient faire leur travail, mais avec dignité et respect. Ce n'est pas parce qu'on a affaire à des « géants de la route » qu'on peut impunément les découper en rondelles, ou leur tordre le cou en oubliant leurs droits les plus élémentaires. Pas parce qu'il s'agit d'une épreuve hors du commun, qui suscite depuis sa création autant de jalousie que d'admiration, qu'on peut s'autoriser à demander sa suppression.

La tempête fut terrible. Heureusement, pour l'affronter, le Tour avait une double commande, et une double tête, si l'on peut dire : celle de Jean-Marie Leblanc, le patron sur le terrain, et celle de Jean-Claude Killy, le président d'ASO, société du groupe Amaury spécialisée dans les organisations d'événements sportifs depuis 1993. Deux anciens compétiteurs, l'un célèbre triple champion olympique de ski des Jeux de Grenoble en 1968, l'autre, ancien « géant de la route ». En effet, avant de devenir un brillant journaliste spécialiste de cyclisme et de boxe, Jean-Marie Leblanc avait fait et terminé deux Tours de France. En 1968 et en 1970. Les coureurs savaient qu'il était du bâtiment, un atout essentiel dans le dialogue difficile qu'il fallut établir à plusieurs reprises avec eux, d'abord lors de la grève de Tarascon-sur-Ariège, puis à Aix-les-Bains, quand, se sentant par trop malmenés, ils envisagèrent de tout arrêter. Le dialogue que Jean-Marie parvint alors à nouer avec Bjarne Riis, Laurent Jalabert et Luc Leblanc, fit chaque fois repartir la course. Le patron relativisait, calmait, appelait au bon sens des deux côtés, car il intervint aussi auprès des autorités de justice et de police pour demander davantage de respect, de dignité. « On n'a tout de même pas affaire à des criminels, ou à des violeurs d'enfants », comme le disait avec courage Louis Nucéra, le regretté écrivain et amoureux du Tour.

« NI DES CRIMINELS, NI DES VIOLEURS »

Raison gardée, humanisme préservé, furent les deux piliers où Jean-Marie Leblanc amarra le Tour dans cette tourmente folle. Et encore une fois, la défense fut héroïque, car la presse dans son ensemble prenait un malin plaisir à « scier » – sans nuance, sans égard pour les champions – le Tour, son image et sa mythologie. Le solide Félix Lévitan lui-même, qui avait été invité au prologue à Dublin, dans un souci de rapprochement entre organisateurs de différentes générations, fut sidéré par cette « cabale » qui touchait assurément Jean-Marie Leblanc, mais ne l'ébranlait pas. Il allait se révéler le capitaine courage qu'il fallait pour sauver la course et la ramener à Paris – il ne faut pas oublier que de grands journaux avaient demandé l'arrêt du Tour. En vertu de quoi, au nom de quoi, on se le demande. La morale se transformait en posture et ce n'était pas fini. On voulait la mort du Tour, son interruption pendant un an de presse... Quoi encore ? Si on avait appliqué le même code à certains titres en fonction de leurs erreurs, fourvoiements ou dévoiements répétés, que se serait-il passé ? On avait essayé de récupérer le Tour à la Libération, là, on essayait de le tuer, tout simplement. Qui peut prétendre le contraire ? Demain, avec la même allégresse, ces

AFP

Descente de police, mise hors course de Richard Virenque et des Festina, grève sur la route avec Marco Pantani, dialogue tendu entre Bjarne Riis et Jean-Marie Leblanc, un Tour 1998, qui a failli sombrer.

STF

Imago-Sportfoto

AFP

SUR LES CHAMPS, UN ACCUEIL PLEIN DE FERVEUR

justiciers du petit matin passeraient à une autre tête de Turc, pourvu qu'elle dépasse un peu de la masse.

Et à Brive, il faudrait donc exclure l'équipe Festina, où le dopage était hélas bien organisé, même si Richard Virenque le niera toujours. Le maillot à pois avait été troisième en 1996, deuxième en 1997, il pensait bien pouvoir triompher en 1998. On lui coupait l'herbe sous le pied et beaucoup de Français, qui avaient été séduits par sa fougue et son panache, crièrent alors à l'injustice. Reprendre le dessus relevait presque de la mission impossible ; c'est là que Leblanc rejoignit Desgrange, en plus fort, car dans ces cas-là, on sait que HD s'éclipsait volontiers, ou déléguait, ou faisait un grand footing ; ce que Leblanc faisait aussi, mais sans lâcher le gouvernail. Entre deux barrières de récifs, la course finit par prendre le dessus grâce à Marco Pantani. Il fallait bien un grimpeur ailé pour faire redécoller l'épreuve. Il tutoya les nuages et la légende, d'abord dans les Pyrénées, au plateau de Beille, où il ébrécha le maillot jaune d'Ullrich, puis aux Deux-Alpes, où il s'en empara définitivement, après avoir désintégré « l'ogre de Rostock » relégué à la 25e place à neuf minutes ! Ce dernier tenta bien une réhabilitation le lendemain, du côté d'Albertville, mais le Pirate veillait au grain. À Aix-les-Bains, où l'étape fut neutralisée, de nouvelles équipes quittèrent le bateau dans des conditions plus ou moins glorieuses, mais la course repartit malgré tout le lendemain vers Neufchâtel où Tom Steels régla un peloton allégé de Rodolfo Massi, le maillot à pois, en garde à vue à Chambéry. Ullrich grignota un peu de son lourd passif entre Montceau-les Mines et Le Creusot, où jadis, dans la mine, Louis Gauthier, petit gabion, qui deviendrait « géant de la route », écrivait à la craie sur les wagons qui descendaient au fond les résultats des étapes pour les copains. Ne restait plus qu'à cingler sur Paris où le Tour, sa caravane, ses quatre-vingt-seize rescapés et Jean-Marie Leblanc reçurent un accueil plein de ferveur. Spectateurs et suiveurs savaient que « la Grande Boucle » revenait de loin. Après la victoire des Bleus en Coupe du Monde, c'était une autre belle victoire, et en prime celle de Pantani sur Ullrich.

Photonews

ARMSTRONG, UN BOSS PUISSANCE 7

1999, 2000, 2001, 2002, 2003, 2004, 2005

1er : Lance Armstrong

À son cinquième Tour, Lance prend la casquette du Boss. Photonews

Ce 3 juillet 1999, jour du grand départ du 86e Tour de France, n'est pas un jour ordinaire dans l'histoire du Tour. Les raisons en sont multiples : c'est le premier départ de Vendée, du Puy-du-Fou ; c'est le retour de deux figures récusées par l'organisation, Richard Virenque et Manolo Saïz ; c'est aussi celui (après une absence de deux ans nécessaire pour surmonter un terrible cancer des testicules) de l'Américain Lance Armstrong. Après avoir renoncé lors de ses deux premiers Tours en 1993 et 1994, et terminé 36e en 1995, il avait été éliminé en 1996. C'est donc son cinquième Tour qu'il entreprend, cette fois à la tête d'une équipe américaine toute à sa dévotion, l'US Postal. Il va sur ses 28 ans, et ses anciens équipiers, Andreu et Hincapie, le trouvent métamorphosé ; il a beaucoup maigri, s'est musclé, son coup de pédale a changé, en particulier en montagne, comme la prouvé son étonnante 4e place à la Vuelta en 1998. Il était plutôt le champion des courses d'un jour, comme en atteste son titre mondial de 1993. Il est devenu un champion de longue haleine, « un grimpeur » dirait Desgrange. Autres éléments contribuant à faire de ce Tour un événement peu ordinaire : Pantani, le vainqueur sortant, n'est pas là, pour cause d'exclusion au récent Giro ; Riis, le vainqueur 1996, a arrêté, et Ullrich, son successeur en 1997, préfère rester sur sa victoire à la Vuelta.

LE COUREUR D'UN JOUR DEVIENT « GRIMPEUR » À LA DESGRANGE.

Photonews

1999 - **Le passage du Goix, une chute collective, et les problèmes mécaniques engendrés, font perdre une bonne part de leur avance à des outsiders comme le Suisse Alex Zülle.** Presse Sports

Sept, c'est le chiffre qui relie le rustique grimpeur Richard Virenque et l'Américain Lance Armstrong. Sept maillots à pois pour le Français, sept maillots jaunes de rang pour l'Américain casqué, dont le guidon ressemble à une pince de la Nasa. A.S.O

Bref, on a rarement vu un Tour aussi ouvert, et le décor est planté dès le prologue sur 6,800 kg : l'Armstrong nouveau prend sept secondes au Suisse à lunettes Alex Zülle, qui lui aussi a dû renoncer aux deux derniers Tours, mais pour des raisons différentes. En 1997, il était non-partant à la cinquième étape, et en 1998, il était exclu à Brive avec toute l'équipe Festina. Son premier maillot jaune, Lance n'a que le temps de l'entrevoir, car dans la deuxième étape Challans-Saint-Nazaire, qui emprunte le passage du Goix, l'Estonien Jaan Kirsipuu, le lui souffle grâce aux bonifications. Cette étape, qui était censée être une étape de mise en route, va s'avérer très importante : une centaine de coureurs sur cent soixante-dix-huit vont perdre beaucoup de temps à la suite d'une chute collective sur le Goix. Armstrong est épargné, pas Zülle, qui cède plus de six minutes – à l'arrivée, il finira à sept de l'Américain… Jusqu'à Metz, les sprinters s'en donnent à cœur joie, en particulier le bellâtre Mario Cippolini, qui enlève quatre bouquets de rang à Blois, à 50,355 km/h de moyenne. Lance profite de ces étapes plates pour peaufiner les derniers réglages, en vue des étapes décisives. Là, il affiche la couleur : il écrase le contre-la-montre de Metz (56,4 km), et donne un récital sur Sestrières, consolidant le maillot jaune qu'il a repris définitivement. Des Alpes aux Pyrénées, ses dauphins changeront, mais resteront toujours à six ou sept minutes, et si Escartin brille, ça ne va pas plus loin, ou plus près, au choix. Le dernier contre-la-montre au Futuroscope permet à Lance d'affirmer sa suprématie : Zülle est rejeté à sept minutes et Escartin à dix. Sur les Champs-Elysées, où Il reçoit enfin la consécration dont il rêvait, le roi n'est pas son cousin. Zabel, maillot vert pour la quatrième fois, et Richard Virenque, maillot à pois pour la cinquième, posent avec lui pour une photo de famille pour le moins inattendue. Même s'il avait enlevé deux étapes en ligne en 1993 et 1995, qui aurait pu prévoir que l'américain remporterait un contre-la-montre et une montagne ? Quelques histoires de dopage assombrissent un peu le Tour, mais, après avoir frisé le chaos en 1998, la course semble avoir retrouvé ses marques. Quelques prélèvements sont conservés pour des analyses ultérieures quand les systèmes de détection auront été améliorés, mais pour le moment, la joie l'emporte. Pour les malades atteints du même cancer qu'Amstrong, c'est un symbole indescriptible.

Le Tour 2000, dont Lance Armstrong et ses équipiers ont, à l'américaine, reconnu méticuleusement les passages les plus importants, part une nouvelle fois du Futuroscope, près de Poitiers, où un an plus tôt, le Boss a assis sa victoire. Un signe positif, même si Pantani et Ullrich sont de retour. Le maillot jaune que David Millar lui a chipé au prologue pour deux secondes, il le retrouve quand les choses sérieuses commencent, dans les Pyrénées à Hautacam, car il est juste sur les talons de Javier Otxoa, le vainqueur. C'est

Avant le départ, dialogue au sommet entre les porte-maillots majeurs du Tour, l'Américain Lance Armstrong et l'Allemand Erik Zabel. Imago/Panoramic

parti pour la passe de deux, même si Pantani, qui confirme son retour en forme, le titille au Ventoux et à Courchevel, et si Virenque et Ullrich jouent les faux jumeaux à Morzine. L'Américain a laissé un peu de mou au fil, le temps d'arriver à Mulhouse pour mettre un coup de moulinet et creuser un peu plus l'écart final : Jan Ullrich, le dauphin allemand, est à six minutes, et Joseba Beloki, le petit grimpeur espagnol de la Festina, à plus de dix. Erik Zabel est maillot vert pour la cinquième fois, et le Colombien Santiago Botero, de la Kelme, prive Richard Virenque d'un sixième petits pois rouges. Consolation, le Français est sixième au classement général.

IL NE VEUT PAS DÉPASSER LEMOND, MAIS LE DÉBORDER

Les meilleurs adversaires d'Amstrong comme Jan Ullrich ou Joseba Beloki, deviennent des collectionneurs de place d'honneur. FEP

Le Tour 2001, le 88e, qui part cette fois de Dunkerque, va-t-il permettre à Armstrong de faire aussi bien que son compatriote Greg LeMond, qui avait réussi le triplé en 1990, après avoir été le premier Américain à s'imposer ? Lance y tient vraiment, ne serait-ce que pour se démarquer un peu de ce compatriote avec qui il n'a guère d'affinités. Toutes proportions gardées, il en aurait davantage avec Louison Bobet, et pas seulement parce que, comme lui, il a enlevé son premier Tour à sa cinquième tentative. Ils partagent la même volonté, le même amour du Tour, le même souci de perfectionnement, de la recherche du meilleur. Comme le Breton, après avoir été champion du monde, comme le Breton, il est en lice pour le rejoindre sur les tablettes avec une équipe encore plus forte. Bobet, LeMond, des parallèles gratuits ? Et s'il était écrit dans le livre secret du Tour que, pour parvenir à égaler Louison et Greg, le prétendant devait disputer un Tour aussi échevelé que les leurs ? C'est bien ce qui arrive avant les premiers grands rendez-vous puisque Laurent Jalabert, en verve, triomphe deux fois, en particulier le 14 juillet à Verdun, et que du côté de Pontarlier se développe une échappée dont les 14 protagonistes s'assurent plus de trente minutes ! Va-t-on assister à une surprise à la Walkowiak ? D'aucuns en rêvent, mais Armstrong s'est fixé un rendez-vous avec l'Histoire, et pour lui le retour s'amorce très vite et très fort, dès les Alpes, dès l'Alpe-d'Huez et Chamrousse, où l'« ami américain » triomphe les deux fois. Avec en prime, un touchant clin d'œil : François Simon, qui était de la grande échappée,

Reconnaissance des parcours, organisation méthodique de l'équipe, capacité d'adaptation à toutes les situations, tout cela n'est possible que parce que Lance Armstrong s'est voué au Tour « corps et âme », et qu'il veille à tout, contrôle tout. A.S.O

Dans cette période américaine, Laurent Jalabert est assez intelligent pour faire une course « en creux » et décrocher en 2001 et 2002 deux inattendus maillots à pois qui lui valent un surcroit de popularité. FEP

prend le maillot jaune presque au même endroit où son frère Pascal l'avait perdu sur abandon en 1983. À la faveur de ces deux rushes, Armstrong retrouve le podium, quoique à 13 minutes du petit Simon. Il ne lui faudra que deux autres étapes et un tour de vis au Pla-d'Adet, où il donne un grand coup de balai, pour endosser son premier maillot jaune 2001, et reléguer son ancien possesseur à plus de quatre minutes. Le lendemain, à Luz-Ardiden, il fait une arrivée chevaleresque en congratulant Ullrich, l'attaquant, son nouveau dauphin à cinq minutes. L'Allemand n'a pas l'état de grâce de 1997, et à Saint-Amand-Montrond, l'Américain corse l'addition. Il sera encore dauphin, mais à presque sept minutes, Beloki, est de nouveau sur la troisième marche. Les années se suivent et les podiums ne changent pas. Lance rejoint Greg et Louison, et on le devine déjà impatient de les dépasser, surtout Greg. Pourtant, le plus heureux sur les Champs-Elysées est peut-être bien Laurent Jalabert, qui, lui, endosse le maillot à pois.

En 2002, le Tour part du Luxembourg pour la seconde fois et Charly Gaul, vainqueur du Tour 1958, est là pour le lancer. À l'époque, qui aurait pu croire que des Américains, des Australiens, des Colombiens, des Estoniens ou des Lettons y joueraient un jour les premiers rôles ? En un peu plus de trente ans, le Tour s'est mondialisé, modernisé, et Gaul est un peu perdu dans ce village planétaire où Armstrong concourt pour un quatrième titre et le montre dès le prologue. Qui aurait osé jadis, s'il y avait eu des prologues ? Anquetil peut-être. Qui pourrait empêcher l'Américain de réussir la passe de quatre ? Ullrich, en surpoids n'est plus là. Reste Joseba Beloki, deux fois 3e, et peut-être Botero. Ce coup-ci, le Tour commence par les Pyrénées ; et comme d'habitude, Armstrong s'affirme dès les premières difficultés, double les coups, comme son homonyme et compatriote le champion de boxe Henry Armstrong. Il l'avait déjà fait en 1999 et en 2001, il recommence à La Mongie et au Plateau de Beille. Beloki a pu s'accrocher à ses basques, avec Alvaro Gonzalez de Galdeano, qui détenait jusque là le maillot jaune. Ses marges, l'Américain les majore dans le Ventoux (où

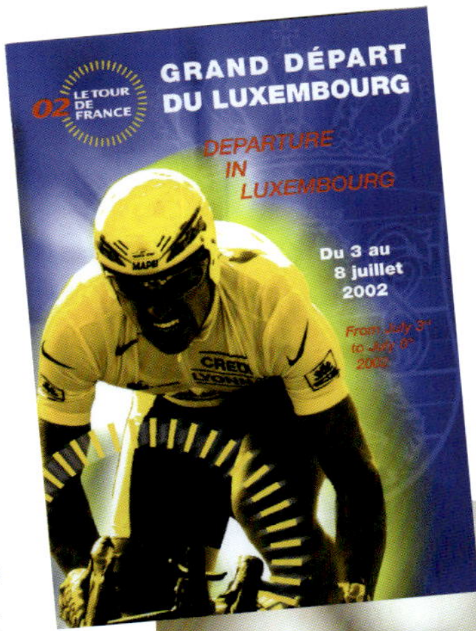

Avec Lance, sur le Tour, on n'y voit que du feu, du jaune et du bleu pendant sept ans !
Imago/Panoramic

il mord les talons d'un Virenque retrouvé) à la Plagne, et dans le contre-la-montre de Macon. Beloki est bien le dauphin annoncé : sur le podium, il côtoie le Letton Raimondas Rumsas, qui nous rappelle (son épouse est prise dans un contrôle douanier avec des produits interdits) que le dopage est toujours le pire ennemi du Tour. Et de quatre pour Armstrong, exit LeMond. Titulaire d'un second maillot à pois, Laurent Jalabert, alias Jaja, fait des adieux très réussis.

Pour son centième anniversaire en 2003, le Tour, qui développe sa 90e édition, part de Paris et de Montgeron, d'où il avait pris son envol le 1er juillet 1903. Si Lance Armstrong s'impose avec cinq victoires, il rejoindra les quatre grands : Anquetil, Merckx, Hinault et Indurain, un sacré challenge. Et qui dit challenge dit Armstrong. Que le Tour emprunte les cinq villes étapes historiques de la première édition, c'est-à-dire Lyon, Marseille, Toulouse, Bordeaux ou Nantes, ne gêne pas le Texan, qui sait que tout se jouera à l'Alpe d'Huez et à Luz-Ardiden. Et les deux fois, il est là. La première, dans le sillage d'Iban Mayo, le vainqueur, assez près pour prendre le maillot jaune à Virenque. La seconde, il est même assez fort pour surmonter une chute dans le final, provoquée par un accrochage avec un spectateur, et prendre un nouvel avantage sur Ullrich, son adversaire, de nouveau le plus menaçant. Cette chute est gommée grâce à une vivacité, et un sang-froid dont il avait déjà fait preuve quelques jours plus tôt, du côté de Gap, quand il avait évité de justesse Beloki (qui venait de tomber lourdement dans un virage de la descente de la côte de la Rochette) en coupant à travers champs, pour retrouver la route un peu plus bas. Un exercice de haute voltige, qui devait lui rappeler ses débuts dans le triathlon. Dans le contre-la-montre de Pornic, la veille de Ville-d'Avray, des Champs et de la grande parade du Centenaire, il assure mieux que son dauphin Jan Ullrich, qui prend des risques et tombe, laissant une victoire anecdotique à David Millar. L'Allemand ne tentait pas le diable, mais le coup de poker, car avec tout juste une minute de retard, il se disait que... Il sera le second d'Armstrong pour la troisième fois. Quant à ce dernier, qui a échappé à tous les avatars pour devenir le cinquième du club des quintuples vainqueurs, on se dit qu'il est béni par Henri Desgrange, dont les initiales font leur grand retour sur ce maillot jaune qu'il a porté durant treize étapes. La moyenne est presque trop belle pour être vraie elle frôle le 41 km/h. La part des Français dans les prix, c'est encore à Virenque, qu'on la doit, avec un sixième maillot à pois.

LE PREMIER CHAMPION À AVOIR VOUÉ SA VIE AU TOUR

Va-t-il s'arrêter là, le champion américain, qui va sur ses 32 ans, l'âge où Hinault a stoppé les machines ? Non, il est fasciné par la passe de six. Là où tous les autres ont échoué, il veut réussir. Et il y croit, car il est bien le premier à avoir « voué sa vie au Tour », dépassant même Merckx dans l'opiniâtreté. Lance a vu deux fois la mort de près, celle de son ami Fabio Casartelli, et la sienne. Cela lui a ouvert un monde inconnu de ses prédécesseurs.

2004. Pour arriver à l'impossible, il va s'accommoder d'une course en creux, laissant le premier maillot jaune de Liège à Cancellara. Il le lui reprendra un instant à Arras – à la faveur du contre-la-montre par équipes, dominé par son US Postal –mais pour le laisser aussitôt à un petit Français, Thomas Voeckler, qui s'est glissé entre Amiens et Chartres dans une échappée fleuve il a pris 16 min. Lance aurait sûrement préféré porter le maillot jaune de bout en bout, mais il laisse filer. Tant que le petit champion de « La Boulangère » porte le poids de la course, lui garde ses forces pour les moments décisifs. Dans ce no man's land, toujours dynamisés par Virenque, les français s'engouffrent. Le roi Richard montre l'exemple le premier, effectuant le 14 juillet entre Limoges et Saint-Flour, une de ses chevauchées dont il a le secret. Le lendemain, c'est David Moncoutié, qui prend le relais, chez lui à Figeac. Dans les Pyrénées, au Plateau de Beille, Armstrong repointe le guidon avec Basso et Klöden, mais Voeckler conserve 22 petites secondes d'avance qui lui permettront de tenir jusqu'aux Alpes, où Armstrong triomphe à Villard-de-Lans – avant de doubler la facture dans le contre-la-montre de l'Alpe-d'Huez, de la tripler au Grand-Bornand, où Klöden s'était échappé, et de la quadrupler à Besançon, où il montre que le Tour est maintenantà l'heure américaine. Pour sa

Imago/Panoramic

2003 - **Que Joseba Beloki tombe dans un virage de Provence ou qu'un spectateur l'accroche dans la montée sur Luz-Ardiden, et Lance réagit instantanément. Ici, il coupe à travers champ, là, comme s'il avait un ressort, il repart de plus belle, et laisse même Ullrich sur place. C'est Mac Gyver sur le Tour.** AFP

Imago/Panoramic

AFP

Lance Armstrong, c'est aussi 26 victoires d'étape, et autant d'occasions d'exprimer son enthousiasme. FEP

sixième victoire, il renoue avec les grands écarts : plus de six minutes sur son dauphin, Andréas Klöden. L'Italien Ivan Basso prend la troisième marche et Richard Virenque son septième maillot à pois, synonyme de record. Le premier Français est Christophe Moreau, 12e, quant à Thomas Voeckler, petit poucet, qui a porté le maillot jaune pendant dix étapes, il a bien limité les dégâts : 18e.

« IL NE FAUT PAS ÊTRE TROP NORMAL POUR GAGNER LE TOUR »

Six victoires, ce n'est pas assez pour Lance Armstrong, qui veut mettre la barre encore plus haut en 2005, et qui, avec une équipe renforcée (même si elle devient la Discovery Channel Team), entend bien décrocher un septième Tour. Un exploit qui lui ferait atteindre une dimension inconnue. À l'instar de son homonyme Neil Armstrong, qui avait été le premier à marcher sur la lune, laisser une trace indélébile sur le Tour. Celui-ci part à nouveau de Vendée, là où sa conquête de l'Ouest avait commencé en 1999, et Lance voudrait bien récidiver. Dans le contre-la-montre de 19 km, il part comme un boulet de canon, « enrhume » son vieux rival Ullrich, parti une minute avant, mais, pour deux petites secondes, est battu par un invité imprévu, son compatriote et ancien équipier David Zabriskie. Un trouble-fête, qui tombe trois jours plus tard dans le contre-la-montre par équipes enlevé par les Armstrong's boys, et rend le maillot. En hommage au blessé, Lance met un point d'honneur à ne pas porter le maillot jaune le lendemain, se ralliant ainsi au panache de Kübler ou Merckx. Ce maillot jaune, il le portera durant dix-sept étapes, un record pour lui, preuve d'une course bien maîtrisée. En fait, il ne le perdra qu'un seul jour, dans le Ballon d'Alsace et les Vosges, le passant à l'Allemand Jens Voigt, qui profite d'une belle échappée victorieuse du grimpeur danois Michael Rasmussen, candidat à la succession de Virenque. Dans les Alpes, l'Américain contrôlera le Danois avant de le passer à la moulinette dans les Pyrénées et de le châtier dans le contre-la-montre de Saint-Étienne (où Ullrich revient) pour monter sur la troisième marche derrière l'Italien Ivan Basso. Sur les Champs-Elysées, où le Kazakh Alexandre Vinokourov prend le bouquet, Lance Armstrong ne touche plus terre : avec sept Tours de rang, il a réussi ce que tout le monde croyait impossible. La moyenne, est elle aussi effarante : 41,654 km/h. Il va avoir 34 ans et pouvoir se consacrer à ses deux enfants et à la lutte contre le cancer avec son association LiveStrong.

Fin août de la même année 2005, le journal L'Équipe, sur la foi d'analyses d'échantillons de 1999 faites a posteriori par le laboratoire de Châtenay-Malabry, émettra de sérieux doutes sur la probité de la première victoire du champion américain. Des traces de corticoïde apparaîtraient, en effet, sur un des premiers contrôles. Défense du champion : une pommade donnée sur prescription médicale. Un doute qui compliqué de révélations après plusieurs enquêtes, ternira à tout le moins la kyrielle de victoires du Texan qui continue de figurer néanmoins sur les tablettes officielles. Pour dissiper les doutes et faire parler davantage de sa fondation de lutte contre le cancer, il remet ça, à la surprise générale, en 2009. Il a 38 ans. Le retour des grands champions, boxeurs ou tennismen est à la mode, mais là, le défi est dément. Se préparant comme lui seul sait le faire, au sein de l'équipe Astana, il disputera donc son 12e Tour de France, la marque d'Indurain. C'est justement avec un autre Espagnol, Alberto Contador, son équipier chez Astana qui a gagné le Tour 2007, que la cohabitation va s'avérer périlleuse. Car ce retour, Lance le voudrait gagnant ; autour de lui, il a assemblé l'Allemand Klöden et son compatriote Leipheimer. Mais les années sont là, et dans Verbier, Contador s'affirme comme le patron. La jeunesse, c'est aussi le Luxembourgeois Andy Schleck. Non sans mérite, Lance parviendra à se hisser sur la troisième marche d'un podium où brille Contador. Cinq minutes de passif après quatre ans d'absence, c'est plus qu'honorable. Mais le Texan n'a pas tiré sa dernière cartouche. Il reviendra en 2010, avec une équipe toute à sa dévotion, la Radioshack, cependant que Contador reste chez Astana avec Vinokourov. Lance a beau connaître tous les virages du parcours, avoir reconnu les endroits les plus invraisemblables, il a pris un an de plus, et dans les cols de la Ramaz et des Gets, c'est le décrochage : 11 min 45 s. Il ne portera plus le maillot jaune, il le sait, et devient plus ouvert, plus souriant, suscitant même chez le public une popularité inattendue. Des adieux souriants à une très digne 23e place à 39 minutes. Quasiment son âge. La boucle est bouclée. Il y a eu des épines, de la grisaille, des séquences fantasmagoriques. N'empêche, Lance a tenu sept ans le haut du pavé et impressionné par sa soif de vaincre, son professionnalisme, sa volonté d'airain, et son amour fou de ce Tour de France, qui est plus qu'une course, mais qui ne ressemblera jamais à Las Vegas. Non, ici, tous les coups ne sont pas permis. Pour gagner le Tour, comme le déclare Cadel Evans fin janvier 2012 à L'Équipe : « il ne faut pas être trop normal ». Peut-être un titan ?

Complimentant Thomas Voeckler, qui en 2004, l'a longtemps privé du maillot jaune, ou arrachant une bosse, Lance Armstrong dégage une puissance jamais vue. En particulier au niveau du torse. « C'est le triangle des Bermudes » s'exclameront même quelques culturistes admiratifs.
Reporters / Panoramic

Imago/Panoramic

GEPA / PanoramiC

Avec ou sans casque ou casquette, sous le maillot de l'US Postal ou de la Discovery Channel, Lance Armstrong, c'est un septennat aux commandes du Tour. Autoritaire souvent, souriant parfois, incontestable toujours. Keystone France

STF

TREK

2001 – **Dans les Pyrénées, pour une fois, les grimpeurs légers sont devant ; derrière, les titans leur donnent la chasse. Armstrong et Ullrich ont les échappés en point de mire et on négocie la courbe avec eux, on grimace avec eux. Plus tard, l'Américain, maillot jaune depuis la veille, tendra chevaleresquement la main à son adversaire allemand.** Imago / Panoramic

Alterphoto/panoramic

PEREIRO, SASTRE, CONTADOR, LES MATADORS DES CIMES...

ASO

Maillot jaune à retardement pour Pereiro, mais, sur les Champs, pour Sastre et Contador. AFP

2006

1er : Oscar Pereiro

2007

1er : Alberto Contador

2008

1er : Carlos Sastre

2009

1er : Alberto Contador

2010

~~1er : Alberto Contador~~

1er : Andy Schleck

À eux trois, Oscar Pereiro Sio, Carlos Sastre et Alberto Contador ont donc gagné cinq Tours de France de rang. Comme leur compatriote Miguel Indurain. Étonnant. C'est la troisième vague espagnole, celle qui permet au pays de Don Quichotte de collectionner treize succès avec Bahamontes, Ocana, Delgado, Indurain et de se retrouver ainsi d'un coup devant les États-Unis (10), et l'Italie (9).

Questions pour expliquer cette embellie : comment l'Espagne arrive-t-elle à s'imposer dans un Tour plus que jamais ouvert à la mondialisation, et où pédalent des champions de 28 nationalités ? Comment les Espagnols se sont-ils débrouillés avec le vide laissé par le départ d'Amstrong, et comment s'accommodent-ils de son retour imprévu à presque 38 ans ? Enfin, comment arrivent-ils à tailler tant bien que mal une route toujours plombée par les affaires de dopage ou de suspicions qui provoquent des exclusions au départ (2006 : Ullrich, Mancebo, Basso, Contador en 2008) ou des départs forcés (Rasmussen, maillot jaune à Pau en 2007). Sans parler des contrôles eux-mêmes où la détection de l'EPO de troisième génération, comme des transfusions homologues, provoquent la mise hors course pendant l'épreuve de coureurs qui avaient trop bien animé la course, comme Ricco, Piepoli, Mayo, Vinokourov en 2007 et 2008.

Le bouquet de ces catastrophes plus ou moins annoncées sera, en 2006, le déclassement de l'Américain Floyd Landis, quatre jours après son arrivée victorieuse sur les Champs-Élysées. La raison : positif à la testostérone après son « cavalier seul » et miraculeux de Morzine. En fait, c'est une véritable corrida, souvent par éliminations, qui sourit aux Espagnols – sans amoindrir le moins du monde leur mérite. Quatre fois sur cinq, l'écart sur leurs dauphins (Klöden, Evans par deux fois, et Andy Schleck) est inférieur à la minute. Soit l'espace d'une véronique. C'est pour cela que Francis Lafargue nous souffle le titre de « matadors des cimes ».

Non, ils n'ont rien volé. Commençons par Pereiro, le premier de la passe gagnante : en 2006, il porte deux fois le maillot jaune avant de se le faire chiper par Landis dans le contre-la-montre à Montceaux-les-Mines. C'est lui qui a été un des animateurs de la grande échappée de Montélimar, qui a fait basculer la course, en assurant un avantage de 30 minutes à ses protagonistes. C'était la 13e étape ; elle lui a porté chance, car, battu sur les Champs par Landis, Pereiro sera déclaré vainqueur le 21 septembre. Quant au maillot jaune, Il le touchera le 15 octobre 2007, un peu à retardement. Il a alors 29 ans et une trajectoire très digne dans la Grande Boucle, car il a déjà terminé 10e du Tour en 2004 et en 2005, un accessit, qui sera encore le sien en 2007. On sait qu'en 2008 il fera une lourde chute qui le contraindra à l'abandon. Un bilan globalement positif pour un vainqueur surprise, mais non un usurpateur. Après avoir été mis en cause dans l'affaire Puerto, un dopage généralisé en Espagne, qui aurait atteint les champions de tous les sports, il sera blanchi…

2001 – L'Espagnol Oscar Pereiro, qui a repris à La Toussuire le maillot jaune à Floyd Landis (qui le suit) ne pourra pas contrer son attaque sur Morzine et empêcher son rapproché. Il perdra le maillot à Monceau-les-Mines pour ne le retrouver qu'en octobre après la mise hors course de l'Américain. AFP

2009 – **Andy Schleck, qui mène, Alberto Contador, le maillot jaune, et Lance Armstrong voient le bout du Ventoux. Au classement général, le jeune Luxembourgeois, s'intercalera entre les deux rivaux d'Astana.** ASO

Le grimpeur danois Michael Rasmussen tutoiera les sommets, décrochera le maillot à pois en 2005 et 2006, et portera même le maillot jaune en 2007, avant d'être exclu de son équipe. ASO

En 2007, Alberto Contador, qui n'a disputé qu'un seul Tour, en 1995, et fini 31e, revient au sein de l'ancienne équipe de Lance Armstrong, la Discovery Channel. Une grosse équipe, qui comprend les expérimentés Hincapie, Noval, Popovych, ou Leipheimer et qui est pilotée par Johan Bruyneel. Comme tout vainqueur qui se respecte, il passera entre les gouttes, profitant des avatars qui tombent sur les têtes d'Alexandre Vinokourov et Michael Rasmussen. Le premier étant exclu avec une perfusion homologue, alors qu'il avait triomphé à Albi contre la montre et réussi une grandiose échappée à Loudenvielle. Quand au second, leader de la Rabobank et maillot jaune depuis Tignes, son physique de « poulet amaigri » le dessert au moins autant que les contrôles auxquels il s'est soustrait avant Tour. Jamais contrôlé positif, il ne sera jamais populaire malgré ses deux maillots à pois de 2005 et 2006, il ne passe pas la rampe, il indispose, il sent le soufre. Le public le prend en grippe et le siffle, même lorsqu'il triomphe à l'Aubisque. Une réclame contre-productive dont se serait bien passé son employeur qui le force à quitter la course à Pau dans la nuit, comme un voleur. Alberto Contador (qui était devenu son dauphin après sa superbe victoire au plateau de Beille, et son final au Louron) lui succède donc, le nouveau dauphin devenant l'Australien Cadel Evans à 1 min 50 s. Quant au troisième, ce n'est autre que son équipier Lévi Leipheimer qui pointe à 2 min 49 s.

Alberto, qui a du panache, refuse de porter le maillot jaune entre Pau et Castelnaudary. Il sait que le grand rendez-vous est fixé entre Cognac et Angoulême, sur 55,5 km contre-la-montre. Là, il a tout à craindre de ses suivants, qui sont de gros rouleurs. L'habit de lumière va métamorphoser Contador, qui réussit là où Pereiro avait échoué un an plus tôt. Il arrive à contenir les assauts de l'Australien et de l'Américain, qui viennent respectivement « mourir » à 23 et 31 secondes. A-t-on jamais vu podium final aussi serré ? Alberto n'a pas 23 ans et il triomphe avec 23 secondes d'avance, un petit signe des dieux du Tour.

Dans l'impossibilité de disputer le Tour 2008 à cause de l'exclusion de son équipe, Astana, il reviendra en 2009 et 2010 pour triompher encore. Chaque fois, son adversaire le plus dangereux sera le Luxembourgeois Andy Schleck à 4 minutes la première fois et 39 secondes la deuxième, mais le plus féroce sera, en 2009, son propre équipier Lance Armstrong, qui, à presque 38 ans, tente un improbable retour. Le but : faire parler de sa fondation de lutte contre le cancer. Un exploit : Lance sera troisième, après avoir craqué derrière Alberto dans Verbier, et battu Franck Schleck contre-la-montre pour se hisser sur le podium. En 2010, ils sont dans des équipes différentes, mais l'âge et le talent de Contador feront une différence plus nette. Vers Avoriaz, l'Américain concède plus de 11 minutes. C'est fini. Pour la petite histoire, à Paris, Armstrong, qui touche enfin le

2007 – **À Beille, Alberto Contador déborde Michael Rasmussen, le maillot jaune maudit, dont il devient le dauphin. Contador héritera du maillot à Pau, après l'exclusion du Danois, mais il ne l'endossera qu'à Castelsarrasin.** ASO

Sur les Champs-Elysées, le Japonais Yukiya Arashiro, qui devient un géant de la route en terminant le Tour, brandit son vélo, comme un soleil levant. ASO

public, termine 23e, un chiffre qui sourit à Alberto. Certes, l'écart sur son dauphin Andy Schleck n'est que de 39 secondes, mais il sort moins fatigué de ce Tour que du précédent, où la cohabitation avec son équipier l'avait épuisé. Il avait alors confié « que la tension était plus considérable à l'hôtel qu'en course ».

LE VERDICT TARDERA À TOMBER.

Ses soucis ne seront pas dissipés pour autant. Surgira une sale histoire de contrôle positif pour une viande consommée à Pau, et qui contenait des traces de clenbutérol. Entre appel et contre-appel, le verdict tardera à tomber. Une situation peu faite pour rendre serein le grimpeur espagnol. Avec trois Tours, Contador serait à égalité avec Bobet et LeMond ou Thys, mais avec deux, il reste à la hauteur de Fignon ou Thévenet.

Après Pereiro et Contador, le troisième homme est le petit Carlos Sastre, qui bénéficie en 2008, de l'absence de Contador et Armstrong, et des folies de Ricco et Piepoli, de l'équipe Saunier-Duval. Le Luxembourgeois Kirchen et l'Australien Evans défendent le maillot jaune : le premier jusqu'aux Pyrénées, le second jusqu'aux Alpes où la course se joue. À Prato Nevoso, Pereiro (l'ancien vainqueur) tombe et abandonne, cependant que Cadel Evans, lui, abandonne son maillot jaune à Franck Schleck pour huit petites secondes. Sastre, jusque-là à l'affût, en particulier dans la Bonnette-Restefond, où il s'est rapproché, déclenche la grande offensive dans l'étape de l'Alpe-d'Huez, celle qui, avec le Galibier et la Croix de Fer, a de fortes chances de désigner le vainqueur. L'estocade, il la porte dans les 21 lacets, où il « étrangle » tous ses adversaires. À lui l'étape et le maillot jaune. Paris n'est qu'à quatre jours. Il connaît la musique puisqu'il n'a jamais abandonné depuis 2001, Sastre va donc contrôler tout en redoutant le contre-la-montre de Saint-Amand-Montrond. Contador lui a montré que le maillot jaune pouvait sublimer son porteur. Il va s'inspirer de cet exemple et défendre bec et ongle son avance sur Cadel Evans (1 min 34 s) et sur Menchov (2 min39 s). Il fait le dos rond et le maillot de lumière lui va si bien, qu'il conserve sur la ligne 58 secondes sur l'Australien, et 1 min 13 s sur le Russe. C'est fini. Sur les Champs-Elysées, la consécration arrive enfin pour ce beau champion de 33 ans. Son équipe s'impose aussi. Un autre Espagnol, Oscar Freire, décroche le maillot vert. Décidément le cyclisme a bien changé, même les Espagnols ne se contentent plus du Grand Prix de la montagne. Landis avait sa casquette à l'envers quand il croyait avoir gagné sur les Champs-Elysées, mais c'est le peloton qui est à l'envers, avec tous ces Espagnols qui n'en finissent pas de gagner. La 13e étape avait porté chance à Pereiro, qui a ouvert la voie à la troisième vague en 2006. Maintenant les petits-enfants de Cepeda et Trueba peuvent annoncer treize Tours.

On a vu que ce quintuplé ne serait pas synonyme de « fleuve tranquille ». Il sera marqué par les trois prologues vainqueurs de Fabian Cancellara, le géant suisse, surnommé Spartacus, qui enchaînera chaque fois avec une semaine en jaune. Celui qui mettra également sa griffe sur la période, c'est l'Anglais Mark Cavendish, l'homme de l'île de Man. Il raflera quinze étapes au sprint, mais pas un seul maillot vert. La constance qui lui manque, l'Australien Robbie McEwen en 2006, le Belge Tom Boonen en 2007, le Norvégien Thor Hushovd en 2009, et l'Italien Alessandro Petacchi en 2010, l'auront.

Durant ce bail espagnol, les couleurs françaises seront très discrètes, avec un maillot à pois pour Anthony Charteau en 2010 et des accessits pour Cyril Dessel, 7e, Christophe Moreau, 8e en 2006, ainsi que pour Christophe Le Mével, 10e en 2009. Une traversée du désert qui nous éloigne un peu plus du sacre de Bernard Hinault en 1985, malgré les petits jours en jaune de Cyril Dessel, Romain Feillu ou Sylvain Chavanel, et la brassée de bouquets de Jimmy Casper, Sylvain Calzati, Pierrick Fedrigo (3), Cédric Vasseur, Sandy Casar, Cyril Dessel, Sylvain Chavanel (3) Samuel Dumoulin, Cyril Dessel, Brice Feillu, Thomas Voeckler, ou Christophe Riblon… Le petit miracle viendra avec les ambassadeurs de l'empire du Soleil Levant. Les Japonais Fumiyuli Beppu et Yukiya Arashiro termineront le Tour en 2009, réussissant ce que Kisso Kawamuro avait essayé en 1926 et 1927.

2012 – **Après 18 mois de procédure, le Luxembourgeois Andy Schleck est déclaré vainqueur du Tour 2010. C'était le dauphin d'Alberto Contador déclassé après contrôle positif au clenbutérol, un anabolisant. Le champion espagnol s'était défendu en invoquant l'absorption d'une viande en contenant.** ASO

EVANS, CROCODILE CADEL...

2011

1er Cadel Evans

La photo de famille des grands vainqueurs. De gauche à droite : Samuel Sanchez (maillot à pois), Mark Cavendish (maillot vert), Cadel Evans (maillot jaune) et Pierre Rolland (maillot blanc). ASO

Avec la victoire de l'Australien Cadel Evans dans le 98e Tour de France, nous sommes confrontés à une nouvelle manière d'appréhender la grande course. Il y débute en effet à 28 ans, peut-être les débuts les plus tardifs de l'histoire pour un vainqueur, et y triomphe à 34 ans, ce qui fait de lui un des plus vieux vainqueurs du Tour. De là à lui décerner le sobriquet de « Crocodile Cadel », il n'y a qu'un pas, que nous franchissons, en hommage à « Crocodile Dundee » – comme lui, grâce à une belle carrière en vélo tout terrain, Evans passe partout. Ce sobriquet, il le mérite aussi par rapport à celui qui l'a porté le premier, le tennisman des années folles, René Lacoste, que son opiniâtreté en match et au fond du court avait fait surnommer « le Crocodile ». Oui, Cadel est aussi opiniâtre que René Lacoste et Miguel Indurain ; comme l'Espagnol, il enlève le Tour à la septième tentative. Tous deux ont emprunté des chemins différents, mais à l'arrivée le maillot jaune est là, même s'il est tardif. Pour Cadel, ce maillot doit aussi beaucoup à sa première histoire d'amour avec le cross-country, le BMX ou le VTT, ce qui explique peut-être qu'il ne soit pas tombé facilement dans un Tour où pluie, chutes, îlots directionnels et même voiture emballée ont mis à terre nombre de champions. Y compris d'ailleurs quelques autres prétendants à la victoire finale comme les vieux renards Alexandre Vinokourov et Andréas Klöden, ou de jeunes loups comme Bradley Wiggins, Jurgen Vandenbroeck ou Janez Brajkovic

AVEC EVANS, 34 ANS, ET VOECKLER, 32, LES PAPYS RÉSISTENT.

Au grand départ de Vendée, il y a 198 coureurs répartis en vingt-deux équipes, ce qui évoque le premier Tour et ses vingt et un rescapés, ainsi que plusieurs favoris comme l'Espagnol Alberto Contador, sortant d'un Giro victorieux, les frères luxembourgeois Andy et Franck Schleck ou l'Australien Cadel Evans. Les arrivées à Luz-Ardiden, au plateau de Beille, à l'Alpe-d'Huez et bien sûr au Galibier, particulièrement honoré avec un second passage (pour fêter le centenaire de sa première apparition dans le Tour) devraient suffire à les départager, encore que la surprise soit toujours le sel du Tour. Cette année 2011, elle sera bonne et surgira le dimanche 10 juillet dans l'étape auvergnate arrivant à Saint- Flour. En effet, ce jour-là, une échappée à cinq, profitant de circonstances exceptionnelles (route mouillée, voiture folle) propulsera le pétillant Thomas Voeckler vers un nouveau maillot jaune. Avec une avance de l'ordre de quatre minutes et le soutien de sa belle équipe Europcar, on pense qu'il va pouvoir arriver jusqu'aux Pyrénées, et faire rêver, comme il l'avait déjà fait en 2004, quand à la surprise générale, il avait soufflé le maillot jaune à Lance Armstrong. Il l'avait gardé pendant dix étapes jusqu'à Villard-de-Lans, avant de terminer 18e à Paris. A maintenant 32 ans, du caractère, Voeckler est le jeune papa de la petite Lila, il n'a pas froid aux yeux, et Armstrong n'est plus là. Sa vaillance, son talent et sa bonne humeur vont fasciner la caravane un peu plus chaque jour, jusqu'à nous faire oublier que Cadel Evans et Alberto Contador ont montré à Mûr-de-Bretagne qu'il faudrait compter avec eux. Et à nous faire croire dans les Pyrénées, où il contrôle aisément les assauts de Samuel Sanchez et des Schleck, qu'il peut recommencer « comme la première fois, et peut-être mieux... » Il est censé défendre son maillot jaune au jour le jour, mais il le défend tellement bien qu'à Pinerolo, terme de la 17e étape (via Sestrières et le Pramartino), malgré deux pépins, il a encore 1 min 18 s d'avance sur Evans, et un peu plus sur les Schleck. Personne ne croit au miracle, mais tout le monde y pense. Thomas ne donne pas beaucoup de signes de fatigue, et on n'est plus qu'à quatre jours de Paris, quand surgit le Galibier où Andy Schleck mène une admirable offensive au long cours. Déclenchée dès l'Izoard, elle devrait faire basculer la course. L'audimat grimpe car tout le monde regarde si le petit Voeckler arrive à s'accrocher. Miracle, il y parvient ! Bien épaulé par son équipier Pierre Rolland, il termine

Il s'est accroché Cadel Evans, il a laissé s'épuiser Alberto Contador, Franck Schleck et Thomas Voeckler, et au moment décisif, derrière Andy Schleck échappé, il embraye. Avec seulement 57" de retard sur Andy, le contre-la-montre de Grenoble va enfin lui sourire. ASO

cinquième et conserve son maillot d'un fil de 15 secondes. Il a perdu du terrain sur les Schleck et Evans, mais pas sur Contador qui a craqué dans le final, après avoir encore bluffé. Il n'est pas bien, l'Espagnol, et essaie de donner le change en posant des banderilles insensées. Ça ne marche plus, il est trop fatigué par le Giro et peut-être miné par la procédure en cours sur la validation de sa victoire dans le Tour 2010. Ce jour-là, quatre-vingt-sept coureurs hors délais sont repêchés, dont l'Anglais volant Mark Cavendish. Le lendemain, ils auront le privilège d'assister à un des sommets du Tour sur l'Alpe-d'Huez. L'équipier de Voeckler, Pierre Rolland, y triomphe, après avoir épaulé son leader qui est au bout du rouleau. Après dix étapes en jaune, comme en 2004, le nouveau chouchou de la France après Richard Virenque passe à Andy Schleck son beau maillot. Hinault est tranquille, il restera bien le dernier vainqueur français (en 1986), car la course va se jouer dans le contre-la-montre du lendemain entre Andy et Cadel, qui ne pointe qu'à 57 secondes après un formidable final dans le Galibier. L'organisateur Christian Prudhomme est aux anges : à vingt-quatre heures des Champs-Elysées, le suspense est total et Voeckler, 4e, pourrait même, qui sait, contester la 3e place de Fränk Schleck. Sur 42 km, Cadel Evans, meilleur rouleur, ne fait qu'une bouchée d'Andy qui n'a pas fait les progrès escomptés. L'Australien lui reprend 2 min 31 s et le maillot jaune. La messe est dite. Les Champs-Elysées consacreront « Crocodile Cadel ». Consolation familiale, les frères Schleck se partagent les deuxième et troisième marches. Le papa, Johnny, ancien équipier de Janssen et Ocana, savoure un bonheur rare. De toute façon, en 2012, Andy n'aura que 27 ans, et après avoir terminé trois fois deuxième, il en sera à sa cinquième participation. Or Charly Gaul, son illustre compatriote luxembourgeois, ne s'était imposé que la sixième fois. Déjà champion du monde sur route en 2009, Cadel Evans ramène cette fois le maillot jaune au pays, après avoir échoué de justesse en 2007, où seulement vingt-trois petites secondes le séparaient de Contador, aujourd'hui 5e. C'est la formidable apothéose de l'histoire d'amour entre l'Australie et le Tour, commencée en 1914 avec Donald Kirkham et Ivor Munro. Sur cycles Phébus, ils avaient terminé 17e et 20e… Une saga pourquivie par Hubert Opperman en 1928 et 1931, puis par Phil Anderson, le premier Australien à porter le maillot jaune en 1981. Cadel n'avait alors que quatre ans, mais une étincelle avait surgi…

Avec la nouvelle épopée de Thomas Voeckler en jaune et la divine surprise de Pierre Rolland à l'Alpe-d'Huez, l'équipe Europcar-Vendée est la grosse satisfaction de la course. ASO

Maintenant, il y a deux montagnes oranges dans le Tour, l'Alpe-d'Huez, la montagne des Hollandais, et les sommes pyrénéens où les Basques font parler couleur, drapeaux, encouragements et ferveur surtout quand l'équipe Euskatel-Euskadi est à l'attaque.
Reporters / Panoramic

REPORTERS / PANORAMIC

ASO

La montagne, composante majeure du Tour, est toujours aussi belle, sauvage et décisive.
Le gruppeto, lui, continue de l'affronter groupé.
Il ferme de manière très colorée une marche qui a été ouverte par les rois de la course, les grimpeurs, ceux qui taillent leur réputation dans le rocher. Les numéros des chevaux légers demeurent toujours les plus spectaculaires, mais maintenant, avec une large gamme de développements, les reconnaissances de terrain, les stages en altitude et l'amélioration de la préparation et de la condition physique, les coureurs en puissance tirent leur épingle du jeu. C'est le temps des titans.
Mais qu'ils soient distraits un instant, et l'homme au marteau de Pellos, et sa sorcière aux dents vertes, leur montreront vite qu'ils sont toujours là ASO.

Vu d'en haut, un départ du Tour, c'est encore plus beau. La foule, les coureurs, les couleurs fascinent toujours. Le poète peut prendre sa lyre, juste avant que les coureurs ne prennent le départ. Ensuite, il pourra toujours se poster au sommet d'un col, quand les coureurs se font enguirlander. C'est pas mal non plus. Haut en couleurs, haut en coureurs…ASO

Avant
Aquarel

ET M. LEBLANC DEVINT AUSSI M.DOSSARD

Dessin original de Roger Blachon.

Les dossards, le dossard, qui écrira un jour son histoire et celle des plaques de cadre dans le Tour de France ? Il est en soie sous le cadre et très volumineux avec Maurice Garin, qui a aussi un brassard. Ensuite avec Lucien Petit-Breton, il est immense, bien à sa place dans le dos et s'envole, gêne, et se perd. Il pose des problèmes aux coureurs et à l'organisateur qui doit en prévoir plusieurs jeux, comme Claudy Lévitan. Ils sont encore en tissus avec Totor Cosson, puis plastifiés avec André Darrigade pour résister à la pluie. Pour les contre-la-montre, certains les cousent. Et il y a toujours la tracasserie de ses satanées épingles à nourrice. Épingles qui sont aussi un alibi quand une trace suspecte peut intriguer un médecin curieux. Nous ne citerons personne.

ET L'ADHÉSIF TUA LES QUATRE ÉPINGLES...

Bref, le dossard est un problème pour tout le monde sauf pour le collectionneur fétichiste. Même Antoine Blondin réclame un dossard pour la pintade qui s'acharne à le suivre au dîner du soir pendant plusieurs jours. Un problème pour le chroniqueur et surtout le coureur, et un problème multiplié par 150 et démultiplié par trois semaines quand on est organisateur. Ancien coureur devenu patron du Tour, Jean-Marie Leblanc, mettra un point d'honneur à régler « ce détail » quasiment dès sa prise de fonction. Ce n'est pas rien, le petit caillou dans la chaussure d'un organisateur. Pour l'enlever, la solution, ce sera « bien sûr » le dossard adhésif, encore faut-il qu'il tienne, qu'il tienne bien malgré le vent, la pluie et tous les avatars. Avec l'aide de Thierry Martinez, spécialiste de la signalétique, y compris des dossards, on améliorera très vite le nouveau produit. Maintenant, il tient bien, comme les plaques de cadre passées de l'alu au plastique, et complétées par une puce électronique facilitant les classements. En 2011, il y a même un dossard avec liséré rouge du plus combatif mis à jour quotidiennement et parrainé par Brandt.

Entre le 115, dossard de toile à épingler porté et signé par Victor Cosson en 1937 et le 138, plastifié, adhésif et dédicacé par Jérémy Roy son porteur dans le Tour 2011, il y a trois quarts de siècle, et l'espace d'une révolution. Hier le journal organisateur « L'Auto » était le seul maître à bord, aujourd'hui, la firme d'électroménager Brandt confectionne un dossard à sa marque distinguant le plus combatif. Hier, une galère pour fixer, garder, puis enlever le numéro, aujourd'hui une amusette. Une amusette que l'on pourrait coller sur le dos de certains spectateurs tellement ils s'impliquent dans la course, stigmatise avec le sourire le caricaturiste Blachon. Collections S.Laget et X.Louy.

Le célèbre corps à corps du Puy-de-Dôme revisité par le pastel du sous-préfet-peintre-grimpeur Jean-Michel Linfort devient une scène de bataille homérique. Réussir pareil clair-obscur en plein air est difficile, et ajoute encore à l'intensité dramatique de ces instants inoubliables. Collection Linfort

LE PLUS BEAU DES TOURS, CELUI DE 1964

C'est encore une idée de Xavier Louy, directeur du Tour en 1987 et 1988, qui a passé douze ans dans le grand état major de la course et suivi 250 étapes. Le handicap de cet ancien de Sciences Po aura été de ne pas être journaliste, car pour être admis à la tête du Tour, il vaut mieux être de la profession de Desgrange, Goddet, Lévitan, et après Jean-Marie Leblanc et Christian Prudhomme. Ce petit hiatus a fini par pénaliser un peu Xavier, mais surtout par le stimuler, car au lieu d'avoir une idée par minute, il en eut dix ! Dix qu'il soufflait à son patron, car citant, le Colonel Marillier, autre membre du staff, il proclame volontiers : « on est honoré par ses supérieurs. » Donc quelques-unes des idées soufflées par Xavier ont été reprises et embellies. Par exemple, l'idée du village départ qu'il avait découvert en 1987, en suivant le Grand Prix d'Autriche de Formule 1 à Zeltweg depuis le paddock. Dans son idée, une duplication adaptée serait idéale pour le contre-la-montre ou les arrivées en côté. Jean-François Naquet-Radiguet, le grand patron, a donné plus de force à l'idée en l'élargissant absolument à toutes les étapes.

Dans la voiture amirale, Alain Delon est l'invité de Xavier Louy, directeur du Tour en 1987 et 88. PresseSports

Une idée, qui est restée au défricheur, est bien celle du « plus beau des Tours ». En 2005, il réunit ainsi à Eu, un prestigieux jury de journalistes pour procéder à un classement inédit « des plus beaux Tours ». Avec Jacques Augendre, grande figure du Tour avec plus de 50 grandes boucles à son actif, et surtout une gentillesse et une compétence jamais prises en défaut, il avait le pilote idéal. Après les tours de table d'usage, une sélection élargie puis resserrée, le Tour 1964, sortait en tête. C'était le premier « retransmis de manière continue à la télévision » et ça tombait bien, car « il fut marqué par des retournements de situation, une rivalité exacerbée entre deux champions, des défaillances, un suspense haletant jusqu'au dernier jour » analyse-t-il dans son livre crédo : « Sauvons le Tour » (Éditions Prolongations, 2007). La deuxième place revenait au Tour 1930, celui de Dédé Leducq, le premier par équipes nationales marqué par les exploits de Charles Pélissier et surtout la solidarité qui existait dans l'équipe de France qui se sublima pour sauver le maillot jaune de son leader. En troisième position, c'est le Tour 1971, celui du grand duel Ocana-Merckx, qui rallia les suffrages : Merckx chancelant, Ocana tombant et abandonnant. Le quatrième rang revenait logiquement au Tour 1989, où sur les Champs-Élysées, Laurent Fignon fut battu de huit secondes par Greg LeMond. Suivaient les Tours 1975, 1903, 1953 et 1948. Il fallait arriver aux onzième et douzième rangs pour retrouver des Tours plus modernes, ceux de 1987 avec Stephen Roche, et celui de 2003, avec Armstrong et le centenaire. Une idée à réactualiser pour 2013 ? Pas sûr, Xavier Louy n'aime pas le réchauffé.

LOIN DEVANT, L'ÉDITION 1964 AVEC ANQUETIL-POULIDOR

Saint-Méen-le-Grand – **Du sujet cycliste Mokarex à l'album à colorier Viandox, en passant à d'authentiques autographes, on trouve tout dans ce superbe bâtiment dédié au champion. Et alors, on songe imparablement à l'écrivain Georges Perec, qui dans un merveilleux poème dédié au sport, commence par « Je me souviens avoir obtenu, au Parc des Princes, un autographe de Louison Bobet... ».** photos Musée Louison Bobet

LE MUSÉE LOUISON BOBET, UNIQUE...

Un seul vainqueur français du Tour a un musée qui lui est dédié : Louison Bobet. Étonnant, non dirait M. Cyclopède ? Bobet (1925-1983) n'a pourtant que trois Tours à son actif, alors que son compatriote breton Bernard Hinault en a cinq. Alors ? La différence réside, selon nous, dans le fait que Louison est un des piliers des Trente Glorieuses, qu'il avait un panache, et une volonté d'airain, et qu'il est malheureusement parti à la fleur de l'âge, à 58 ans. Que son frère Jean ait glorieusement prolongé le nom du champion après sa disparition, n'a pas non plus desservi la cause. Existent donc à Saint-Méen-le-Grand, le village natal d'Île-et-Vilaine, celui où il a vécu, où il fut mitron, connu ses premiers succès, et où il repose ; deux superbes salles aménagées dans l'ancienne maison bourgeoise du maire*, jouxtant l'office du tourisme.

Col. Laget/DR

Ce musée a été inauguré en 1994 par le docteur Guégau, maire, car dans la mouvance de l'hommage rendu à Louison pour le dixième anniversaire de sa disparition avait été créée à l'initiative de M. Raymond Quérat, receveur des Postes, une Association des Amis du champion. Ce musée a été sa première réalisation. Des dons de la famille, des copains, des anciens équipiers, des amis, de la Bretagne entière ont alors afflué grâce au bouche à oreille. Aujourd'hui, la collection est riche de centaines de pièces allant de deux vélos du champion à ses maillots jaune, arc-en-ciel ou bleu-blanc-rouge, en passant par des affiches, des photos géantes, des ensembles de revues, des archives et même son premier engagement manuscrit. La pièce la plus touchante de cette présentation ? Selon Jean Bobet, ce pourrait bien être une fleur, une fleur séchée qui résume l'attachement que l'on avait pour Louison. « C'est une rose détachée de son bouquet de champion du monde à Solingen en 1954. Il avait en effet envoyé toutes les fleurs vers les soldats français qui étaient là. L'un d'eux avait confié la sienne à sa fiancée à Caen. Ils se sont mariés. Et cinquante après, à Biarritz, ils m'ont remis pour le musée ce souvenir qu'ils avaient joliment conservé. »

M. Claude Willaume, qui pilote aujourd'hui l'association avec beaucoup de convivialité, assure qu'il « faut bien une demi-journée pour découvrir tous les trésors préservés ». Il a pris la suite de Madame Rastel. Cette dernière, après avoir veillé sur le mémorial pendant 18 ans, conserve quelques souvenirs marquants comme celui d'un champion luxembourgeois, ancien adversaire de Louison, qui avait quitté le Grand Duché tôt le matin avec sa fille, pour passer l'après-midi dans le souvenir de Louison. Devinez son identité. Si elle garde une impression mitigée des collectionneurs « plus intéressés pour prendre que pour donner », elle n'oublie pas ce visiteur parisien, supporter anonyme, qui laissa un joli chèque pour préserver la mémoire du champion qui avait « embrasé son enfance. »

UN COUPLE A DONNÉ LA ROSE REÇUE À SOLINGEN EN 1954.

À ce jour, le musée (entrée : 3 euros) a déjà accueilli 42 000 visiteurs. Et l'aventure continue de plus belle, car la présentation des collections va être modernisée, bénéficier des dernières techniques, et s'ouvrir à des expositions temporaires sous l'impulsion du précieux Raymond Quérat et du frangin. Louison, qui était en prise comme personne avec le monde moderne, aurait aimé. Tous à Saint-Méen-le-Grand, pour prendre la roue du champion de la renaissance de la France, et d'un temps où l'on criait comme un seul homme « Vas-y Louison... »

** Musée Louison Bobet, 5 rue de Gaël, 35 290, Saint-Méen-le-Grand. Tel : 07 60 65 13 10.*

LE TOUR EST BLEU COMME UNE ORANGE

Pour beaucoup, le Tour procède un peu de la religion, et on collectionne les autographes de champions, et leurs maillots comme des reliques. Et cela presque depuis 1903. En direct au bord de la route, ou en différé sur le net, par correspondance, par prise de contact avec les champions ou les héritiers, voire en vente aux enchères. Un monde qui, malgré ses limites, a le mérite de prolonger la saga des champions. C'est ainsi que les frères Bertrand de Marseille, des mécènes, ont un orteil de Vietto dans un bocal, que Xavier Louy a une bouteille vide de l'Armagnac Ocana, que Jean-Pierre Desclozeaux le dessinateur du Monde a dans son musée semi-imaginaire : une musette de Poulidor, le porte-bagage de Zoetemelk, le fond du cornet à glace de Bahamontes, la selle de Bartali enfant, le peigne ayant servi à Cosson et Koblet, une casquette de Merckx, des petits pois rouges de Virenque en conserve, et un panier à salade modèle Robic. Sur une étagère, il fait aussi défiler des petits vélos de plomb ou de plastique offerts par ses amis Jean Lacouture, Louis Nucéra, Ronald Searle ou Victor Cosson, qui l'avait baptisé « le lion de Sernhac ». Bref, le Tour défile toujours et partout. Même Blondin avait sur sa table de nuit des petits cyclistes qu'il faisait avancer en leur parlant, et aujourd'hui ils avancent toujours chez un de ses admirateurs, le docteur Puyfoulhoux.

Le Tour, c'est mille histoires comme ça, mille plus une. Elle nous a été racontée avec émotion par Jean-Marie Leblanc et Jean-Claude Killy. Quand Philippe de Villiers, l'homme politique vendéen que tout le monde connaît, l'inventeur de la Cinéscénie du Puy-du-Fou, eut envie d'organiser un grand départ du Tour, il les reçut chez lui avec une franche cordialité. Une chose les intrigua vite dans le décor, un bocal auquel il semblait beaucoup tenir. Il était sur son bureau et ne contenait pas un poisson rouge, mais quelque chose d'approchant, quelque chose d'orange. M. de Villiers voyant bien leur curiosité leur raconta alors l'histoire d'une passion. En effet, s'il voulait le départ du Tour, c'était pour faire parler de cette Vendée, dont il présidait le Conseil Général, mais aussi pour renouer avec des souvenirs d'enfance. Car lui aussi aimait le Tour depuis

ANQUETIL, CHAMPION DE PHILIPPE DE VILLIERS

Anquetil. Avec son frère Bertrand, à scooter ou à vélo, ils avaient fait plusieurs fois des centaines de kilomètres pour voir passer la grande boucle, la caravane, les coureurs, et Anquetil. Et un jour, un jour béni, tout en pédalant, près d'un ravitaillement donc, le champion normand avait jeté à leurs pieds les pelures d'une mandarine ou d'une orange qu'il venait de manger. Philippe laissa passer son champion, le regarda, le regarda et quand il ne le vit plus, il ramassa méticuleusement toutes les pelures. C'étaient elles que Killy et Leblanc avaient donc sous les yeux. Le Tour prit son grand envol de Vendée en 1993, 1999, 2005 et 2011. Dire que le regard de M. de Villiers brillait dans ces instants là est peu dire.

Desclozeaux ne donnerait pas sa musette de Poulidor pour un empire. Collection Laget

La pluie sur le Tour ? Un bain de jouvence pour Monsieur de Villiers, moins sûr pour Armstrong. AFP

FRANCIS LAFARGUE, L'AIGLE DE LA RHUNE...

Dans les Pyrénées, il paraît qu'il y a des ours et des aigles... On a vu quelques-uns planer sur le Tour, on en a même vus quelques-uns à l'intérieur du peloton, comme Marcel Kint, l'aigle noir, Federico Bahamontes, l'aigle de Tolède, ou Thierry Claveyrolat, l'aigle de Vizille, mais avec Francis Lafargue, l'aigle de la Rhune, on découvre une nouvelle espèce. Elle se perche dans les voitures suiveuses, celles couronnées de roues, ne pédale pas, mais possède une capacité d'analyse de la course avec une telle perspicacité, un tel œil, qu'on n'a jamais vu ça. Eh oui, c'est bien pour ça qu'on appelle Francis, l'aigle de la Rhune, cette étonnante montagne sacrée, qu'il voit de sa maison de Larressore et sur laquelle son regard plane souvent, souvent.

C'est dans l'esprit que Francis traduit Perico Delgado pour Jacques Chancel. Parfois, il sort un peu de l'ombre pour partager la bonne humeur d'un sacré trio de triple vainqueurs, où Miguel Indurain, son protégé, est plus souriant que Hinault et Merckx. DR

Il a l'œil de l'aigle, ses pattes, et ses plumes. Il est partout, il arrange tout avec le sourire, comme un homme orchestre d'antan. Il écrit, il téléphone, tient des chroniques. Comme il le dit lui-même, depuis qu'il est dans le Tour, depuis 1983, en trente Tours, il a quasiment tout fait : « porté les valises, passé les musettes aux contrôles de ravitaillement, assisté les coureurs aux arrivées ou encore assuré les traductions ». Le grand tournant, il le négocie en 1986, quand il devient directeur sportif adjoint de l'équipe Reynolds, celle dont le coach est José-Miguel Echavarri. Là, l'aigle prend son vol, gagne vite la confiance de Pedro Delgado, le leader, et de Miguel Indurain. Le Tour, les Tours, la course, c'est son univers, il a tout compris. Il vient du rugby basque, le relationnel n'a pas de secret pour lui. Un large sourire, une feinte de passe, la ligne d'avantage est franchie, il rend service à tout le monde, il connaît tout le monde, il écrit et parle aussi bien le Français que l'Espagnol. Homme de confiance ou confident, intendant, traducteur, il est vite essentiel pour son équipe, comme pour les radios et télévisions, car il y a très peu de bons interprètes pour traduire avec subtilité et instantanément les Espagnols qui se mettent à gagner...

Après avoir piloté la reconnaissance nocturne du Puy-de-Dôme en 1983, où Arroyo et Delgado réussiront le doublé, après avoir en 1991 secondé par radio en direct José-Miguel Echavarri dans la montée de Val-Louron, qu'ils n'ont pas eu le temps de reconnaître, et où il essaie de faciliter la tâche d'Indurain bataillant avec Chiappucci, Francis voltige jusqu'aux arrivées où Jacques Chancel et Gérard Holtz le sollicitent pour comprendre et faire entendre aux téléspectateurs les confidences des nouveaux conquérants. Là, il sert la télévision, le Tour, son équipe, et l'Espagne.

Improvisations, acrobaties surtout les jours de repos où sa chambre est transformée en studio, « l'aigle de la Rhune » devient un véritable maître de ballet. Et aux arrivées à Paris, son rôle est encore plus important, car Miguel est pris de court par les réceptions, protocoles ou cérémonies. Alors Francis veille à tout, décale, diffère, permet à son champion de récupérer, de faire front. Là, il n'est plus confronté aux problèmes des lits de lycées trop petits pour contenir le mètre quatre-vingt-huit de Miguel, mais à des soucis du même ordre, car en dehors du peloton, et de Villava, Miguel n'est pas à l'aise. Et à l'arrivée, quand le pantalon de smoking est devenu trop grand, tant le Maillot jaune a maigri, et que dans l'urgence on ne sait plus à quel saint se vouer, Francis est encore là. Avec son beau canif, c'est lui qui pense à percer un nouveau trou dans la ceinture.

Oscar Pereiro Panoramic

ASO

Des pataquès, il en évitera mille, des pots cassés, il en recollera tout autant. Moyennant quoi, celui que ses amis baptisent aussi « le metteur en selle » a sa petite part dans les sept victoires accumulées par Delgado, Indurain ou Pereiro.

DEVANT LES CAMÉRAS, AU FOND D'UN FOSSÉ, FRANCIS EST LÀ.

Pourtant, son plus beau geste, Francis l'accomplira forcément quand il n'est pas question de victoire, bien au contraire, mais plutôt de chute et de désarroi. Ce sera en 2008, avec Oscar Pereiro. Nous sommes dans la 15e étape, dans les Alpes, entre Embrun et Prato Nevoso. Cadel Evans est maillot jaune, le Tour entre en Italie. Soudain au kilomètre 80, dans la descente du col d'Agnel, Oscar tombe lourdement. C'est tellement impressionnant que le peloton a peur. Heureusement plus de peur que de mal : fracture ouverte du radius avec déplacement et luxation de la clavicule, il faut évacuer le champion en avion privé. Pas d'hésitation, c'est son copain. Francis abandonne le Tour et va de Cunéo en Galice avec lui. Il est là, il le rassure, le réconforte, l'aide un peu à manger, et « mesure un peu plus encore combien ce métier est dur, et combien les coureurs méritent le respect. »

Et quand il est chez lui, Francis, la course continue, ne parlons même pas de ses sorties solitaires pour voir si Burdincurutcheta ou Tourmalet sont toujours à la même place, si la stèle Jacques Goddet n'a pas pris une ride, non, il est encore chez Gibanel, Darrigade, ou Queheille, Arnaud, ou Cazala pour entretenir le feu sacré, et le faire passer, et le partager. Un livre par ci, un bel essai transformé par là, sur « Paul Maye, le volcan basque ». Francis, c'est la force basque, la force souriante, la passerelle sacrée entre la France et l'Espagne, le dialogue riche entre toutes les générations et tous les pédaleurs. Demain, il sera sur la Vuelta, ou à la Chapelle Notre Dame des Cyclistes avec Pic, ou à Cambo chez Breuillé pour présenter sa collection de cycles anciens à une personnalité qui mérite de faire un joli petit tour du Pays Basque. On vous le dit, « l'aigle de la Rhune » est un metteur en selle.

FAUST'OPÉRA DANS LA CASSE DÉSERTE

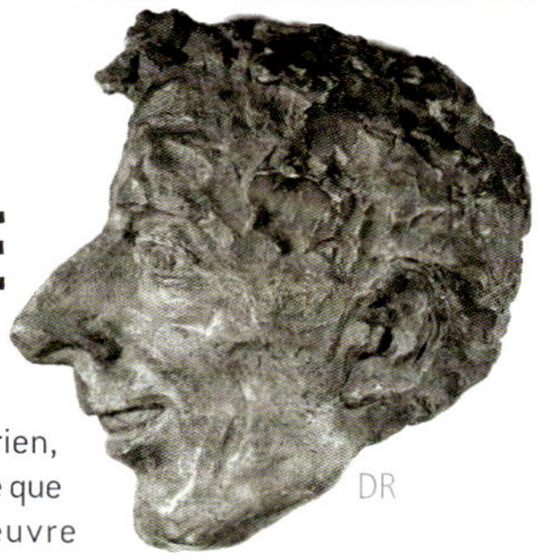
DR

Collection Laget / DR

C'est un cas probablement unique dans les annales du cyclisme : un champion suscite un opéra. Il est vrai que ce champion est le campionissimo absolu, et qu'il est donc du pays de l'Opéra. C'est bien de Fausto Coppi (1919-1960), dont il s'agit. Mais là, où l'histoire devient captivante, c'est que cet opéra intitulé « Fausto » a vu le jour trente-deux ans après la disparition du double vainqueur du Tour, et qu'il a été composé en Hollande par MM. Harry De Witt, Jan Ritsema et George Brugmans. C'est notre ami Wout Koster, professeur de Français, spécialiste de Coppi et historien, qui nous signale que dans cette œuvre étonnante parfaitement inspirée par la vie tragique de Coppi, il y a douze scènes et bien entendu autour de Fausto, on trouve Cavanna, son masseur aveugle, Giulia Locatalli, la dame blanche, qui figure sur l'affiche, Bruna, son épouse, Serse, son frère, et Bartali, son rival. Une nouvelle preuve que les champions, comme Fausto, sont éternels. Une preuve, qui complète un musée, une quantité impressionnante de biographies, des peintures, des sculptures et même dans l'Izoard, une étonnante stèle. Sur souscription des lecteurs de L'Équipe, elle a été inaugurée dans la Casse Déserte en 1962, par Louison Bobet, la veille de son franchissement par le Tour, avec Bahamontes en tête. Très ému, Louison, qui n'avait jamais gravi l'Izoard qu'en vélo, confiait : « c'est sublime et dantesque ». Coppi comme Bobet avait donné ses lettres de noblesse à ce col mystérieux. Le Breton y

DANS L'IZOARD, COPPI ET BOBET SONT CÔTE À CÔTE

était passé trois fois en tête, et l'Italien deux fois. Mais l'histoire a voulu, qu'en 1953, blessé, Fausto soit venu au bord de la route pour encourager chevaleresquement son rival, ami et élève. La dame blanche était là, à ses côtés. C'est d'ailleurs, ici même qu'elle avait été ainsi baptisée, car on ne la connaissait pas, or elle était toute de blanc vêtue ! La tête en bronze de Fausto souriant a été ciselée par un ami personnel, le maître Luciano Minguezzi, titulaire de la chaire de sculpture de l'Académie Bréra de Milan. Ne reste plus qu'à monter ici même cet opéra. Après tout, en 1997, le pianiste François-René Duchâble a bien donné un concert dans le Tourmalet, après l'avoir gravi à vélo.

Ultime précision : au milieu des années 1980, un médaillon représentant Louison Bobet est venu tenir compagnie à celui de Fausto. La Casse déserte ne l'est pas vraiment.

MEDAILLE DE RECONNAISSANCE

Créée en 1958, gravée par R. Joly, la médaille de reconnaissance du Tour distingue les serviteurs ayant œuvré au moins 20 ans pour le Tour, la plaquette n'étant offerte qu'aux amis de 30-35 ans. Donc deux distinctions rares. La première remise par Christian Prudhomme et Bernard Hinault distingue en 2008 Michel Girard, pilier de l'organisation. La seconde a par exemple récompensé Pierre Verdier DR

GODDET AVEC UN T, COMME TOURMALET

Un monument perpétue au sommet du Galibier, le souvenir de Henri Desgrange depuis 1949. À l'initiative de Jean-Marie Leblanc, c'est un buste en bronze signé Roger Joncourt, qui rend hommage à Jacques Goddet au sommet du Tourmalet. Son inauguration a été faite avant le passage du Tour 2001, moins d'un an après sa disparition et en présence de son épouse. Dans son discours d'inauguration, Jean-Marie Leblanc saluait la mémoire de cet « amoureux des Pyrénées, et de ce Tourmalet, théâtre de nombreux exploits de légende qu'il a d'ailleurs chanté dans son style unique. » Ensuite, le successeur de Desgrange et Goddet, plus personnel et plus touchant, confiait : « J'ai fait six Tours dans sa voiture où je m'occupais de Radio-Tour. C'était une marque de confiance et une place privilégiée. Là, j'ai appris à diriger le Tour par mimétisme. » Desgrange éclairait les Alpes, Goddet fait maintenant de même dans les Pyrénées.

DR

REY COMME CRI-CRI

Ancien journaliste de sport, le retraité Jean-Paul Rey est plus sportif que jamais. Maintenant, il roule sur la trace des géants. Après avoir mis en 2010 ses boyaux dans les traces d'Octave Lapize pour fêter le Centenaire du premier franchissement des Pyrénées, il devrait fin 2012, partir dans le sillage d'Eugène Christophe. En fait toujours sur un vélo d'époque, en tenue d'époque, il devrait se projeter dans l'étape Metz-Dunkerque du Tour 1919. Pourquoi ? Parce que c'est la plus longue de tous les temps et parce que « le vieux Gaulois », y brisant sa fourche sur les pavés de Raismes, y perdit son second Tour. À l'époque, le Belge Firmin Lambot, le vainqueur, avait couvert les 468 km en 21h 04mn ! Christophe, qui dans l'étape précédente portait le premier maillot jaune avec 28 min d'avance, avait perdu, le temps de trouver une forge et réparer, la bagatelle de 2h29min ! Le soir, à l'Hôtel Jean-Bart, le malchanceux avait porté son maillot jaune dans la chambre du vainqueur. C'est pour retrouver ce parfum d'épopée et de chevalerie, pour rendre hommage au courage des géants d'antan, que l'ami Rey s'entraîne désormais d'arrache-pied. Si quelqu'un peut lui indiquer où était la forge, il lui en sera reconnaissant.

Années 1960 – **Le Tour, c'est la fête avant et après la course, mais aussi et surtout pendant. Les femmes y jouent un rôle essentiel, et pas seulement comme misses embrassant les vainqueurs. Sur le bord de la route, ce sont elles qui transforment une banale étape plate en superbe étape de charme en faisant du vélo-stop.** Roger - Viollet

DERNIÈRES PETITES HISTOIRES

CONTRÔLE SECRET

On avait deux ou trois photos de la Belle Époque indiquant au bout d'une flèche « contrôle secret », mais on se demandait de quoi il retournait. Un leurre pour refroidir les tricheries ? Maurice Protin de Reims parle bien dans les années 1920 de raccourcis sensationnels, mais la piste est, comme d'autres, à explorer. Ce qui est sûr, c'est qu'inventés par Alphonse Steinès, ces contrôles ont bel et bien existé (page 71). La preuve.

Un contrôle secret, c'est discret. Ça surgit au milieu de nulle part. Une petite affichette l'indique. Ce n'est pas un mirage, il y a à boire. Ce sera donc un coup d'eau, et un coup de tampon. Et on remplit les bidons. Aujourd'hui, c'était la chèvre, la charrue, l'abeille, ou le bœuf ? On ne voit pas très bien. Vite, l'autre arrive. DR

Elle est couleur violette la touchante grille de référence des contrôles secrets initiés par Alphonse Steinès. Admirez le bateau, la ruche, le chat botté, le dresseur de cols durs, et la poignée de main finale… Le chat botté est parfois remplacé par une main. Il y a 15 étapes de 1910 à 1923. DR

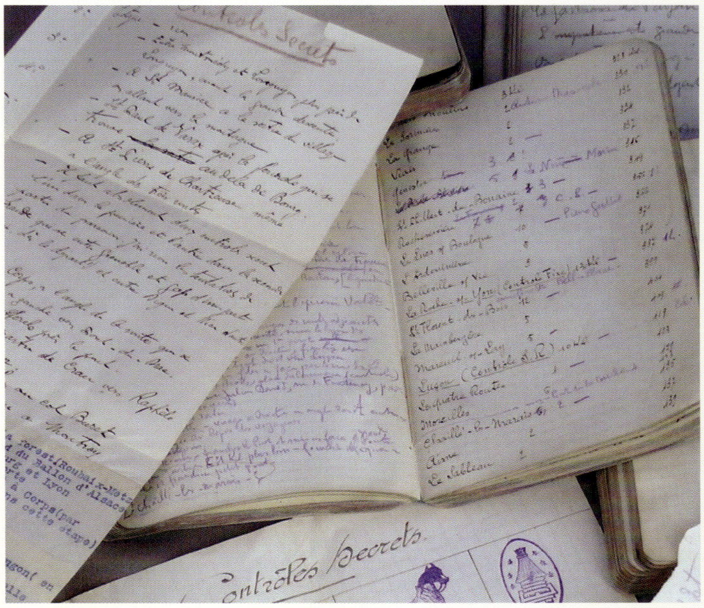

Top secret – **Et voilà la feuille manuscrite avant dactylographie des emplacements déterminés par Steinès. Plus de vingt sont prévus, parfois deux par étapes dans les secteurs clefs comme les Alpes. Mais les contrôles bougent, changent. Pour un aspirant géant de la route, dire que cette feuille avait plus de prix que les corrigés du bac est peu dire.** DR

LE GRAND PRIX DE LA MONTAGNE ET LA RELATIVITÉ

Lauréat du Grand Prix Officiel de la montagne en 1933, et peut-être même en 1932, l'Espagnol Vicente Trueba est accueilli comme un dieu à la gare de Barcelone. Après avoir volé de cols en cols, la puce de Torrelavega vole d'épaules en épaules. Collection Laget

En 1933, l'Espagnol Vicente Trueba, la puce de Torrelavega, gagne le premier Grand Prix de la montagne officiel, l'Azuréen René Vietto lui succède en 1934, un classement essentiel de la course est lancé, qui trouvera son rythme de croisière avec la création du maillot à pois en 1975. Mais le Grand Prix ronronnait un peu avant, dès 1908, Petit-Breton en avait gagné un, forcément limité aux massifs secondaires puisque les Pyrénées et le Tourmalet ne surgiraient qu'en 1910, et que les Alpes, avec le Galibier, ne se pousseraient du col qu'en 1911.

Un autre classement de la montagne avait vu le jour en 1930, avec les équipes nationales. C'est le chocolat Menier instigateur de la caravane qui le parrainait, il portait sur sept cols et 5 000 F. étaient distribués chaque fois de manière très inégale et parfois très injuste. Ainsi en 1930, dans le col d'Allos, Benoît-Faure, alias la souris, passe en tête, mais il ne reçoit que 500 F. parce que c'est un touriste-routier ! Le Belge Joseph Demuysère, qui est deuxième, mais qui est un as, encaisse lui 2 000 F., et le troisième, également un as, Pierre Magne, s'en octroie 1 000. Les sept cols judicieusement répartis sont par ordre alphabétique : Allos, Aubisque, Braus, Galibier, Portet d'Aspet, Puymaurens et Tourmalet.

AVEC LES CARAMELS HOLLYWOOD LA MONTAGNE DÉCOLLE

Ni Izoard, ni Vars ne sont alors empruntés. Si Benoît-Faure paraît devoir être le lauréat 1930 car en dehors d'Allos, il est aussi premier à l'Aubisque et au Tourmalet, en 1931, Demuysère ne doit pas être très loin, car il est le meilleur au Galibier, au Tourmalet et à Allos. En 1932, changement de décor, à côté du classement col par col à 5 000 F., surgit un classement général récompensant de 4 000 F. les treize grimpeurs « ayant obtenu le meilleur classement total sur les sept cols. » a

C'est en fait un Grand Prix de la montagne officieux. Le second après celui de 1908. En lice pour la victoire finale on trouve Francesco Camusso, premier au Galibier, et à Braus, Benoît-Faure, en tête à Allos et au Tourmalet, et Vicente Trueba impérial à l'Aubisque, et pas très loin ailleurs. Ce sont les caramels Hollywood qui dotent cette première.

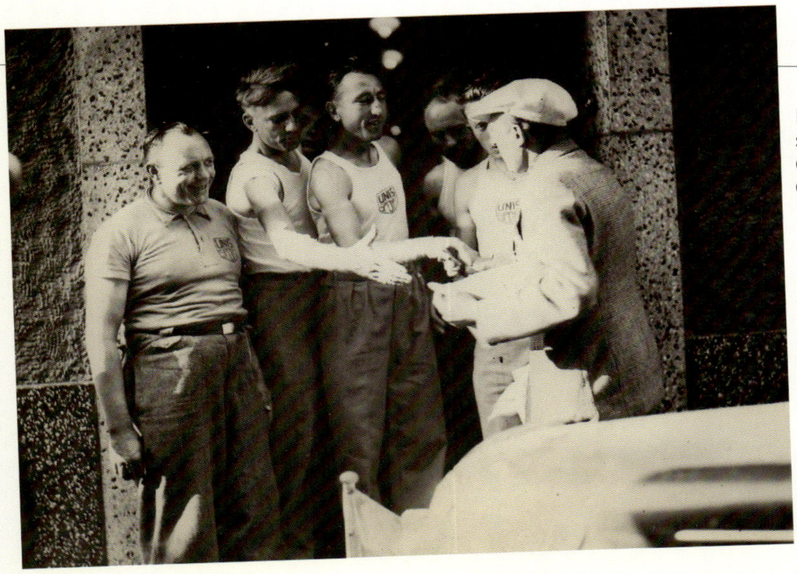

Bordeaux – **Les Belges, qui quittent le Tour en 1936 parce qu'ils le souhaitent, sont plus joyeux que Roger Lapébie, leur vainqueur, qui lui ne le disputera plus jamais. Pas nécessaire de faire un jeu de fléchettes pour lui crever les yeux.** Collection Laget

LE MYSTÈRE LAPÉBIE

Lauréat du Tour 1937, le premier avec dérailleur, le Bordelais Roger Lapébie, est le seul coureur de l'histoire du Tour de France à ne plus avoir défendu son titre !

En effet, il n'a plus jamais refait le Tour ! Pour des raisons évidentes : la guerre n'était pas loin, et il tomba aussi à l'arrivée du Bordeaux-Paris 1939. Mais qu'est-ce qui l'empêchait de prendre le départ de 1938, en dehors de sa non-sélection par Desgrange ? C'était quand même le vainqueur sortant et il était en forme. Alors ? Alors on dit qu'après sa victoire les relations entre Desgrange et lui étaient très tendues, et que Desgrange qui lui avait promis des contrats hivernaux pour ses équipiers ne tint pas sa parole. Desgrange, lui-même, peut-être influencé par Jean Leulliot, le directeur sportif de l'équipe de France, n'avait-il pas été trop loin en « rabotant » certaines étapes qui avantageaient les Belges ?

La présence de Lapébie aurait rappelé au patron ce mauvais épisode, comme celui des contrats. On dit aussi qu'il dut faire plaisir à son confrère belge, le journaliste Karel Steyaert, qui pilotait les équipe belges, et qui après l'abandon des siens à Bordeaux était très ulcéré, et demandait la tête de Roger. Quand on voit les photos, on s'aperçoit que si les Belges sont sûrement excédés, ils s'en vont joyeux. En fait Steyaert n'aurait-il pas demandé une chose souhaitée par Desgrange ? Comme en 1904, quand l'UVF avait déclassé Garin et les trois premiers ? Ce qui est sûr, c'est que la tête de Lapébie ne pouvait pas peser bien lourd face à un éventuel boycott belge. Reste que Sylvère Maes, le battu, revint dès 1938 et regagna même en 1939. Et quand Roger Lapébie revint à son tour en 1948, comme simple consultant-conseil de son frère Guy, qui devait terminer troisième, il fut « borduré » par Jacques Goddet, car il n'était pas habilité, n'avait pas de carte de presse...

LE BURDIN, LE COL BOBET

Le mardi 15 juillet 1986, Pedro Delgado triomphe à Pau devant Bernard Hinault, qui endosse un nouveau maillot jaune « à l'issue d'une étape à l'ancienne » écrit le lendemain dans « *La Dépêche du Midi* » le regretté René Mauriès. Dans un papier parfaitement sublime, il nous relate une étape dantesque où dans un col inconnu « Stephen Roche et surtout Laurent Fignon, décrochent jusqu'à paraître moribonds, en regard d'un surpuissant Bernard Hinault. « Quelle belle bête » « s'exclamait un montagnard aux portes de Larrau. » Mais s'il y a décrochage, grande lessive et numéro du Blaireau, c'est que les coureurs se sont cassés les dents, sur un nouveau col inconnu, le Burdincurutcheta (1 135m), la Croix-de-Fer en basque. Un col dégotté par Jean Bobet pendant l'hiver 1985-1986, à la demande expresse de Jacques Goddet. Car si Jean a arrêté le vélo et le journalisme depuis longtemps pour piloter la thalassothérapie de Louison à Biarritz, il route toujours au pays basque, et son ami Jacques Goddet, qui à 80 ans, se soucie toujours du tracé du Tour, le sait, et lui a téléphoné : « Jean ? Le Tour est en panne, plus que plat, entre Bayonne et Pau, faites moi un parcours WALLONNE. » Le genre de défi qui ne peut laisser Jean indifférent, même s'il a d'autres chats à fouetter. La confiance de M.Goddet, c'est quelque chose, et revenir ainsi dans la grande course, ça motive. Avec l'aide d'un ami député de Saint-Jean-Pied-de-Port, il va découvrir ce fameux et méconnu Burdincurutcheta, « dont les quatre derniers kilomètres n'étaient pas goudronnés ! » Ils le seront pour le Tour, et Pensec, y passera même en tête, mais dans l'instant, Jean, très professionnel, essaie de reconnaître la bosse en machine. Et avec son braquet habituel pour le Tourmalet, il ne passe pas et doit faire demi-tour à mi-col. Il reviendra, « mieux développé », et gravira même l'obstacle plus de vingt fois, assistant en prime aux travaux d'aménagement parfaitement considérables. Mis au parfum, Bernard Hinault avalera l'obstacle « en innovant, en utilisant un petit plateau de 39 dents » se souvient avec le sourire, l'homme que ce 15 juillet au soir cent coureurs maudissaient à Pau pour ne pas dire tout le peloton sauf le Blaireau. En prime, il y avait eu dix-sept abandons et Fignon était à 11 minutes, Roche à 21, et les cent à plus de 34. Le col des Bobet était né, une variante pyrénéenne de l'Izoard, qui fait dire avec humour à Jean-Michel Linfort, le sous-préfet-peintre-grimpeur, qui entend consacrer une fresque à cette journée homérique : « Le Burdincurutcheta ? Ca commence comme l'appareil d'entraînement des derniers Bordeaux-Paris, et ça finit comme une chanson de Nana Mouskouri, mais au milieu c'est la grande boucherie basque »

PAS UN PARCOURS VALLONNÉ, UN COUPE GORGE

Avec Richard Marillier, un des directeurs du Tour, Jean Bobet, l'invité d'honneur, est perplexe sous sa casquette : n'a-t-il pas eu la main trop lourde ? « On est au pays du piment, pas très loin d'Espelette, mais c'est bien relevé » souligne Darrigade. PresseSports

PROFESSION : JOURNALISTE

JACQUES AUGENDRE : MONSIEUR TOUR

Jacques Augendre a 86 ans, un sourire toujours radieux, une gentillesse toujours sans faille, une mémoire d'enfer, et 55 Tours de France dans la musette ! Un record, qui fait de ce gentleman, le recordman absolu des participations à la course devant Jacques Goddet (53) et Pierre Chany (49). Un exploit qui implique « beaucoup de chance » comme dit l'intéressé, trop modeste pour ajouter « beaucoup de talent ».

Et si le Tour n'était pas étranger à la forme de Jacques Augendre ? ASO

On aurait tendance à écrire, tout a commencé en 1949, quand il suit son premier Tour comme téléphoniste, tout en faisant un papier sur la course à l'arrière. Téléphoniste à l'époque, ce n'est pas une sinécure, car les téléphones sont très rares, bloqués par les concurrents, et Jacques doit faire le tour des chambres des confrères, les presser de terminer le papier, centraliser la copie pour aller à la poste et passer la première livraison€ La suite, ce sera de l'hôtel, où il délivrera à la sténo avec une application pleine d'appréhension le grand papier, l'éditorial de Monsieur Jacques Goddet. Le dernier Tour, ce sera celui de 2006, avec Floyd Landis. Entre, il y aura quelques trous, dit-il, « en 1952, ou 1959, où il restera au journal pour faire la cuisine ». Cinquante-cinq Tours, ça représente quatre ans de vie, et ce ne peut pas être un long fleuve tranquille : entre 1949 et 2006, le petit téléphoniste deviendra un grand journaliste, sera même ardoisier une journée, fera les échos, les grands papiers, les interviews, et sera aussi un des passagers de la fameuse voiture 101 avec Blondin, Chany et Clare. Il assistera donc au phénomène de création blondinien, et chanyen et quand ces derniers seront en panne, il prendra même discrètement le relais. Mais chut. Il changera aussi de journal, comme les coureurs changent d'équipe, passant de *L'Équipe*, au *Monde*, au *Miroir du Cyclisme*, ou au *Cycle* avant de revenir aux côtés de Jean-Marie Leblanc travailler à la documentation du Tour, et à l'écriture du guide comme du livre officiel. Un sacré parcours, mille aventures, y compris automobiles, et une passion toujours intacte embellie par la publication de plusieurs essais faisant date comme son « Antoine Blondin, un singe en été » salué par plusieurs prix. Ami de tous les coureurs, en particulier de Robic, Bobet, Darrigade, Anglade ou Poulidor, apprécié par tous les confrères, Jacques Augendre, qui se cache parfois sous le pseudonyme de Jacques Barthélémy, a dix mille histoires dans le tambour de son inséparable machine à écrire, et il les distille en conteur accompli et charmeur.

Jacques qui a même tenu la plume de plusieurs vainqueurs du Tour pour raconter leur victoire dans *L'Équipe* a également été « nounou ». Un épisode particulièrement touchant se situant en 1950. Cette année-là, pour son deuxième Tour, Jacques Goddet a, en effet, un invité prestigieux, Roberto Benzi, chef d'orchestre prodige à peine âgé de 12 ans. Jacques Goddet ayant appris qu'en 1949, malgré sa discrétion, Jacques pour dépanner un camarade confronté à une trop grande conscience professionnelle d'une postière, avait promené un grand moment le landau de la fonctionnaire, pense forcément à lui au moment de chercher le guide idéal. L'espace de deux étapes, Jacques va donc répondre aux « questions très pertinentes » de l'invité, bien le placer dans la course, boire un chocolat avec lui. Il en garde un souvenir ému, tout en regrettant un peu d'avoir perdu le contact avec le maestro devenu un chef de réputation mondiale. Qui sait, peut-être que la 100e édition pourrait donner lieu à de sacrées retrouvailles pour un 56e Tour.

55 TOURS, ET TOUJOURS LA MÊME FOI

L'explication de cette carrière hors du commun existe, car si Jacques débarque dans le Tour 1949, il ne vient surtout pas du néant. Il a lui-même été un bon coureur cycliste, disputant par exemple le Premier Pas Dunlop 1943, gagné par Raphaël Géminiani. Mais surtout, il a eu un papa, qui aurait dû passer professionnel sans la grande guerre, car, champion de chez Peugeot, il tenait tête à Philippe Thys, lui-même, dans le Paris-Turin de 1911. Carrière brisée, il devint un boucher fou de vélo ayant des attaches particulières avec de nombreux champions. C'est ainsi que Jacques enfant puis adolescent côtoya plusieurs anciens Tours de France comme Honoré Barthélémy, Eugène Dhers, Oscar Egg, ou Ali Nefatti, le premier coureur africain du Tour. Ali, qui vivait et pédalait en Tunisie avait été détecté par les frères Pélissier en tournée. Venu pour quinze jours en France, il y disputa les Tours 1913 et 1914, et y resta toute sa vie, car après avoir abandonné dans le Tour renversé par une voiture, il devint un bon pistard, et plus tard, le chef des coursiers de *L'Équipe*, où il fut le premier à accueillir son jeune ami. Tous n'en finissaient donc pas de raconter à qui mieux-mieux les souvenirs de leurs grandes boucles héroïques à l'apprenti champion émerveillé. Dhers, surnommé aussi « la pomme » se souvient Jacques en riant, excellait tellement en mécanique qu'après avoir été un des mécanos de Georges Guynemer pendant la grande guerre, il était devenu un des metteurs au point du dérailleur « Super-Champion ». Et c'est lui qui réglait la machine de Jacques aux petits oignons, tout en lui racontant son Tour 1921, où il avait fini 11e et deuxième Français. Et Jacques embraye avec une anecdote encore plus savoureuse, sans se rendre compte qu'il nous a monstrueusement menti, car s'il a effectivement suivi 55 Tours, en fait, il en a quasiment cent dans le cœur, Monsieur Tour de France.

LA CROIX ET LA BANNIÈRE POUR UNE AMBULANCE

Jusqu'à la renaissance du Tour après la seconde guerre mondiale, et en particulier au début des années 1950, l'arrivée de docteurs missionnés comme le docteur Berthy puis son successeur ledocteurPierre Dumas, et des véhicules médicalisés Aspro, le service médical n'a pas été le point fort du Tour. Il y a bien eu des soigneurs, des infirmiers, des masseurs comme Messieurs Brillouet et Manchon ou Madame Rosine Picquart, quelques docteurs comme MM. Aurenche ou Lescube ont même fait quelques apparitions dans la course, mais rien de très sérieux jusqu'aux années 1935. Là, une réclame et quelques photos nous permettent de noter l'apparition de la première ambulance officielle sur le Tour. C'est « Surdol » « le fameux cicatrisant », « qui à la demande des coureurs a équipé une ambulance chargée de soigner les blessés du Tour. » Cette réclame est parue dans *Marianne* le 10 juillet 1935, la veille de l'étape où le Basque Francesco Cepeda fera une chute mortelle. Le bolide est-il intervenu lors du drame ? Des photos montrent bien des infirmières soignant des champions à la volée...

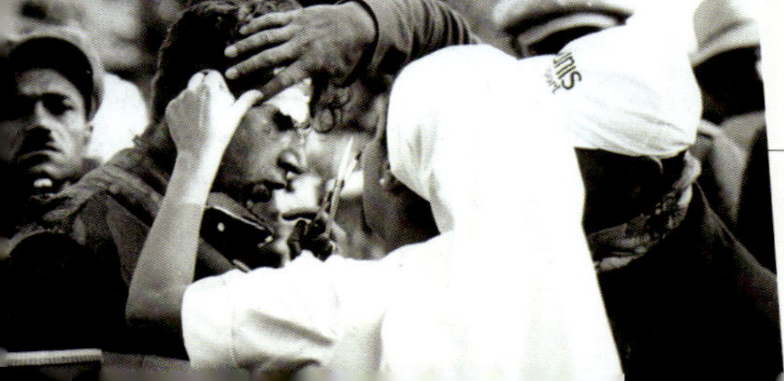

L'ambulance Surdol et surtout son infirmière font des miracles.
Collection Laget

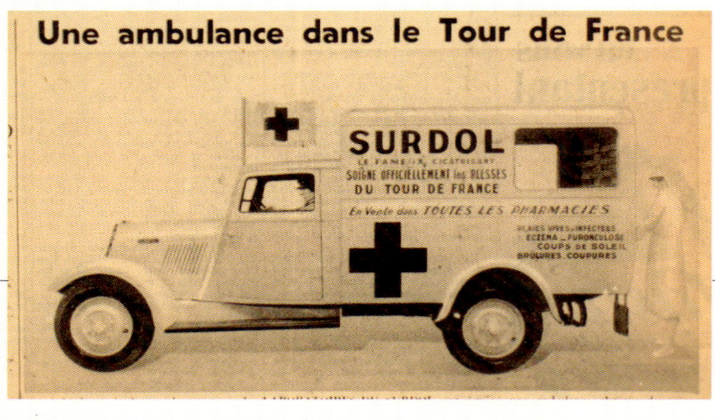

LA MÉSANGE A DU PLOMB DANS L'AILE ET LA PERRUCHE DES PATTES DANS L'ASSIETTE.

Jean Robic, la mésange de Radenac, aurait un bidon en plomb pour descendre plus vite.

Ce qui est sûr c'est qu'il est bien différent de celui de ses adversaires. Collection Laget

Vous l'avez remarqué, on aime les oiseaux. Nous voudrions revenir sur les secrets de deux d'entre eux, deux drôles d'oiseaux dont les battements d'ailes firent beaucoup de bruit dans les années cinquante. Le premier s'appelait « la mésange de Radenac », c'était un des sobriquets de Jean Robic. Figurez-vous que ce perfectionniste impénitent soucieux d'améliorer ses capacités en descente qui s'estompaient au fil du temps, eut en 1953, une idée bien singulière : se lester d'un bidon de plomb au sommet des cols pyrénéens, ceux qu'il aime. Son souci vous l'avez compris, c'était de conserver en descente les écarts qu'il faisait en montée, car il était resté très bon grimpeur. Il avait donc préparé un bidon noir spécial lesté d'une dizaine de kilos de plomb qu'un ami lui passait au sommet des cols, et qu'il glissait dans son porte bidon.

BIDON, LE BIDON ?

D'aucuns prenaient des feuilles de canard pour se protéger la poitrine, lui voulait se transformer en homme obus. Le résultat fut très moyen. Géminiani, un de ses adversaires, doutait même du fait qu'il ait eu recours à ce truc, tant il pouvait être dangereux à cause du changement de centre de gravité. En bas du col, la mésange jetait donc son bidon plombé qui était récupéré par une main amie. L'expérience fut brève et Robic, qui devait abandonner un peu plus tard sur chute dans la descente du col de Fauredon, sans que le bidon soit concerné, ne renouvela pas l'expérience. Mais cette astuce officieuse obligea la direction du Tour à faire évoluer officiellement son règlement pour interdire « la mésange farcie au plomb » Autre oiseau, « la perruche » *alias* Jacques Marinelli. Après avoir menacé Coppi et Bartali en 1949, il s'aperçut que les champions italiens avaient moins de problèmes de furonculose que les Français parce qu'ils prenaient beaucoup de pâtes aux repas. Il copia donc Coppi, mais même avec mille pattes, la chance qui était passée en 1949 ne repassa pas. Le Tour peut être cruel pour les petits oiseaux.

QUAND LAPIZE BRONZAIT

Plusieurs vainqueurs du Tour ont été champions ou médaillés olympiques, d'Indurain à Anquetil en passant par Zoetemelk. En fait ce dialogue entre les deux grandes épreuves avait été initié dès 1908 par Octave Lapize. En effet, dans les premiers Jeux de Londres, sur piste et sur 100 km, malgré une terrible coalition anglaise, « le Frisé » parvint à passer entre les obstacles pour décrocher une médaille de bronze. Sur cette photo inconnue, on retrouve « le Frisé » au second plan vers le bas.

VOUS AVEZ DIT « FORÇATS » ?

Maurice Ville est le moins connu des trois protagonistes de l'affaire des « Forçats de la route » que le grand reporter Albert Londres fit surgir à Coutances en 1924. Ce jour-là, le 27 juin, abandonnèrent en effet le Tour au Café de la Gare, sous l'œil de l'envoyé spécial du « Petit Parisien », les deux frères Pélissier et leur équipier méridional Maurice Ville.

On connaît la version épique, la voici un peu nuancée par son troisième homme. Le passage clef : « Pour le doping, nous en aurions bien pris, mais il n'y avait que la Cola ou l'alcool comme remontant... » Plus de cinquante ans après, Ville qui deviendra un grand entraîneur de demi-fond, puis un négociant en confitures, précise aussi : « Nous n'étions pas des surhommes », Londres « ne connaissait pas le métier. » Collection Laget

CONFITURERIE DU VALLESPIR
MAISON FONDÉE EN 1923

Bureaux de Commandes :
7, Av. Maréchal Foch
66400 CÉRET
Téléphone 35.50.17
C.C.P. Montpellier 1951 34 Y

Sélecta

Adresse Télégraphique
SELECTA-CERET
★
Boite Postale N° 19
R. C. 71 A 132

Céret, le 18 Juillet 1977

SERGE LAGET
B.P. 71
75522 PARIS

Cher Monsieur,

Ayant 77 ans d'âge et malade, je vous prie de bien vouloir m'excuser de ne pas vous avoir répondu plus tôt.

Il est évident que j'ai une large documentations sur le cyclisme depuis 1920

Du Tour 1924 ou j'ai abandonné, étant second au classement général,avec les PELISSIER il y a tout un roman dont Albert LONDRES fait naître les forçats de la route. Il ne connaissait pas le métier et pour un profane il a été stupéfait de constater qu'il fallait, pour les premiers de l'étape, faire 15 heures et plus à bicyclette alors que les derniers étaient 20 heures sur la route. Nous n'étions pas des surhommes et ceux de maintenant feraient de même. Pour le doping nous en aurions bien pris mais il n'y avait que la Cola où l'alcool comme remontant.

Avec Jean ALAVOINE nous avions créé l'Homme au Marteau et Jésus Pactole. Mais il faudrait que je vous rencontre pour vous expliquer tout celà.

Egalement dans le demi-fond, je pourrais vous fournir une documentation de ce

[...]

Voyez si vous avez l'occasion de passer par ici où, si ma santé me le permet je vous verrai à Paris.

Je n'ai pas pu lire le nom, sur votre lettre de notre ami commun.

Cordialement à vous.

MALDONNE AVEC ARAGON

Ici, le génie du poète, qui a aussi écrit de belles choses sur le Tour, n'est pas en cause. Cette petite histoire nous ramène au Tour 1937, celui que Bartali aurait pu gagner s'il n'était pas tombé dans un ravin des Alpes. Il perdra le maillot jaune et abandonnera à Marseille, non sans avoir invoqué la Madonne. À ce moment-là existe à Paris, un journal de sympathie communiste. Il s'appelle *Ce Soir*, tous les gens qui y travaillent ne sont pas communistes, mais il y a aussi des communistes pointilleux. C'est le journaliste Gaston Meyer, non communiste, et spécialiste de l'athlétisme, qui y pige, et relit aussi la copie du Tour, qui nous raconte dans ses souvenirs (« Les tribulations d'un journaliste sportif », Éditions Simoën, 1978) :

« Les lamentations du Transalpin et ses appels à la Madone, qui n'en pouvait mais, s'étalaient à longueur de compte rendus. La copie, composée à *Ce Soir* et le plomb prêt à être mis en page, un correcteur rubicond, cheveux et épaisses moustaches blanches, surgissait au « marbre » et m'informait qu'il avait, de son propre chef, supprimé toute allusion à la Madone. Je protestais, arguant qu'il s'agissait d'un fait décrit par toutes les radios et que nous ne pouvions cacher à nos lecteurs.

« Tant que je travaillerai ici, pas de Madone dans *Ce Soir* ! »

La discussion s'éternisant, l'arbitrage de Louis Aragon fut sollicité...
Il n'y eut pas de Madone dans « Ce Soir ».

L'EMPREINTE DU CORSE

Parce que le Tour n'ira en Corse qu'en 2013, on croit que le Tour a boudé l'île et que pour se faire pardonner, il lui offrira même le grand départ. C'est tout simplement complètement faux. La vérité, c'est que sans la Corse, sans Napoléon Bonaparte, son plus beau rejeton, tout simplement, il n'y aurait jamais eu de Tour de France cycliste digne de ce nom. Certes l'idée est de Géo Lefèvre, mais ensuite c'est Henri Desgrange, le patron de L'Auto qui fait le Tour, et justement pour en faire surgir une « noblesse du muscle » équivalente de la noblesse impériale. En effet, H.D. est un inconditionnel de l'Empereur, qu'il vénère. Toute sa vie, toute son œuvre, tous ses articles seront marqués par le souvenir napoléonien. Tout ça pour dire, que quelque part, le Tour n'a jamais cessé d'être Corse. Et qu'il arrive depuis 1975 sur les Champs-Élysées, devant cet Arc-de-Triomphe, encore voulu par l'Empereur, est un autre signe de cette griffe invisible. Desgrange aurait été heureux de cette histoire. Pour sa 100e édition, rien de plus beau et de plus symbolique ne pouvait arriver à la Grande Boucle. Quant au premier coureur corse à s'être aligné dans la course, il s'appelait Pierre Bordigoni. Dans le Tour 1910, il portait le dossard 122. Il abandonna à la troisième étape, mais se racheta en créant le Tour de Corse, tête de pont de ce grand départ.

UNE NOBLESSE DU MUSCLE APRÈS LA NOBLESSE D'EMPIRE

Vision d'artiste : l'Empereur remontant les Champs à bicyclette. Collection Laget / DR

L'Empereur après Waterloo, et avant Desgrange et le Tour, selon Déro. Collection Laget / DR

RETOUR SUR IMAGES...

Le Tour va tellement vite, le temps va tellement vite, qu'on perd forcément de vue certaines grandes figures, qu'on est injuste. Ici, nous avons donc procédé à un petit retour sur images pour rattraper un peu cette injustice. (Photos Collection Laget)

1923 – **Robert Jacquinot. Une fringale, le prive d'un exploit immense dans le Tour .**

1950 – **Bernardo Ruiz. Un éclair espagnol dans la montagne.**

1965 – **Roger Rivière. L'étoile montante tombée dans le ravin.**

Années 30 – **Alex Virot et Jean Antoine. Les premières voix de la radio.**

1960 – **Pierre Beuffeuil. C'est lui qui gagne à Troyes, le jour où le Tour s'arrête à Colombey-les-Deux-Églises.** Collection Laget

1903 – **Charles Laeser. Ce petit Suisse est le premier vainqueur d'étape étranger. Son exploit, il le signe à Bordeaux.**

Années 30 – **Federico Ezquerra. Il sera en lice pour les premiers Grands Prix de la montagne.**

Années 10 – **La première garde rapprochée de Desgrange, ses trois grognards. Eugène Morillon, son chauffeur, Georges Abran, son starter, Robert Desmarets, son adjoint.**

1930 – **Alfredo Binda. Le Campionissimo fera une apparition aussi forte que brève**

Années 50-60 – **Pierre Dumas. Le premier grand docteur du Tour. Il peut sauver Malléjac, pas Simpson.**

Années 50-80 – **Albert Bouvet. Comme géant de la route ou directeur des compétitions, il boucle 36 Tours, dont 24 à moto.**

Années 20-50 – **Georges Briquet et Raymond Huttier. La première grande voix de la radio, et une des belles plumes du Miroir des Sports.**

Paul Egli. Le premier Suisse à porter le maillot jaune en 1936. Jacques Goddet le suspectait d'avoir trop de coffre.

1938 – **Victor Cosson et Arsène Mersch. Le Titi parisien et le champion luxembourgeois mirent de la bonne humeur dans le Tour 1938.**

1930 – **Pierre Magne. Frère de Tonin, et pilier de la première grande équipe de France. Il joue un rôle clef dans l'épopée tricolore amorcée en 1930.**

1951 – **Gilbert Bauvin. Beau coureur des années 1950, et même maillot jaune, le Lorrain profite du salon de coiffure pour donner une interview décalée.**

Edouard Fachleitner. Le « Berger de Manosque », héros malheureux du Tour 1947, sera sélectionné dans le Tour 1952 grâce à l'écrivain Jean Giono.

Jules Banino. Héros de la première guerre mondiale, devenu flic à Nice, il sera aussi un beau coureur du Tour en 1921 et 1924.

Années 1900– **Charles Ravaud. Un des premiers grands journalistes. Il chante pour L'Auto tous les Tours des temps héroïques.**

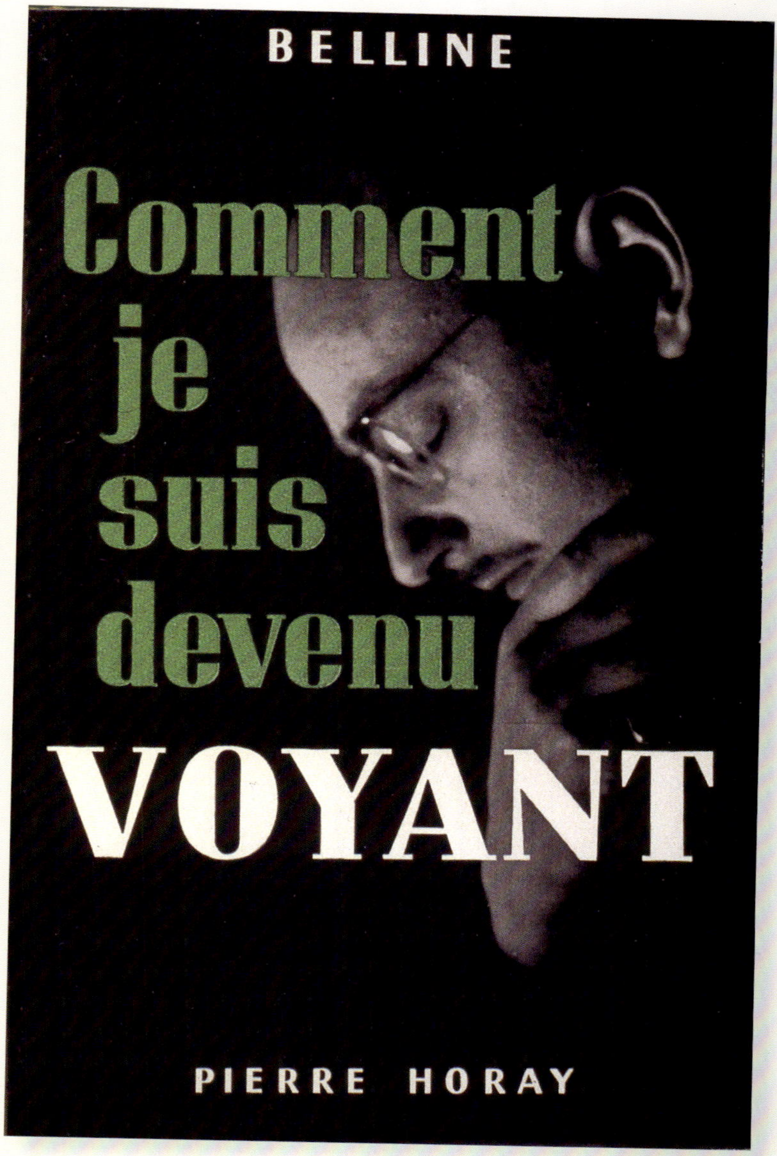

Années 50-60– **Belline, le mage. Après avoir confié à L'Équipe des pronostics fonctionnant sur la première lettre des champions, c'est lui qui prévoit un drame pour Anquetil en 1964.**

1926– **Octave Feuillet. En 1926, autour du premier directeur sportif en blouse blanche, on reconnait Adelin Benoit, Nicolas Frantz ou Marcel Bidot.**

1935– **Francisco Cepeda et Vicente Trueba. Les deux champions espagnols dans leurs œuvres. Le premier sera victime d'une chute mortelle.**

LES RENDEZ-VOUS DU BONHEUR

LE TOUR REBONDIT À ISSY

Au Stade, dans le musée ravitaillement de Serge Rebondy, Eddy Merckx, Jean-François Pescheux et Christian Prudhomme refont la course. S.Rebondy

La table a toujours joué un rôle essentiel dans l'histoire du Tour. Un bon signe non, car c'est le lieu de partage et de dialogue essentiel. Le Tour était sorti de table à Paris, sur les grands Boulevards, à la brasserie « Le Madrid » fin 1902, ensuite il s'était envolé. Les tracés suivants sortirent souvent d'un autre restaurant tout proche de L'Auto, « La Boule Rouge », rue de la Boule Rouge, à trois minutes de l'emblématique Faubourg Montmartre. Et puis, L'Auto étant devenue L'Équipe, son tracé bifurqua par « le Grand Zinc », toujours au Faubourg, voire « le Paradis Latin ». Avec le déménagement historique de L'Équipe à Issy-les-Moulineaux en 1987, le tracé fut souvent affiné dans des restaurants du coin, car le Tour qui était maintenant confié à la Société du Tour, avant de l'être à Amaury Sport Organisation, avait forcément suivi, puisque Tour et Équipe, c'est toujours la même société, même si les maisons sont un peu séparées. Donc, si les grandes lignes étaient ébauchées dans les bureaux par les états-majors répercutant sur les cartes les propositions des villes candidates et les résultats des reconnaissances, la mise en musique, les derniers ajustements, les plus belles fulgurances se faisaient toujours fourchette à la main. Ce fut un moment à « L'Oiseau bleu », et maintenant depuis plus de douze ans, c'est souvent au « Stade* ». Le Stade, c'est le stade Jean Bouin. Ses installations sont en effet rehaussées d'un étonnant restaurant panoramique avec vues sur les pistes et sur les matches, vues sur les assiettes et aussi et surtout vue sur des milliers de livres de sport, des vitrines et des murs débordant de trophées, de maillots, de médailles, de modèles réduits. Un musée informel, dont le Tour est le roi, et qui se glisse entre les tables, quand ce n'est pas directement dessus à la faveur d'une décoration avec des « Miroir Sprint », des sets et un menu Tour de France. Serge Rebondy et son équipe veillent au grain. Moyennant quoi, ici on est bien, c'est bon, et on est heureux de se retrouver dans une ambiance de confiance et de passion. Jean-Paul Brouchon y avait son rond de serviette, Pierre Salviac y a toujours son tabouret, et les traceurs et patrons du Tour viennent y picorer entre deux reconnaissances, entre deux courses. C'est leur terrain, leur annexe. Tellement bien d'ailleurs que plusieurs Tours ont été ainsi fignolés sur la nappe. Il manquait une ville, on devait repasser par la Bretagne, il ne fallait pas oublier Pau ; les lignes vertes ou rouges jaillissaient soudain des stylos de Jean-François Pescheux et Jean-Marie Leblanc. Et soudain tout se goupillait comme en 1902, quand au « Madrid », Géo Lefèvre et Henri Desgrange avaient lancé la grande aventure. Le Tour a plus souvent marché à la fourchette qu'à la baguette et c'est aussi pour ça qu'on l'aime.

« Le Stade », 5 av Jean-Bouin, 92130, Issy-les-Moulineaux.

NOTRE-DAME DES CYCLISTES

Tous les lundis de Pentecôte, plus de 400 personnes se retrouvent dans un coin perdu des Landes, pour la messe des cyclistes célébrée dans la chapelle de La Bastide-d'Armagnac. Il y a des catholiques, des non croyants, des champions, des pédaleurs du dimanche, rien que des gens qui sont heureux en pédalant. Cette chapelle du XIe a été remise en état par le père Joseph Massié et consacrée « sanctuaire national du cyclisme et du cyclotourisme » par le pape Jean XXIII le 18 mai 1959. L'abbé Busquet a pris la suite, et demain un autre prendra le relais. Ce qui est sûr, c'est que ce sanctuaire est magique. Tellement que, bien qu'il ne soit ouvert que du 1er mai au 15 octobre pas moins de 15 000 personnes y affluent pour se recueillir, et découvrir au passage les 800 maillots offerts comme autant d'ex-voto par des champions d'hier ou d'aujourd'hui, français ou étrangers. Est-il utile de préciser que parmi les donateurs, on trouve « cent des plus grands coureurs du Tour » souligne Nicolas Casar dans *La Croix*.

Ne manque peut-être que le maillot jaune de Robic, qui est à la Basilique Sainte-Anne-d'Auray ? Tous les autres sont ici, et Hinault, Merckx, Anquetil, Longo, Coppi et Poulidor forment un sacré peloton, et même un peloton sacré. La lumière d'étonnants vitraux éclaire un « Je vous salue Marie » écrit en quarante langues. Oui, des vitraux artistiques signés en 2002 par l'ancien champion Henry Anglade. Ils représentent Ocana en jaune, le duel Anquetil-Poulidor sur le Puy-de-Dôme, Bartali et Coppi échangeant un bidon. C'est simple, juste et beau. Le Tour est passé quatre fois devant la chapelle, mais en fait, il ne la quitte jamais.

Les dons de 100 géants de la route et le vitrail Ocana signé par Anglade. Collection Pic, DR

Fausto Coppi, qui signe ici des autographes à ses admirateurs, est le champion de Gérard Salmon, l'inventeur de la Vélocithèque. Rue des Archives

L'ÉCHAPPÉE BELLE D'IVAN LE TERRIBLE

Il s'appelle Ivan Bonduelle, c'est un masseur-kinésithérapeute de haut-vol, qui a même travaillé jadis chez Louison Bobet. C'est aussi depuis quarante ans un collectionneur avisé et partageur. Tellement bien qu'il a su convaincre sa région, celle des Pays de Loire, son département, la Sarthe, et sa ville, La Fresnaye-sur-Chedouet, de construire un local ultra-moderne pour exposer toutes ses collections. Ca s'appelle « L'Échappée belle », l'inauguration a eu lieu en juin 2001, et Ivan y présente intelligemment l'essentiel de son patrimoine, qui tourne pour les 4/5e autour du Tour de France. Depuis, d'avril à septembre, plus de 4 000 visiteurs s'y pressent tous les ans pour faire un bain de nostalgie, retrouver des pièces originales et des parfums d'antan. Les maillots de Merckx, Fignon, ou Poulidor y côtoient un maillot jaune de Vietto. Un vélo de Merckx, ou un vélo jaune de *L'Auto* y ravissent les experts, qui entre photos géantes, ou affiches originales (Leducq, Thys) ne savent où donner de la tête. Si le tunnel dédié à la caravane publicitaire est très couru, la palme revient aux trésors d'Ivan. Allez voir, toutes les techniques d'exposition développées ici vous replongeront dans la grande épopée, en particulier le grand écran interactif avec ses « maillots et champions. »

L'Échappée Belle, La Fresnaye-sur-Chedouet, 72 600.

LA VÉLOCITHÈQUE

Le saviez-vous ? Le vélo a son C.D.I.R. (Centre de documentation, d'Information et de Recherche). Il a pour nom La Vélocithèque et siège depuis 20 ans à Pomeys, dans le Rhône. Son fonctionnement est celui d'une association (50 membres en 2011) qui édite trimestriellement des bulletins de liaison, des dossiers de recherche sur l'histoire du vélo et des cahiers de revues de presse sur le sport cycliste du passé, soit 10 publications annuelles. Enfin elle invite chaque année ses membres à se retrouver pour un colloque lors d'un raout estival. Ses archives, ouvertes aux adhérents, contiennent des trésors sur le vélo et bien sûr sur le Tour de France.

La Vélocithèque, Le Bois, Pomeys
Saint-Symphorien sur Coise 69590 Tel : 04 78 48 45 67

UN MUSÉE DANS LES VIGNES.

À quelques jets de pierre du Pont-du-Gard, au milieu des vignes, se trouve un étonnant musée du cycle et de la moto. Il a été aménagé dans un château, car son propriétaire Claude Reynaud est aussi viticulteur. Là, à quinze minutes d'Avignon, dans un espace étonnant, il propose à ses 10 000 visiteurs annuels, quelques 70 machines historiques et « authentiques », car venant directement des champions. Les techniciens nostalgiques seront ainsi heureux de voir avec quelles drôles de machines pédalaient hier Hinault et Virenque, et avant-hier Anquetil ou Poulidor. Mais on a employé le terme musée, et une pièce à elle seule justifierait cette appellation, c'est une draisienne des années 1820... Une pièce d'une telle qualité que Claude Reynaud, qui est par ailleurs auteur de plusieurs ouvrages de référence sur la vélocipédie ou le grand-bi, a pu la faire classer monument historique. Dans ce musée de haute volée, où étincelle aussi un vélocipède ciselé des années 1869, ne manque en fait que le platane au pied duquel s'est affaissé Zaaf en 1950.

Château de Bosc, RN 100, 30 390 Domazan (15 minutes d'Avignon)

Vélocipèdes, bicyclettes et grand-bis, la plus belle des vendanges de Claude Reynaud. Collection Reynaud

Tableau d'honneur – **Pendant très longtemps, tous les coureurs terminant le Tour de France recevaient un diplôme offert par L'Auto et signé par Desgrange. À ce titre, le Normand Eugène Dhers, alias « la pomme », en reçut sept, car s'il disputa 11 Tours entre 1912 et 1927, il dut abandonner quatre fois. Celui saluant son exploit de 1921 est le plus beau. Il est 12e au classement général, et 4e au classement particulier des Deuxièmes Classes ou Touristes-Routiers, catégorie où il est le premier Français.** Collection Laget

1903-2011
LES CLASSEMENTS

CLASSEMENTS

1903 2 428 km
1.**Maurice GARIN** *(FRA, 32 ans), 25,67 Km/h*
2.Lucien POTHIER *(FRA)*
3.Fernand AUGEREAU *(FRA)*

1904 2 420 km
1.**Henri CORNET** *(FRA, 20 ans), 25,182*
2.Jean-Baptiste DORTIGNACQ *(FRA)*
3.Aloïs CATTEAU *(BEL)*

1905 2 994 km
1.**Louis TROUSSELIER** *(FRA, 24 ans)**
2.Hippolyte AUCOUTURIER *(FRA)*
3.Jean-Baptiste DORTIGNACQ *(FRA)*

1906 4 637 km
1.**René POTTIER** *(FRA, 27 ans)**
2.Georges PASSERIEU *(FRA)*
3.Louis TROUSSELIER *(FRA)*

1907 4 488 km
1.**Lucien PETIT-BRETON** *(FRA, 25 ans)**
2.Gustave GARRIGOU *(FRA)*
3.Émile GEORGET *(FRA)*

1908 4 488 km
1.**Lucien PETIT-BRETON** *(FRA, 26 ans)**
2.François FABER *(LUX)*
3.Georges PASSERIEU *(FRA)*

1909 4 497 km
1.**François FABER** *(LUX, 22 ans)**
2.Gustave GARRIGOU *(LUX)*
3.Jean ALAVOINE *(FRA)*

1910 4 737 km
1.**Octave LAPIZE** *(FRA, 23 ans)**
2.François FABER *(LUX)*
3.Gustave GARRIGOU *(FRA)*

1911 5 344 km
1.**Gustave GARRIGOU** *(FRA, 27 ans)**
2.Paul DUBOC *(FRA)*
3.Émile GEORGET *(FRA)*

1912 5 319 km
1.**Odile DEFRAYE** *(BEL, 24 ans)**
2.Eugène CHRISTOPHE *(FRA)*
3.Gustave GARRIGOU *(FRA)*

1913 5 387 km
1.**Philippe THYS** *(BEL, 23 ans) 27,22*
2.Gustave GARRIGOU *(FRA)*
3.Marcel BUYSSE *(BEL)*

1914 5 405 km
1.**Philippe THYS** *(BEL, 24 ans) 26,96*
2.Henri PÉLISSIER *(FRA)*
3.Jean ALAVOINE *(FRA)*

1919 5 560 km
1.**Firmin LAMBOT** *(BEL, 33 ans) 24,05*
2.Jean ALAVOINE *(FRA)*
3.Eugène CHRISTOPHE *(FRA)*

1920 5 503 km
1.**Philippe THYS** *(BEL, 30 ans) 24,072*
2.Hector HEUSGHEM (BEL)
3.Firmin LAMBOT (BEL)

1921 5 484 km
1.**Léon SCIEUR** *(BEL, 33 ans) 24,72*
2.Hector HEUSGHEM (BEL)
3.Honoré BARTHÉLEMY *(FRA)*

1922 5 375 km
1.**Firmin LAMBOT** *(BEL, 36 ans) 24,196*
2.Jean ALAVOINE *(FRA)*
3.Félix SELLIER *(BEL)*

1923 5 386 km
1.**Henri PÉLISSIER** *(FRA, 34 ans) 24,233*
2.Ottavio BOTTECCHIA *(ITA)*
3.Romain BELLENGER *(FRA)*

1924 5 425 km
1.**Ottavio BOTTECCHIA** *(ITA, 30 ans) 23,971*
2.Nicolas FRANTZ *(LUX)*
3.Lucien BUYSSE *(BEL)*

1925 5 430 km
1.**Ottavio BOTTECCHIA** *(ITA, 31 ans) 24,775*
2.Lucien BUYSSE *(BEL)*
3.Bartolomeo AIMO *(ITA)*

1926 5 745 km
1.**Lucien BUYSSE** *(BEL, 34 ans) 24,063*
2.Nicolas FRANTZ *(LUX)*
3.Bartolomeo AIMO *(ITA)*

1927 5 340 km
1.**Nicolas FRANTZ** *(LUX, 28 ans) 26,93*
2.Maurice DEWAELE *(BEL)*
3.Félicien VERVAECKE *(BEL)*

1928 5 476 km
1.**Nicolas FRANTZ** *(LUX, 29 ans) 28,4*
2.André LEDUCQ *(FRA)*
3.Maurice DEWAELE *(BEL)*

1929 5 256 km
1.**Maurice DEWAELE** *(BEL, 33 ans) 28,15*
2.Giuseppe PANCERA *(ITA)*
3.Joseph DEMUYSÈRE *(BEL)*

1930 4 818 km
1.**André LEDUCQ** *(FRA, 26 ans) 27,97*
2.Learco GUERRA (ITA)
3.Antonin MAGNE (FRA)

1931 5 095 km
1.**Antonin MAGNE** *(FRA, 27 ans) 28,75*
2.Joseph DEMUYSÈRE *(BEL)*
3.Antonio PESENTI *(ITA)*

1932 4 520 km
1.**André LEDUCQ** *(FRA, 28 ans) 29,31*
2.Kurt STOEPEL *(ALL)*
3.Francesco CAMUSSO *(ITA)*

1933 4 395 km
1.**Georges SPEICHER** *(FRA, 26 ans) 29,72*
2.Learco GUERRA *(FRA)*
3.Giuseppe MARTANO *(ITA)*

1934 4 363 km
1.**Antonin MAGNE** *(FRA, 30 ans) 29,633*
2.Giuseppe MARTANO *(ITA)*
3.Roger LAPÉBIE *(FRA)*

1935 4 338 km
1.**Romain MAES** *(BEL, 22 ans) 30,65*
2.Ambrogio MORELLI *(ITA)*
3.Félicien VERVAECKE *(BEL)*

1936 4 442 km
1.**Sylvère MAES** *(BEL, 27 ans) 31,108*
2.Antonin MAGNE *(FRA)*
3.Félicien VERVAECKE *(BEL)*

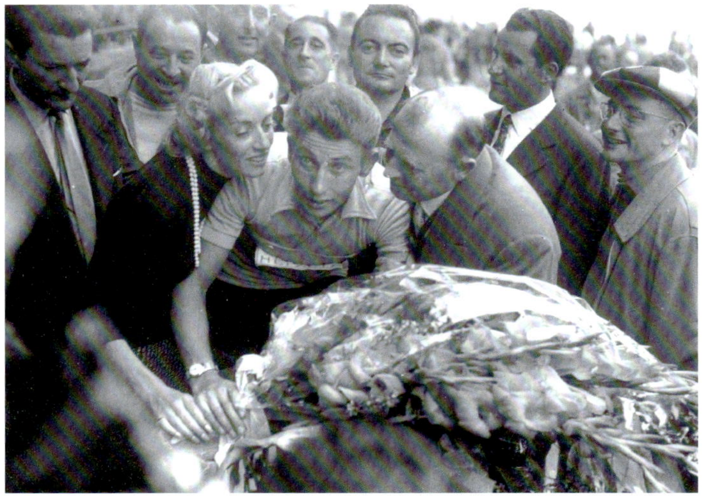

Jacques Anquetil, le premier à hausser la mire à cinq victoires. Collection Laget

1937 4 415 km
1.**Roger LAPÉBIE** *(FRA, 26 ans) 31,768*
2.Mario VICINI *(ITA)*
3.Léo AMBERG *(SUI)*

1938 4 694 km
1.**Gino BARTALI** *(ITA, 24 ans) 31,61*
2.Félicien VERVAECKE *(BEL)*
3.Victor COSSON *(FRA)*

1939 4 224 km
1.**Sylvère MAES** *(BEL, 30 ans) 31,98*
2.René VIETTO *(FRA)*
3.Lucien VLAEMINCK *(BEL)*

1947 4 640 km
1.**Jean ROBIC** *(FRA, 26 ans) 31,31*
2.Édouard FACHLEITNER *(FRA)*
3.Pierre BRAMBILLA *(ITA)*

1948 4 922 km
1.**Gino BARTALI** *(ITA, 34 ans) 33,44*
2.Albéric SCHOTTE *(BEL)*
3.Guy LAPÉBIE *(FRA)*

1949 4 808 km
1.**Fausto COPPI** *(ITA, 30 ans) 32,12*
2.Gino BARTALI *(ITA)*
3.Jacques MARINELLI *(FRA)*

1950 4 775 km
1.**Ferdi KUBLER** *(SUI, 31 ans) 32,79*
2.Constant OCKERS *(BEL)*
3.Louison BOBET *(FRA)*

1951 4 697 km
1.**Hugo KOBLET** *(SUI, 26 ans) 32,999*
2.Raphaël GÉMINIANI *(FRA)*
3.Lucien LAZARIDÈS *(FRA)*

1952 4 827 km
1.**Fausto COPPI** *(ITA, 33 ans) 31,765*
2.Constant OCKERS *(BEL)*
3.Bernardo RUIZ *(ESP)*

1953 4 479 km
1.**Louison BOBET** *(FRA, 28 ans) 34,616*
2.Jean MALLÉJAC *(FRA)*
3.Giancarlo ASTRUA *(ITA)*

1954 4 669 km
1.**Louison BOBET** *(FRA, 29 ans) 33,325*
2.Ferdi KUBLER *(SUI)*
3.Fritz SCHAER *(SUI)*

1955 4 476 km
1.**Louison BOBET** *(FRA, 30 ans) 34,301*
2.Jean BRANKART *(BEL)*
3.Charly GAUL *(LUX)*

1956 4 498 km
1.**Roger WALKOWIAK** *(FRA, 29 ans) 36,268*
2.Gilbert BAUVIN *(FRA)*
3.Jan ADRIAENSSENS *(BEL)*

1957 4 665 km
1.**Jacques ANQUETIL** *(FRA, 23 ans) 34,365*
2.Marcel JANSSENS *(BEL)*
3.Adolf CHRISTIAN *(AUT)*

1958 4 319 km
1.**Charly GAUL** *(LUX, 26 ans) 36,919*
2.Vito FAVERO *(ITA)*
3.Raphaël GÉMINIANI *(FRA)*

1959 4 355 km
1.**Federico BAHAMONTES** *(ESP, 31 ans) 35,183*
2.Henry ANGLADE *(FRA)*
3.Jacques ANQUETIL *(FRA)*

1960 4 173 km
1.**Gastone NENCINI** *(ITA, 30 ans) 37,21*
2.Graziano BATTISTINI *(ITA)*
3.Jan ADRIAENSENS *(BEL)*

1961 4 397 km
1.**Jacques ANQUETIL** *(FRA, 27 ans) 36,03*
2.Guido CARLESI *(ITA)*
3.Charly GAUL *(LUX)*

1962 4 274 km
1.**Jacques ANQUETIL** *(FRA, 28 ans) 37,31*
2.Joseph PLANCKAERT *(BEL)*
3.Raymond POULIDOR *(FRA)*

1963 4 137 km
1.**Jacques ANQUETIL** *(FRA, 29 ans) 36,448*
2.Federico BAHAMONTES *(ESP)*
3.José PEREZ FRANCES *(ESP)*

1964 4 504 km
1.**Jacques ANQUETIL** *(FRA, 30 ans) 35,419*
2.Raymond POULIDOR *(FRA)*
3.Federico BAHAMONTES *(ESP)*

1965 4 177 km
1.**Felice GIMONDI** *(ITA, 23 ans) 35,792*
2.Raymond POULIDOR *(FRA)*
3.Gianni MOTTA *(ITA)*

1966 4 322 km
1.**Lucien AIMAR** *(FRA, 25 ans) 36,76*
2.Jan JANSSEN *(HOL)*
3.Raymond POULIDOR *(FRA)*

1967 4 758 km
1.**Roger PINGEON** *(FRA, 27 ans) 34,756*
2.Julio JIMENEZ *(ESP)*
3.Franco BALMANION *(ITA)*

1968 4 492 km
1.**Jan JANSSEN** *(HOL, 28 ans) 33,565*
2.Herman VAN SPRINGEL *(BEL)*
3.Ferdinand BRACKE *(BEL)*

1969 4 117 km
1.**Eddy MERCKX** *(BEL, 24 ans) 35,409*
2.Roger PINGEON *(FRA)*
3.Raymond POULIDOR *(FRA)*

1970 4 254 km
1.**Eddy MERCKX** *(BEL, 25 ans) 35,589*
2.Joop ZOETEMELK *(HOL)*
3.Gösta PETTERSSON *(SUE)*

1971 3 608 km
1.**Eddy MERCKX** *(BEL, 26 ans) 38,084*
2.Joop ZOETEMELK *(HOL)*
3.Lucien VAN IMPE *(BEL)*

1972 3 846 km
1.**Eddy MERCKX** *(BEL, 27 ans) 35,516*
2.Felice GIMONDI *(ITA)*
3.Raymond POULIDOR *(FRA)*

1973 4 090 km
1.**Luis OCANA** *(ESP, 28 ans) 33,407*
2.Bernard THÉVENET *(FRA)*
3.José Manuel FUENTE *(ESP)*

1974 4 098 km
1.**Eddy MERCKX** *(BEL, 29 ans) 35,241*
2.Raymond POULIDOR *(FRA)*
3.Vicente LOPEZ CARRIL *(ESP)*

1975 4 000 km
1.**Bernard THÉVENET** *(FRA, 27 ans) 34,906*
2.Eddy MERCKX *(BEL)*
3.Lucien VAN IMPE *(BEL)*

1976 4 017 km
1.**Lucien VAN IMPE** *(BEL, 30 ans) 34,518*
2.Joop ZOETEMELK *(HOL)*
3.Raymond POULIDOR *(FRA)*

1977 4 096 km
1.**Bernard THÉVENET** *(FRA, 29 ans) 35,419*
2.Hennie KUIPER *(HOL)*
3.Lucien VAN IMPE *(BEL)*

1978 3 908 km
1.**Bernard HINAULT** *(FRA, 24 ans) 36,084*
2.Joop ZOETEMELK *(HOL)*
3.Joaquim AGOSTINHO *(POR)*

1979 3 765 km
1.**Bernard HINAULT** *(FRA, 25 ans) 36,513*
2.Joop ZOETEMELK *(HOL)*
3.Joaquim AGOSTINHO *(POR)*

1980 36,095
1.**Joop ZOETEMELK** *(HOL, 34 ans) 36,095*
2.Hennie KUIPER *(HOL)*
3.Raymond MARTIN *(FRA)*

1981 3 757 km
1.**Bernard HINAULT** *(FRA, 27 ans) 38,960*
2.Lucien VAN IMPE *(BEL)*
3.Robert ALBAN *(FRA)*

1982 3 512 km
1.**Bernard HINAULT** *(FRA, 28 ans) 37,469*
2.Joop ZOETEMELK *(HOL)*
3.Johan VAN DER VELDE *(HOL)*

1983 3 862 km
1.**Laurent FIGNON** *(FRA, 23 ans) 35,914*
2.Angel ARROYO *(ESP)*
3.Peter WINNEN *(HOL)*

1984 4 021 km
1.**Laurent FIGNON** *(FRA, 24 ans) 35,882*
2.Bernard HINAULT *(FRA)*
3.Greg LEMOND *(USA)*

Hinault+Merckx+Armstrong+Indurain = 5+5+7+5= 22 victoires. Et beaucoup plus de lignes encore dans les palmarès avec leurs places d'honneur. ASO

1985 4 127 km
1.**Bernard HINAULT** *(FRA, 31 ans) 36,391*
2.Greg LEMOND *(USA)*
3.Stephen ROCHE *(IRL)*

1986 4 083 km
1.**Greg LEMOND** *(USA, 25 ans) 36,92*
2.Bernard HINAULT *(FRA)*
3.Urs ZIMMERMANN *(SUI)*

1987 4 039 km
1.**Stephen ROCHE** *(IRL, 28 ans) 34,981*
2.Pedro DELGADO *(ESP)*
3.Jean-François BERNARD *(FRA)*

1988 3 282 km
1.**Pedro DELGADO** *(ESP, 28 ans) 38,856*
2.Steven ROOKS *(HOL)*
3.Fabio PARRA *(COL)*

1989 3 285 km
1.**Greg LEMOND** *(USA, 28 ans) 37,481*
2.Laurent FIGNON *(FRA)*
3.Pedro DELGADO *(ESP)*

1990 3 404 km
1.**Greg LEMOND** *(USA, 29 ans) 37,521*
2.Claudio CHIAPPUCCI *(ITA)*
3.Erik BREUKINK *(HOL)*

1991 3 914 km
1.**Miguel INDURAIN** *(ESP, 27 ans) 38,743*
2.Gianni BUGNO *(ITA)*
3.Claudio CHIAPPUCCI *(ITA)*

1992 3 983 km
1.**Miguel INDURAIN** *(ESP, 28 ans) 39,504*
2.Claudio CHIAPPUCCI *(ITA)*
2.Gianni BUGNO *(ITA)*

1993 3 714 km
1.**Miguel INDURAIN** *(ESP, 29 ans) 38,706*
2.Tony ROMINGER *(SUI)*
3.Zenon JASKULA *(POL)*

1994 3 978 km
1.**Miguel INDURAIN** *(ESP, 30 ans) 38,381*
2.Piotr UGRUMOV *(LET)*
3.Marco PANTANI *(ITA)*

1995 3 635 km
1.**Miguel INDURAIN** *(ESP, 31 ans) 39,191*
2.Alex ZÜLLE *(SUI)*
3.Bjarne RIIS *(DAN)*

1996 3 765 km
1.**Bjarne RIIS** *(DAN, 32 ans) 39,237*
2.Jan ULLRICH *(ALL)*
3.Richard VIRENQUE *(FRA)*

1997 3 944 km
1.**Jan ULLRICH** *(ALL, 23 ans) 39,239*
2. Richard VIRENQUE *(FRA)*
3.Marco PANTANI *(ITA)*

1998 3 728 km
1.**Marco PANTANI** *(ITA, 28 ans) 39,983*
2.Jan ULLRICH *(ALL)*
3.Bobby JULICH *(USA)*

1999 3 680 km
1.**Lance ARMSTRONG** *(USA, 27 ans) 40,273*
2.Alex ZÜLLE (SUI)
3.Fernando ESCARTIN (ESP)

2000 3 630 km
1.**Lance ARMSTRONG** *(USA, 28 ans) 39,221*
2.Jan ULLRICH (ALL)
3.Joseba BELOKI (ESP)

2001 3 462 km
1.**Lance ARMSTRONG** *(USA, 29 ans) 40,070*
2.Jan ULLRICH (ALL)
3.Joseba BELOKI (ESP)

2002 3 282 km
1.**Lance ARMSTRONG** *(USA, 30 ans) 42,174*
2.Joseba BELOKI (ESP)
3.Raimondas RUMSAS (LIT)

2003 3 361 km
1.**Lance ARMSTRONG** *(USA, 31 ans) 40,940*
2.Jan ULLRICH (ALL)
3.Alexandre VINOKOUROV (KAZ)

2004 3 391 km
1.**Lance ARMSTRONG** *(USA, 32 ans) 40,553*
2.Andreas KLÖDEN (ALL)
3.Ivan BASSO (ITA)

2005 3 608 km
1.**Lance ARMSTRONG** *(USA, 33 ans) 41,654*
2.Ivan BASSO (ITA)
3.Jan ULLRICH (ALL)

2006 3 657 km
1.**Oscar PEREIRO** (ESP, 29 ans) 40,788
2.Andreas KLÖDEN (ALL)
3.Carlos SASTRE (ESP)

2007 3 570 km
1.**Alberto CONTADOR** (ESP, 24 ans) 39,223
2.Cadel EVANS (AUS)
3.Levi LEIPHEIMER (USA)

2008 3 559 km
1.**Carlos SASTRE** *(ESP, 33 ans) 40,492*
2.Cadel EVANS *(AUS)*
3.Denis MENCHOV *(RUS)*

2009 3 459,5 km
1.**Alberto CONTADOR** *(ESP, 26 ans) 40,315*
2.Andy SCHLECK *(LUX)*
3.Lance ARMSTRONG *(USA)*

2010 3 459,5 km
1.**Andy SCHLECK** *(LUX, 25 ans)*
2.Denis MENCHOV *(RUS)*
3.Samuel SANCHEZ *(ESP)*

2011 3 430 km
1.**Cadel EVANS** *(AUS, 26 ans) 39,788*
2.Andy SCHLECK *(LUX)*
3.Frank SCHLECK *(LUX)*

**Durant cette période, le classement était effectué en fonction d'un nombre de points (malus de un point par fraction de cinq minutes).*

CLASSEMENTS ANNEXES

MAILLOT VERT
LE CLASSEMENT PAR POINTS

1933	
1934	
1935	
1936	
1937	
1938	
1939	
1947	
1948	
1949	
1950	
1951	
1952	
1953	F. Schaer (SUI)
1954	F. Kübler (SUI)
1955	C. « Stan » Ockers (BEL)
1956	C. « Stan » Ockers (BEL)
1957	J. Forestier (FRA)
1958	J. Graczyk (FRA)
1959	A. Darrigade (FRA)
1960	J. Graczyk (FRA)
1961	A. Darrigade (FRA)
1962	R. Altig (ALL)
1963	R. Van Looy (BEL)
1964	J. Janssen (HOL)
1965	J. Janssen (HOL)
1966	W. Planckaert (BEL)
1967	J. Janssen (HOL)
1968	F. Bitossi (ITA)
1969	E. Merckx (BEL)
1970	W. Godefroot (BEL)
1971	E. Merckx (BEL)
1972	E. Merckx (BEL)
1973	H. Van Springel (BEL)
1974	P. Sercu (BEL)
1975	R. Van Linden (BEL)
1976	F. Maertens (BEL)
1977	J. Esclassan (FRA)
1978	F. Maertens (BEL)
1979	B. Hinault (FRA)
1980	R. Pevenage (BEL)
1981	F. Maertens (BEL)
1982	S. Kelly (IRL)
1983	S. Kelly (IRL)
1984	F. Hoste (BEL)
1985	S. Kelly (IRL)
1986	E. Vanderaerden (BEL)
1987	J.-P. Van Poppel (HOL)
1988	E. Planckaert (BEL)
1989	S. Kelly (IRL)
1990	O. Ludwig (ALL)
1991	D. Abdoujaparov (OUZ)
1992	L. Jalabert (FRA)
1993	D. Abdoujaparov (OUZ)
1994	D. Abdoujaparov (OUZ)
1995	L. Jalabert (FRA)
1996	E. Zabel (ALL)
1997	E. Zabel (ALL)
1998	E. Zabel (ALL)
1999	E. Zabel (ALL)
2000	E. Zabel (ALL)
2001	E. Zabel (ALL)
2002	R. McEwen (AUS)
2003	B. Cooke (AUS)
2004	R. McEwen (AUS)
2005	T. Hushovd (NOR)
2006	R. McEwen (AUS)
2007	T. Boonen (BEL)
2008	O. Freire (ESP)
2009	T. Hushovd (NOR)
2010	O. Freire (ESP)
2011	M. Cavendish (ANG)

MAILLOT À POIS
LE MEILLEUR GRIMPEUR

1933	V. Trueba (ESP)
1934	R. Vietto (FRA)
1935	F. Vervaecke (BEL)
1936	J. Berrendero (ESP)
1937	F. Vervaecke (BEL)
1938	G. Bartali (ITA)
1939	S. Maes (BEL)
1947	P. Brambilla (ITA)
1948	G. Bartali (ITA)
1949	F. Coppi (ITA)
1950	L. Bobet (FRA)
1951	R. Géminiani (FRA)
1952	F. Coppi (ITA)
1953	J. Lorono (ESP)
1954	F. Bahamontes (ESP)
1955	C. Gaul (LUX)
1956	C. Gaul (LUX)
1957	G. Nencini (ITA)
1958	F. Bahamontes (ESP)
1959	F. Bahamontes (ESP)
1960	I. Massignan (ITA)
1961	I. Massignan (ITA)
1962	F. Bahamontes (ESP)
1963	F. Bahamontes (ESP)
1964	F. Bahamontes (ESP)
1965	J. Jimenez (ESP)
1966	J. Jimenez (ESP)
1967	J. Jimenez (ESP)
1968	A. Gonzalez (ESP)
1969	E. Merckx (BEL)
1970	E. Merckx (BEL)
1971	L. Van Impe (BEL)
1972	L. Van Impe (BEL)
1973	P. Torres (ESP)
1974	D. Perurena (ESP)
1975	L. Van Impe (BEL)
1976	G. Bellini (ITA)
1977	L. Van Impe (BEL)
1978	M. Martinez (FRA)
1979	G. Battaglin (ITA)
1980	R. Martin (FRA)
1981	L. Van Impe (BEL)
1982	B. Vallet (FRA)
1983	L. Van Impe (BEL)
1984	R. Millar (GBR)
1985	L. Herrera (COL)
1986	B. Hinault (FRA)
1987	L. Herrera (COL)
1988	S. Rooks (HOL)
1989	G.-J. Theunisse (HOL)
1990	T. Claveyrolat (FRA)
1991	C. Chiappucci (ITA)
1992	C. Chiappucci (ITA)
1993	T. Rominger (SUI)
1994	R. Virenque (FRA)
1995	R. Virenque (FRA)
1996	R. Virenque (FRA)
1997	R. Virenque (FRA)
1998	C. Rinero (FRA)
1999	R. Virenque (FRA)
2000	S. Botero (COL)
2001	L. Jalabert (FRA)
2002	L. Jalabert (FRA)
2003	R. Virenque (FRA)
2004	R. Virenque (FRA)
2005	M. Rasmussen (DAN)
2006	M. Rasmussen (DAN)
2007	M. Soler (COL)
2008	C. Sastre (ESP)
2009	F. Pellizotti (ITA)
2010	C. Sastre (ESP)
2011	S. Sanchez (ESP)

MAILLOT BLANC
LE MEILLEUR JEUNE

1933		
1934		
1935		
1936		
1937		
1938		
1939		
1947		
1948		
1949		
1950		
1951		
1952		
1953		
1954		
1955		
1956		
1957		
1958		
1959		
1960		
1961		
1962		
1963		
1964		
1965		
1966		
1967		
1968		
1969		
1970		
1971		
1972		
1973		
1974		
1975	F. Moser (ITA)	7e
1976	E. Martinez Heredia (ESP)	23e
1977	D. Thurau (ALL)	5e
1978	H. Lubberding (HOL)	8e
1979	J.-R. Bernaudeau (FRA)	5e
1980	J. Van der Velde (HOL)	12e
1981	P. Winnen (HOL)	5e
1982	P. Anderson (AUS)	5e
1983	L. Fignon (FRA)	1er
1984	G. LeMond (USA)	3e
1985	F. Parra (COL)	8e
1986	A. Hampsten (USA)	4e
1987	R. Alcala (MEX)	9e
1988	E. Breukink (HOL)	12e
1989	F. Philippot (FRA)	24e
1990	G. Delion (FRA)	15e
1991	A. Mejia Castrillona (COL)	19e
1992	E. Bouwmans (HOL)	14e
1993	A. Martin Velasco (ESP)	12e
1994	M. Pantani (ITA)	3e
1995	M. Pantani (ITA)	13e
1996	J. Ullrich (ALL)	2e
1997	J. Ullrich (ALL)	1er
1998	J. Ullrich (ALL)	2e
1999	B. Salmon (FRA)	16e
2000	F. Mancebo (ESP)	9e
2001	O. Sevilla (ESP)	7e
2002	I. Basso (ITA)	11e
2003	D. Menchov (RUS)	11e
2004	V. Karpets (RUS)	13e
2005	Y. Popovych (UKR)	12e
2006	D. Cunego (ITA)	11e
2007	A. Contador (ESP)	1er
2008	A. Schleck (LUX)	12e
2009	A. Schleck (LUX)	2e
2010	A. Schleck (LUX)	12e
2011	P. Rolland (FRA)	11e

CASQUETTES JAUNES
LE CLASSEMENT PAR ÉQUIPES

1933	France
1934	France
1935	Belgique
1936	Belgique
1937	France
1938	Belgique
1939	Belgique
1947	Italie
1948	Belgique
1949	Italie
1950	Belgique
1951	France
1952	Italie
1953	Hollande
1954	Suisse
1955	France
1956	Belgique
1957	France
1958	Belgique
1959	Belgique
1960	France
1961	France
1962	St-Raphaël-Helyett
1963	St-Raphaël-Gitane
1964	Pelforth Sauvage-Lejeune
1965	Kas
1966	Kas
1967	France
1968	Espagne
1969	Faema
1970	Salvarini
1971	Bic
1972	Gan-Mercier
1973	Bic
1974	Kas
1975	Gan-Mercier
1976	Kas
1977	Ti-Raleigh
1978	Miko-Mercier
1979	Renault-Gitane
1980	Miko-Mercier
1981	Peugeot-Esso
1982	Coop-Mercier
1983	Ti-Raleigh
1984	Renault-Elf
1985	La Vie Claire
1986	La Vie Claire
1987	Système U
1988	PDM
1989	PDM
1990	Z
1991	Banesto
1992	Carrera
1993	Carrera
1994	Festina
1995	Once
1996	Festina
1997	Telekom
1998	Cofidis
1999	Banesto
2000	Kelme
2001	Kelme
2002	Once
2003	CSC
2004	T-Mobile
2005	T-Mobile Team
2006	T-Mobile Team
2007	Discovery Channel
2008	Team CSC-Saxo Bank
2009	Astana
2010	Team CSC-Saxo Bank
2011	Team Garmin - Cervelo

EUX AUSSI ONT GAGNÉ LE TOUR DE FRANCE DANS LEUR CATÉGORIE..

Les classements scratch du Tour de France, tout le monde les connaît, nous les redonnons ici. Mais nous ne résistons pas au plaisir de vous donner le classement du Tour de France bis, car pendant très longtemps en retrait du grand classement, il y a eu un classement secondaire, annexe, complémentaire, qui permet de dire que Petit-Breton lauréat du Tour 1906 sur machines poinçonnées, alors qu'il était quatrième du classement général derrière René Pottier, a presque gagné trois Tours avec ses victoires scratch en 1907 et 1908. Même chose pour Faber, qui s'impose, imparablement, on le sait en 1909, mais déjà en 1908 dans la catégorie pneumatiques démontables, alors qu'au classement général, il est le dauphin de Petit-Breton. Mais si dans le cas de Petit-Breton et de Faber, des supers champions, il s'agit de clins d'œil, une victoire dans ces classements annexes est beaucoup plus importante pour ceux qui comme Ernest-Paul, ont gagné « leur » Tour, celui de leur catégorie, tout en obtenant une place d'honneur au classement général absolu. Nous ne voulons pas introduire la moindre confusion, donc répétons-le, c'est un classement annexe, mais tellement important pour les marques, on l'a vu, que beaucoup, ne se sont pas privées de s'y référer pour faire des campagnes publicitaires. Tellement important, on le sait, qu'il impliqua même des sabotages. Oui, c'est mieux qu'un lot de consolation. Et au passage, saluons les beaux ténébreux que furent le Roannais José Pelletier, qui le décrocha deux fois. La chronique dit « qu'il avait un profil d'oiseau rare, et était coiffé d'un éternel béret basque. » Ou bien l'Italien Giovanni Rossignoli, qui abandonne dans le Tour 1904, termine 10ᵉ en 1908 et 32ᵉ en 1927, un an après avoir enlevé sa catégorie en bouclant le Tour 1926, à la 21ᵉ place.

L'Autrichien Max Bulla, vainqueur du Tour 1931 chez les Touristes-Routiers et 15ᵉ du classement général.
Collection Laget

ISOLÉS

1909	Ernest-Paul *(FRA)*	cycles Alcyon
1910	Charles Cruchon *(FRA)*	cycles Armor
1911	Paul Deman *(BEL)*	cycles J.B.Louvet
1912	Jules Deloffre *(FRA)*	cycles Automoto
1913	Camillo Bertarelli *(ITA)*	cycles J.B.Louvet
1914	Camille Botte *(BEL)*	cycles Alcyon

CATÉGORIE B

1919	Jules Nempon *(FRA)*	cycles J.B.Louvet.

SECONDE CLASSE

1920	José Pelletier (FRA)	cycles Delage
1921	Victor Leenaerts (BEL)	cycles Delage
1922	José Pelletier (FRA)	cycles Austral
1923	Henri Collé (SUI)	cycles Griffon
1924	Omer Huysse (BEL)	cycles Lapize

INDIVIDUEL OU TOURISTE-ROUTIER :

1924	Ottavio Pratesi *(ITA)*	cycles Austral
1925	Léon Despontin *(BEL)*	cycles Météore
1926	Giovanni Rossignoli *(ITA)*	cycles Baggi-Samyn
1927	Secondo Martinetto *(ITA)*	cycles Météore.
1928	Paul Filliat *(FRA)*	
1929	Benoît-Faure *(FRA)*	
1930	Benoît-Faure *(FRA)* maillot jaune distinctif.	
1931	Max Bulla *(AUT)* *(photo)*	
1932	Luigi Barral *(ITA)*	
1933	Giuseppe Martano *(ITA)*	
1934	Félicien Vervaecke *(BEL)*	
1935	Ambrogio Morelli *(ITA)*	
1936	Léon Level *(FRA)*	

MACHINES POINÇONNÉES :

1904	Henri Cornet *(FRA)*	bicyclette J.C.
1905	Philippe Pautrat *(FRA)*,	bicyclette Peugeot
1906	Lucien Petit-Breton *(F)*	bicyclette Peugeot
1907	Lucien Petit-Breton *(F)*	bicyclette Peugeot.

PNEUMATIQUES DEMONTABLES

1908	François Faber *(LUX)*	Pneus Lion - Wolber

JACQUES MARCHAND, LE VISIONNAIRE.

Passé par *Sports* et *L'Équipe* où il deviendra rédacteur en chef, le journaliste Jacques Marchand est un des pères des écoles de journaliste et du Tour de l'Avenir. C'est aussi, à 90 ans, la conscience toujours aiguisée de la profession. Passé à l'ordinateur, il n'a de cesse de partager sa passion, ses connaissances et un regard de visionnaire que n'auraient pas désavoués Desgrange et Goddet. Il avait créé le Tour de l'Avenir comme socle pour les Tours de France des temps modernes, et là, il prépare un travail sur l'avenir du Tour. Un avenir dans lequel, il ne serait pas hostile à un retour des équipes nationales.

L'AVENIR
LE PETIT TOUR

Créé par Jacques Marchand en 1961, le Tour de l'Avenir d'abord réservé aux amateurs, puis aux professionnels de moins de 23 ans, a été un tremplin essentiel vers la mondialisation et l'ouverture de la « Grande Boucle. » Il s'est aussi appelé Trophée Peugeot de l'Avenir, ou Tour de la Communauté Européenne. Il est à nouveau ouvert aux équipes nationales pour des coureurs de moins de 22 ans. Il a été gagné par des champions de douze nationalités différentes comme le grand Tour, mais ici en plus on trouve des vainqueurs suédois, colombiens et russes. Quatre de ses vainqueurs ont ensuite gagné le Tour : Gimondi (1964), Zoetemelk (1969), Greg LeMond (1982) et Miguel Indurain (1986).

1961	G. De Rosso *(ITA)*
1962	A. Gomez Del Moral *(ESP)*
1963	A. Zimmermann *(FRA)*
1964	F. Gimondi *(IT)*
1965	M. Diaz *(ESP)*
1966	M. Denti *(IT)*
1967	C. Robini *(FRA)*
1968	J. Boulard *(FRA)*
1969	J. Zoetemelk *(P-B)*
1970	Marcel Duchemin *(FRA)*
1971	Régis Ovion *(FRA)*
1972	Fedor Den Hertog *(PB)*
1973	G. Baronchelli *(ITA)*
1974	Enrique Martinez Heredia *(ESP)*
1975	Pas disputé
1976	S.A. Nillson *(SUE)*
1977	E Schepers *(BEL)*
1978	S. Soukhoroutchenkov *(URSS)*
1979	S. Soukhoroutchenkov *(URSS)*
1980	A. Florez *(COL)*
1981	P. Simon *(FRA)*
1982	G. LeMond *(USA)*
1983	O. Ludwig *(RDA)*
1984	C. Mottet *(FRA)*
1985	M. Martinez *(COL)*
1986	M. Indurain *(ESP)*
1987	M. Madiot *(FRA)*
1988	L. Fignon *(FRA)*
1989	P. Lino *(FRA)*
1990	J. Bruyneel *(BEL)*
1991	Pas disputé
1992	H. Garel *(FRA)*
1993	T. Davy *(FRA)*
1994	A. Luis Casero *(ESP)*
1995	E. Magnien *(FRA)*
1996	D. Etxebarria *(ESP)*
1997	L. Roux *(FRA)*
1998	C. Rinero *(FRA)*
1999	U. Osa *(ESP)*
2000	I. Flores *(ESP)*
2001	D. Menchov *(RUS)*
2002	E. Petrov *(RUS)*
2003	E. Martinez *(ESP)*
2004	S. Calzatti *(FRA)*
2005	L. Y. Bak *(DAN)*
2006	M. Duenas *(ESP)*
2007	B. Mollema *(PB)*
2008	J. Bakelants *(BEL)*
2009	R. Sicard *(FRA)*
2010	N. Quintana *(COL)*
2011	E. Chavez *(COL)*

C'est vraiment à contre-cœur qu'il abandonne. Illustration RAD/DR

Crédits photographiques des pages d'ouverture :
P. 22.23 : Collection Laget
P. 84.85 : Collection Laget
P. 128.129 : Roger-Viollet, AFP ImageForum
P. 172.173 : Collection Laget, Rue des archives, AFP
P. 232.233 :Keystone, Roger Viollet, DR
P. 276.277 : FEP
P. 314.315 : Panoramic, ASO, FEP
Illustrations Cazarama

N.B : Pour les crédits photographiques Paris Match, nous entendons Paris Match/Scoop

DANS LE VIEUX COL

Par *Pierre Louki* (1926-2006),
avec la complicité de Paul Verlaine.

♦

Dans le vieux col solitaire et glacé,
Deux formes sont tout à l'heure passées.

Leurs pneus sont morts et leurs jambes sont molles
Et l'on entend à peine leurs paroles.

Et dans le vieux col, en haut de l'Izoard,
Deux « Tours de France » ont une heure de retard.

-« Te souvient-il de nos courses anciennes ?
-Je suis trop crevé pour qu'il m'en souvienne.

-Ton cœur bat-il toujours à en rêver ?
-Mon cœur est K.O., je suis lessivé.

-Ah, les beaux jours quand nous étions des cracks !
-Mon cadre, mes roues, mes rotules, tout craque ! »

-Le maillot jaune nous faisait s'envoler.
-Cette fois, c'est cuit. On est hors délais. »

Tels ils roulaient en souffrant des guiboles
Et la nuit seule entendit leurs paroles.

♦

In « Âneries »
Éditions Christian Pirot, 1998.

PHOTO Paris-soir
REPRODUCTION INTERDITE

TOUR DE FRANCE 1938. Etape Perpignan-Montpellier. Henri Desgranges félicitant le maillot jaune: Félicien Vervaecke.

ISBN : 979-10-90871-52-6
Dépôt légal : mai 2012

Éditions Chronique
Mediatoon Licensing
15/27 rue Moussorgski
75018 Paris

Tel + 33 1 53 26 32 20
Fax +33 1 53 26 32 30

www.editions-chronique.com
contact@editions-chronique.com

PARISIEN
LIBERE